普通高等教育精品规划教材

高等学校编辑出版学专业系列教材

传媒产业概论

尹章池 编著

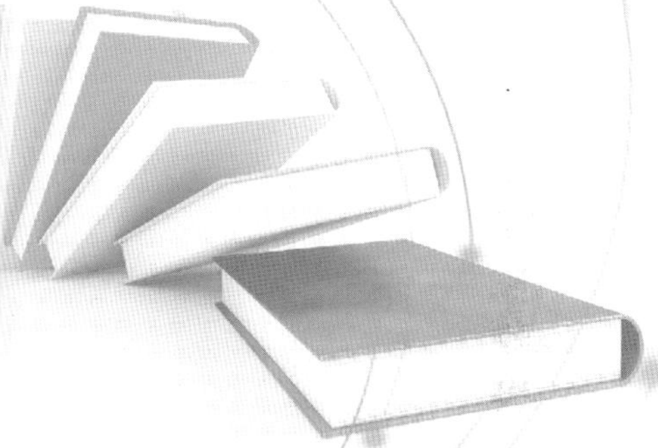

WUHAN UNIVERSITY PRESS
武汉大学出版社

图书在版编目(CIP)数据

传媒产业概论/尹章池编著．—武汉：武汉大学出版社，2017.8
高等学校编辑出版学专业系列教材
ISBN 978-7-307-19590-5

Ⅰ.传…　Ⅱ.尹…　Ⅲ.传播媒介—产业经济学—高等学校—教材
Ⅳ.G206.2

中国版本图书馆 CIP 数据核字(2017)第 187066 号

责任编辑:陈　豪　　　责任校对:李孟潇　　　版式设计:马　佳

出版发行：**武汉大学出版社**　（430072　武昌　珞珈山）
（电子邮件：cbs22@whu.edu.cn　网址：www.wdp.whu.edu.cn）
印刷:武汉中远印务有限公司
开本：720×1000　1/16　　印张:21.5　字数:376 千字　插页:1
版次：2017 年 8 月第 1 版　　2017 年 8 月第 1 次印刷
ISBN 978-7-307-19590-5　　定价:45.00 元

目　　录

第一章　传媒产业概述

第一节　传媒产业相关概念

一、传媒产业定义、分类及特点

（一）传媒产业的定义

传媒，也被称作“媒体”或“媒介”，指传播信息资讯的载体，即信息传播过程中从传播者到接受者之间，携带和传递信息的一切形式的物质工具。从广义上分类，包括报纸、杂志、广播、电视、电影、图书、音像制品，以及迅速崛起的互联网络和移动网络等。

产业，其定义为具有某种同类属性的经济活动的集合或系统，是社会分工的产物，是社会生产力不断发展的必然结果。具体而言，指由利益相互联系的、具有不同分工的、由各个相关行业所组成的业态总称，尽管它们的经营方式、经营形态、企业模式和流通环节有所不同，但是，它们的经营对象和经营范围是围绕着共同产品而展开的，并且可以在构成业态的各个行业内部完成各自的循环。

按照传媒和产业的定义，传媒产业就是指传播各类信息、知识的传媒实体部分所构成的产业群，它是生产、传播各种以文字、图形、艺术、语言、影像、声音、数码、符号等形式存在的信息产品以及提供各种增值服务的特殊产业。广义的传媒产业是指与传播活动相关的所有组织的企业经济活动的总和。狭义的传媒产业是指除政府传媒管理部门以外的各类媒体，以及为媒体生产提供产品或服务的组织、机构。一般意义上的传媒产业是指狭义的传媒产业。

（二）传媒产业的分类

1. 根据类别

根据类别不同，传媒产业可大致分为文化娱乐产业、出版产业、广电产业、平面媒体产业、网络媒体产业和户外媒体产业。

2. 根据媒体性质

根据媒体性质不同，传媒产业又可分为传统媒体产业和新媒体产业两大类。其中，传统媒体产业可细分为图书、报纸、杂志、电影、广播、电视等产业。而新媒体方面，由于科学技术的不断发展以及未来不可预知的创新潜力，其产业则表现得更加多元化。具体的新媒体产业包括数字出版、动漫、游戏、电子报刊、手机报刊、数字电影、网络广电、数字电视、手机电视、移动电视、楼宇电视、IPTV、电子商务、视频、社交、即时通信、无线增值、在线阅读、显示屏、数据库等。值得一提的是，新媒体的崛起打破了原有的中国传媒产业结构，其对传统媒体产业产生了很大的冲击和影响；同时，新媒体产业又是未来中国传媒产业发展的重要组成部分，因此更值得我们关注。

（三）传媒产业特性

传媒作为一个产业，既有与其他产业相近或相同的共性，也有区别于其他产业的特殊性和内在的规定性。据宇博智业市场研究中心了解，传媒产业特性主要有以下五点：

1. 传媒产业是注意力产业

传媒产业与其他产业的一个重大区别是，传媒机构并不依赖出售自身产品获得全部回报，传媒机构的一个重要经济回报来自于“第二次售卖”——将凝聚在版面或时段上的受众注意力“出售”给广告商或一切对这些受众感兴趣的宣传者。也就是说，媒体所吸引的受众的注意力也是传媒经济价值所在。作为一种“注意力产业”，传媒产业的市场价值与它是否有效吸引受众的眼球密切相关，其实质是强调“受众本位”。传媒产业的市场价值与以下3个因素息息相关：受众关注程度、受众注意力保持、有效人群选择。

2. 传媒产业以信息服务为主体

同其他产业一样，传媒产业是由若干个子系统构成的庞大产业体系，包括传媒信息服务、传媒制造、相关信息资源服务和多种经营等，各系统互为条件、相互补充和支持。其中，信息服务是主导。

3. 传媒产业经营主体是传媒企业或企业型组织

传媒产业内存在大量传媒企业，无疑是传媒活动中最为活跃的经济细胞，是传媒产业生产经营的主体，拥有完整法人财产权，以盈利为基本目标，追求经济效益。

4. 传媒产业资源配置的主要手段是市场

在健全的传媒市场中，传媒产业发展不仅需要政府宏观引导，更依赖于完善的市场机制。传媒生产力要素依赖市场途径进行组织，除公共传媒产品外，一般传媒产品消费完全商品化。通过价格引导传媒资源向效率高、效益好的部门或传媒机构集中，从而有效提高传媒资源的利用价值，促进传媒产业结构优化，更好地满足受众对传媒产品的需要。

5. 传媒产业生产方式具有工业化的典型特征

在传媒产业发展过程中，一便士和一美分的报纸功不可没。如美国本杰明·戴伊创办的《纽约太阳报》，它使价格昂贵的传媒产品由奢侈品转变为普通消费品，成功地融入百姓生活，由此开创了传媒普及化与大众化时代，而这一切得益于由科技革命形成的传媒工业化生产体系。

传媒工业化生产不同于传统意义上的传媒制作，标准化、程序化、格式化、系列化、规模化是其基本特征，它使传媒再生产活动（简单再生产和扩大再生产）效率得到大幅提升，改变了手工型、作坊式的传媒生产方式下传媒产品复制规模受限、效率低下的状况。

更重要的是，工业化生产方式改变了传媒产品成本构成，工厂制作成本让位于信息采集成本，物质成本让位于智力成本，信息内容和经营创意成为传媒的核心生产力，为传媒开辟了前所未有的获利空间。受此鼓舞，更多产业资本加盟传媒，使传媒工业化水平不断提高，形成良性的传媒投入产出机制。需要指出的是，此处所称工业标准化是指工业生产中的专业化、程序化、系列化、规范化等一般内容，侧重于生产过程中的物化劳动，而非精神劳动与智力创新活动部分的模式化与标准化。

二、文化产业定义、分类及特点

（一）文化产业的定义

联合国教科文组织将文化产业定义为，按照工业标准生产、再生产、储存以及分配文化产品和服务的一系列活动。该定义从文化产品的工业标准化生产、流通、分配、消费的角度进行界定。

2003 年文化部制定下发的《关于支持和促进文化产业发展的若干意见》将文化产业界定为："从事文化产品生产和提供文化服务的经营性行业。文化产业是与文化事业相对应的概念，两者都是社会主义文化建设的重要组成部分。文化产业是社会生产力发展的必然产物，是随着我国社会主义市场经济的逐步完善和现代生产方式的不断进步而发展起来的新兴产业"。2004 年国家统计局将文化产业定义为：为社会公众提供文化、娱乐产品和服务的活动，以及与这些活动有关联的活动的集合。

（二）文化产业的分类①

1. 根据实体结构

根据实体结构，可以分为市场型文化与公益型文化产业。出版传媒、体育竞技、网络电视等领域属于市场型文化产业；社区文化产业、大型社会捐助、个人捐资助学等属于公益型文化产业。

2. 根据形式结构

根据形式结构，可以分为部门文化产业结构与空间文化产业结构。教育、科技、旅游、出版等包括在部门文化产业结构里，空间文化产业结构则是以地理区域为界限来划分。

3. 根据地域结构

根据地域结构，可以分为局域型文化产业与全域型文化产业。局域型文化产业强调以有限视觉对特定空间的界限，全域型文化产业以系统论的观点来分类。

4. 根据发展结构

根据发展结构，可以分为基础型文化产业和特色型文化产业。

5. 根据生产要素的技术组合

根据生产要素的技术组合，可以分为技术文化产业和创意文化产业。大型体育运动会和航空表演等硬件设施、技术和回报要求都很高的活动归属于技术文化产业，以知识、智力、经验、智慧等为核心的产业行为则属于创意文化产业。

6. 根据区域类型

根据区域类型，可以从国家、行政区、形态、功能这四方面来划分。

（三）文化产业的特点

1. 发达国家文化产业的特点

在发达国家，文化产业增速快、规模大、就业人口多，文化产业已经成为国民经济的支柱产业；文化产业发展的根本是人才，发达国家在推动文化产业发展的过程中，建立起了完善的人才培养机制；发达国家具备完整的文化产业管理体系，除固守自由主义传统的美国外，大部分国家管理体制的差

---

① 胡惠林．文化产业学：现代文化产业理论与政策［M］．上海：上海文艺出版社，2006：183-184.

异并不明显。发达国家文化产业管理体系中，涉及的主体主要包括三类：中央政府机构、地方政府机构或中央驻地方的分支机构、社会中介组织。

2. 发展中国家文化产业发展的特点

发展中国家长期以来处于经济和技术落后的状态，传统观念根深蒂固，社会整体现代化程度不高，文化产业整体发展水平低；市场需求巨大；发展中国家在文化产业发展中具有后发优势，在吸收发达国家的资金及发展经验的基础上，文化产业的规模不断扩大，产业集中度和集约化水平不断提高，文化产品贸易额增长迅速。①

第二节 传媒产业发展历程

一、中国传媒产业发展历程

（一）改革开放以来中国传媒产业发展阶段

从我国情况来看，传媒业是一个受到高度管制的市场。在传统计划经济体制下，传媒是党和政府的附属机构，由政府有关职能部门管理，所需经费完全由国家财政拨款，没有竞争，也无需讲求经济效益，根本没有形成一个经济学意义上的产业。而真正意义上的我国传媒产业，是以 1978 年改革开放中提出的“事业单位，企业化管理”为起点开始的。随着改革开放的深入发展，我国传媒产业近几十年发生了显著的变化，传媒产业初具规模，并正在发展成为一个冉冉升起的朝阳产业。从长远的角度来看，传媒产业将是经济效益显著并最具成长性的产业之一。

1. 多种经营阶段

1978 年，人民日报社等多家首都新闻单位要求试行“事业单位，企业化管理”的方针，希望通过适度自主经营而获得一些经济收入，媒介市场化被再次提出，财政部批准了它们的报告。根据当时的政策，报社属于事业单位的性质不变，但可以从事一定的经营活动，经营所得一部分收入可以用于增加职工收入和提高职工的福利待遇，也可以用于改善报社的办公条件和技术装备。

恢复报纸广告经营活动，是这次市场化进程的一个重要传媒标志。1979

① 马志福，陈玉杰．发达国家和发展中国家文化产业发展特点分析［J］．中央民族大学学报，2013（2）：46-47.

年1月28日，上海的《解放日报》率先刊登了“文革”后中国内地的第一则广告。广告重回报纸版面，报业获得了推进市场化进程的利器。

20世纪80年代后，市场化进入了一个新的阶段。80年代初期，出现了第一次办报高潮和广播电视业的建台热。1985年，首次提出报刊的自办发行。如果将发行视为报纸这种特殊商业的流通过程，自办发行可以看做是报社对报纸这种商品的营销渠道和营销方式进行的变革。这是媒介向产业经营迈出的关键性的一步，自此之后，越来越多的报纸对自办发行的积极尝试则是市场化进程中的重要景观。1987年，国家科学技术委员会编制的我国信息产业投入产出表将“新闻事业”“广播电视事业”纳入了“中国信息商业化产业”中，从而使报业产业特性得以初步建立。1988年，中华全国报纸行业经营管理协会成立。1988年3月，《关于报纸、期刊、出版社开展有偿服务和经营活动的暂行办法》出台，有力推动了报业改革的进程。同时，1991年的报业扩版热持续到1993年。

1990年12月，国家新闻出版署颁布了《报纸管理暂行规定》，明确公示具有法人资格的报社“可开展有偿服务和多种经营活动”。从法的角度，用法规的形式将多种经营肯定下来，正式取代了“副业”的概念。进入90年代，多种经营从起步进入发展时期，从中央到地方，报社纷纷开办各种各样、大大小小的经济实体。

2. 传媒市场理论确立

20世纪八九十年代，报业广泛地经营多种活动，是中国报业在市场经济体制改革的背景下进行多元化经营的尝试。大量报社纷纷试水，热情高涨，然而结果却并不理想，收效甚微，大部分报社的经营活动都没有取得预期的经济效益。那个年代的“集体试水”，总的来说失败的多、成功的少。

1992年邓小平南方讲话，明确我国经济体制改革的目标是市场经济。自此之后，传媒产品的商品性得到正式认可，传媒市场理论一说也得到了社会的普遍认同。

3. 报业产业集团化

多元经营初尝试成功案例屈指可数，于是在世纪之交，各家报社又开始了新的探索，从经营体制、经营队伍上去考虑问题，继续向企业化深入，走公司化运作、多元化发展的路子。从20世纪90年代中期以来，中国媒体业就积极进行行业资源整合和集团化经营的探索。

1996年1月，中国第一家报业集团——广州日报报业集团正式挂牌成立，此后，南方日报集团、羊城晚报集团、文汇新民联合报业集团等报业集团先后成立。中国的传媒业开始通过自身重组和外部扩张等多种方式整合内部资源，面向市场实行统一的市场化管理运作，在经营模式上不断探索，逐渐办出了自己的特色，经济实力不断增强。随之而来的是，报业集团如雨后春笋般蓬勃生长。2004 年 11 月 28 日，贵州日报报业集团宣布挂牌成立，在中央主管部门停批报业集团一年多之后，它成为第 40 家报业集团。鉴于国家不再批办行政性报业集团的背景，我国报业集团的阵容到此已基本成形。

报业集团不仅拥有系列报刊，而且有雄厚的经济实力，具备了搜罗人才、注册企业、运作公司的条件，于是，多种经营浪潮再次涌动。在报业集团旗下，各种企业如房地产、印务、会展、信息咨询、绿化、连锁店、宾馆酒店等不同类型的公司和经济实体迅速发展，并且给报业集团带来明显的经济效益。如广州日报报业集团、长春日报报业集团先后创办了十余家公司，作为属下自主经营二级核算的公司，都为集团盈利数千万元。

目前报业集团通过兼并、重组，均已形成几家至十几家报刊的规模。比如，广东广州日报、羊城晚报、南方日报三大报业集团共拥有二十报两刊，每期平均发行总量超过 700 万份；1997 年广告营业额均达到 2 亿元至 5 亿元，分别名列全国第二、三、七名，共占全国报纸广告年营业额 96.8 亿元的 8%；它们先后建成了实力雄厚的印刷厂或印务中心，承印全国报刊 200 多种。此外，还经营连锁店、房地产等，其规模化的经济效益可想而知。报业集团通过资产重组、财务统筹、资本经营和企业化管理等，为报业规模化、集约化和报业市场的有序化创造了有利条件。

4. 广播电视产业集团化

2000 年 11 月 17 日，广电总局下发了《关于广播电影电视集团化发展试行工作的原则意见》，确定电子媒体在以宣传为中心的前提下，“可兼营其他相关产业，逐步发展成为多媒体、多渠道、多品种、多层次、多功能的综合性传媒集团”。在政策的推动下，广播电视资源的重组和结构调整拉开帷幕。

2001 年 12 月 6 日，中国最大的传媒集团——中国广播影视集团正式挂牌成立。它整合了中央电视台、中央人民广播电台、中国国际广播电台、中国电影集团公司、中国广播电视传输网络有限责任公司和中国广播电视互联网站等中央级广播电视、电影及广电网络公司的资源和力量，形成拥有广播、电视、电影、传输网络、互联网站、报刊出版、影视艺术、科技开发、广告经营、物业管理等的综合性传媒集团，其固定资产超过 200 亿元人民币，年收入过百亿，可以说是名副其实的中国传媒航母。

2002年12月27日，我国第一家省级广播电视现代媒体集团——湖南广播影视集团成立，成为我国广播影视“体制创新”、实行集团化运作的重要标志。该集团拥有湖南卫视、湖南经视、湖南都市等7家电视频道和湖南人民广播电台新闻频道、交通频道等4家广播频道以及湖南广播电视报等媒体，还拥有网络中心、节目中心、音像资源中心等十多家影视音像制作和技术、传输单位，总资产达30多亿元。2003年4月19日，上海文化广播影视集团成立；不久，广东省广电重组的消息也传来；此外，浙江、山东等地方的广电集团也已成立。地方广电传媒集团无论在节目水平和广告收入上都已成气候，并已对这一行业的巨无霸——中央电视台形成有力竞争。

5. 传媒集团融入资本市场

近几年，我国资本市场上出现了新的亮点：媒体开始与资本市场结合，筹资融资，吸纳社会资金为自身的经营和发展服务。1994年，上海广电总局下属的东方明珠股份有限公司上市，成为第一家由媒体发起设立的股份有限公司。1999年，湖南“电广传媒”的上市在全国引起轰动，掀起一轮媒体投资的热潮。随后，相继涌现出许多进入资本市场的媒体关联企业。目前传媒集团与资本市场的互动有几种方式：一些媒体将可经营性资产剥离出来进行整合，成立隶属于新闻媒体并由国有资产控股的股份制子公司，然后申请直接上市，如东方明珠、电广传媒、歌华有线；还有一些媒体采取借壳上市的方法，子公司通过股权收购等方式控股一家上市公司，间接进入证券市场达到融资目的，以绕开子公司直接上市的多方障碍，如博瑞传播、赛迪传媒等；同时，由于媒体行业整体的预期收益比较看好，一些上市公司也纷纷投资入股媒体领域，利用现有资源与媒体产业整合，达到多元化经营和优化投资结构的目的，如上海强生、巴士股份和厦门信达等。传媒业的资本运作成为社会各界关注的热点。

6. 传媒集团治理阶段

中国传媒集团的公司治理是一个十分复杂的问题，同其他产业相比，传媒集团公司治理的研究具有较强的独特性。其一，传媒产业横跨信息服务业与文化产业，具有经济组织与公共事业双重属性。其二，中国经济制度和政治制度的特殊性决定了我国传媒集团公司治理的特殊性，其治理结构与美、英等国传媒集团的运作情况完全不同。中国传媒集团的公司治理遵循一系列特殊的经济规律，形成了一条独特的轨迹。

世界各国传媒企业的公司治理模式主要有两种，一种是以美国为代表的股东控制模式，一种是以西欧各国为代表的双轨制模式。美国大部分传媒集团与经营其他产业的企业集团并无什么实质性的区别，传媒集团都有明确的所有者和股东，有明晰的产权关系，董事会是公司最高决策机构。公私兼顾的双轨制模式主要在西欧和日本实行。理事会是传媒企业的最高决策机构，它是由具有社会影响的民间组织及联邦议会各政党的代表组成，负责监督执行电视台的办台方针，决定章程，决定电视台财政收支的预算、决算；向管理委员会推荐社长人选，对电视台节目安排提出建议，并对某些重大问题做出最后决定。作为最高决策机关的理事会由政府首脑提名、议会批准，要吸纳各党各派各利益集团的代表参加，使其具有广泛的代表性。20 世纪 80 年代以后，西欧各国先后开始了电视业的私有化。私有化以议会、政府放松对电视业的管制为起点，以议会立法或总统命令形式逐步实现，各国允许甚至鼓励私营电视台的创办。这样就形成了公共广播电视系统和私营商业广播电视系统并存的双轨体制，这一体制在欧洲各国中较具典型性。

基于中国传媒集团的中国国情和特殊性，有人提出构建传媒集团的政府治理、外部治理、内部治理的三级治理模式。政府应逐步放松对传媒业的产业组织政策管制，允许探索传媒集团公有制的新形式，允许传媒业既有国有独资的公有制形态，又有国有媒体资本绝对控股的公有制形态。对传媒业的产业进入实施分类管理和分步推进改革的方式，可以先放松对服务类内容和专业类内容的市场准入限制，再逐步放松对综合类传媒的市场准入限制，形成整个传媒业的开放式竞争市场。要使外部治理机制有效地发挥作用，首先要存在一个有效率的具有评定公司价值、转移公司控制权功能的资本市场。内部治理就是传媒集团设置以社委会、监事会、编委会、经理会为基本框架的组织结构，实行决策层、管理层、监督层相互制约的领导体制。①

当前中国传媒集团公司内部治理结构的基本状况是：所有的子公司相互独立，各自为政，经营着或相似或完全没有关联的业务。在这种治理结构下，集团扮演的就是一位呵护幼儿成长的母亲角色。它与子公司的关系主要有四个方面。

一是控制关系。子公司虽然是独立的法人，可以在自己的经营范围内从事各种经营活动，但其自主性是有限的。集团公司在子公司的股东会上起主导作用，子公司的经营方针和投资计划实际上由集团公司决定。

---

① 李维安，常永新．中国传媒集团公司治理模式探析［J］．天津社会科学，2003（1）：75-79.

二是投资关系。集团公司拥有子公司，除了极少数通过协议控制外，基本通过投资实现。集团公司与子公司间的投资关系分为两种情况。（1）子公司的资本全部由母公司投入；（2）母公司与其他公司共同投资于子公司，但母公司投资所占比例使其可对子公司实施实际控制。

三是财务关系。子公司是独立的法人，实行独立核算，集团公司与子公司在财务上是相互独立的，但是集团公司可以调剂资金的名义，向其子公司“抽血”。子公司的财务状况和发展前景直接影响着集团公司的收益。

四是管理关系。虽然子公司是独立的法人，集团公司与子公司名义上各自享有自主的权利，但事实上存在管理与被管理关系。集团公司除了自身直接进行生产经营活动外，其主要职责是对所属子公司的领导和管理。①

（二）代表性事件梳理

第一个具有标志性意义的事件是1981年前后新闻界关于“新闻语言多样化问题”的提出。这个问题看上去是一个业务技巧问题，实质上却标志着我国大众传播媒介从过去较为单一的政治教科书的功能和角色扮演（实质上是一种以大众媒介为外在形式的组织媒介）中走了出来，开始应和社会发展的要求，向履行多种功能、扮演多种角色的方向转型。从传播学的角度看，新闻语言就是新闻媒介面对社会的表情，这种表情的单一抑或丰富是由其所扮演的社会角色的单一或丰富决定的。毫无疑问，自上而下宣达政令需要一种语言、一种表情，而提供信息服务和娱乐消遣则需要与此不同的其他语言和表情。

第二个具有标志性意义的事件是1991年前后兴起于报刊界的“周末版”大潮。尽管对其间走红的“星腥性”式的报道内容人们至今还颇有微词，但这场大潮给中国传媒界带来的革命性的变化却是有目共睹的。然而，说到它的真正意义，其实还并不仅仅在于它启动了中国的报刊业市场，使人们当时的“解闷”需求得到了较为充分的满足。其最具有标志性意义的深刻内涵在于，我国的报纸和刊物一改过去在传播内容的取舍上强调“我想让你知道什么”和“你应该知道什么”的“传播者本位”的做法，开始突出和强调“读者喜欢什么”“读者想知道什么”，从而在结构与选择传播内容的“把关”标准上第一次向“受众本位”的方向发生了根本性的转移。这一变化被一些传播学者称为我国传播业的第一次“平民化革命”。

第三个具有标志性意义的事件是1993年中央电视台《东方时空》栏目

① 张玉宇．传媒集团重塑财务治理结构的探讨［J］．会计师，2014（7）：32-33.

的开播。其中，最引人注目的节目是《焦点时刻》(后改称《时空报道》)，以及紧随其来的《焦点访谈》《新闻调查》《整点新闻》。这些新闻类节目的走红，表征着我国新闻媒介第一次以“新闻”作为自己的“第一卖点”。在此之前，我国大众媒介尤其是电视媒介主要是宣传教化的工具、文化传承的工具以及娱乐消遣的工具；而从这时起，新闻的“社会守望”功能第一次被实际地提升为大众传播媒介的首要功能。其动因很大程度上是由于中国社会已经走上了市场经济之路，政府角色开始从“全能政府”向“有限责任政府”转移，而获得了决策权、选择权的人民群众需要分享信息资源以优化自己的决策与选择。至此，我国大众传播媒介的功能和角色体系得到了系统性的恢复和重建。

第四个具有标志性意义的事件是 1996 年 1 月国家新闻出版署正式批准广州日报报业集团成立。它标志着我国大众传播媒介产业化进程驶入官方认可的“快车道”。而在此前相当长的一段时期内，我国一直把大众传播媒介定性为单纯的“上层建筑”意识形态，不提马克思早就言明的新闻媒介既有上层建筑意识形态的性质，同时也有经济基础和产业性质的论断，拒绝把市场引入传播领域，拒绝用市场的办法实现传播资源的合理配置和有效运作。尽管“事业单位，企业化管理”的陈规仍然造成了发展中的诸多矛盾和困扰，但是由于官方对于媒介产业发展逻辑的某种认可，一大批传媒集团纷纷问世，中国传媒产业就此进入到一个蓬勃发展的高速成长期。

第五个具有标志性意义的事件是“非典”传播与新闻频道开播。这意味着中国传媒业面临着制度重建的重任。1949 年新中国成立之后，尤其是 1957 年之后，“新闻、旧闻、不闻”一直是我国新闻传播的内容规制的核心原则。这种将大众传播一律宣传化的做法在改革开放后的中国社会的发展中越来越陷于困窘的境地，并最终在 2003 年“非典”事件中演化成一种社会危机。作为社会传播主渠道的大众传播媒介在制度规管下的“失语”，使其在人民群众中的信誉和影响力几乎毁于一旦，由此造成政府的威望也面临着走低的极大危机。最终由于党中央的果断决策，极大地放松了当时的传播管制，才使得社会风气为之一振，社会发展转危为安。2003 年 5 月 1 日中央电视台新闻频道的开播，则开始了超越“新闻、旧闻、不闻”的传播规制的艰难启程，因为新闻频道的最大价值就是其随时随地直播突发新闻事件的核心价值，这一核心价值对于等一等、慢三拍的传统的内容规管是一种从传播形态上实现的突破。

第六个具有标志性意义的事件是“馒头血案”和“恶搞”等微内容的

崛起。数字化技术所引发的传播领域的革命的本质就是传播主体泛众化时代的到来，借助网络和数字技术，任何一个普通人都可以和小众或大众的社会成员分享自己的感受、见闻与表达。它打破了传统大众传播时代那种相对单调的传播把关模式，无论主流或者非主流，无论正统还是另类，无论别人喜欢或者不喜欢，所有在传统传播时代被忽略、被屏蔽的“微内容”“微价值”，开始在数字化网络平台上表现其聚合后的革命性力量。资讯的传播和话语的表达已经不再是组织化的传媒机构的专利，“人人皆可成传媒”的图景已经开始初步浮现，并深刻地改变着传播领域的边界。

第七个具有标志性意义的事件是“奥运火炬接力”以及胡锦涛与网民在线聊天等。这标志着新媒介的主流化进程呈现加速趋势。以互联网为代表的新兴媒介尽管发展迅速，但一直处在传播的社会影响的边缘地带。尽管在2003年的孙志刚事件等舆论热点问题上网络以其特有的力量显示它的崛起，但由于人群的覆盖规模过小，特别是互联网“去中心化”的丰富多元，令官方一度对它充满疑虑，限制措施多于发展和利用，但是2008年以来的一系列重要事件改变了官方对于互联网社会作用的看法。从“奥运火炬接力”中网络民意的独特张力和强悍表达，到地震报道当中网络的无处不在和无微不至，令人对网络的社会价值刮目相看。特别是胡锦涛在视察人民日报社时在人民网与网民在线聊天，更成为一个标志性的事件，显示官方对于网络等新媒体的基本态度发生了重要改变，新媒体越来越成为传播领域乃至整个社会生活当中最重要的一支传播和舆论力量。另一方面，“创新扩散”理论的研究表明，当一种新生事物所掌握的人口数量达到20%时，是其主流化的“临界点”，而2008年中国互联网中心的报告显示，中国网民的数量已占全国人口的19.2%，中国互联网的主流化进程正处于超速发展的起点上。

第八个具有标志性意义的事件是微信支付打破了支付宝垄断第三方支付的地位。微信是技术更新最快的新媒体，经过四五年的时间，微信已经从只有简单社交功能的1.0版本，发展到具有多媒体传播、多维社交、商业支付以及卡包等众多功能。经历了几年发展与考验，微信支付功能日臻完善，而以微信支付平台为基础搭建起来的微信与线下实体消费平台，受到越来越多用户尤其是青少年用户的青睐，并推动了其他垂直应用APP的快速发展，如微信支付与滴滴打车软件的合作，带动了滴滴打车强大的市场份额。此外，微信支付功能还涉及购物、彩票、话费充值、公益等方面。

第九个具有标志性意义的事件是网络主播造假。2016年被称为“网络直播元年”，也可以说是主播们的丰收年，但丰收的背后却是那些方兴未艾的乱象。以一个网络主播造假的报道为例，事件大致为主播为了“涨粉”，在四川凉山州贫困区做“伪慈善”，直播时发钱，待直播结束后收回。2016年11月4日，国家互联网信息办公室正式发布《互联网直播服务管理规定》，对网络直播平台、主播和用户的行为进行规范，对新闻信息直播提出了资质要求。网络直播蓬勃发展，但网络直播环境治理相对滞后，一方面观影用户数量极大，潜在利润十分可观；另一方面，直播内容乱象丛生，低媚恶俗的内容并不少见。2015年，王思聪投资过的APP“17”，创造了上市仅两个月就吸引50万用户下载的记录，这是直播热潮的开始。随后，出现了直播软件易直播、ME直播、映客直播、咸蛋家直播……全民直播的潮流势不可挡，各类直播APP应运而生，随即而来的是专业赢福利、非专业娱乐过把主播瘾的全民当网络主播的热潮。

二、外国传媒产业发展简况

（一）外国传媒产业发展特征

1. 美国传媒产业——政府、资本、技术三重支撑

美国作为世界传媒产业发展的主导国家，其传媒产业在高科技和雄厚资本的支持下遍地开花，形成了以音像、电影、报刊等为中心的强大的传媒产业群体，其传媒产业的竞争力和总体实力没有任何国家可以与之抗衡。美国传媒产业霸权的获得，主要依靠的是对外贸易的全球化、资本与技术支持的全球化和跨国公司的商业化运作。首先，美国文化的多元化和开放性使其吸收和整合其他各种文化，构成了本国传媒产业的深层文化基础。其次，美国推行全球发展的文化战略。最后，美国政府通过制度供给对传媒产业大力扶持：通过法律法规和政策杠杆鼓励多元投资机制和多种经营方式；推动传媒商品扩张与知识产权保护；在全球进行文化扩张；领先的科学技术为传媒产业提供了强大支撑；市场化和商业化运作使美国传媒产业得以长盛不衰；善于培育和挖掘传媒产业的精英人才。

2. 欧洲传媒产业——政府大力支持

传媒产业在欧洲是一个新兴产业，但欧洲有着深厚的历史和人文底蕴、良好的经济基础、宽容的投资政策以及领先的科学技术，为传媒产业发展创造了有利的环境。由于欧洲国家众多、文化多元，传媒产业发展也各具特色、各有所长。英国传媒产业注重创意开发，注重文化形象。法国传媒产业注重文化活动，注重基础设施建设。整体而言，欧洲传媒产业发展水平低于美国，高于美国之外的其他国家。欧洲传媒产业的蓬勃发展，主要依附于其

发达的经济，但更在于国家对传媒产业的成功运作，走出了一条适合本国国情的独具特色的发展道路；欧盟对欧洲整体传媒发展起到重要推动作用；大多数欧洲国家都有较完善的文化行政管理体制，与美国的"无为而治"不同，目前，出台专门性文化政策的欧洲国家已达27个；鼓励企业为传媒的发展提供各类帮助；注重对本土文化的保护。

3. 日韩传媒产业——政府主导、创新驱动

日本是亚洲传媒产业最发达的国家。日本的传媒产业已经成为其国民经济的重要支柱产业，2000年，日本传媒产业的市场规模为85.057万亿日元，约占GDP的17%。日本拥有一支成熟的知名传媒企业队伍和一批综合性的传媒公司。日本的动画、漫画和游戏三大产业占国际市场份额的1/3。日本是世界上报纸发行量和个人订报最多的国家。其取得成功的原因之一是通过"行政指导"引导传媒产业发展，行政指导是日本扶持产业发展的一大特色。政府依据国内外经济技术特点及其发展变化，通过提供各种信息、制定各种扶持和刺激性政策，来指导产业发展计划，协助产业界确立具体发展形式、规模和方向，协助企业达到国家的既定目标。此外，强化和完善产学研协作体制和官民合作研究机制，促进科技创新、加速科研成果转换和实现产业化是其取得成功的另一原因。

韩国传媒产业是亚洲传媒产业的后起之秀。韩国政府围绕着"培育创新能力，发展文化产业"的中心，出台了一系列的产业政策扶持传媒产业的发展，使传媒产业在经济发展中逐渐起到核心作用。韩国把以中国、日本为重点的东亚地区作为登陆世界的台阶，大力开发，促进出口。目前，韩国已经成为世界上公认的传媒出口大国。一种新的、注重设计的创新文化渗透到各个产业，逐渐把"韩国制造"推向"韩国创作"。

通过上述分析可见，发达国家传媒产业发展分为三个层次：

第一层次是作为世界传媒产业霸主的美国，其传媒产业的发展无论是微观企业、中观产业或宏观国家层面，都已经达到了"创造型竞争力"的形态。其传媒产业在整体上拥有强大的文化、科技创新能力，拥有强大的文化渗透、市场培植和市场占有能力，拥有强大的投入产出能力。

第二层次是欧盟各国，其传媒产业整体实力和竞争力略逊于美国，在文化创新能力、国家控制能力和文化渗透力方面表现突出，在某些行业如出版业可与美国比肩。

第三层次是亚洲的日本和韩国，其传媒产业起步较晚，并不具备整体竞争优势，只在某些产业形态上达到了"创造型竞争力"阶段，具有极强的

竞争力，比如日本的动画、漫画和游戏产业，韩国的网络游戏产业。在宏观国家竞争力层面上，国家控制力和科技文化创新能力更加突出。

（二）传媒产业发展共性规律

尽管各国发展传媒产业路径不同，但有着共同的内在规律。

首先，全球视角成为制定传媒战略的出发点。许多发达国家都将文化产业发展置于国家发展战略的高度，积极进行实践，并取得显著成果，如美国的"单极世界"、澳大利亚的"创意国度"、英国的"创意英国"、日本与韩国的"文化立国"等。

其次，文化渗透是传媒产业走向国际化的有效途径。文化渗透的方式主要有三种：一是通过媒体输出文化，如美国之音用42种语言对世界各地广播，日本广播公司（NHK）用22种语言向全世界广播，在广播新闻的同时，将本国的文化及价值观传播给受众。二是通过各种文化交流活动传播本国文化，例如，近年来外国"文化年"纷纷排队登陆中国，成为在"拥有13亿消费者"的中国市场占有一席之地的方法之一，几乎每年都至少有一个国家在中国"过年"，这种文化交流背后隐藏的往往是贸易利益。三是直接输出传媒产品和服务。

最后，政府扶持是促进传媒产业发展的重要因素毋庸置疑，发达国家传媒产业发展过程中，政府的支持起到了重大的甚至是关键性的作用。尤其对传媒产业的形成期和成长期而言，国家政策的制定与否、支持与否具有决定性的作用和影响。由于国情不同，政府对传媒产业的支持方式和途径也不同。经济强国如美国对传媒产业的支持主要体现在宏观战略方面，极力帮助本国的传媒产业向其他国家扩张。经济相对落后的如韩国，将传媒产业发展与其经济发展紧密联系在一起，倾国家之力扶持传媒产业。日本和韩国传媒产业发展的经验表明，政府对传媒产业的支持，决定了传媒产业发展的规模及在世界传媒产业的地位。政府对传媒产业最好的扶持方式，是从国际市场的长远发展出发，以一个能够立足国际传媒市场的产业为突破口，全力以赴支持这个产业走向国际市场。

第三节　传媒产业研究综述

笔者所选文献大多数来自核心期刊或CSSCI，且发表时间在近十年，大部分集中在2009—2015年，其中有三篇收录在中国传媒经济学科影响力排名前30篇论文。从传媒产业的功能，尤其是经济功能、困境与对策转型、发展趋势、新范式等方面进行综述。

一、基于经济学角度的传媒产业研究

施拉姆提出，传媒具有经济功能——它通过经济信息的收集、提供和解释，能开创经济行为，尤其是电子媒介参与建立了庞大的知识产业。他认为传媒是社会变革的代言者、国家发展的推进器。① 勒纳认为传媒是现代化的“奇妙的放大器”。罗杰斯则视传媒为个人和社会发展的“神奇的转换器”。② 喻国明指出传媒产业的经济本质是“影响力经济”。③ 包礼祥、周欢认为中国传媒产业具有制度演进、市场调节、三农服务、国际营销等功能。④ 喻国明认为传媒产业具有极大的复合经济效益：传媒核心产业横向集成、关联产业纵向集成和外围产业混合集成综合平台经济建设，有益于完善网络新型产业集群和服务体系平台价值，实现集成经济活动与商业价值转换功能，促进信息生产传播营销链集成与经济效益转化，催化传媒产业和其他产业升级换代。既满足了降低产品和服务成本的产业需求，又呼应市场竞争和产业用户及消费者复合需求，实践集成经济合作共赢平台规约，监督规避内部资源争夺、产业链重叠生产、价值链雷同内耗等现象。⑤

西安财经学院崔国平用排队计分法，分别对46家传媒产业上市公司的综合竞争力和财务竞争力进行评价，分析其资产规模与企业竞争力的关系。他认为，一些传媒产业上市公司的资产规模虽大，但没有发挥出应有的效益。为此，崔国平提出进一步深化体制改革、搭建多媒体平台、实现产品差别化、提高流动比率、加强国际合作、实现有效竞争等对策建议，以提高传

---

① 威尔伯·施拉姆，威廉·波特. 传播学概论 [M]. 陈亮，译. 北京：新华出版社，1984：155.

② 埃弗雷特·罗杰斯. 创新的扩散 [M] 辛欣，译. 北京：中央编译出版社，2002：177.

③ 喻国明. 影响力经济——对传媒产业本质的一种诠释 [J]. 现代传播，2003，(1)：1-3.

④ 包礼祥，周欢. 中国传媒产业在经济发展中的主要功能及其实现 [J] 江西大学财经学报，2013 (3)：116-120.

⑤ 喻国明，樊拥军. 传媒产业集成经济平台的建构——兼论集成经济下的复合经济效益 [J]. 当代传播，2015 (1)：57-59.

媒产业上市公司的竞争力。①

上海师范大学易旭明运用新制度经济学制度变迁理论，以中国电视产业制度创新为例，提出电视广告市场、节目市场需求增长导致了电视制度创新“行动团体”纯收益增加的预期，国内外制度环境变化则降低了创新政治成本，从而激发了“初级行动团体”的制度创新行为和“次级行动团体”的配合行为，这是改革开放以来各项电视产业制度创新的主要原因。②

陶喜红以传媒市场的垄断力量、市场壁垒以及市场边界的变化情况为考察对象，他认为中国传媒产业市场结构演变的趋势为：由行政垄断主导变为市场垄断与行政垄断共同发挥作用；市场边界由从产业分立向交叉融合方向发展；市场壁垒从刚性壁垒向黏性壁垒方向发展。③

近年来，新闻传播学界对传媒产业市场结构及其测量较为关注。陈蕾、李本乾的研究显示，中国传媒集团集中度较低，导致传媒产业过于分散，影响了传媒产业的综合实力和市场绩效。部分学者将传媒产业加以细分，探讨不同子产业市场的集中度情况。研究表明，从全国范围来看，报业广告市场集中度较低，属于竞争型市场结构；而区域性报业市场集中度较高，以寡占型市场结构为主；中国传统的电视市场集中度较低，而卫星电视市场集中度相对较高；期刊广告与发行市场集中度均很低，属于分散竞争型市场结构。陶喜红采用行业绝对集中度指标对中国传媒产业广告市场集中度进行了测度，指出中国传媒产业广告市场集中度处于较低水平，属于竞争型市场结构；报纸、期刊和广播广告市场集中度较低，属于分散竞争型市场结构；而电视和互联网媒体广告市场集中度较高，属于寡占型市场结构。④

李海燕、陈梦滢对中国传媒产业融资现状进行了分析：财政投资对文化传媒产业的投入不足，需加大力度；银行融资对于以无形资产为主的新兴传媒企业而言是难以企及的；上市融资是优质传媒企业的首要选择；产业投资基金和私募股权投资基金是传媒产业整合、发展的新力量。只有各方资金共

---

① 崔国平．中国传媒产业上市公司竞争力分析［J］．统计与信息论坛，2015（12）：84-88.

② 易旭明．中国传媒产业制度变迁的动因与机制——以电视产业为例［J］．上海大学学报（社会科学版），2014（5）：128-140.

③ 陶喜红．中国传媒产业市场结构演变的趋势［J］．中州学刊，2014（2）：168-172.

④ 陶喜红．中国传媒产业广告市场集中度研究［J］．新闻大学，2014（1）：117-124，53.

同推动，才能有效促使文化传媒产业健康发展。①

二、传媒产业的困境与转型研究

部分学者对传媒产业的发展困境给予了关注与分析。喻国明指出传统纸媒的衰落源于对互联网的认识误差及不开放的心态。彭冬梅认为传媒业经营单位众多，但是集约化程度不高，具体表现在传媒企业大多规模狭小、重复建设严重和效率不高；传媒媒介区域发展失衡，盈利结构单一化。② 王亚珍指出了电视传媒产业的发展困境产生的原因：一方面电视传媒产业属于知识密集型产业，无形资产的比例较大，因此难以从银行获得长期、大额贷款；另一方面电视传媒产业的产品具有自主创意性质，市场风险较大，盈利情况难以预期，因而也很难获得投资机构支持。③

针对目前全国各地按照行政区域组建的传媒形态融合成效有限的现状，喻国明指出其比不过互联网传媒公司的根源在于受条块分割的行政管理制约，人为分割全国市场和产业协同市场，产生诸多资源流动壁垒：以邻为壑、泾渭分明的区域性竞争博弈心态，禁锢不同传媒多方资源集成协同经济效益空间；传媒产业领域之内和区域之间业已形成“竖井理论”所批评的资源“井水不犯河水”，导致规模经济的集成协同效应难以发挥。④

许多学者认识到，互联网时代下传统的传媒产业的发展已经进入了瓶颈阶段，转型与融合才是发展的出路。崔保国认为互联网企业已成为中国经济发展的重要驱动力，媒体全面迎来数字化，基于此，他对传媒产业提出了整合移动端的数据的建议。崔保国认为大数据、社交媒体和移动互联网的巨大商业价值有望得以兑现，三者结合发展的模式或许会成为传媒产业的主流。⑤

---

① 李海燕，陈梦滢．中国文化传媒产业融资现状分析［J］．河南师范大学学报(哲学社会科学版)，2015（1）：66-69.

② 彭东梅．以大众文化为视角窥探传媒产业化之路［J］．传媒，2014（6下）：70-71.

③ 王亚珍．关于我国电视传媒产业获得金融支持的几点思考［J］．电视研究，2013（5）：63-65.

④ 喻国明，樊拥军．传媒产业集成经济平台的建构——兼论集成经济下的复合经济效益［J］．当代传播，2015（1）：57-59.

⑤ 崔保国．2013 年中国传媒产业的发展格局——兼论传媒的核心产业与关联产业［J］．新闻与写作，2014（5）：26-30.

郭全中认为我国互联网广告收入和互联网增速都远大于传统媒体，互联网巨头仍在高速发展。郭全中认为传统传媒业需要转型、区域化整合、基于“生态系统”的源创新、与科技融合、产业间融合。① 喻国明进一步指出，“互联网+”背景下传媒产业可以从媒体角色、生产、经营、定位、盈利模式五个方面转型和整合资源，从而实现要素、逻辑、基点、形式、模式的转变。传统媒体尤其是纸媒，在互联网逻辑下发展的关键是一切都要适应互联网，接受互联网的改造。传统媒体应着重实现两种转变：成为个性化传播和分众传播中标准内容产品的供应者；实现分享经济，构建众包生产的运营方式。② 崔保国指出未来十年将是传媒产业发展的黄金时期，未来传媒产业的发展趋势包括以下四个方面：内容类型化和渠道碎片化；传统媒体整合与转型；移动互联网重构传媒产业结构；媒体趋向多屏融合；“移动互联网+社交媒体+大数据”成为传媒产业的新发展模式。③ 此外，崔保国预测了传媒产业未来的新格局，指出移动互联网有可能成为构建未来传媒产业新格局的核心。

王亚珍从电视传媒产业、金融行业主管部门、金融机构这三个角度出发，给出了电视传媒产业融资渠道的建议。彭东梅以民族特色作为切入点，提出通过品牌的横向系列化和对外国际化扩张的横向系列化开展传媒产业化之路；挖掘具有中国特色的民族化传媒优势，进一步实现传媒价值的最大化；创新经营方式，重组或整合资源优势。④ 包礼祥、周欢从政府和宏观的角度出发，认为未来的传媒产业须加快政府职能转变、加速行业技术改造、加深人力资本开发、加大与国际接轨步伐。⑤

还有学者认为传媒产业的发展应依靠创新解决。北京大学的陈刚教授认为，我国传媒产业的发展瓶颈包括行政和市场双重规制、运营机制的僵化和

① 郭全中．互联网时代的传媒产业新趋势［J］．新闻记者，2014（7）：21-26.

② 喻国明．互联网逻辑下传媒产业转型升级的关键与发展进路［J］．新闻与写作，2014（7）：50-55.

③ 崔保国，何丹嵋．不破不立不止不行——2014 中国传媒产业发展趋势报告［J］传媒，2014（8）：15-18.

④ 彭东梅．以大众文化为视角窥探传媒产业化之路［J］．传媒，2014（6 下）：70-71.

⑤ 包礼祥，周欢．中国传媒产业在经济发展中的主要功能及其实现［J］江西大学财经学报，2013（3）：116-120.

新技术认知的偏差等，传媒产业要进行制度创新、运营层面的创新以及技术创新。① 肖叶飞、刘祥平认为传媒产业融合是在技术创新、放松规制、企业竞争合作、跨产业并购等多重因素共同作用下产生的，具有延伸产业链、节约成本、协同竞争、优化结构、创新产业等效应。我国要在剥离传媒可经营性资产的基础上，放松产业经济性规制，降低行业进入壁垒，通过并购与重组实现传媒产业融合，同时，防止垄断等市场失灵，完善公共服务和维护公共利益。②

三、传媒产业研究的新范式

GEM 模型是一种对钻石模型进行改进和优化，分析一定区域内产业竞争力的模型。马跃、许亚萍基于 GEM 模型对北京市传媒产业集群竞争力进行分析，认为北京市具备其他城市不可比拟的优越性和发展潜力。北京市的传媒产业链和产业集群发展还有发展空间，需要发挥大型传媒企业的吸附作用，制定科学合理的传媒产业发展规划和市场整合战略。用 GEM 模型分析地区传媒产业的发展是一种十分新颖的研究范式。③

向志强、汤青运用回归分析模型，考量技术因素对中国传媒产业发展的影响：报刊业技术和广播电视技术对传媒产业的生产能力、盈利能力和受众消费能力都有正作用，但对广告开发度没有影响；而网络新媒体技术对传媒产业发展中的各环节都有积极影响。④

高超选用了 Chris Bilton 的战略式创新范式，探索了传媒产业的创新路径与方法，构建了传媒产业价值链的战略式创新路径，阐述了通过大数据与“价值共创”的开放式创新可以驱动“价值创新”；“成本创新”与“数量创新”上遵循成本节约效益、网络效应与规模经济而获得竞争优势；“市场创新”上利用长尾理论占领利基市场，以及运用“众包”协作实现“边界

① 陈刚．三大创新助推传媒产业发展［J］．新闻战线，2012（1）：16-18.

② 肖叶飞．刘祥平传媒产业融合的动因、路径与效应［J］．现代传播，2014（1）：68-71.

③ 马跃，许亚萍．北京市传媒产业集群的竞争力分析［J］．新闻与写作，2014（8）：96-98.

④ 向志强，汤青．传媒产业发展中技术影响的实证研究［J］．现代传播，2015（5）：120-124.

创新”。①

本 章 小 结

从蒸汽时代进入电气时代，人类从未停止过探索的脚步。当我们悄然迈入 21 世纪时，依靠信息创造利润已成为新时代经济增长的主要手段。在众多产业中，传媒产业一枝独秀遥遥领先，正在蓬勃发展。传媒产业提供的有价信息和智能，极大地改变了人类的思维方式、行为方式和经济活动方式。从中国特色社会主义的特殊国情来看，作为一种有影响力的嵌入到社会系统结构各个领域与发展环节的有机组织，传媒既作为文化内容产品和信息服务的重要生产者而存在，又是资源和环境的消费者，同时还在很大程度上充当着社会风险和矛盾的分解者。这种多元化的角色与功能，使传媒本身的生存和发展同社会大系统的其他组织结构与实践主体之间，结成一种既相互依赖又互相制衡、既相互竞争又合作共生的特殊关系，并以能量交换和要素流通等实践范式表征为传媒发展演进中的不同生态占位。

① 高超．传媒产业价值链的战略式创新路径［J］．中华文化论坛，2015（7）：35-42.

第二章　传媒产业基本理论

近年来，随着国家经济体制的深刻转轨，传媒界发生了翻天覆地的变化。传媒界从单纯强调政治宣传的事业单位，被迫“断奶”，走向市场。很多媒体开始尝试包括广告在内的多种经营，也有意识地挖掘和培养自身作为独立产业的潜在价值。

传媒产业强劲的发展势头不仅打造了文化产业新的经济增长点，带动了其他相关产业的繁荣，还有利于经济结构的调整，但资源配置的全球化和媒介技术的日新月异对传媒产业的持续发展提出了新挑战。传媒产业内部子产业之间过去那种“各自为战”的模式已无法在竞争激烈的市场环境中占优势，在提高传播效率、扩大传播影响、获取丰厚利润的共同追求下，各子产业之间的合作交流日趋频繁，通过优势资源互补提升信息质量，通过先进技术共享加快工作效率，媒介融合的步伐越来越快。

媒介融合是媒介之间的相互渗透和影响。从积极的角度出发，这有利于媒介优势资源的共享，为各类媒介取长补短、共同发展提供了可能。但不利的是，有可能带来媒体之间的过度依赖，一方面导致更为严重的同质化现象，另一方面使媒体忽视对自身短板的开发，从而降低抵御风险的能力。所以，要弄清楚传媒产业价值链上的各类环节哪些需要紧密依存，渗透得越深越广越有利于各自发展，而哪些又因为相互排斥而需要合理协调与其他产业的关联度，以此来加快中国传媒产业的发展，提高我国的软实力。

第一节　价　值　链

一、价值链概念与价值活动

（一）价值链概念

1985年，美国哈佛大学商学院迈克尔·波特在《竞争优势》中首次提出价值链概念。价值链是企业为客户等利益集团创造价值所进行的一系列经济活动的总称①。价值链中，价值的概念对于顾客而言，是产品的使用价值；对于企业而言，指产品能为企业带来销售收入的特性。企业要生存发展，必须为股东、客户、职员等利益团体创造价值。企业价值创造的过程可以分解为设计、生产、营销、贸易，以及起辅助作用的一系列互不相同但又相互关联的经济活动，可称之为“增值作业”，其综合构成企业的价值链。价值链在经济活动中无处不在，上下游关联企业之间存在行业价值链，企业内部各业务单元的联系构成企业价值链，企业内部各业务单元内部也存在价值链联结。基本价值链如图 2-1 所示：

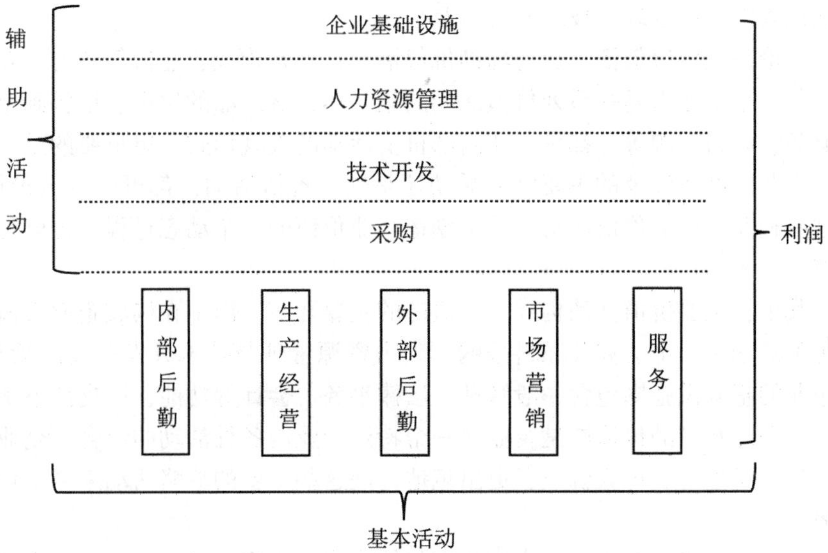

图 2-1　基本价值链②

（二）价值活动

在迈克尔·波特所列举的一系列价值活动中，有一些价值活动在任何产业竞争中都需要进行，主要涉及产品实体的创造、分销、配送，以及售后的支援与服务性活动，称作主要价值活动。主要价值活动有以下五种类型：

---

① 卢明华，李国平．全球电子信息产业价值链及对中国的启示［J］．北京大学学报，2004，7（4）：63-69.

② 迈克尔·波特．竞争优势［M］．北京：华夏出版社，1997：37.

内部后勤：与接收、存储和分配相关联的各种活动。

生产作业：与将投入转化为最终产品形式相关的各种活动。

外部后勤：与集中、存储和将产品发送给买方有关的各种活动。

市场与销售：与提供一种买方购买产品的方式和引导他们进行购买相关的活动。

服务：与提供服务以增加或保持产品价值有关的各种活动。

除了五种主要价值活动之外，还有四种辅助价值活动。辅助价值活动是指那些通过提供外购投入、技术、人力资源以及各种公司范围的互动支持，以确保主要价值、活动顺利进行的活动，这四种辅助价值活动包括企业基础设施、人力资源管理、技术开发以及采购。

无论是主要价值活动还是辅助价值活动，都是构成企业价值链的主要内容。每一个企业都是一系列价值活动的集合体，从产品的生产、销售到企业的财务、人力资源等，都是企业内部价值活动的表现形式。更重要的是，无论是企业内部所涉及的主要价值活动还是辅助价值活动，都可以创造价值，而这些相互关联的价值活动构成了创造企业价值的一个动态过程，这就是价值链。

其中，主要价值活动构成了价值链的主要环节，但是在构成企业价值链的每项活动中，都会涉及原料采购、人力资源管理与技术开发等辅助活动，而企业的基础设施则包含一般管理、法律事务、会计等功能，以支持整个价值链。一定水平的价值链是企业在一个特定产业内各种活动的组合，企业正是通过比竞争对手更廉价或者更出色地开展这些重要的战略活动来赢得竞争优势。

价值链的概念源于企业应该站在整体战略的高度，从总成本的角度综合各个价值环节，整体考虑其经营效果。而与竞争对手的价值链进行比较将揭示两个企业竞争优势的差异所在，这种差异的比较，往往会形成企业独特的竞争优势。

如果从整个产业的角度来考虑，则企业的价值链深藏在一个更大的活动群中，企业原来的基本价值链成了联结上游供应商、中游生产商和下游分销商的一个更复杂价值链条中的一环，这个复杂系统被迈克尔·波特称为“价值系统”。这个价值系统往往由不同企业组成其中的各个环节，价值从上游环节开始向下游环节流动，并不断增加附加值，最终流到系统外部，向用户的方向流去。

而如果一个企业集团涵盖了价值系统中的各个环节，其中很多环节将大大缩减，成本大大降低，系统也将显得更加简单扁平。通过整合，供应商、生产商、渠道商共同属于一个企业集团，由于共同的公司总部存在，不同的价值链之间能共享某些价值活动。按照迈克尔·波特的价值链理论，共享一项价值活动增强了该活动的生产能力。共享是一种取得规模、加速学习曲线下降或者在某一产业界限之外充分利用生产能力的途径。①

比如一个经过纵向整合，涵盖供应商价值链的企业集团的价值系统，由于可以在管理和交易的环节共享价值活动，商品在价值链上的流量可以通过管理进行协调，使价值链的生产和分配过程中涉及的设备和人员得到更好的利用，从而提高生产效率并降低成本。另外，价值链中的现金流动也会更平稳可靠，付款更为迅速，这是价值链在降低成本方面的优势。同时，价值链也可以确保企业集团产品或服务实现差异化。通过价值链系统内部复杂的共享价值活动，形成独有的内部价值流动结构，企业的差异化服务不容易被竞争对手模仿，这就是结构竞争相较于规模竞争的竞争优势。

二、传媒产业价值链的理论

相对于普通产业来说，传媒产业是通过采集、加工和传输行为，向受众或特定的传媒消费者和广告主提供信息服务的众多传媒个体所构成的庞大的集合体。传媒产业的特殊性在于传送的商品为信息产品，传媒信息产品与普通产品一样，也处于一个价值流动的链条中，这个价值链同样是一个系统内部的价值共享结构。把握价值链上的各个环节复杂的价值流动结构，将有利于从一般到特殊来理解传媒产业。

哈佛大学商学院著名教授迈克尔·波特曾提出“价值链理论”：任何一个组织均可看做由一系列相关的基本行为组成，以技术为基础，以提供能满足消费者某种需求的效用系统为目的，具有相互衔接关系的资源进行优化配置和组合。其包括三个方面：首先，产业价值链是一种相关资源的组合；其次，这种组合不是无序的，而是要求围绕着某项核心价值或技术来加以优化和提升；第三，对于产业价值链是否优化的判别标准应着眼于是否最大限度地实现其资源的全部价值，即优化的标准是着眼于整个“结构”和“系统”。

传媒产业价值链意味着我国传媒业未来的发展有一个巨大的经营重点转型，即从过去个别的“点”式经营重点，进入到规模化的媒介集团的“结

① 迈克尔·波特．竞争优势［M］．北京：华夏出版社，1997：105.

构”型经营重点。

传媒产业价值链内部包括媒介信息产品的生产、加工、传播、推广、提供附加利益等各个步骤。随着产业链的价值传递即价值链的运作，价值链上的各个环节的相互合作与协调发展，能够实现资源最大化利用与效益最大化输出的健康有效商业模式与合作模式。

也有学者认为，成熟的传媒产业价值链应该包括广告公司、发行公司、发行监测机构、收视收听监测公司、广告监测公司、节目制作公司和其他配套服务商，以及产业链上各个部分的人力资源供应。这种定义包含主要价值链和辅助价值链，下文中提到的传媒产业价值链偏向于分析主要价值链。价值链理论主要阐述了组织行为的“结构”意义，作为单个组织而产生的商业行为，总是从属于一系列行为和一个整体系统，而不是孤立的。

三、传媒产业价值链的结构与特征

传媒产业价值链是通过各环节的优势互补、资源互换，而达成的由各种要素和资源共同构成的整体关系。

如图 2-2 所示，媒介市场有内容生产与销售、媒介平台、发行系统和传输网络、广告客户与广告公司、受众调研公司，以及所有这些组织最终的消费者——受众。在纵向一体化商业模式下，出现了在以上各个环节几乎都具有竞争力的大而全媒介集团的同时，也出现了一些专业化的媒介组织，这些公司在媒介产业价值链的某一个到两个环节具有高度竞争力。下面简单介绍一下传媒产业价值链上的各个环节。

媒介平台是所有环节中最重要的一环，无论是意识形态属性还是产业属性的实现，都要通过播出平台实现，其承担着搜集受众注意力的重要职能。这个环节必须拥有国家颁发的播出许可，取消四级办电视后，目前中国的播出平台主要由央视、各省级台、各城市台与少量外资电视台构成。

网络平台，又被称为发行网络，现在大部分掌握在与电视台有紧密姻亲关系的有线网络手中。随着广电总局提出的下一步发展规划，家庭可以直接接收的无线网络与卫星网络也将更多地被使用。而借着信息产业发展的东风，电信类、IT 类企业也日益介入媒介产业，如当前流行的网络电视、IPTV 等，都是其他信息类产业凭借自己所拥有的有线网络和无线网络，将触角伸入媒介产业的网络平台环节，并与上下游环节进行合作的典型案例。网络播出许可证相对容易获得一点，而手机播出目前还没有牌照的限定。

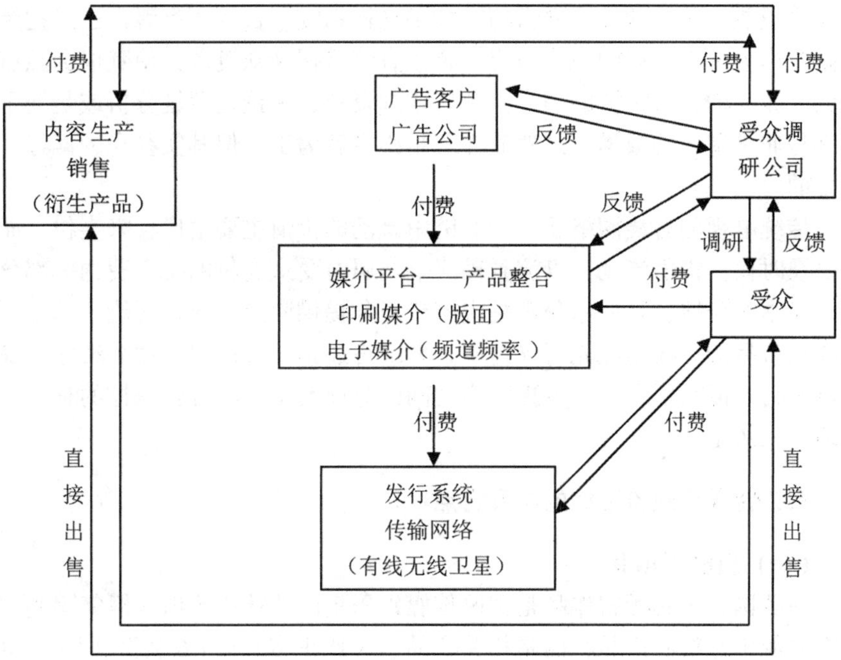

图 2-2　传媒产业价值链结构图①

对于电视媒体来说，内容生产销售主要是由影视制作公司、节目发行公司等进行，设备提供商是电视机和电视网络硬件的生产商。内容提供商与播出平台尚未完全分离，电视剧、娱乐、体育等节目市场相对比较成熟，已经基本独立于电视台运营。

广告公司与广告客户是电视台的重要收入，关系着电视台经营与运作的经济命脉。在竞争激烈的媒体市场中，广告资源成了买方市场，广告经营尤其显得重要。企业推广与销售必须发展成为客户的成长伙伴，真正做到增加客户的市场份额，提高明确的投资回报。所以现在电视台的广告经营，都不断地向全方位的服务和行业研究发展。

传媒产业的受众调研公司主要是收视调研公司，目前主要有央视 CSM，通过提供收视数据，帮助广告客户与媒体自身做到监测与预测。

受众处于产业价值链的终端，受到价值链上任何一个环节的影响，却没

① 胡正荣．外国媒介集团研究［M］．北京：北京广播学院出版社，2003：5.

有直接与任何一个环节接触。因为受众就是潜在的消费者，所以任何一个环节都希望能与受众的关系更密切。数字电视系统平台的所有者，已经把受众数据库作为大力发展的一块内容，希望直接掌握受众资源，使其成为独有增值点。庞大的、高价值的用户群及其详细资料，无论是营销分析或是转手出售都是非常宝贵的数据。虽然业界总是称内容为王，但其实受众的偏好是最重要的。

传统电视的有线网络下，产业链中流动的价值主要由广告来支付。而数字电视时代，价值流则一直流到最终端，届时受众支付的视听费的一部分是网络成本的分摊，另一部分则是内容或服务提供商的分成。可能这部分利益在购买节目的时候已经先行支付了，但最终还是通过用户支付来转嫁。最终播出平台、网络平台、内容提供商之间的分成关系，由各自掌控的整个系统的环节来决定。

四、传媒产业价值链的发展特点

（一）价值下游化

在美国，虽然版权作品是美国传媒娱乐集团的核心价值，但集团利润的主要来源不是核心产品，而是相关产品。其比重多在4∶6甚至2∶8，也就是说价值在往产业下游转移。

比如好莱坞已经完全战略转移：电影工业20%的总收益来自于银幕营销，但相关产品的开发收入已有40亿美元之巨。在中国虽然版权作品相关产品的开发不够，但这将是未来中国本土影视产业的发展态势。

（二）垂直联合

垂直联合能够把内容和传播渠道结合在一起，如果一家公司能够控制这两大要素，就能宣传自己的内容，并控制用户接触对手的内容，而且这也能增强自己讨价还价的能力。美国的迪士尼就成为了垂直联合并进一步将创新性业务转化为品牌管理的先驱，它把《狮子王》《玩具总动员》等动画片发展为利润诱人的产品系列。而在中国，影视行业中并没有形成一批从市场中打造出的龙头企业。

（三）注重核心价值

拥有核心价值、抓住大众喜闻乐见的版权作品，开发产业价值链条。如商业电影是美国传媒娱乐集团的支柱，因为电影产业是“火车头”产业，产销电影可以在院线放映，可以在电视网播放，还可以产生相关音乐、主题公园等。

(四) 产业日益集中

日益激烈的市场竞争，迫使各大影视集团兼营部分不同性质、不同层次运作模式的产品，如印刷传媒、音像制品、广播影视，以及对同一产品上下游市场进行充分利用和开发相关产品。

(五) 注重创新

影视行业的生存法则就是创新、创新、再创新。谁也不敢保证自己就是竞争场上的常胜将军，谁也难以做到垄断和控制整个局面。当今世界日新月异，电影、电视剧作品琳琅满目，消费者的喜好也是变化多端，而持续地创新和抢得先机，对于影视企业至关重要，如果不想被竞争对手打败就必须开发新产品。影视企业还需要时刻抓住新生代即“消费示范族”瞩目的焦点，站在时代浪潮的尖锋，赶在同行最前面，敏锐做出调整，只有这样才能建立高价值的，而且让竞争对手无法仿制与套用的品牌资产。在娱乐经济时代，随波逐流 、步人后尘的跟风企业获利空间将非常有限。

(六) 规模效益至关重要

对影视行业来说，向1 000万用户传送内容的成本与向500 万用户传送没什么区别，一旦电影电视节目的成本收回了，每增加一个受众都能增加利润。当前，影视行业已经发展到了一个规模化竞争的时代，规模化竞争对资本市场准入以及获取有效回报有了一个资金介入的门槛，即规模化门槛。今天影视行业竞争的态势，已不在于单个影视资源本身的配置，而在于更大层面上的配置以及集团化的竞争，没有规模就没有生存的余地。

五、传媒产业价值链的整合方式——以影视产业为例

近年来，中国传媒产业价值链发生了很大变化，尤其是中国影视业，影视业市场化、集团化成为主流。目前影视企业间的竞争日益加剧，其趋势主要体现在规模化、差异化和智力化竞争几个方面。随着竞争强度加大，企业在组合资源方面较倾向于在更高层面上组合资源，以集团化的建构为主流形式的合作、联合，将成为我国影视产业未来的生存发展模式。在竞争压力下，资源互补、价值衔接、市场共享的各类合作方式将成为中国影视市场的一道风景。

(一) 系列化方式

所谓系列化方式，是指在同一层次上实现平面联合，如一个总的影视公司下面有若干个子影视公司。系列化模式是影视集团的较为初级的形式。系列化的影视集团主要利用同一层次上的专业经验、资源和设备，在某一领域

形成规模效应，但最大的问题是其资源的规模化利用效率比较低。由于构成集团的子系统处在同一类别层次，因此，在内容资源使用上，就有一个排他性的问题，不然就会出现简单重复的问题。此外，单一层次的影视集团没有形成市场影响力和社会影响力的立体化建构和覆盖，而且在一体化传媒集团面前体现不出整体竞争优势。

（二）一体化方式

所谓一体化，是指在不同层次上实现立体联合，如由电影、电视、广告、艺人经纪、影院院线、音乐公司等多种形式构成的影视集团。这有利于集团在价值链条上进行资源的配置优化、提高效率、增强核心竞争力。一体化有两种形式：产业链的下游环节向上游环节扩张的后向一体化，比如影院院线行业向电影行业渗透；另一种是产业链的上游环节向下游环节渗透的前向一体化，这和后向一体化正好相反，如电影、电视行业向影院院线行业渗透。如果一家影视集团实现了纵向扩张并进行了良好管理，就能把创新业务转化为品牌管理，形成以这个品牌为核心的一连串利润增长点。一体化模式是现代影视集团的主流形式，一体化的影视集团在资源利用效率、管理成本和抵御风险方面有着无可比拟的优势。

（三）多元化方式

所谓多元化，是指影视集团的资源链接已超出影视集团及其附属产业本身，向其他行业扩展，在更大的行业范围内寻求有助于自己“做大做强”的资源，并结合成命运共同体。多元化不是无序扩张，而是有序扩张，是相关行业的开发，进行价值链链接使其增值。

（四）混合化方式

所谓混合化，是指影视企业集团化的过程中，兼有系列化、一体化、多元化的方式和跨行业的集团。在影视企业集团化过程中，有的影视企业是根据情势和资源，发现新的增长点即可开始项目，大多数影视集团是混合发展的结果。

（五）资本化方式

所谓资本化，是指一家影视公司手中掌握巨额资本，通过上市、兼并、收购、合资等方式控制数个公司，以最快的方式获得产业资源，形成产业集团。资本追求的是投资价值，要搭建一个资本增值的平台或提高行业准入门槛，从而获得整体竞争优势。

实践中，五种模式根据具体情况表现不同，也有集团多种模式并用。传媒产业价值链整合的效果一般有以下几个方面：

第一，使产业链有多个支撑，业务结构合理，产品定位分工明确，不把鸡蛋都放在一个篮子中。例如，华谊兄弟传媒集团旗下有影视制作公司、电视剧制作公司、艺人经纪公司、影院公司等，这些公司各自有明确的市场占位。

第二，资源集中，配置优化，形成竞争优势，增强实力，产生规模经济效应。

第三，相关行业链接，资源利用率大大提升，与非集团化相比，经营成本降低、交易费用减少、效益倍增。

六、中国传媒产业价值链的构成

当传媒产业内的分工因社会生产力的发展不断深化、细化，传统传媒产业中以一个企业为主导、“一家独大”式价值创造模式已经不再适应社会经济发展水平。于是，传媒产业内部分化出了多个企业分工合作的价值活动，并且这些看似独立的企业之间相互依存、相互补充、环环相扣，有机地衔接成一条上下游位置关系明确的“链条”，这些被串联在同一链条上的企业相互促进、共同创造价值。简单来说，即在某一产业内，以某项核心价值或技术为基础，围绕某种特定产品的生产，或以提供某种服务满足某种需求为目的涉及的上下游链条关系，就是通常意义上的产业价值链，这种上下游的链条关系具有相互衔接、有效促进资源优化配置等特征。

（一）报纸产业价值链的构成

任何媒介的产业价值链都是以提供信息商品为主的价值增值链。对于报纸来说，提供“信息”是其无可争议的首要任务，报纸产业价值链上的各项环节要实现价值增值，都必须围绕“信息”来做文章。通过删除、分类、编排、整合、营销等一系列加工工作，最终将信息产品传送给广大受众。

中国报纸产业经历了一个从无到有、从小到大的演进过程，报纸产业价值链也经历了从最初的传统产业链，到现在“立体产业链”的进化过程。在中国报纸行业还没有形成一定规模的产业之前，传统报纸产业价值链结构比较简单，主要包括内容生产方、渠道销售方、获取受众等几个“粗犷”型环节。内容生产方既包括提供信息源的记者、通讯员等，也包括对信息进行生产制作的编辑、美工等。报社记者通过采访，向报纸编辑部门提供新闻稿件，编辑部门对原始的新闻稿进行编辑整理、排版组稿处理后，送到印刷部门照排制版、印刷成报，最后通过邮局发送。

随着社会经济水平的提高，中国报纸产业逐渐步入报业集团的组建以及集团化运作的时代。① 这一时期，政府不再向报社提供财政拨款，报业集团引入市场竞争机制。众多报社主动尝试多种经营，对集团化运作的积极探索就是报业集团争取规模竞争力，实现两个效益最大化的根本方式与途径。要充分发挥集团的规模竞争优势，就必须对报业集团的产业价值链进行有效拓展和重塑。部分报业集团重视内部产业价值链的塑造，它们的常规做法是将整个报业集团的产业价值链看成一个母环，集团下的单个报纸视作母环上的单元构成，重视单个报纸自身内部价值链的打造。即在母环价值链上又形成多个结构相对简单的子环价值链，子环的运行、构建原理同母环基本趋同，都是围绕采编、发行、广告这三个方面来促成内部资源优化配置，子环价值链不断的价值创造活动，带动和促进了母环价值链的价值创造。如此，报纸产业的产业价值链就变得复杂多了，拓展了报业集团化运作的空间，促成了报业集团内部的优化效应，达到了社会效益与经济效益最大化，全面提升了报业集团的行业竞争力。部分实力雄厚的报业集团更加注重报业与其他相关行业产业价值链的构造，这里的相关行业可以是与报纸同属于文化产业的其他行业，也可以是抢滩“资本之船”的文化产业以外广泛链接的产业。比如近些年来，部分报业集团不断将产业价值链的下游往外延伸扩展，不断扩大集团经营覆盖面，将产业价值链延伸到酒店、旅游、房地产等高回报产业领域。由于报纸有着得天独厚的品牌优势，只要运营得法，通常能实现集团规模与效益的快速激增。

总之，当报纸进入集团化运作后，其产业价值链就不再是原始状态下的单元构成了，而是多个环节、多根链条相互补充、相互融合的循环联动。

随着互联网技术的快速发展，新媒体的强势崛起对传统媒体形成巨大冲击。为了适应信息时代的发展变化，守住报纸产业的“一亩三分地”而不被新媒体蚕食，报纸产业需要对现有的产业价值链进行更深层次的开掘，报纸产业立体产业价值链应运而生。所谓立体产业价值链，依然紧密围绕内容生产这一核心产业价值链，在这一基础上开发出更多的微产业链，比如说渠道链、品牌链等。渠道链使报纸可以很好地利用网络、手机等新媒体技术，打造相应的网络传播产业链、手机传播产业链等，以此来实现信息更快、更广的传递。内容传播渠道的单一严重影响着报纸覆盖率、影响力的提升，也制约了报纸盈利模式的多样性发展，有针对性地打造报纸产业立体产业价值

① 罗建华．报业集团化运作创新：打造价值链、品牌链、产业链［J］．新闻战线，2003（4）：34-36.

链为报纸多点盈利提供了有力保障，也是报纸产业在网络信息时代的制胜策略。

（二）图书出版产业价值链的构成

与报纸一样，图书出版也一度属于意识形态功能至上的行业，是党和政府的喉舌，是舆论宣传的工具。

例如，在计划经济体制下，国家会给出版社下达既定的出版任务，新华印刷厂完成印刷工作后，经由新华书店销售，这一时期的图书出版被称为出版事业，完全没有表现出产业属性。全国第一家报业集团——广东日报报业集团的组建时间为 1996 年，直到三年后的 1999 年，中国才有了首家出版改革试点集团——广东省出版集团。

如果将集团的组建视为新闻出版行业产业化运行的标志，那么当报纸产业已经将产业价值链延伸到文化产业以外的行业时，图书出版产业价值链才开始组建。① 三年的迟滞发展，使得图书出版产业价值链无论是在媒体地位还是产业规模上，都远不如报业。其中还一个突出的原因表现在，图书产业的产业特征天然地将广告这一有着巨大价值增值空间的环节排除在产业价值链外，这一缺陷严重制约着出版产业价值链的操作平台与发展空间。

图书出版产业价值链分为广义和狭义两种。狭义的指传统纸质图书出版产业价值链，广义的内涵更多，除了传统纸质图书出版产业价值链，还包括电子、网络等出版产业价值链。② 从计划经济时代到现今电子科技迅猛发展的社会，出版产业价值链的建设与成长一直围绕着出版、印刷和发行这三个基本环节。简单来说，出版产业价值链可以定义为，以“出版—印刷—发行”为基础环节，且具有连续追加价值关系的出版关联企业组合而成的企业联盟。这种企业战略联盟关系正是图书出版产业价值链最为显著的特征，各类出版关联企业因具有连续追加价值的关系而加入联盟。这种以企业联盟形式组成的出版产业价值链，其主体具有鲜明的独立性，产业价值链上的各个环节是相对独立的出版关联企业，这些企业虽然都分布在出版产业价值链上下游的各个环节中，但它们的关系是独立于市场主体的战略联盟，有别于同一出版企业的纵向一体化经营。因而不管经营者制定怎样的策略来实现出

① 翁昌寿．中国出版产业链理论构想与现实操作［J］．编辑之友，2003（3）：4-8.

② 程肖芬，于航．论图书出版产业基于价值链特征的经营策略［J］．现代财经，2009（9）：93-97.

版产业价值链的增值，通常都会着眼于加强产业价值链上游位置的发行环节，在打造好传统发行渠道的同时积极将产业价值链延伸到网络发行平台。

出版产业价值链上的出版、印刷、发行三大基本环节，是完全按照自身的目标使命来确定产业链上的位置与地位。虽然这些环节之间相互联动、相互制约，但价值的增值能力与盈利水平却存在较大差异。图书出版产业价值链是典型的资源导向型产业链，最重要的内容资源完全掌控在出版环节的企业中，其余印刷与发行环节，其价值创造活动基本都由出版环节来调控，处于绝对的被动从属地位。因而，出版环节牢牢占据着产业价值链的高端地位，而印刷与发行环节则处于相对的低端位置。

（三）电视产业价值链的构成

从世界传媒产业的历史进程来看，作为信息时代产物的电视产业还只能被称作新兴产业。西方发达国家的电视产业兴起于20世纪80年代，中国电视产业的发展，起步于1983年中央制定的“四级办电视”方针，那时的发展方式是粗放型的，经营格局也是单兵作战的“点”式经营。面对生存环境的转变，电视产业价值链的基础结构、构建环节以及价值流向都发生了深刻变化。

电视产业价值链可以定义为：电视产业集团内各种价值活动的有效联结，这种联结的组成和有效联动就是电视产业价值链。一个完整的电视产业价值链应该包括产品的创意设计、生产制作、播出发行、广告投放等多个能实现价值增值的关联环节。在新经济条件下，电视产业步入转型的关键时期，其产业价值链可以更准确地表述为：围绕电视节目的生产，以电视、报纸、广播、杂志、图书、光盘等为发布渠道，以策划、制作、发行、广告以及相关和非相关产业开发为工业流水线的商业价值运作体系。通过研究电视产业价值链的结构框架与内在运行规律，可以发现这一系列环节除了上下游的有机联动与沟通融合外，还在围绕节目产品这一核心元素不断沿横向和纵向两级延伸。这种延伸不仅包括电视产业的相关性多元化延伸，比如品牌栏目的价值延伸、电视剧的运营等，也包括一些非相关性的多元化延伸，比如酒店、房地产等领域的资本运作与资源整合。

在传媒产业化经营不断发展的趋势下，电视产业的进一步分化与整合成为必然趋势，更深层次的分化和更广领域的整合都成为可能。针对电视产业价值链，进一步的分化能为其环节的构建带来更多专业性服务公司，比如近些年兴起的独立调研单位、独立媒体监测单位等。这些单位作为数据服务商，为媒体和广告公司提供最新最全也是其最渴望获得的受众反馈信息，以便它们根据市场的需求来及时调整经营策略，实现双重效益最大化，推动电视产业市场化运作的良性循环。更广领域的整合则表现在营销领域，可以将产品的开发设计、定价、销售策略甚至广告计划接触点的管理等，打造成一个整合营销的传播系统。

近年来，中国电视产业实现了较快的发展，但仍面临着产业价值链盈利模式单一、产业价值链各环节联系不紧密、海外市场拓展乏力、资本供血不足等缺陷，其中又以产业价值链盈利模式单一表现得最为突出。众所周知，中国电视产业的盈利模式目前主要还是依赖广告投入，这种对单一模式的依赖既是电视产业进一步扩大产业规模的瓶颈，也是电视产业价值链不断完善的软肋。实质上，电视节目一直都是电视产业的核心，没有好的节目产品，价值产业链也就成了无源之水、无本之木。① 如果不重视节目内容环节的价值创造，而是继续依靠广告环节的价值增值，在新经济条件下，必然会影响电视产业的抗风险能力和盈利创收能力，更为不断研究和推进电视产业价值链的重构提出了难题。

（四）网络产业价值链的构成

网络产业是整体宏观形势最好、发展速度最快的传媒产业。这一方面得益于国民经济的向好有力拉动了互联网经济的增长，另一方面也是因为国内互联网发展政策保持了一贯的积极稳定性。2010 年 1 月，国务院决定加快推进电信网、广播电视网和互联网三网融合，三网融合是互联网技术不断演变和发展的必然结果，也是中国网络产业发展的趋势。计算机网络方向的专业人员通常将三网融合下的新网络称为“下一代网络”，网络产业价值链实质就是三网融合的网络分成模型下传统网络产业链各项价值环节与节点的重新组合，新组合的产业价值链既有从传统产业价值链中整合的环节，也有新加入的细化环节。

三网融合实现了电信、电视和数据业务的统一，是一个将有线、无线合一的网络构架。从功能上说，三网融合分为接入层、传送层、控制层和业务层四个层面；这四个层面主要提供三个方面的业务，分别是传输层业务、承载层业务和业务层业务。

传输层是网络的物理基础，除了提供网络物理安全保证外，还担负着业务承载层节点之间的连接功能，因此，传输层提供的传输业务对应到网络产

---

① 翟红．打造中国电视产业链，开拓电视经营新思维［J］．现代电视技术，2009（7）：98-100.

业价值链中就是网络运营商所承担的功能。从网络产业价值链的原始形态到今天，网络运营商一直都是产业价值链中的主导者，但在传统的产业价值链中，运营商关注的重点是网络容量的扩张，而在三网融合的复杂模型下，为了满足业务层提供的大量信息和娱乐业务的需要，运营商开始将重心转移到更多业务的开发和更快网速的提供上。网络运营商在整个产业价值链中所承担的任务就是要将所有的网络服务进行整合，然后统一提供给受众，它是产业价值链能够正常运转的基础，能为网络产业中的各种业务提供一个优质且适合它们发展的土壤。

承载层业务是指基于分组的网络，提供分组寻址、统计复用及路由功能，通俗一点说，就是为互联网客户提供宽带专线或者各类制式的互联网接入与承载业务。这一类业务的主要承担者是产业价值链上的服务提供商以及系统集成商。服务提供商可以狭义地理解为各种形式的网站。网站要上线经营，实现有效运转，首先就要租用运营商的网络，然后将内容提供商生产的内容产品传递给受众，为受众带来便捷、个性化的网络体验。在成熟的三网融合技术下，网络的体系结构将更加灵活，业务引擎技术也会更加成熟，在此条件下，服务提供商可以推出更多灵活方便、高效及时的业务和应用。同时，业务的部署与运行成本也将得到有效降低。系统集成商在网络产业价值链中角色重要、位置关键，可以预见的是，随着三网融合技术的推广运用，系统集成商的地位将在产业价值链中表现得更为突出。因为在传统网络中，不仅业务模式简单，业务种类也很单一，而三网融合的一个显著特征就是带动了业务种类的繁荣，为了共享这些业务，受众可能会被迫装载更多设备，如果想要免除这一繁杂的程序，就需要系统集成商不断地更新升级来更好地整合这些业务。系统集成商环节有巨大的价值增值空间，代表着未来网络产业价值链上高价值丰度的上游发展方向，微软和苹果等行业巨头也都格外看重这一块技术的研发，盛大公司推出的“盛大盒子”就是这方面的先进成果。

业务层业务是整个网络模型中提供业务最丰富、最重要的层面，这一层面对应产业价值链的内容提供商环节。很多时候，内容提供商都是产业价值链上的核心，没有内容提供商，整条网络产业价值链就是无本之木、无源之水。如上文所述，专业的内容提供商会以买断或者按比例分成等盈利方式将自己生产的内容产品提供给服务提供商，这些内容产品通常表现为丰富多样的语音、数据、音乐、视频等多媒体业务和应用，服务提供商将这些内容产品传播给网络受众，供网络受众享受和体验，满足他们的需求。在三网融合背景下，内容提供商的数量和种类变得越来越多，甚至受众自身也成为了内容提供商。受众最初只是整条产业价值链上靠近末端的一个环节，只是单纯的业务接受者和信息使用者。一方面由于网络技术的快速发展，另一方面由于受众需求的个性化变异，受众与受众之间的内容传输、业务交流不断增多，逐渐发展成小规模的群体，而基数庞大的小规模群体通过数据共享的纽带形成了更大意义上的用户群，用户群成为实实在在的内容提供者。

网络产业价值链上还包括网络设备制造商、终端设备商、消费电子厂商、广电部门、监督部门等更多的环节，甚至连房地产开发商也成为网络产生价值链中一个独立的环节因素。①

第二节 供 应 链

一、供应链的基本概念

供应链的概念最初是以供应链管理的形式出现在 1983 年和 1984 年《哈佛商业评论》的两篇论文中。供应链管理是指对整个供应链系统进行计划、协调、操作、控制和优化的各种活动和过程，其目标是要将顾客所需的正确产品（right product）能够在正确的时间（right time）按照正确的数量（right quantity）、正确的质量（right quality）和正确的状态（right status）送到正确的地点（right place），并使总成本达到最佳化。供应链的定义是以完成从采购原材料到制成中间产品及最终产品，然后将最终产品交付用户为功能的，由一系列设施和分布选择形成的网络。一个供应链是一系列过程，其中一个过程补给下一个过程。最简单的供应链是一系列单向过程，能有效地降低成本。

形象一点，我们可以把供应链描绘成一棵枝叶茂盛的大树。供应商、制造商构成树根；独家代理商则是主杆；分销商、零售商是树枝和树梢；满树的绿叶红花是最终用户。根与主杆、枝与杆的一个个结点，蕴藏着一次次的流通，遍体相通的脉络便是信息管理系统。供应链包括了从原材料到产品到达最终消费者的整个活动过程，在这个过程中，物流和信息流伴随始终。随着物流的转移，企业之间产生了支付行为，这就是资金流。资金流的出现，

① 牛伟．家庭网络产业价值链及其盈利模式分析［D］．北京：北京邮电大学，2009.

体现了企业在物流过程中的增值效应，同时也体现了企业效益。①

二、供应链的基本特征

供应链包括了企业提供最终客户所需要的产品和服务的一系列流程和行为，企业的任何成员都可以参与到供应链中来。在供应链中，客户和供应商是相对的概念，一个企业的客户可以是另一个企业的供应商，因此整个供应链都是由供应商和客户这两种角色组成的。分销系统提供了供应商到客户的各种渠道，这有赖于产品和市场两个因素；分销系统中包含着各种分销商，如批发商、零售商。产品与服务在供应链中通常是由供应商流向客户，而各种需求信息通常是从客户流向供应商。

实际上，供应链不是链状的，而是网状的、复杂的，它是一个供应和需求的网络。从理论上讲，在这个网络中，企业可以有很多供应商，也可以有很多客户。供应链由所有加盟的节点企业组成，其中有一个核心企业可以是制造型企业，如汽车制造商，也可以是零售型企业，如美国的沃尔玛，其他节点企业在核心企业需求信息的驱动下，通过供应链的职能分工与合作、生产、分销、零售等，以资金流、物流和信息流为媒介，实现整个供应链的不断增值。

因此，供应链是人类生产活动的一种客观存在。但是，过去这种客观存在的供应链系统一直处于一种自发的、松散的运动状态，供应链上的各个企业各自为战，缺乏共同的目标。进入21世纪后，经济全球化、市场竞争全球化等浪潮一浪高过一浪，自发供应链所存在的弊端开始显现出来，企业必须寻找更有效的方法，才能在这种形势下生存和发展下去。因此，人们必须对供应链这一复杂系统进行有效的协调和管理，才能取得更好的绩效，才能从整体上降低产品（服务）成本。基于供应链对所在企业所处的产业的审视逐步受到人们重视，可以说任何产业都可以站在宏观的角度，从供应链入手去把握全局，进行供应链的经营和管理。

三、供应链的流程简述

供应链一般包括物资流通、商业流通、信息流通、资金流通四个流程。四个流程有各自不同的功能以及不同的流通方向。

---

① 杨梅．供应链中合作伙伴的选择与评价［D］．北京：对外经济贸易大学，2006.

物资流通主要是物资（商品）的流通过程，是一个发送货物的程序，该流程的方向是由供货商经由厂家、批发与物流、零售商等指向消费者。

商业流通主要是买卖的流通过程，是接受订货、签订合同等的商业流程，流程的方向是在供货商与消费者之间双向流动。目前商业流通形式趋于多元化：既有传统的店铺销售、上门销售、邮购的方式，又有通过互联网等新兴媒体进行购物的电子商务形式。

信息流通是商品及交易信息的流通过程，也是在供货商与消费者之间双向流动的过程。过去人们往往把重点放在看得到的实物上，因而信息流通一直被忽视，实际上对于企业融资困难而言，信息不对称风险才是最大的障碍，信息流是否通畅是企业融资是否顺畅的决定因素之一。

资金流通是货币的流通，为了保障企业的正常运作，必须确保资金的及时回收，否则企业就无法建立完善的经营体系。该流程的方向是由消费者经由零售商、批发与物流、厂家等指向供货商。

四、传媒产业供应链发展方向探究——以我国电影产业供应链为例

（一）电影产业供应链分析

从电影产业的角度来看，电影产品进入消费领域流通就成为一种文化商品。作为商品，就有其来源、生产、销售的过程，可以从宏观上把握，从整个电影产业供应链去分析。英国著名经济学家克里斯多夫认为：市场上只有供应链而没有企业，真正的竞争不是企业与企业之间的竞争，而是供应链与供应链之间的竞争。从供应链上把握电影产业，有助于我们对电影产业理解得更透彻，有助于我们更好地把握电影产业链节点上的电影企业。

（二）电影产业供应链体系结构

电影从生产到销售大致可以分为五个阶段：第一阶段，融资、策划阶段；第二阶段，生产制作阶段；第三阶段，发行和集中进行市场营销阶段；第四阶段，影院放映阶段；第五阶段，回收资金并进行后电影产品开发阶段。这五个阶段在电影产业供应链中贯穿始终，是电影产业供应链的基本动态形态。

从供应链的角度来看，整个电影产业是由制片商、发行商、放映商以及后电影产品开发商等围绕电影产品的前期融资。其是由组织人员及设备、拍摄制片、营销发行、影院放映、后电影产品销售，以及一些相关产业经济活动的上下游企业主体构成的复杂网链结构，以自身的社会结构方式，力求最低的成本、最大的收益，满足消费者对电影影片及相关后电影产品和产品服

务的需求。

实际上电影产业链包括纵向的产业链与横向的产业链，纵向产业链包括电影版权、广告、赞助、票房、衍生品开发等行业，横向产业链包括图书、剧本、电影、电视、音乐、游戏、演出经纪、拍摄基地等行业。按照电影价值的产生层面，可以将电影产业价值分为三个层次：银幕层面、传媒层面、娱乐时尚层面。一般来说，银幕层面的价值占20%，传媒层面和娱乐时尚层面占80%。美国好莱坞的电影产业，电影作为火车头，它本身甚至可以不赚钱，票房收入一般只占一部电影全部收入的30%甚至更少。此外的收入则为电视等版权的电影后产品的收益，利用电影的示范效应带动广告、音像、软件、旅游、娱乐、玩具、服装等相关产品和相关产业的发展。

（三）我国电影产业供应链的发展方向探究

事物总是普遍联系、不断发展变化的，电影产业的供应链生产也不例外，其产生、发展、完善都由一定的客观条件促成，都有其发展的内因与外因。当前供应链研究中发现，供应链生产有一种由推动式发展向拉动式发展的趋势。经济的发展、产品的生产与服务的对象，都开始以人为中心，把消费者的需求放在经济生产的首要位置，根据市场的需求变化来定位和组织生产和销售，避免了盲目的以自我为中心的粗放式经济增长方式，从成本、生产导向型转为需求导向型。

电影产业既然是从事电影产品与服务的生产和经营活动的行业化运作，就要从事产品生产和服务的经营性活动，这与制造业和服务业是相通的，也是一种商品的生产、流通及再生产活动。① 因此，电影产业链的特征与一般供应链没什么不同，我国电影产业链存在着类似的供应链发展趋势。目前，我国电影产业供应链同时存在内部推动型和外部拉动型两种发展模式。

内部推动模式，指的是利用内部资源优势进行市场开发，选择内部推动发展模式的电影企业，往往拥有较为丰富的内部资源或特殊资源和能力，如明星、知名导演、品牌、资金实力等。由于基础面良好，因此具有较大的主动性和发展空间。但是内推型模式成本较高，风险很大，对企业资源基础也是一种巨大的挑战，稳健有余、灵活不足、不能轻易做出适应性调整，增加企业运营风险是其最大的弊病。

外部拉动型发展模式，指的是根据科学的市场调查与策划，发现市场机

① 杨源．对电影产业化发展的思考［A］．中国电影市场探索（中影公司会议论文集）［C］，2000（6）：35-43．

遇，根据市场需求快速反应，培养优势资源、迎合市场、降低市场风险。这种模式灵活机动，根据市场变化，有针对性地快速推出适销对路的产品。有了市场基础也比较容易获得投资认可，有利于资金注入保证供应链条完成。但是，这种模式由主动变为被动，而市场具有多变性，能否真正把握市场脉搏其实也是未知之数。再者，应市场变化而变，没有自己的主体优势，没有自己的优势资源，如同墙头草一般迎合市场，将会使自身资源不断浪费和流失，不能培养自身持久有保证的核心竞争力。同时，片面追求对市场机遇的利用，只在红海中搏杀，而放弃市场机遇的创造，放弃一片可能的蓝海可能得不偿失。

由于内推型和外拉型两种发展模式的潜在不足，现代成功电影企业往往会同时借鉴两种模式各自的优势，弥补自己的不足，从而形成内外互动的供应链发展模式，保证企业的可持续发展。这样既能保证现有资源优势与市场机遇的匹配性，又能够为未来的发展培养新的资源优势，从而建立起资源优势和市场机遇的动态匹配性，这也必将是中国电影产业链的发展方向。

第三节 产 业 链

一、国内外研究综述

（一）国外关于产业链研究

1. 产业链概念

产业链这一概念，最早的启蒙思想源于亚当·斯密1776年在《国富论》一书中提出的“分工”理论。他指出，工业生产是一系列基于分工的链条。① 1879年德国生物学家贝里提出“共生”概念，被范明特、布克纳发展完善，这一生物学思想随后很快被引入社会学、经济学和管理学研究中，成为解决相关问题的理论指导。1958年，赫希曼在《经济发展战略》一书中从产业前向和后向的联系诠释了产业链的意义。1985年，哈佛商学院教授迈克尔·波特(Michael Porter)在《竞争优势》(*Competitive Advantage*)一书中提出价值链概念，价值链其实是产业链的映射。他认为，“每一个企业都是在设计、生产、销售、发送和辅助其产品的过程中进行种种活动的集合体。所有这些活动可以用一个价值链来表明。”

---

① 亚当·斯密．国富论［M］．北京：华夏出版社，2005.

产业链是产业经济学中的一个概念，是各个产业部门之间基于一定的技术经济关联，并依据特定的逻辑关系和时空布局关系客观形成的链条式关联关系形态。

产业链的本质是用于描述一个具有某种内在联系的企业群结构，它是一个相对宏观的概念，存在二维属性：价值属性和结构属性，即价值链和供应链。产业链中大量存在上下游关系和相互价值的交换，上游环节向下游环节输送产品和服务，下游环节向上游环节反馈信息。

2. 产业链升级研究

20 世纪 80 年代兴起的新产业组织理论对产业链进行了比较深入的研究，揭示了产业链厂商实施纵向控制，扩张市场势力的策略行为。企业能力理论认为产业链整合可以打造企业的核心能力，并证明了产业链可以将不同能力的组织紧密结合起来创造价值。

目前，在国外的学术文献中，产业链这个概念已经很少使用。他们没有将产业链作为独立的对象进行系统研究，研究重点在产业链的具体表现形式，主要立足于企业的可持续发展，侧重将企业之间的价值链作为新技术经济条件的生产组织方式来分析产业链现象，主要解决产业链中企业的纵向整合或跨组织的资源组合问题。除了从价值链角度外，还有从供应链角度分析产业链。

（二）国内关于产业链研究

20 世纪 80 年代以来，我国关于"链"的研究日益丰富，尤其是产业链、价值链、供应链的研究成为管理理论研究的前沿。90 年代后，产业集群、产业链成为区域经济发展、产业发展关注的重点。今天人们普遍认为，对于企业、区域和行业的竞争优势培育，引入产业链、价值链和供应链的管理思想、发展模式具有积极的意义。另一方面，产业链、价值链、供应链的概念互相渗透，衍生出产业价值链、供应价值链新概念。

从国内现有研究成果文献来看，中国关于产业链的研究主要集中在以下几个方面：

1. 组织结构研究

吴金明在《龙头企业、产业七寸与产业链培育》中研究产业链、企业自生能力等问题，并提出产业链运行机制的"4+4+4"模型，对产业实践发展具有重大指导意义。①

① 吴金明，钟键能，黄进良．"龙头企业""产业七寸"与产业链培养［J］．中国工业经济，2007（11）：55-62.

2. 区域空间分布研究

李丹、郭晨在《产业链理论在招商引资中的应用研究》中分析了产业链在招商引资中的作用，并将产业链理论与地方政府的招商政策相联系。这类研究主要从空间经济学和区域经济学角度入手，研究产业链空间布局特点对区域产业链完整性与区域经济增长的影响。

中国对产业链的研究起步较晚，理论研究的文献资料有限。喻国明在对中国传媒产业链的研究中指出，传媒产业链的意义在于指导中国传媒产业从过去那种个别的单“点”式经营向规模化的媒介集团式“结构”型经营转型。这一重点转型是中国传媒业未来发展的主要方向。

二、传媒产业链的历史演进

纵观人类大众传播史，大众传播主要经历了三个时代：第一是纸质传播时代，传媒载体为报纸、书籍、杂志等形式；第二是电子传播时代，传媒载体为广播、电影、电话、电报、电视等形式；第三是数字传播时代，传媒载体为高清晰度电视、电脑、互联网络等。在数字传播时代，传媒生态已经发生了重大的转变，人们可以通过服务商提供的多种渠道完成文字、数据、音视频、增值业务的传输，其核心在于由通信厂商推动的技术变革已经使得各种传媒呈现一种汇流之势。

“传媒汇流”，就是把数字技术当做一切信息资源形态和传媒形态的基础，它为与信息有关的一切产业提供一个统一平台，将大众传媒（新闻、出版、广播、电影、电视、音像等）、通信（有线与无线）、信息业（计算机与网络）汇合为一，产生一批“巨无霸”式企业。有资料显示，当今世界上95%的文化市场被号称为世界九大传媒巨头引导下的全球50家传媒娱乐公司占领。

“传媒汇流”导致的一个重要后果是使许多以前各自为政的企业产生了“跨产业”“跨平台”“跨部门”的合作动机。由此对传统传媒起到了一种解放的作用：破除了不同传媒间的传统壁垒，信息资源共享，引发了传媒企业在全球范围内的重新整合与竞争。

2003年6月2日，美国联邦通讯委员会（FCC）决定放宽限制传媒所有权的规定，将一家公司旗下电视台的覆盖率上限由35%提高到45%，允许传媒公司在同一城市拥有一份报纸和一个电视台。FCC还放宽了对当地电视台所有权的限制，传媒公司可以在更多的市场拥有两家电视台，这被认为是为电视、报纸、广播三个行业的融合打开了一扇门，引发新一轮的传媒融合。

中国同样如此，广电本属一家，电视与广播的联动在近年已屡见不鲜，广播中播放电视剧的对白版，曾经是热门的做法。2004年11月，上海文广下的第一财经传媒，除了频道、频率的同时播出外，还推出了《第一财经日报》，实现了产业价值链的纵向一体，内容环节上的共享降低了成本，也增加了结构的竞争力。①

从注重传媒产业链的单个环节到整个产业链的联合经营，从传媒产业链内部到产业链外部，发展的趋势为系列化、一体化、多元化，表现形式主要有集团化发展与大传媒产业的发展。

大传媒一词来自美国人凯文·曼尼的著作《大媒体潮》，描述的是传媒业不分领域全面竞争的现象。② 他认为传统大众传媒业、电信业、信息网络业都将融合到一种新产业之下，这个新产业叫做“大传媒业”。大传媒业不仅会呈现爆炸性成长，也会造成向内“崩陷”的效果，即所有的企业都会投入同一市场。

电影、视频、音乐、游戏、玩具、互动软件，这是一个完整的生态系统，一个渗透了许多传媒和市场的食物链。近年来，中国影视业的繁荣兴盛推动了传媒产业的高速发展，影视业作为文化产业非常重要的一部分，它的产出与传统的制造业有很大的区别，设计、采购、制造、营销等价值链环节与制造行业也有很大区别。影视业真正产出的产品并不像传统制造业一样大批量生产，而且在产品制造过程中前期投入非常大，整个行业的经营风险也比传统制造业大。影视业独有的行业特性决定了其价值链整合有其特有方式。

传媒经济学的研究早已发现，传媒集团可以实现范围经济，而很多成功传媒集团的发展历程也告诉我们，同一信息（新闻或电影）通过多个传媒渠道发行，会大大增加收益，摊薄成本。可以说，组建跨传媒集团是当今传媒业的潮流和时尚，如美国的迪士尼、德国的贝塔斯曼、默多克的新闻集团，一直在寻找任何可能的合并意向；微软等计算机软件起家的公司也雄心勃勃地想占领有限网络和传统传媒市场。

多种传媒兼营是国外大型传媒集团发展的普遍现象和内在发展规律。多种传媒兼营，也就是通过延长产品的产业链而进行资源整合，从而有利于优

---

① 陈立敏，包晓．中国传媒企业的多元化战略变革［J］．生产力研究，2009（17）：8-15.

② Kevin Maney. 大媒体潮［M］．台北：时报文化出版企业股份有限公司，1996.

化资源配置，适应市场的多种需求，使市场覆盖最大化。布隆伯格在全球以同一价格销售一种产品，其实早已兼容平面、广播电视、网络等传媒，还进入了道·琼斯、路透集团等很多优势领域。

外资传媒集团借商业性合作进入中国市场，从IT传媒合作逐步向娱乐、财经等传媒拓展，并且借中国入世开放电信和网络服务的时机，正在从网络传播平台和电信服务的结合点切入，向纵深全面推进，努力提供接入服务和增值服务。同时，外资传媒在内地传播领域通过直接或间接方式，进行兼并收购、投资控股、参股、品牌合作、外围渗透等活动，在中国打造本土化的外资大传媒集团。

走进中国的大传媒集团不但资金、技术、人才实力雄厚，还携带着大传媒市场的新理念，如新闻集团、凤凰集团、星美传媒、TOM集团、星空传媒等。TOM集团已兼容印刷传媒、电视传媒、网络传媒和电信等大传媒集团；星美传媒通过并购东方魅力、阳光卫视、成报股份等，拥有电视、图书、音像、报刊、网络等多种产业。

> 中国计算机世界出版服务公司以《计算机世界》周报为龙头，《国际电子报》和《微电脑世界》周报为骨干，计算机世界展览为重点，在线服务为新的经济增长点，以与电子情报所合作创办的《IT经理世界》半月刊、《家用电脑世界》月刊以及多家商情网为外延，成为国内目前规模巨大、实力雄厚的IT出版集团。①

> 赛迪集团历经近20年的发展，已经形成三大业务体系：①赛迪传媒，拥有6报8刊，包括赛迪网、赛迪影视和电子出版；②赛迪资讯，拥有赛迪顾问、赛迪评测、赛迪展览、赛迪数据、赛迪广告；③赛迪信息产业，包括赛迪教育、赛迪投资、赛迪呼叫、赛迪系统集成和赛迪时代。在多年的发展历程中，赛迪集团建立并整合跨传媒平台，将进一步完善传媒产业链。目前，基于14家纸媒和赛迪网、赛迪影视，赛迪集团初步建立跨传媒平台，推进不同传媒平台的资源整合，提高整体服务能力。②

---

① 计世传媒．计世传媒集团介绍［EB/OL］．（2017）．计世传媒官网．http：//www.ccw media.com/introduce.html.

② 赛迪集团官网，http：//www.ccidnet.cm/.

目前，我国传媒市场总体处于以电视传媒为主体，以报纸、杂志、书籍等为延伸，以广播、音像制品为补充，以互联网为多传媒方向的多元传媒相互竞争、并行发展的格局。一直以来，中国传媒没有形成完整的产业链，随着中国加入世贸组织，传媒产业遭遇冲击不可避免，随着大量外资的进入，传媒产业链开始逐渐成形。

三、传媒产业链的价值流动

（一）传媒产业链的价值流动在于广告价值的流动

价值系统分析就是把企业作为一个与上下游紧密联系的单位，放入整个产业链条中进行考察，为企业能够在激烈市场中争取竞争优势的核心价值和发展战略。

进行价值系统分析可以使特定企业明确自身在行业价值链中的位置，寻求以整合或者一体化的方式降低成本，消除不增值环节，取得竞争优势。进行价值链分析还可以使企业开阔思路，从增强、扩展、重构和再造价值链方面来分析研究，采用效率更高的方式来设计企业价值链活动，使企业的价值获得提升。

传媒产业链中的价值流动，总体上说是从上游环节开始向下游环节流动，并不断增加附加值，最终流到系统外部，向用户的方向流去。但实际交易中，产业链中的价值流动是非常复杂的，它不同于传统制造产业的一般价值流动，传媒产品和媒介售卖的特殊性决定了传媒价值流动的特殊性。

一般来说，媒介产业包括：报纸、杂志、图书、广播、录音、电视以及电影。广播电视媒介的节目中包含的信息和娱乐、报纸媒介的报纸实体所负载的能提供消息和娱乐的内容可以被称为媒介的产品。另外，广播、电视、报纸、杂志所提供给广告主的时间和版面同样也可以被纳入“产品”的范畴中。与传统企业生产的有形产品相比，传媒信息产品具有以下特殊性：

1. 无限复制

纯实物经济和纯信息经济从根本上说是截然不同的两种事物。当一件东西被卖出以后，卖者便不再拥有此物，而当一种观念、一种音调被卖出后，卖者仍拥有它，并有可能再次将它卖掉。信息可以无限制地以几乎零成本进行复制。

2. 重复使用

信息完全是收益递增型的，如果使用次数翻两倍，那么其每次使用的成本就会减半。除非信息的最初拥有者有能力限制其他人使用其信息（通过版权、专利或保密手段），否则他们将无法获得与最初的投资相匹配的收益。

而关于媒介售卖过程，常常被学界采用的是“二次售卖”理论，即媒介信息产品往往廉价或者无价出售，为的是获得受众的注意力，再将受众注意力转卖给广告商，实现价值的交换。所以在传媒产业链中，广告价值的流动是其最特殊的一环。

与传媒所承载、传播的其他资讯一起，广告以信息产品的形式通过传播在传者与受众之间流动，在生产、制作、包装、发布、传播的过程进行价值流动，从传者向受众的单向传播，逐步发展成为两者之间的双向传播。在这个过程中，广告不具有实体形态，它是一种被无形消费的信息产品。这个产品本身也具有一般产品的生产、流通、消费过程，通过生产、流通和消费让渡自己的使用价值，实现自己的价值。

（二）传媒信息产品的价值转换

传媒通过信息产品来完成传者与受众之间的价值传递，按照主动与被动接收的方式，可以将传媒信息产品分为两类：第一类是受众主动需要的信息，即我们所熟悉的节目或版面内容，包括资讯类，如新闻、财经等最新资讯；娱乐类，如电影、电视剧、娱乐节目、小说连载、情感故事等；访谈类，如人物专访、时事点评等深度报道。第二类是受众被动接收的信息，即广告。

对传媒而言，各类信息产品都是商品，都要经过市场流通和交换，有其自身的商业规则，只有满足受众的需求，才能完成价值的传递和转换。但是相对于我们所熟悉的市场经济中的交换行为，这种信息产品交换又有其特殊之处，它不是在一个专门的市场中进行货币交换，而是一个构建在传者与受众之间的平台上的置换选择。传媒担负着其中的内容交换的功能，受众出让看广告的时间价值，而获得各类节目、版面内容的使用价值；传者出让所制作节目、版面内容的价值，而获得广告的受众注意力的使用价值。

大众传媒现在主要的经营方式是将广告作为重要的经济支撑，所以媒体的广告报价是关乎各媒体生存的重要问题。按照商品经济法则，传媒通过其节目或版面内容的精彩程度来吸引受众观看，同时吸引受众对广告的注意力，而广告主根据广告可能被关注的注意力大小来选择是否支付媒体的广告报价。

节目或版面内容的价值，如商品的价值一样，取决于能否满足消费者的需求，这是最本质的。同时，它还受很多其他因素的影响，比如有些媒体比较注重自身品牌形象的建立，或者注重媒体产品的营销推广，这有助于提升媒体产品的价值；又如广告的创意好，让人过目不忘，这也有助于直接提升广告注意力的价值。

简而言之，媒体的广告报价是广告作为传媒信息产品的价格，广告所吸引的注意力是价值，二者应该是统一的。节目或版面内容的精彩程度是衡量价值的标尺，广告策略自身的优劣是产品价值的外在表现。有几个广告同时出现在同一媒体上，这个媒体赋予它们的交换价值是相同的，但是符合消费者需求的好广告作品能够为其增值，提升广告注意力的价值。

广告价值借助传媒，由传者向受众流动，当它随着电视节目播放或者随着报纸发行的时候，这个交换过程就完成了，传媒信息产品的价值传递就完成了。但是广告作为一种意识形态的产品，它衍生出独有的经济价值和文化价值，又影响交换和传递方式。

本章小结

现阶段，任何产业都有其完整的价值链、供应链、产业链，互联网技术的发展以及社会分工的细化和专业化，都促使传媒产业链发生新的变化。传媒产业作为我国文化产业发展的“核心层”，一直都是政府鼓励和扶持的重点对象。传媒产业主要是以满足受众娱乐和服务需求为宗旨，从事传媒产品的生产经营活动及与此有关的经济关系集合。结合迈克尔·波特价值链的概念界定和传媒产业的含义，由此可推出传媒产业价值链是指由传媒产品的创意研发、生产制作、流通交易、传播输送、配套服务及衍生品开发构成的基本活动，和与之相配的一般管理、人力资源管理、基础设施、采购供应等构成的辅助活动的集合。

相比西方发达的传媒产业，我国的传媒产业由于发展历程较短，价值链体系并未完全建立，各个环节的发展参差不齐，有些环节甚至还处于最原始的入门级别。但是综合分析发现，我国传媒产业价值链的发展优化受到一些来自外部、内部因素的制约和影响，其中外部影响因素有相关政策调整、经济发展水平和居民消费文化水平，内部影响因素有管理体制改革、版权法律规范及传播技术革新。影响因素的分析可以帮助找出优化我国传媒产业价值链的关键着力点，但是要系统地提出我国传媒产业价值链优化策略，还需要从整体层面分析其现存的主要问题。综合来看，现阶段中国传媒产业价值链存在的问题主要体现在三个方面：一是我国传媒产业整体价值链短而不完整，上游研发不足，下游衍生较短；二是我国传媒产业价值链各环节之间地位悬殊；三是价值链各环节之间协调性差，内容研发和节目生产不对接，生产与流通之间脱节。这些问题都是我国传媒产业价值链不可绕过的关键问题。

作为一个产业，中国传媒产业需要相应的资本和金融的支持，而中国传媒产业融资渠道的拓展除了需要一个健全完备的多样化投融资体制，还需要有一个成熟完善的融资模式，才能够更好地驾驭愈发丰富的融资渠道和投资主体，保障我国传媒产业的健康发展。

第三章 传媒企业集团

目前我国传媒产业化的步伐不断加大，媒介竞争日益激烈。媒介竞争层次已由低层次的“同质化竞争”过渡到中层次的“差异性竞争”，正向高层次的“战略性竞争”演变。媒体纷纷提出“做大做强”的目标，但在目前的媒介生态环境中，条块分割、自我封闭、重复建设、资源浪费、资金分散、竞争无序的现象仍十分突出，“马太效应”在媒介产业化经营的过程中愈演愈烈。

我国传媒产业的发展模式从粗放转向集约，首先体现在外在规模形式上，即组建传媒产业集团。传媒产业集团主要是指以报业、出版、发行、影视、广电等传播媒介为核心的经济实体和产业化集团。在新时期我国传媒产业发展进程中，最先出现的传媒产业集团是报业集团。20 世纪 90 年代导入市场经济机制以来，我国的报业迅速发展，经济实力得到了大规模扩张，奠定了产业化的基础。

本章主要分析我国五大类传媒集团的发展现状、存在的问题以及未来的发展趋势。

第一节 国有传媒集团

近年来，在互联网的强大冲击下，传统媒体衰落是不争的事实，传统媒体的发展遭遇了重大困难。在产业大融合的形势背景下，五大类传媒产业（即报业、出版、发行、影视和广电）集团认真有效地处理转型中的短期、中期和长期之间的关系，力求在短期内将传统媒体做精做强，同时，在长期目标中积极拓展互联网转型，关键是其在中期内切实有效地开展多元化产业转型，形成了包括传统媒体、创意产业园、房地产业、酒店业和股权投资等的立体化的产业布局，取得了良好的效果。

一、报业集团

报业集团属于企业集团，企业集团是指一些具有相对独立性的企业为了适应市场经营环境和企业内部组织变化，按照特定的要求和借助某些机制相互结合而组成的企业有机联合体。报业集团目前还没有统一的定义，但可做如下概括：报业集团是由若干具有独立法人地位的报业企事业单位，为提高劳动效率、形成规模效益，基于股权持有或协议约定，在统一经营报业业务基础上组成的经济联合组织。随着我国报业的发展，报业集团的概念也正逐步发生变化，向着或必然向着实行现代企业制度的企业集团方向发生变化。

（一）我国报业集团目前的总体概况

自 1996 年 1 月 15 日经由中共中央宣传部门同意、国家新闻出版总署正式批准广州日报社作为报业集团试点单位组建我国第一家报业集团之后，关于建设报业集团的相关讨论终于得到验证的机会，也意味着关于报业集团的研究和探索得到了官方的认可。于是，报业集团化仿佛重磅炸弹轰响了报业经营模式的变革，这种新的报业经营管理机制和经营方式在中国报界势不可当地蔓延开来。1998 年 5 月 18 日，广州的《南方日报》《经济日报》分别宣布成立光明日报报业集团和经济日报报业集团，从此，中央大报也跻身报业产业集团阵营。1998 年 7 月 25 日，上海《文汇报》与《新民晚报》合并成立文汇新民报业集团，这两大报“联姻”在传媒界意义重大。①

1. 初具规模，但与西方传媒差距依然悬殊

经过 20 多年的发展，我国的报业集团已初具规模，并形成了较强的核心竞争力。《2015 中国报业年度发展报告》显示，我国报业集团无论是其所有报纸的影响力，还是规模实力和市场竞争力，都代表着我国报业发展的最高水平，以党报为龙头的报业集团已成为中国报业的主导力量。

然而，发展初具规模的中国报业集团与强大的西方传媒相比仍差距悬殊。我国的报业集团多属一元化报业集团，其规模和盈利能力远不能适应国际化竞争。广州日报报业集团作为我国报业集团中运营较为成功的一个，其年营业额也不到 40 亿人民币（2008 年）；就是“强强联合”的文汇新民联合报业集团，其固定资产也只有 20 亿人民币。而美国时代华纳的固定资产为1 500亿美元，差距甚大；《纽约时报》一天的广告额就曾近 1 亿人民币，而中国一些大报一年的广告额也不过是这个数。我国加入 WTO 后，随着相

① 姚芯．我国报业集团发展问题研究［D］．西安：长安大学，2008.

关文化管制的逐步放松，报业集团所面临的国际化的压力和挑战也不容忽视。

2. 东西部报业集团发展不平衡

报纸是高度依赖城市的媒介，尤其是在纸张、印刷费用远高于发行价格的条件下，广告成为报纸的生命线，消费者集中的大都市能给报纸特别是大型综合性日报提供生存发展的空间。因此，经济文化发展不平衡的东西部地区，报业集团的发展也呈现出不平衡态势。

首先，从分布情况上看，报业集团一是集中在中东部省和直辖市，二是集中在经济发达地区的大中城市。目前40多家报业集团分布于25个城市，其中有10个城市各拥有2家报业集团（武汉、上海、南京、济南、成都、哈尔滨、长沙、杭州、长春、沈阳），2个城市各拥有3家报业集团（北京、广州）。①

其次，从报业集团的改革情况上看，大城市的报业集团往往处于改革的最前沿。如2004年中宣部和国家新闻出版总署批准的四家以“转企改制”为中心的体制改革试点（分别为大众、新华、河南、深圳报业集团），均位于经济文化发达的大城市。它们的试点改革，推进了报业集团的“深度革命”，促使报业集团真正成为带动全行业发展的旗舰。而反观不发达省份报业集团的改革，往往因动力不强、条件不成熟等原因收效甚微。

再次，从集团的经济实力上看，大城市报业集团在多元经营、价值链延伸与内部治理方面积极创新、勇于探索，全媒体运营走在全国前列。浙江日报报业集团全媒体指挥中心通过每日早会、午会、晚会三会，统筹指挥配置报、网、端、微采编资源，实现全媒体、全流程、全天候新闻采编发布以及动态跟进。浙江日报报业集团原来分割分治的三端（报纸、网站、客户端）媒体及其采编队伍全面融合，加快推进传统媒体和新媒体在人员配置、组织架构、生产机制、技术支持、传播体系等方面真正实现一体化。② 2014年12月1日，广州日报报业集团全媒体编辑部正式成立运行。作为中央厨房式的全媒体数字化采编部门，全媒体编辑部由《广州日报》夜编中心、全媒体中心（含数字新闻实验室）、音视频部以及大洋网等组成，主要承担新

---

① 陈蕾．中国报业集团发展现状分析［J］．甘肃联合大学学报，2009（3）：87-91.

② 陈志农. 打造“超强大脑”，推进媒体深度融合——以浙江日报报业集团为例［J］. 青年记者，2017，3（上）：24-25.

闻的组织策划、内容采集、信息集成、把关发布等职能，包括《广州日报》官方微博、官方微信、新闻客户端以及大洋网等新媒体产品的维护与更新，以及《广州日报》主要新闻版面的编辑工作，是集团推进媒体融合发展的中枢平台。围绕崭新的一体化平台，从组织架构、业务流程、产品整合等多个方面进行了配套改革。①

总而言之，由于受到资源、人才及经济文化基础的长期影响，我国报业集团发展东西不平衡的现象将长期存在，并呈现出强者愈强、弱者愈弱的态势。

3. 报业集团阵营已基本确立，而报业联盟的组建依然方兴未艾

根据国际经验，大型报业集团一般只占整个报业的 1%，按我国现有2 000多种报纸计算，有 20 多家报业集团足矣。因此，从 2004 年起国家开始对报业集团的数量进行严格控制，中央主管部门目前已基本停批报业集团，既有的 40 多家报业集团基本构成了我国报团的整体格局。然而，我国报业之间的联盟却仍在路上。2005 年 10 月，涵盖东北四大报业集团所属的 21 报 8 刊的“东北副省级城市党报集团联盟”正式成立，从此引发了我国报业的联盟热潮。据相关资料统计，仅 2007 年我国共组建报业联盟 13 个，其中规模和影响力较大的有：由北京青年报、广州日报等 17 家报社组成的“中国城市第一媒体联盟”；由南方都市报、京华时报等 12 家报社组成的“中国城市主流媒体联盟”；由天津日报、南方日报等 23 家报社组成的“全国省级党报（经营）联盟”，等等。

报业联盟作为一种高级的多边合作方式，能通过业内沟通互助实现信息共享和资源整合，这种横向同质联合有效地弥补了集团内部子刊之间因定位异质化而造成的合作层次有限的不足，有利于提升报纸的内容品质与核心竞争力。除此之外，报业联盟之间新闻业务的合作也带动和深化了成员间在经营管理、广告发行等方面的经验交流与合作，从而有利于增强报业集团的整体实力和抵抗外部风险的能力。

（二）我国报业集团在改革发展中所面临的问题和挑战②

1. 因先天不足而造成的发展障碍——来自报业集团自身的问题

① 贺俊浩，筱舟. 整合资源聚合力 借力资本做连接——广州日报报业集团转型观察［J］. 中国记者，2015（12）：44-46.

② 陈蕾. 中国报业集团发展现状分析［J］. 甘肃联合大学学报（社会科学版），2009（2）：87-91.

从产业化运行规律的角度上看，报业的集团化要求报业体系内部要有一定数量的产业规模大、产业化程度高的具有核心竞争力的强势个体存在，在此基础上以市场为导向、以资本为纽带，由强势公司吃掉对自己扩张业务有用的公司，或吃掉对自己未来发展形成市场竞争的公司，进行个体间的强强联合或强弱兼并，慢慢形成产业集团。西方的媒介集团就是这样形成的。与西方不同，我国的报业集团不是市场自然选择下的产物，而是在产业化条件不成熟的前提下由行政力量推动催生的结果。这种先天性的不足主要体现在行业产业化程度低、缺乏核心竞争力、创新动力不足、价值链开发有限、盈利模式单一、内部结构不合理、管理方式滞后、专业人才不足等方面。这些问题成为报业集团成长的烦恼，是当前以及未来较长一段时间所必须面对和解决的问题。

从历史的角度考量，我国对包括报业在内的文化产业始终维持较强的意识形态控制，中国报纸的政治宣传功能始终远远超过其经济功能。反观世界报业的发展，各国都在不同程度上经历了由官报、党报至商报的发展阶段，唯独中国从未有过商业性报纸占报业主导地位的时期。我国报业集团的组建正是在沿革这种历史传统的基础上进行的，因此面对市场化运作和产业提升，无论在思想观念上还是在体制结构上，都存在着巨大的惯性束缚。可以说，我国报业集团目前所面临的诸多问题，实际上并不是因为报业集团作为新的体制出现而产生的，而是我国的政治制度、经济体制、新闻事业的党性原则、新闻事业的管理体制等历史性因素在新的历史条件下给报业集团造成的历史路径依赖。

2. 体制与规模受限——政策瓶颈的制约

从确保意识形态安全的角度出发，我国报业集团的组建和改革均是按照从边缘突破的方式进行的，即选择少数对象作为试点，取得成功经验后再逐步推广。在政策层面，也是逐步放开与跟进的过程。因此，报业集团在改革发展的过程中虽然不断受到政策的扶持，但也始终无法逃脱政策瓶颈的制约。就目前情况看，我国报业集团受到的政策束缚主要体现在转制不彻底、跨媒体跨地区受限这两个方面。

对中国传媒产业而言，成功实现企业转制，从事业单位向企业单位转制，由单一的国有体制转为股份制，进一步深化产权制度改革，是解放和发展新闻生产力、激活传媒的有效途径。但受政策限制或政策滞后等因素的影响，目前很多报团因转制不彻底、身份不明确，而连带衍生出产权缺失、内部管理机制不规范、组织结构不科学、缺乏有效激励机制和约束机制、无法以资本为纽带建立现代企业制度、集团功能开发受抑制等一系列问题，从而在一定程度上阻碍了报业集团前进的步伐。

此外，由于我国政策对报业集团的跨媒体、跨行业、跨地区经营有严格的限制，我国报业在集团化过程中陷于这样一种处境：在报业系统内部，纵向跨地区办报受到多种约束，横向涉足其他媒介又会遇到行业壁垒。而报业本质上是一种信息报道产业，信息产业集团化经营要求对信息产品进行深加工，因此媒介需要能够比较自由地用不同媒体形式生产和传播信息产品；在经营上，则要求资本在各媒介行业间自由流动。总体上看，目前“归口管理”下条块分割的传统管理模式，在客观上限制了报社按集约化原则进行信息的深度加工和运用，影响了报社按市场规律合理配置资源，对传媒集团的势力扩张形成了很大障碍。

3. 对有限资源的争夺——来自新媒介的压力

面对网络、手机等新传播技术的发展与快速普及，最近几年关于报纸是否会消亡或者萎缩的争论一直不断，并且这一问题变得日益突出。悲观论者从近几年报纸经济效益的快速下滑的现象出发，结合国外报纸正逐渐呈没落之势的国际背景，认为我国报业在新媒介的冲击之下必然走向消亡之途，甚至有学者通过测算大胆预言了报纸消亡的精确年份。而乐观者从报纸形成的历史地位入手，认为纸质媒体与新媒介相比具有其特定的形态优势与内容优势，加上我国仍有大量受众市场空间有待开发，因此我国报业总体仍处于上升阶段。从现实的角度看，双方观点固然都有一定的合理性，但由于双方观点均集中在报业的发展趋势上，且交锋极端对立，因此难以对新媒介给报业带来的现实压力提供更客观合理的分析视角。

我国报业所面临的新媒介压力主要来源于其对受众、注意力等有限资源的争夺，这种争夺集中表现为对市场增量空间的争夺。喻国明主持的《中国大众媒介的传播效果与公信力研究》课题成果显示，我国城市居民对于报纸的接触总体上处于一种稳定的状态，超过一半的人表示没有太大变化，表明明显接触少或明显接触多的比例基本相近，都是两成多一点，然而报纸读者的平均年龄正逐步老化。① 这说明我国报业已有的存量空间相对稳定，当前关键的问题在于对新生市场的增量空间把握能力不足。由于新媒介的出现打破了传统媒体对传播渠道的垄断优势，传播渠道在一夜之间由稀缺资源

① 喻国明，等. 中国大众媒介的传播效果与公信力研究［M］. 经济科学出版社，2009.

转变为过剩资源。加上新媒介天生具有的技术优势，使其能以更方便快捷、更直观生动、更人性化与民主化的方式传递信息，从而赢得了越来越多年轻受众与广告商的青睐，瓜分了很大份额的增量市场，给传统媒体造成生存与发展危机。因此，我国报业究竟有一个什么样的未来，很大程度上取决于其能否通过培养新的受众群体打开增量空间，以解决当前发展后劲不足的问题。

4. 广告变革——来自市场的压力

从2005年上半年开始，国内几大报业集团广告实际收入大多下跌10%~30%，平均跌幅超过15%。目前这种低迷状态依然延续，根据央视市场研究媒介智讯的广告监测数据，全国报纸的广告收入呈负增长。考虑到这一数据是以刊例价格统计的，报纸广告的实际下降程度有可能更低。

从表面上看，报纸广告额的下滑是源于其他媒介的分流，然而究其根本，主要原因在于报业未能及时跟进广告需求的转型，未能重新定位与开发自身的服务特色，从而导致广告的流失。我国广告市场的需求转型主要体现在两个方面：

第一，企业对目标消费者定位要求的提高，表现为企业投放广告日趋理性，不再盲目追求面的覆盖，而是追求精准投放，达到最佳广告效果。第二，企业公关投入对广告投入的分流，表现为企业越来越重视与消费者的直接接触，宁愿花更多钱用于渠道建设和终端维护，造成全国广告市场费用小幅增长，单一企业的广告预算下调，公关费用上涨。营销界甚至盛行“公关第一，广告第二”的说法。为适应以上广告变局，报纸对客户（企业）的角色应该有所转变，要由原来单纯的宣传媒介转变为为客户提供一站式整合营销服务的平台，由单纯地为客户提供广告发布服务转向为帮助客户连接政府、其他企业、其他媒体和目标消费者的一个大平台。除此之外，报业应逐步降低对广告收入的依赖，通过多元经营与延长价值链等方式开发多种盈利模式。唯有如此，才能在新形势下走向健康发展之道。

报业集团的出现是我国报业发展史上的一个重要里程碑，为我国报业产业带来了无限生机和活力。然而，我国报业集团的发展壮大还有很长一段路要走，在这期间还要克服许多困难和障碍，有来自自身的，也有来自外界的。但无论从政策面的可能性、产业的发展，还是从资本逻辑的角度来看，我国报业集团的发展空间是大的，发展前景是好的，只要正视发展中存在的问题，在深化改革中将其逐一解决，那么，中国报业集团的船舰就一定会做大做强。

二、出版集团

（一）出版集团发展历程简述

随着文化体制改革的不断推进，我国出版业正经历着新中国成立 60 多年以来从未有过的巨大变局。通过转企改制建立现代企业制度，塑造市场主体；通过打造和引进战略投资者做大产业规模，增强竞争实力；通过出版产业的大发展、大繁荣促进国家文化软实力的提升，已经成为我国出版改革的重要任务，是我国出版产业面临的一个重大课题。

《2015 年新闻出版产业分析报告》显示，出版传媒集团整体规模稳步提升，经营情况出现明显差异。全国 119 家集团共实现主营业务收入3 001. 8 亿元，较 2014 年增加 187. 0 亿元，增长 6. 6%；拥有资产总额6 018. 1亿元，增加 670. 2 亿元，增长 12. 5%；拥有所有者权益3 178. 1亿元，增加 357. 5 亿元，增长 12. 7%。共有 16 家集团资产总额均超过百亿元，其中江苏凤凰出版传媒集团有限公司、江西省出版集团公司、湖南出版投资控股集团有限公司和浙江出版联合集团有限公司 4 家集团资产总额、主营业务收入和所有者权益均超过百亿元，率先跻身“三百亿”集团行列；安徽出版集团有限责任公司、湖北长江出版传媒集团有限公司、河北出版传媒集团有限责任公司和安徽新华发行（集团）控股有限公司 4 家集团资产总额、主营业务收入均超过百亿元，组成“双百亿”阵营。不同类型集团盈利能力差异明显，发行集团平均资产总利润率为 6. 0%，有所提升；图书出版集团为 5. 2%，印刷集团为 2. 6%，报刊出版集团为 1. 5%，均有所降低；湖南省新华书店有限责任公司、云南新华书店集团有限公司 2 家集团平均资产总利润率超过 10. 0%。①

总结多年发展态势，我国出版业集团化建设大致经历了三个过程。第一阶段：以三权统一为目标的联合体出版集团。这一阶段是我国出版产业集团化建设的最初阶段，也是改革开放以来出版集团发展的起点。政府通过行政干预，将原来隶属于国家行政体系的出版资源直接剥离出来，无偿划转给新组建的出版集团。第二阶段：这个阶段出版集团的主题是“转制”。针对转制，国家采取的是先试点再全面铺开的办法，先建立“省局”式的出版集团，然后是大学出版社，最终到中央各部委单位的渐进式做法。根据新闻出

① 国家新闻出版广电总局 . 2015 年新闻出版产业分析报告（节选）[J]. 出版发行研究，2016（9）：5-9.

版总署的“转制路线”显示，到2010年我国所有出版单位，除了少数公益性出版单位之外，全部转制为企业。第三阶段：这一阶段资本运营成为出版集团发展的主题。随着鼓励出版集团股份制改造、上市融资等利好政策的出台，出版集团建设逐渐走上了现代化企业发展的道路，以更加昂扬的姿态参与到国内国际市场竞争中。在这一阶段，中国出版业掀起了一股进军资本市场的上市热潮。

而现代网络技术不仅改变了人们的阅读习惯和获取知识的方式，也改变了传统的出版形态、出版流程和出版的经营模式，推动现代出版从传统的制造业向文化创意产业转变。互联网依靠其他领域无可比拟的先天优势，如信息容量大、多媒体、双向互动的形式以及便捷性等特点，向传统的纸质媒体发起挑战。《国家“十一五”时期文化发展规划纲要》明确指出，要“大力发展以数字化内容、数字化生产和网络传播为主要特征的新兴文化产业，加快发展民族动漫产业，大幅提高国产动漫产品的数量和质量，积极发展网络文化产业，鼓励扶持民族原创的健康向上的互联网文化产品的创作和研发，拓展民族网络文化发展的空间”。国家要“大力推进以数字技术和互联网技术为核心的文化生产和传播的新兴行业，加快传统发行业的转换，积极发展电子书、手机报刊、网络出版物等新兴的传播载体”。“鼓励自主研发、AP电视、数字网络、数字传播、数字服务终端的产品和装备，开发数字出版的产业群体。”这些都表明国家已经把数字化的出版和传播当成出版业现代化的关键之一。

（二）出版集团发展面临的挑战

1. 出版集团发展需突破技术瓶颈

信息技术的瞬息万变导致社会经济发展也必须善用紧跟技术，只有很好掌控技术，利用技术谋利的集团，才能在新媒体时代、在微传播环境中抢占市场高地。目前，我国出版集团在信息技术、数字出版方面存在着很多制约因素。

第一，从观念上看，传统出版单位甚至是一些大型出版集团，在数字出版的概念、特点、发展趋势等方面都有许多误区，认为信息技术前期投入过大，钱放进去不能立刻见效益，深不见底，不敢也不愿意在这方面投入，这就从源头上给出版产业发展造成困境。

第二，目前我国出版产业数字人才结构不合理。在传统的出版单位中，既懂信息技术、又懂出版业务的复合型人才较少，技术人才的缺乏严重制约着出版集团的数字化发展道路。

第三，面对复杂的微传播环境，出版企业在探索数字出版盈利模式及其过程中的版权保护方面还没有较强经验。目前，业界有效的盈利模式大概有以下几种：当当网、亚马逊、淘宝网的网络销售；中国知网（CNKI）、国家数字图书馆等面向科研机构的数据库打包销售；中国移动等电信运营商联合内容提供商开发的手机报等。在数字出版中，如何保护图书版权，打击侵权、盗版等问题也困扰着我国出版企业。

第四，信息化技术革命伴随着传播手段的创新。以网络为平台，以多种媒介融合为主要形态的数字出版生态应是未来发展趋势。我国出版企业目前虽然也在关注着数字出版，大多数建立了自己的网站等，但整体融合媒介的意识并不强，紧迫感和危机感并不充分。未来，出版企业要想在数字化浪潮中站稳脚跟并做大做强，任重道远。

2. 缺乏核心竞争力

核心竞争力是一个企业能长期处于不败之地的根本保证。核心竞争力是指企业集团最优秀资源、业务、产品的整体综合，是为人熟知的产品、企业经营理念、价值观的高度凝练。

纵观国际出版集团发展史，其强大过程就是核心竞争力不断强化和延展的历史。例如，培生集团的核心竞争力在于培生教育，其业务构成涵盖了一个人终生所需的学习以及教育，从摇篮到坟墓，培生教育都可以相伴左右。“终生教育”理念与本土化需求结合这一战略，也贯穿培生海外扩张的始终。在我国教育市场，培生教育集团旗下著名的“朗文”品牌几乎家喻户晓，其《新概念英语》等著名教材和英语学习工具书占据了我国教育市场的极大份额。在这种强势进入市场的情况下，培生并未止步，开始打造一条内容为王的教育产品链。培生集团将教材和培训结合起来，重金收购了华尔街英语、戴尔英语等连锁培训学校，与自有品牌朗文形成一条强大的培训产业链。通过这种模式，培生完美地将自己的核心竞争力发展成为难以动摇的市场运营模式。

国内出版界，不论是什么性质的出版企业，都是遍地撒网，从社会科学到自然科学，从教材教辅到综合图书，只要能出版的都出，样样开花，果实却都结得不大。缺乏核心竞争力是国内出版企业在网络信息时代面临的最严重问题。形成核心竞争力之后，将其延展开来，形成核心竞争力产业链条，这是未来出版集团的一条出路。核心竞争力能否做稳做实直接影响出版集团能否在市场竞争中屹立不倒。

3. 法制需要进一步完善

法制是现代社会文明的标志，同时也是市场经济健康良性发展的标志。随着我国文化体制改革的进一步深入，出版集团成为市场竞争新兴主体时，市场竞争对于法制的需求更为迫切，标准规范更为严苛，良好完善的法制体系有利于促进市场经济的健康发展。

国外出版法制体系的建设，一方面立足于纯粹彻底的市场经济，另一方面立足于出版企业本身的私有性质。其出版法律主要是体现文化产业特征的《著作权法》，以及适用于所有商业性质企业的税法和其他相关法律。

由于我国出版产业长期实行党政共管模式，在转制过程中遗留下了不少计划经济体制的影子，使得现阶段出版集团既要面临市场竞争，又无法干脆彻底地摆脱党政意识形态监管，这种尴尬的境地就需要完善法制体系来匡扶。但我国出版产业通用性法律较少，管理部门法规又较多，在执行过程中往往出现管理部门混杂、管理权分散导致难以协调的状态。

其中最为迫切且难度较大的是版权问题。我国出版业界整体生态不健康，盗版极其猖獗，尤其是音像出版业，几乎毁于盗版。图书方面，尤其是市场接受度较高的畅销书，盗版现象更是严重。盗版从一般领域的大众图书延伸到教材教辅等，极大地损害了出版商的利益，同时也打击了作者的创作积极性。

如今，网络信息技术高度发达，人们阅读习惯的改变也迫使更多出版商和运营商走上电子出版和电子营销之路。在这种传播环境下，若没有相当完善的法律监管体系，网络盗版会使出版业呈畸形发展。因此，尽快健全完善版权法律法规，加强政府部门监管力度，严厉打击盗版侵权等恶劣行为已刻不容缓。同时，出版产业应不断提升网络信息技术实力，通过内外发力，为业界营造良好的市场环境。

4. 出版产业结构有待优化

优化的产业结构对于一个行业来说至为重要。我国文化体制自改革以来，一直将优化产业结构作为重要工作，目的在于培养我国出版行业的市场竞争力，通过良性产业结构促进出版产业发展，最终形成具有国际竞争力的大型出版集团。但在实施过程中，结构性难题仍未破解。

一方面，我国出版产业链下游布局不均，即市场结构布局不均。在计划经济时代，中央性质出版企业独大，意味着其集权控制力稳定；但在市场经济环境下，若一个地域的出版企业独大，其余地域出版企业竞争力弱，市场占有率低，则意味着整个出版产业的市场结构布局是不科学的。在买方市场环境下，各地出版集团因省域发展态势而对本地市场控制力陡增。例如，江苏凤凰出版集团超越位居京沪两地的中国出版集团、中国科学出版集团、上海世界出版集团而率先成为全国第一个资产、销售“双百亿”集团，与其控制的市场规模有根本关系。纵观全国出版业版图，华东、中南部是最具竞争力的发行市场，东北、西北、西南等偏远地区则难以望其项背；北京、上海两地虽市场规模大，但由于出版企业过多，竞争激烈，分到每个出版企业的蛋糕偏小，整体竞争力也无法与华东、中南部相比。尽管业界和当局已认识到这种产业布局的不均衡，但长期形成的省域发展态势在短时期内难以得到根本性改变。

另一方面，我国出版产业链上游结构不合理，即出版物品种、类型结构不合理。在网络信息技术高度发达的时代，纸质媒体行业似乎被全民唱衰，传统出版企业在没有找到新出路的现状下，不得不依靠政府保底来维持最后红线，而这一对策反映出的出版行为就是依托教育市场大量出版发行教材教辅。目前，全国几乎所有出版单位都不同程度地介入教材教辅出版。整个产业集中涌入同一领域，这种行为本身就说明出版界对于产品的结构性思维缺乏，在产品开发方面没有从差异化角度寻找独门秘籍，找不到适合自身的定位。这种盲目投入产出模式，不仅会造成上游产品的质量无法保证，同时，还会给下游发行增加巨大压力，哄抢市场，甚至影响我国教育体系的健康发展，影响教育事业的可持续发展。

总而言之，借鉴国际出版集团做大做强的经验，根据自身实际情况，打造独特核心竞争力，开发核心产业链条①，才是出版企业可持续发展之路。

三、发行集团

随着信息全球化以及互联网使用的普及，数字出版成为我国新闻出版业的战略重点，成为新闻出版业实现突破的战略方向。对于在传统新华书店基础上整合改制而成的发行集团，面对数字出版的迅猛发展，应顺应时势、趋利避害，做出有效的战略管理。客观上，数字出版的发展带来了传统出版与数字出版产业融合的新空间，带来了新的产业形态和销售业态，带来了产业链整合的新契机。同时，也带来了阅读方式和阅读消费的变革，并给传统书店的业务、营销、物流、技术、实体店面经营管理带来了深刻的、颠覆性的巨大挑战。如何进行战略性的数字化转型、开拓出版发行蓝海，这是发行集

① 朱华明，朱炜文．数字化转型：发行集团数字时代的五个策略［J］．出版发行研究，2010（1）：63-64.

团面临的重要课题。

（一）树立“大出版”理念

在新的出版环境下，树立大出版理念，才能适应产业、市场、读者需求的变化，适应出版业新的发展规律，重新找到自己的市场定位，做大做强。数字出版是传统出版在内容上的扩展，在载体形式上的延伸，具有出版高效灵活、成本低廉、节约资源、受众面广、渠道业态多元、营销多样等优点。发行集团应顺势而为，从产品、渠道、营销、技术、服务、管理和物流支撑等不同角度，重构自己的经营和管理体系，实现多元化、多媒体、多样化经营，努力塑造全新的出版物内容提供商和知识信息提供商；充分利用电子出版的包容性、广泛性、交互性大力创新，努力打通出版与发行、发行与营销、电子书刊与纸质书刊，甚至出版业与移动通信、广播影视业之间的行业内外壁垒，从内容和传播的两维途径来整合行业和社会资源，做大做强自身。

（二）丰富数字化产品

面对数字出版的发展趋势，要适应网络媒体、移动媒体的快速发展，发行集团应主动调整自己的发展战略和目标定位，既坚守、扩大传统经营业务，又要抓住机遇、整合资源、创新业务、加大投入、不断拓展数字化新型业务，形成新型经营业态。一要从“内容为王”的战略层面，多元化、多媒体、多形式地丰富内容产品，建立海量的内容信息库，满足读者多品种、多样化的需求；同时，也利用数字出版时代作者、读者的转化功能，建立灵活有效的内容平台，如建立自助出版业务、网络下载上传等。二要扩大产品组合，丰富产业链，提供不同介质的书、报、刊、音像制品等，纸上的、网上的、手上的（手机和电子阅读器等）出版物并存，促进多元文化产品消费，提高市场占有率。三要依托庞大的实体终端，开发增值产品，拓宽业务服务范围，推进实体书店的数字化进程。发挥渠道多、覆盖广、品牌优、实力强、服务佳的优势，与数字化产品设备厂商结盟，向终端读者提供电子阅读设备、学习娱乐工具、网站阅读卡、网游虚拟设备等延伸产品，获取增值收益。

（三）拓展未来发展空间

大众图书和教育图书发行是新华书店的两项传统主营业务，庞大的实体有形网络和细密的教育服务无形网络是发行集团的重大资产，如何跟上数字化的进程，实施有效的数字化转型，使传统价值链做出适应新的产业要求的“扬弃”，这在某种程度上决定了发行集团的生死。因此，总体上，发行集团必须把握行业发展趋势，充分发挥现有的市场、渠道、资本等优势，积极跟进数字化出版，主动进入数字出版领域，并以数字化的标准革新传统业务，伺机融合产业链，从源头、过程和终端的不同环节打造数字化发行通道，促进内容资源的最大限度传播。为此，要积极做好传统业务和传统网络的“两项数字化改造”。

一方面，对传统业务的改造。应着眼于在充分利用各种数字化工具（电脑、网络等）的基础上，推进数字化信息技术管理，以信息化组织经营管理体系，以信息流贯穿商流、物流、资金流，实现进、销、存、退的信息化，并适时尝试新的数字化经营业务，形成新的经营和盈利模式，逐步过渡实现转型。

另一方面，对传统网络的改造。一要创新销售渠道，打造网上销售通道，形成虚拟卖场和实体书店的双轮驱动，特别要依靠实体的连锁和物流体系打造新的业务平台，发挥多品种、少环节、低成本的优势，快速抢占市场。二要努力在传统的实体书店基础上植入数字化内容，从产品、服务、营销、设施的不同角度增加数字化因素。可以借鉴美国鲍德斯连锁书店建立的“新概念书店”，设立数字中心，将电子阅读、网上冲浪、电子课堂、文化休闲、下载打印等结合起来，实现灵活的数字化生存。

（四）创新组织形式，激励培养数字出版发行人才

组织的结构既决定了组织运营的状态，也决定了组织实现的功能。发行集团应该面向未来，在组织创新和队伍创新两方面先行做好准备，建立一个有利于拓展电子出版业务的组织形态，建立一支视野宽、技术精、创新和执行能力强的经营管理和技术骨干队伍。为此，一方面要按矩阵式管理的要求，以创新管理、柔性管理为思想指导，设立专门的数字化研发、执行机构，明确其在数字出版发行方面的研发、咨询、实施职责，打通部门之间和上下之间的组织障碍，负责建立面向未来的、适应数字出版时代的运作系统，达到总体设计、分步实施、逐步贯通的目标。另一方面要同时抽调主要经营、管理部门和技术部门人员充实该机构，明确职责、充分授权、高管领衔，确保实施到位。当前，高级经营管理人才和技术人才缺乏是制约数字出版发行的重要瓶颈，因此必须通过有效改革人才激励机制、开展专门的培训教育等，引进、使用好数字出版人才。

（五）建立外部战略合作

数字出版时代是合作共赢的时代。迈克尔·波特认为市场挑战者需要结成联盟，从而获取市场领导者所必需的资源、技术、市场途径和其他实力，收购、联合等办法是实现重构造、重界定或纯投入的手段。相较于数字内容制作方、民营网络书商、技术服务商等，发行集团的数字化之路已略显滞缓，要做到后发制人、快速占领数字出版的制高点，就必须采取联盟策略。方正阿帕比与出版社在电子书领域的合作表明，双赢、共赢是产业链优化的重要前提。发行集团可以开展数字领域的并购、联合合作，依托现代数字、网络技术支持，借鉴先行单位的经验，实现数字化工作的突破：一方面，要加强与上游出版业之间的业务合作和内容合作，建立同业间的商业或经营联盟；另一方面，要积极寻求与移动电信等其他媒体、电子书商、IT 关联产业方的战略联盟，借助它们的平台、宣传手段、技术手段以及盈利模式来为我所用，形成自己的盈利模式，从而做强做大，增强核心竞争力，壮大硬实力，提升软实力，实现开创数字出版发行蓝海的目标和梦想。

当然，虽然数字化浪潮汹涌而来，但由于传统阅读习惯的改变是个渐进过程，加上硬件设备、技术进步、产业发展等因素，使得数字出版短时间内还难以撼动传统出版，在这个新旧交替的过程中，两者呈现出互补互促、交织发展的格局。因此，发行集团须知所进退、有守有攻，进一步完善和优化销售网络，强化对终端市场的掌控，巩固发行集团的市场主渠道优势，这是发行集团控制未来数字出版发行市场的重要基础。

四、影视集团①

中国影视业是一个对政策相对更为敏感的行业，因此更需要用政策来规范和引导市场。随着数字化技术的快速发展和普及，出现了依赖丰富节目内容、快速传播技术、高清成像等新型的数字化技术的付费电视、移动媒体等新媒体，新媒体的广泛应用为影视业的发展提供了更多的机会。影视集团在市场竞争中能较好地实现自我完善整合，不断地优化自身的产业链，在电影、电视剧产品、电视节目产品、音像产品、广告产品、动漫产品等市场上都取得了不错的成绩，在并购整合和上市融资上也有很好的表现，并且在影片筹备阶段、销售阶段、后产品开发阶段都有比较成熟的盈利模式。通过总结发现，影视集团如今主要存在的问题包括监管制度及法律保障欠缺、产业结构不合理、播出平台受阻，生存依附性大、技术水平相对落后、管理机制欠科学等。

---

① 余尉．中国民营影视企业生存现状与发展对策［D］．南昌：江西财经大学，2010.

影视集团的发展必须立足于市场，影视集团的市场化也要求对市场进行深入的研究，研究市场定位、市场潜力和市场竞争等问题，同时也要研究政策的利弊和这个行业的发展前景。

（一）中国影视集团的现状

1. 市场准入和竞争情况

由于政策的制约，一直到20世纪90年代的中前期，影视集团的市场准入门槛都非常高。而近些年政策的逐步开放已经使行业的准入门槛降到很低，影视机构在初创期资金总量很少即可介入该行业，普遍通行的是以三万元作为公司注册资金即可注册文化传播公司，从事影视制作行业。如今规模比较大的影视机构大多也是从很小的规模积累发展起来的，例如北京光线传媒有限公司在1998年成立时，启动资金是10万元。目前我国的影视产业还是一个在不断成长的产业，受地域和经济发展水平的制约，在全国分布较为不平衡。

2. 逐渐放宽的政策

中国影视业是一个对政策相对敏感的行业，市场上发生的绝大部分行为都和国家颁布的相关政策有着直接或间接的关系。从外资进入电影院线到数字电视付费频道的发展，从民营资本与电视台的深度合作到与外资成立合资制片公司等，这些影响行业发展的事件都始终离不开相关政策的实行。

而政策的主线则是有步骤地开放市场，开放对象包括业内资本和业外资本，从所有制角度来看，是放开民营企业与海外资本相对自由的合作。不断推出重量级的政策，是为了加大节目制作领域对资本市场的开放力度，希望借助资本市场，引入方方面面的资金，提升中国影视节目制作的水准和数量。这也等于对中外投资者打开了长久以来紧紧关闭的中国影视业的大门，为民营资本和海外资本在影视行业自由驰骋提供了广阔的天地。

3. 市场体制逐步走向规范化

影视产业各个播出渠道需要大量的优质节目，竞争也日益激烈，同时政策也开始逐步规范。随着政策利好消息不断传出和节目市场需求信号不断加强，再加上个体积累，电视机构在播放渠道、融资渠道上已初步形成体系，为影视企业从影视产业的边缘地带向主流迈进打下了较好的基础。

（二）中国影视集团的机会

1. 数字电视和付费电视带来的契机

在影视的数字化趋势下，中国东部发达地区主要在地市以上城市、中西部地区大部分的省会城市基本上在实现向数字化过渡。

可以看到广播电视数字化是科技快速发展的必然趋势，而节目始终是数字电视的重中之重。只有播放更好的节目才能更好地吸引受众的眼球，也才能吸引广告的投放和消费者对影片的直接消费或二次消费，这样才能更好地实现付费电视的可持续发展。中国的付费电视发展速度很快，目前国内已批准了近百套付费频道，可以预见到这个数字今后还会继续不断地增长。这就需要大量的优质节目来满足各频道播出的需求，而且要求市场上开发出更多原创的、自制的、有吸引力的优质品牌影视节目，这必然给影视企业带来前所未有的良好发展契机。

不仅如此，随着数字化技术的不断发展和普及，新型的付费电视也需要大量的社会资本。目前，政府的政策是明确鼓励国内符合条件的社会资本和机构投资付费电视业务，这给影视的产业化改造以及影视业的发展带来深刻的影响。

2. 新媒体为民营影视提供的契机

随着互联网和手机用户的快速增长，影视的播出平台不断拓宽，目前影视企业参与的部分主要集中在以互联网为基础，依托数字化平台的产品，如软件、网站、网络音乐、网络电影、网络小说、网络游戏等产品，或以网络媒体为载体提供的多元化网络互动和服务，也有部分影视机构利用网络平台经营传统的实物产品。

现在网络用户的基数非常大，并且覆盖率越来越广，这为影视企业提供了施展的舞台。从另一个角度来看，由于电视台这个播出平台大部分影视企业难以切入，很难达到与其进行平等对话，而网络平台为影视提供了契机。例如，优酷网和土豆网是中国网络视频行业的领军品牌，主营收入是网络视频广告，这些企业成为了正版影视节目发行、传播和营销的合法平台。

影视企业还可以在政策允许的范围内开展与之相关的业务，如盛大网络从另外一个角度切入网络媒体盈利。作为领先的互动娱乐媒体企业，盛大网络除了被广知的盛大游戏，还有盛大文学、盛大在线等主体和其他业务，向广大用户提供多元化的互动娱乐内容和服务。其中盛大文学通过整合国内优秀的网络原创文学力量，构建国内最大的网络原创文学平台，并依托原创的故事，推动实体出版、影视、动漫、游戏等其他相关文化产业的发展；盛大在线则专为无需物流的文化和虚拟产品提供数字出版平台。

3. 自身产业链的不断完善

影视行业的产业链一般是指围绕影视内容产品的投资、研发、生产、销售及配套服务形成的一条完整的影视内容产业，当这一影视产业链在市场经济中高速运转时就会不断地实现增值，成为价值链。影视机构在竞争中能够不断加强产品的产业链建设，大力发展相关衍生产品，谋求多样化的收入来源，也可以参与到电视台的产业链运作上，成为原有的电视台产业链条上的一个环节。影视企业可以精通于一种或多种业务，并围绕这种业务不断完善，发展成自身的成熟的产业链，或以某种优势成为其他产业链的一部分。影视在市场竞争中很容易适应各种环境，并能较好地实现自我完善整合，不断地优化自身的产业链，获得更大的发展。

五、广电集团

以往的广电集团是指随着广播电视的发明和普及而出现的，在两个以上城市（跨地域）由广播电台、电视台、广播电视报社、音像出版社、电视剧制作中心、电影制片厂、音像资料馆、广播电视微波总站、有线电视传输中心、中波发射管理中心、广播电视服务中心、广播电视广告中心等联合组成的企业集团或新闻宣传单位。这些广播电视集团独立存在的时间并不长，大多都整合、转型成为拥有各种大众传播媒介的综合性产业集团。现代意义上的广播电视集团是指地区直属的新闻宣传单位。

在传媒经营与管理体制改革中已明显滞后的广播电视业也普遍意识到集团化的重要性。从大环境来看，广电行业在实施集团化政策前面临着“内挤外压”的严峻形势。所谓“内挤”，就是国内各种媒体在相同的信息资源上与广电行业正面交锋，使竞争加剧；所谓“外压”，是指国际上大型跨国公司以中国加入 WTO 为契机，以资本利润为杠杆，以收购股份、兼并企业、合资共营为手段，先是进入港澳地区的广电传媒领域，进而在内地一些与广电接壤的行业或领域登陆，合法进入境内广播影视市场。

随着国内传媒产业竞争愈演愈烈以及国际传媒渗透的日益加强，中国广电行业所处的生存环境正在发生飞速变化，要通过快速的结构调整来实现由事业宣传部门向信息媒体服务产业部门的转型，市场化改革成为必然。中央已不满足于广电行业以往自发的、渐进式的改革，而欲通过行政力量来加速国内广电行业的整合，并建立以美国在线、时代华纳集团和默多克新闻集团为未来经营模式取向的综合传媒集团。①

作为社会主义新闻事业单位，我国的广电集团由国家经营，不得吸收外

① 朱剑飞，王奕．中国广电集团运营模式初探［J］．东南传播，2008（10）：66-68.

资和私人资本，这种由国家控制的单一化产权结构使得广电集团在进行多元化经营扩张方面遇到了相当大的困难。根据事业发展的需要，在政策方面目前有了一些变化，一些集团的下属公司开始进入资本市场上市（如东方明珠、央视股份、电广传媒、歌华有线等），但目前还没有一家真正以集团名义整体“包装”上市。与西方传媒集团在资本市场的翻云覆雨相比，中国的广电集团如果仅仅靠自己的资本积累去实现“做大做强”的目的，还有相当长远的一段路程要走。

传媒产业的盈利模式基本有两种，其一是广告支撑型，其二是内容支撑型。对于我国传统的广电集团来说，广告是其收入的主要来源。这种单一以广告为主要盈利点的模式，自广电集团产业化伊始，便深深困扰着业内人士及其关注者。其中上海文广集团、湖南电广集团等，走在新的盈利模式探索前列，它们的探寻值得我们了解与学习。

（一）广电集团发展的困境

1. 新媒体的冲击和受众消费观念改变

消费观念是消费者的消费价值观，它是消费群体对消费对象整体化的价值取向或评价，包括消费者主体在进行或准备进行消费活动时对消费对象、消费行为方式、消费过程、消费趋势等的总体认识。个性化、可选多、形式多样、交互性极强的新媒体受到受众喜爱，不少电视媒体的受众将有限的时间分流到新媒体中，也带来了削减电视媒体营销费用进而转向新媒体的广告主。对于广大受众来说，打开电脑边聊天边网上购物、使用互联网提供的便民等增值服务，已经成为广大网民习惯的消费方式。

现在要让受众把目光从互联网转向电视，将消费方式转投到电视上来，并不是件容易的事，无论是交易量还是交易额都无法与互联网购物平台相比。广电集团要拓展自己的产业链，在顾客消费观念的培养上还有很长的一段路要走。

2. 广电集团自身缺乏竞争力

其一表现在整个广电机构大而散。因为历史原因，各广电集团遍布全国，区域分治、政府主导的试点方向与模式难以保证与整个广电行业的发展方向相一致。广电集团下一步的统一运营变得更加遥不可期，有线网络难以规模化，试点经验无论是技术、业务还是营销手段复制困难。

其二表现在管理上“慢半拍”。广电集团提出“事业性质，企业经营”后不久，广电日常管理实施行政式的指挥和运行模式，缺乏熟悉网络运营和市场营销相关专业人才，在网络增值领域中尚处于初步摸索时期；同时，内容上同质化现象严重，用户黏度低。

3. 竞争对手的强大压力

广电集团的网络竞争对手通信运营商均为上市公司，如中国联通、中国移动及中国电信等，早已建立起现代化的企业管理体制，在营销、市场推广、品牌黏性、内容设置等方面，都有较成熟的运作机制，尤其是三网之间的“带宽”问题，更是让广电网络头疼。按照三网融合试点方案，广电地方有线网络获得互联网接入资质，但受制于互联网数据中心（IDC）和国际互联网宽带出口业务牌照的限制，需要向中国联通、中国电信两大通信运营商购买出口宽带，如上海“东方有线”宽带接入收入的一半用于支付与中国电信骨干网对接费。由于出口宽带费用连年上升，使得广电这部分业务的利润空间非常有限，业务拓展积极性不高。而基于电信、移动、联通三家通信运营商网络平台建设的最大优势在于拥有带宽出口和旧牌照，通信运营商肯定会坚持在国际出口带宽上的控制力，这对广电的发展极为不利。

（二）广电集团的发展探索

面对新兴媒体的竞争，要求省级卫视必须摆脱传统的经营模式，采取更加市场化的经营模式，要求传媒产业“事业化管理，企业化经营”与“资本化运作”接轨。同时，也要求省级卫视不能仅仅局限于过去的经营内容，要从原先的单纯节目制作扩展开来，融入新媒体，形成一个全方位的新型服务平台——以电视节目为主同时兼营互联网、手机等新型的媒体服务机构。另外，面对众多的竞争，改革体制是为了降低“制度成本”，因此要深入整合内外部资源，从而降低成本、提高产出。要实现这一切就必须要求省级卫视从体制开始革新，在新的机制内融入新媒体，使省级卫视真正地达到三网融合的要求，而不被淘汰。在这方面，上海文广抢先完成了华丽转身。

1. 制播分离

上海文广在全国广电系统内率先实施广播电视制播分离，改制方案是将上海文广拆分为上海广播电视台和东方传媒。上海广播电视台继续实行上海文广现有的事业体制，新成立的东方传媒由上海广播电视台控股，实行“台属、台控、台管”，东方传媒囊括上海文广除“新闻”以外的全部制作资源。在省一级的网络整合中，上海文广新闻传媒集团是国内最早涉足 PC 互联网视频、手机电视的集团，在手机电视和互联网视频方面占有较大的市场份额。2010 年 1 月，文广旗下新媒体运营公司百事通与法国电信在上海达成战略合作计划，双方宣布在三屏融合技术、内容投资等领域进行全方位合作。借助百事通这个新媒体平台和法国电信的平台，文广集团在三网融合进程中占据了省级卫视竞争行列的有利位置。2009年，湖南广电也开始第三轮改革，改革以政企分开、制播分离为目标。

2. 打造品牌效应

虽然电信在三网融合的技术方面上先行一步，但由于做节目的经验缺乏，使得电信项目不能快速进入电视产业，而这也给了广电集团一个喘息的机会，广电集团可以趁这个机会改善影视节目质量，注重创建属于自己的品牌，使品牌效应得到最大规模的利用。从电视受众的角度看，品牌是经过较长时间的固定化和标识化的过程，在观众心中已经形成了一种相对稳定的对某台的认同，这种认同会连带产生吸引力、感染力与号召力。

举例来说，湖南卫视的定位就是娱乐，不断制作出高水准的娱乐节目，使受众形成了“看娱乐就要看湖南卫视”的印象，创建出了广电集团娱乐第一品牌。凤凰卫视自1996年3月开播以来，更是把自己塑造成在全球颇有影响力的华人卫星电视台。并依托其影响力创办了凤凰网，使凤凰网成为它的延伸，这一切使得凤凰品牌效应越来越大，让它从原先艰难的境地成功地成为华人世界有名的卫视。毫无疑问，凤凰卫视的品牌战略规划十分有效，它一开始的定位就十分明确：做华人世界的第一卫视，向世界发出华人的声音。首先立足做好新闻节目，通过“9·11”事件的报道一跃成为华人新闻的第一品牌；此后立足建起的名声，继续深度改革节目，形成凤凰品牌；然后不断地去扩展品牌优势，形成现在的凤凰传媒。

3. 跨媒体合作

广电网络如果实现数字化、双向化，具备网络存储和用户管理的能力，也就具有了互动的能力。它除了支持数字广播频道之外，还可以支持话音、视频和数据通信业务，支持用户终端通过广电网络接入互联网。具备存储能力和用户管理能力的网络可以实现个性化的节目单，支持用户对影视节目的点播，支持直播内容的再汇聚和节目的回看，支持广告的个性化和地域化，以及提供精细化的节目营销、定购、计费和收费服务。这些基于广播电视节目的互动电视服务，结合电视节目的高清化，已经成为国内外广电网络服务转型的热点。

广电系统在内容互动方面的核心特点在于改变线性编播模式，改用内容库的概念来做内容，并以推荐、关联等方式来加强用户与运营商之间、用户与用户之间的互动性。上海文广互动电视有限公司是典型代表，在它所提供的内容中，用户可以在收看一部影片的同时，链接到关于这部影片的导演、主演所拍摄的其他影片，链接到相关新闻、纪录片等，可以一边看一边对所看内容进行评论，给剧中人物打分投票，还可以把喜欢的内容推荐、赠送给自己的好友。如此种种，彻底打破了内容的线性传播模式，使之成为真正互动的内容。

湖南卫视的选秀节目也是主打“互动”：受众可以在节目过程中发短信进行投票互动，同时该节目不仅仅在电视上播出，还和广播节目合作，受众也可以通过广播节目同步收听到比赛状态，湖南卫视的官方网也同步播出，受众不仅仅可以在网上观看视频，还可以发表评论。与此同时，湖南卫视自办杂志，通过杂志解密赛程和花絮等，通过一系列媒体间的相互合作，使得选秀节目的影响力发挥到最大。

4. 产业链打造

当今世界传媒产业的主流发展趋势是“大传媒”产业，它的运作主要以传媒产品为主，进而衍生出相关作品、主题公园、书籍玩具等后传媒产业。例如，时代华纳、迪士尼等媒体巨头的发展就是通过以传媒产品为核心的大传媒产业链条的纵向和横向整合，逐步形成跨领域、跨行业、跨媒介、跨地区的综合传媒集团。在三网融合背景下，广电业要想立足传媒产业，就不能仅仅局限于电视产业，要展开多层次多领域的联合与协作，整合卫视的内外部资源，将卫视的传媒产品推销出去。

2009 年 11 月，湖南广电与盛大互动娱乐传媒公司共同出资 6 亿元打造盛视影业，在影视制作发行和相关衍生业务领域展开合作；同时与最大的在线购物网站淘宝合作，成立“快乐淘宝”，拓展电子商务业务；与青海卫视打通了包括网络和手机在内的新媒体；专门成立芒果国际传媒集团，统领经营性业务。湖南广电这一系列动作，都是希求在三网融合中形成新的产业化链条，以芒果传媒集团为依托，形成规模经济的效应，使经营更加专业化，而规模经济也能降低平均成本，更适合市场经济的要求，提升竞争力。

（三）对广电集团融合后探索的思考①

广电集团三网融合后的困境一时难以改变，其盈利模式创意还需从各方面的“整合”做文章。

1. 整合应用创新

应用创新即找准市场上一种现有的技术或者产品，在其设计和功能上加以改进，让复杂技术或者产品变得更简单、更容易操作、更有品位。新媒体技术日新月异，但是为普通民众所常用的并不很多，正如手机媒体的

① 张建凤．整合：融合后广电集团的变身之策［J］．东南传播，2010（12）：120-122.

功能，不习惯、不愿意用手机上网的用户大有人在。技术再新再好，如果没有配套的商业化研发，很多技术太超前或者配套不合适，仍然会失败。例如，近年来风头劲起的苹果公司，其竞争重要战略之一，就是充分考虑技术给用户带来的体验。融合后的电视机功能强大，提供的服务内容应该以满足消费者的需求为出发点，整合网络和视频功能，以亲民化的方式为大众接受。

2. 整合商业运作流程

当面对强大的三大电信运营商时，广电集团劣势明显。而在新媒体商业领域，资金投入的数量并不是竞争的关键所在，技术产品商业化运作流程创新才是关键所在。广电集团需要综合各种因素，利用交叉学科互补，不仅是三网融合的技术创新、媒体内容设计和制造、受众和广告市场开拓、受众心态、知识产权的维护、媒体宣传、社区兴趣培养、社会心理风向，还有节奏、竞争能力、资金分配、集团管理、内容供应商、发行渠道等，每个环节广电集团都需要考虑最佳的组合，用优选法多维度分析。这方面做得比较成功的如腾讯公司，其相关的技术与资金在最初乃至现在都不是最强大的，但是腾讯公司的商业运作模式相当成功。

3. 整合垂直产业链

未来的广电竞争将依托于电视网品牌和它们所存储的节目的质量。广电集团应建立现代企业制度，放宽视频内容管制，真正实施制播分离，也可以从社会上获取更多的优质内容，提供与受众互动的增值产品等。其中重要的是与宽带、内容、广告等企业客户形成战略同盟，在垂直产业链上进行深挖，从生产源头到用户端进行控制，打造竞争对手难以模仿的产业链，这方面可参考苹果公司。苹果公司走的是一条全封闭的道路，自己研发硬件和软件产品，比如 iPod 音乐播放器，苹果公司通过对播放器外观、音乐播放软件、音乐下载网站进行控制，把关每个环节都是以最适合消费者的方式进行提供。即使后来的计算机老大微软公司为与苹果竞争，开发出 Zune 音乐播放器产品，也无法撼动 iPod 音乐播放器的老大地位。也就是说，苹果公司通过媒体硬件、媒体软件、媒介内容三大环节，形成了一个健康、难以攻克的产业链。对于广电集团来说，相关的技术与资金并没有三大运营商那样雄厚，但是在内容的制造上，仅政策来说就有得天独厚的优势。现代网络与数字电视内容都处在混沌时期，广电集团如能进行垂直产业链的完善，引导竞争从无序走向有序，胜利指日可待。

第二节 民营传媒集团

近年来，我国不断颁布新政策，促进文化传媒行业的发展。从20世纪90年代至今，从尝试“制播分离”，为民营传媒公司的发展提供机会，到提出促进文化产业发展的政策——《文化产业振兴》，到《关于促进电影产业繁荣发展的指导意见》的具体规划，再到大力推动文化产业的建设，大力发展影视制作、演艺娱乐等七大重点文化产业，加快文化产业发展，推动文化产业成为国民经济支柱性产业，增强国家文化软实力，弘扬中华文化。现在正是我国文化传媒产业发展繁荣的好机会，未来有良好的发展前景，政策扶持力度的加大，新技术的不断丰富，观众精神文化需求的提高，为影视产业的发展创造了良好环境。

一、我国文化传媒行业的机遇与挑战

文化传媒行业未来的发展机会在于行业内的整合。在政策方面，从“十一五”到“十二五”时期，我国不断提出鼓励文化传媒产业发展的各项政策法规，基本涵盖了文化产业的各个方面。十八届三中全会更是明确提出，要深化文化体制改革，鼓励文化企业跨地区、跨行业、跨所有制合并重组，实现我国文化传媒产业的规模化、集约化、专业化发展，鼓励有实力的企业做大做强，成为行业龙头。在财政方面，国家加强财政的投入，对文化传媒行业直接进行财政补贴；税收方面也会有所减免，并且可能会以投资基金的形式进行资本支持。在市场方面，国家将会致力于培育规范的文化传媒产业市场，加大对盗版产品的打击力度，鼓励企业优化内容、创新产品、改善运营方式。在技术方面，科学技术的发展、新媒体的产生、数字化的运用、三网融合的推进，极大地丰富了传媒产业的制作技术、传播渠道、发行网络。政策的利好、财政的支持、市场的规范、技术的创新，再加上现在人们的生活水平有了极大的提高，有较高的精神追求，所以文化传媒行业的发展一片光明。

但同时，文化传媒行业是一个特殊的行业，它肩负着一定的政治使命，在内容制作上必须考虑国家法律、法规的要求，而且企业生产的产品在发行时会受到严格的审查。文化传媒产业生产的是文化产品，需要不断地制作不同的内容，产品更新快，而且产品质量要求高，企业的经营风险很大。

总之，我国文化传媒行业正面临着机遇和挑战。文化传媒企业应该把握

住这一机会，不断地扩大企业的规模，增加市场占有率，获得更大的收益。

二、光线传媒集团模式分析①

目前光线传媒的主要盈利模式是工厂化的节目制作与渠道盈利模式、平台化的盈利模式和品牌化的发展模式。

（一）工厂流水线生产模式

光线传媒将节目制作与“工业生产”结合起来，通过“流水线”生产节目内容。光线传媒独创了工业化流水线生产娱乐内容的作业系统，其生产线包括：产品生产之前的策划、产品制作和包装、产品发行和广告销售、增值衍生业务。

光线传媒的工厂化模式的运作机制分以下几步：第一步，进行节目制作，比如《最佳现场》，公司会请来一些明星，光线传媒就可以积累这些客户资源，备一个档案。第二步，举办大型活动，如颁奖礼或者慈善晚会等，光线传媒就可以利用积累的明星客户资源来筹备这场活动。第三步，制作活动节目，光线传媒把自己举办的大型活动制作成活动节目，卖给电视台获得第二次收益，并扩大节目的知名度。最后，光线传媒在进行活动策划、活动制作时又积累了明星资源与影视作品资源，让公司形成一个环环相扣的生产线，实现了企业的资源共享，达到了规模效益，降低了企业的成本，并增加了企业的收入。

这种工厂化模式的优势在于：首先，通过工厂化生产，企业对节目制作进行分解，使得各生产部门按照规则“机械”生产产品，提高生产速度，保证节目的质量。并且光线传媒以市场的变化为导向，适时调整节目内容，相比传统电视台一成不变的经营模式，更有市场吸引力。其次，工厂化的实现，意味着光线传媒实现了文化产品的规模化生产，让文化产品可以通过“复制”来大量快速地生产出来。最后，企业通过工厂化可以节约建造成本，当增加一个新节目的时候，其成本主要是增加制作人员，而不用再重新增加流程。最后，工厂化流水线的生产模式，可以实现资源、信息的高度共享，一定程度上降低了企业的生产成本，提高了企业的综合竞争力。

（二）平台化盈利模式

光线传媒的电视节目取得收入的方式有两种：一种是免费把电视节目提

---

① 光线传媒盈利模式分析［EB/OL］．（2014-09-10）．http：//www. xiaozongshi. com/article/1730271-1/1/.

供给电视台，换取一定的广告时间，然后光线传媒对这些时间进行广告招标，获取广告销售收入，或者在节目制作的时候卖贴片广告和植入式广告；另一种是直接销售电视节目，现阶段光线传媒的多数电视节目都是为特定的客户专门制作的，光线传媒通过生产节目的内容实现收入。此外，光线传媒还可以获得一些提供给特定地区电视台，允许其在特定时期拥有节目的播映权的授权收费。光线传媒拥有强势的节目发行平台和地面电视节目发行网，在国内有 307 个省、地级地面频道，成为拥有我国最大的地面节目发行网络的公司。光线传媒强大的发行平台，保证了光线传媒每天 6 小时的节目播出。光线传媒电视节目的覆盖面广、能持续播出，使得光线传媒可以通过将节目出售给电视台换取广告时间，出售插播广告和植入广告甚至是赞助广告来获得稳定的收入，弥补电影电视业务上垫付资金的高风险。

（三）品牌化发展模式

品牌是一种无形资产，它像是企业的外衣，而一个令人耳熟能详的品牌便是一件华丽的外衣。企业通过外衣的装饰，不仅可以给顾客以感官的震撼，还能吸引客户从而为自己增值。

光线传媒通过品牌标识建立品牌效应。选择了英文字母“e”作为自己的标志，一方面代表公司的英文名称“Enlight Media”，展现了公司的性质，使人们一看到“e”便会想到光线传媒；另外“e”还是娱乐、经济、网络等英文单词的首字母。

光线传媒通过广告效应来提升品牌知名度。它对于产品的宣传所利用的就是自身作为传媒的优势，其采用地毯式撒种的方式，在报刊、电视、网络上进行大量的宣传，迅速提升自身的知名度。

光线传媒十分重视对人才的培养。对于传媒行业而言，拥有大牌明星和主持人等是企业的价值所在。所以光线传媒不惜花重金聘请和培养人才，大力创造“名人效应”，吸引观众的眼球，这样不仅能够争取客户，并且在一定程度上，其大量的名人的存在更能增加观众的忠诚度。

综上所述，光线传媒的品牌化从两个层面实现：一是通过有名的明星和主持人等打造光线的“商标”，二是通过节目来宣传光线传媒。

三、华谊兄弟的品牌效应①

华谊兄弟传媒集团实施多元化的战略，在巩固影视制作成果的基础上，

① 管顺丰，李燕敏．品牌核心价值定位研究——以华谊兄弟传媒集团为例［J］．设计艺术研究，2015（4）：64-68.

向文化主题公园、游戏等领域发展。多元化的发展战略，对企业品牌的发展提出了新的要求。在品牌功能利益方面，华谊兄弟传媒集团不仅要满足人们对影视视觉愉悦的需求，而且需要不断创造新的影视人物形象，作为以影视为核心、向相关产业延伸的基础。在品牌情感利益方面，华谊兄弟传媒集团不仅要创造影视角色满足人们的情感需求，而且需要向顾客提供更丰富的服务，以增强对顾客的吸引力，并保持其既有的品牌忠诚度。

1. 强化和丰富品牌核心价值的内涵

首先，华谊兄弟传媒集团要继承和发展已经形成的“幽默、欢快”的品牌核心价值。持续不断地创造影视人物形象以强化和丰富品牌核心价值，是世界著名影视公司取得成功的制胜法宝。迪士尼持续不断地创造米老鼠与唐老鸭、白雪公主和小矮人、小熊维尼等影视动漫形象，其“快乐文化”的品牌核心价值得到了不断的延伸和发展。同时，冯小刚“程式化”的特征所造就的“幽默、欢快”品牌核心价值，已经制约了公司影视题材的选择。显然，随着公司规模的快速扩大，华谊兄弟传媒集团需要创作一批独具特色、脍炙人口的影视人物形象，形成公司新的品牌核心价值，以不断拓宽“幽默、欢快”的品牌核心价值内涵。

2. 基于多元化发展战略进行品牌核心价值的塑造与拓展

华谊兄弟传媒集团的主业是影视行业，目前正在向旅游地产、动漫等方面拓展，但是，目前公司在这两个行业尚未具备独特的优势。迪士尼的成功，源于其动漫的“快乐文化”品牌核心价值延伸到了迪士尼乐园。显然，华谊兄弟传媒集团公司的多元化发展，一方面，需要基于影视作品的品牌核心价值向相关产业进行延伸与拓展，并加快这些产业的发展；另一方面，则需要借助公司在旅游地产、动漫等行业的扩张来扩大社会影响，增强公司的品牌核心价值的市场影响力。

第三节　跨国传媒集团

本节以时代华纳传媒集团为例，分析跨国传媒集团的发展。时代华纳是一家享誉全球的大型媒体和娱乐集团，总部位于美国纽约。在几十年的发展历程中，三大事件为时代华纳的发展涂上了厚重的色彩：一是 1990 年时代公司与华纳公司合并，成立时代华纳，从一家杂志起家的出版业巨头成为了集出版、娱乐资源于一体的媒体集团；二是 1996 年时代公司兼并特纳广播公司，成立了新的时代公司，使得时代华纳的媒体版图更加广阔，被誉为世界上最大的传播娱乐公司；三是2001年“网络新贵”美国在线兼并了拥有多年历史的时代华纳，二者组成了拥有强大内容资源和广泛渠道的传媒航母。时代华纳和美国在线的合并在传媒产业发展史上拥有重大意义，它标志着互联网产业和传媒产业的融合开始出现。

一、媒介融合①

时代华纳从拆分业务和精简人力两方面集中资源打造核心竞争力。自2004年起，时代华纳相继出售华纳音乐集团、时代华纳图书出版业务，并将美国在线、时代华纳有线和时代出版公司剥离出去。拆分后的时代华纳集团拥有华纳兄弟电影公司、新线电影公司以及特纳电视台、特纳广播公司、CNN、HBO有线电视等电视频道，还有DC漫画公司等具有品牌内容生产的媒体公司。而时代华纳旗下三大子公司特纳广播、付费电视网络HBO、华纳兄弟娱乐公司同时在2014年年底开始裁员行动：10月7日，特纳广播宣布将在全球范围内裁员1 475人，约占其员工总数的10%；10月29日，HBO计划在美国裁员约150人，相当于其美国员工总数的7%；11月4日，华纳兄弟宣布将在全球裁员1 000人。

策略调整后的时代华纳将视频内容作为业务中心，以此向新媒体进行渠道延伸。时代华纳主页以瀑布流形式布局，其中70%的板块是可播放的视频内容，视频内容可分享至四大社交媒体Facebook、Twitter、Google +、Pinterest。近年来，时代华纳的新媒体转型举措主要集中在“电视无处不在”理念的实践上。2009年与运营商康卡斯特（Comcast）合作，开启“电视无处不在”项目，2010年分别推出HBO GO的在线服务和移动客户端服务，用户在有线电视付费后，可以在电视、互联网、移动终端等多种媒体上收看订阅内容。另外，收购SNS网站是时代华纳进军新媒体的另一举措。SNS网站的主要商业价值有两个：一是聚集的用户流，由此带来的广告利润；二是后台庞大的数据库，基于此分析出的消费者洞察。媒介商品化的今天，用户需求是媒介组织发展的重要指南。因此相比第一个价值，时代华纳更专注于SNS网站的消费者数据，而且时代华纳目前拥有的都是垂直SNS平台，与目标消费者重合度极高，更加有利于消费者洞察分析。不仅如此，时代华纳在2012年成立了媒体实验室，这个在纽约占地9 600平方英尺（约

---

① 刘婕．由点及面的媒介融合策略——时代华纳的转型启示［J］．东南传播，2015（6）：7-9.

为 890 平方米）的实验室主要致力于理解消费者行为、媒介接触习惯以及预测行业发展趋势，以此为每一位用户创造一流的内容。其中设有家庭模拟、电影院、零售购买、可用性实验室、聊天室、眼动追踪室、可用性实验室和聊天室的观察区。媒体实验室用技术和数据为时代华纳的重要部门 HBO、特纳广播、华纳兄弟电影公司等提供内容创新支持，指引媒介融合的前进方向。

二、策略特点①

（一）利益点

时代华纳在很大程度上是一个娱乐传播集团，这样的一个市场化的媒介组织更多地还是追求企业效益，为股东争取最大的投资回报。任何一个媒介组织都需要经济支持，在媒介融合的过程中这也是必须考虑因素之一。时代华纳在与美国在线的失败“联姻”后，选择将集团利润最大、市场前景最好的视频业务作为集团未来发展的核心业务，并通过出售剥离其他业务，集中资源强化这一核心业务。借用喻国明对“新木桶理论”的解读，媒介组织在媒介融合中要用自己的长板和其他长板强强联合。而核心业务就是媒介组织的长板，只有在媒介融合前期确立自己的核心业务，才能进一步和其他长板联合创造新领域的共同发展。

我国有些大型媒介组织也在努力打造自己的核心竞争力，不仅可以稳固传统媒体领域的市场地位，还可以为下一步媒介融合发展打下良好的基石。比如湖南卫视在 2004 年确定打造“中国最具活力的电视娱乐品牌”的目标，接连推出了众多成功的娱乐综艺节目，如《快乐大本营》《天天向上》《爸爸去哪儿》《我是歌手》《花儿与少年》等，其中多期节目创下收视最高点。在此基础上，推出了多款移动客户端，如“芒果圈”“呼啦”“芒果TV”等；也凭借其电视台的娱乐资源，如明星互动、综艺节目独播权等吸纳了一大批用户。

（二）接合点

核心业务的确立不仅为媒介集团谋得长久利益，还成为媒介融合的接合点。接合点的意义在于将集团引入的新媒介、推出的新产品与集团密切相连，形成整体效应，而不是呈现资源分散的局面。

---

① 刘婕．由点及面的媒介融合策略——时代华纳的转型启示［J］．东南传播，2015（6）：7-9.

时代华纳在媒介融合道路上的每一步都映衬着视频内容这一核心。垂直UGC网站的收购都直接和时代华纳的优势视频内容相关，HBO GO和HBO NOW服务的推出也是为了满足视频用户的多终端需求。可以看到，时代华纳的每一项举措都和视频内容直接相勾连，这也是“新木桶理论”中所说的板与板之间的结合紧密，唯有如此才能构建一个盛得住水、容纳得了新用户的“新木桶”。

三、优势分析①

根据价值链分析法，技术是企业价值链中辅助价值活动的一个方面，技术进步为产业价值链的重塑提供了基础，时代华纳重塑产业价值链可以为集团带来竞争优势。技术进步给时代华纳带来的竞争优势体现在两方面：一是结合产业融合的背景进行产业价值链的重塑，通过成本优势形成竞争优势；二是为时代华纳带来有竞争力的产品，通过差异化形成竞争优势。

技术进步形成的有竞争力的产品给时代华纳带来的竞争优势主要体现在三个方面：一是带来声誉。率先使用新技术的企业可以确立开拓者或领先者的声誉。因为率先使用新的技术，使企业在消费者和广告商心目中特立独行，如果这种特立独行还取得了较好的效果，那该企业就会在市场中树立起独特的形象。时代华纳率先应用摄影技术，在旗下所有杂志中使用大量图片，成立《生活》《体育画报》等专门的新闻画报，用画面来解说人物和体育活动。时代华纳还应用先进的印刷技术，生动的图片加上精美的印刷，不仅为公司带来丰厚的利润，也在读者心中形成了良好的形象，为公司带来声誉。华纳公司也同样如此，其于1927年和1928年分别推出了电影史上第一部有声电影和彩色电影，也较早地开始立体电影的尝试。这些对新技术追逐的实验，不仅可以为时代华纳带来利润，而且可以为企业带来良好的声誉。因为历史是向前发展的，人类也总是渴望新的变化，时代华纳敢于尝试的精神，成为社会进步的风向标，也成功地在消费者心中留下了好的印象。二是抢占有利的市场地位。一方面企业可以通过新技术产生新产品，而新产品能占据新的市场；另一方面，通过赢得的利润，企业可以有足够的流动资金迅速投入到新的开发或市场拓展中，产生良性的循环。三是优先选择销售渠道。率先行动者可以为新产品或新一代产品优先选择销售渠道，而追随者只

① 韩晓宇．拆分重组后的时代华纳运营分析和经验总结［J］．青年记者，2010（22）：82-84.

能选择次好的销售渠道。时代华纳利用电缆和卫星通信技术，能够高速优质地传送其节目，而通过网络技术进军新媒体，也是优化集团传播渠道的方式。

本章小结

我国传媒面临着新媒体冲击、体制改革、产业链重组等共性问题。随着移动互联网与互联网的快速发展，传媒产业面临着新的机遇和挑战。无论是报业集团、出版集团、发行集团，还是影视集团、广电集团，由于网络新技术的应用，都会将以前的非传媒用户转化为传媒产业的实际用户，所以其有着非常大的市场发展前景和潜力。同时，随着我国民主进程进一步加快，市场经济体制进一步完善，传媒产业的政策会更完善，所以，今后的传媒集团必然会有更好的发展前景。

第四章　传媒产业延伸战略

传媒产业战略是传媒企业在综合了外部环境和内部资源的评判之后，而做出的发展道路的选择。战略为媒体的行动提供了清晰的远景，同时这一远景应根据变化的外部环境和内部条件进行修正，战略具有时间特性上的长远性和空间特性上的全局性。战略规划包括组织的远景和将来的方向，近期、远期的行为指标和战略。一个公司的内部和外部环境变化得越快，组织的短期和长期战略计划就修改和更新得越频繁。当今世界，战略生命周期越来越短。

第一节　传媒产业战略概述

战略指的是将一个组织的日常业务决策和长期计划相结合的一系列经营业务管理。传媒企业的战略应该针对产业和竞争环境量身定做，一个设想周全的战略要抓住公司最有利的增长机遇，而且要防御对其安全和未来行动构成威胁的外部力量。传媒产业战略指的是一系列的管理过程：制定战略远景，设定目标，精心制作战略，执行和实施，然后主动在远景、目标、战略、实施中做适当的纠正性调整。一个公司的战略包括竞争性努力和管理者用来取悦顾客、成功竞争和达成指定的组织目标的商业手段。战略管理的意义就是保证企业长期竞争优势，并且降低长期的行为成本。

一、定义

（一）公司战略的定义

美国哈佛大学教授迈克尔·波特对战略的定义堪称公司战略传统定义的典型代表。他认为，“战略是公司为之奋斗的一些终点与公司为达到它们而寻求的途径的结合物”。波特的定义概括了20世纪60~70年代人们对公司战略的普遍认识，它强调的是公司战略的一方面属性——计划性、全局性和长期性。

加拿大学者明茨伯格在1989年提出了更加现代化的公司战略——以计划为基点将企业战略视为理性计划的产物是不正确的，企业中许多成功战略是在事先无计划的情况下产生的。他将战略定义为“一系列或整套的决策或行动方式”，这套方式包括刻意安排（或计划性）的战略和任何临时出现（或非计划性）的战略。许多学者也开始研究组织的有限理性，并将重点放在组织在不可预测的或未知的内外部因素约束下的适应性上。

公司大部分战略是事先的计划和突发应变的组合。美国学者汤姆森1998年指出，“战略既是预先性的预谋战略，又是反应性的适应性战略”。换言之，“战略制定的任务包括制订一个策略计划，即预谋战略，然后随着事情的进展不断进行调整。一个实际的战略是管理者在公司内外各种情况不断暴露的过程中不断规划和再规划的结果”。

公司战略意味着企业要采取主动态势预测未来，而不仅是被动对变化作出反应。企业只有在变化中不断调整战略，保持健康的发展活力，并将这种活力转变为惯性，通过有效的战略不断表达出来，才能获得并持续强化竞争优势，构筑企业的成功。

（二）传媒战略

传媒战略的任务就是充分利用所占有的资源，尽量避免环境的限制，去创造媒介在未来竞争中的持续优势。我国传媒的发展历程——计划向市场的转变，带给传媒的生存环境极大的冲击，传媒已经从主要依靠财政拨款转为以经营创收为主、财政拨款为辅。传媒被推向市场后，竞争日趋激烈，由此，市场经济体制建立、国家传媒政策变革和日益激烈的市场竞争促使媒体告别无战略时代。

管理学者用3C理论阐述了环境变化带来的新挑战。顾客（customer）——买卖双方关系中的主导权转到顾客一方。竞争（competition）——竞争使顾客对传媒产品有了更大的选择余地，且提出更高要求。技术进步使竞争的方式和手段不断发展，发生了根本性变化，越来越多跨国媒体走出国界，在逐渐走向一体化的国际市场展开竞争。变化（change）——市场需求日益多变，传媒产品生命周期的单位由年趋于月，技术进步使媒体的生产、服务系统经常变化。

广义上来说，传媒战略即为了实现传媒组织的总目标对所要采取的行动方针以及资源使用方向进行的一种总体规划。狭义上来说，传媒战略是媒体在分析外部环境和内部资源现状及其变化趋势的基础上，为自身在较长时期内的生存与发展而制定的，应用于媒体整体，为媒体设定总目标以及相应实施方案的计划。

二、战略的功能

在早期的方向设定过程中，管理者需要明白自己的业务是什么，关于组织未来路线的管理观点和结论，它应该占据的市场定位，以及公司从事的组成战略远景的业务活动。战略远景表明了管理层对组织的期望，提供了关于“想从事的业务、前进方向、试图建立的公司类型”这些问题的全局观念，它清楚地说明了方向，描述了要到达的目的地。有效的远景是清晰明了的，是有挑战性而激动人心的，能使公司为未来作准备，并且对市场也很有意义。一个考虑周全、描述完备的远景陈述能够成为企业长期方向的灯塔，帮助管理者实施管理服务，帮助引导组织努力和战略创新沿着路径管理的方向前进，建立对组织识别系统和组织目的的强烈认知。

第一，战略指明了企业的发展方向。通过对经营环境的研究，战略将企业的成长和发展纳入到变化的环境中，为企业指明方向。在战略的指引下，企业能够增强其经营活动对外部环境的适应性，正确地选择合适的经营领域和竞争优势，提高决策能力和水平。同时，有了战略目标，不仅使整个公司有了清晰的发展方向，也明确了企业的各个层次、各个部门的奋斗目标。这样就使企业各方面的努力统一到公司的战略方向上来，形成合力，推进企业为实现共同的终点不断前行。

第二，战略是整合和优化企业资源能力的依据和动力。一方面，战略建立起企业目标系统，使企业能够依据需求对其资源和能力进行整合和优化，促使企业凝结为一个和谐一致、高效的有机整体。另一方面，企业资源和能力的水平影响着公司经营范围和竞争优势的选择，战略是整合和完善企业资源能力的动力，企业只有不断提升资源和能力的水平，才能保障公司面对变化莫测的经营环境选择和实施最有效的战略。

第三，战略是提升企业管理效能的前提和保障。战略将企业的长期目标和短期目标结合在一起，可以调动各级管理人员参与战略管理的积极性，有利于充分利用企业的各种资源并提高协同效果。战略重视评价与更新，不只是计划“我们正走向何处”，也计划如何淘汰陈旧过时的东西，以“计划是否继续有效”为指导重视战略的评价和更新，这将使企业管理能不断在新的起点上对外界环境和企业战略进行连续性探索，增强创新意识。战略强调战略制定与实施的结合，更加突出战略在管理实践中的指导作用，这将不断提升企业管理者的管理水平，也促使战略本身不断得到完善。

三、传媒战略管理的过程分析

传媒战略实施的基本原则是：坚持正确舆论导向原则，统一领导统一指挥原则，创新原则，应变原则。传媒战略的意义是保证长期竞争优势。

传媒战略管理的步骤：（1）确定传媒组织当前的宗旨、目标和战略。（2）分析环境。（3）进行 SWOT 分析。（4）分析环境的资源，传媒战略管理的步骤。（5）重新评估组织的宗旨和目标。（6）制定战略。（7）实施战略。（8）评价结果。

传媒产业的过程分析包括：战略分析、战略目标、战略执行和战略控制四个基本环节。

（一）传媒产业战略分析

战略远景的形成是机敏的企业家的实际行动，而不是一时的白日梦或关于公司未来的幻想，战略的形成同时基于外部和内部的考虑。环境是管理活动的主要制约因素，环境分析是战略过程的关键因素，环境变化对媒介而言究竟是机会还是威胁，取决于该媒体控制的资源。主要的外部考虑包括社会的、政策的、规则的和社团的因素，竞争环境和整体产业吸引力，以及公司的市场机遇和威胁。媒介外部环境分析和资源分析中，考察媒介的外部环境可以使用 PEST 分析法，即分析政治、经济、社会文化和技术等方面的现状和未来变动；主要的内部考虑因素有：公司实力，劣势和竞争力，经理个人的志向，世界观和伦理观，以及公司文化和价值观。一个好的战略应该和环境很好地配合，传媒企业的战略越是符合其内部和外部环境，越是建立持续的竞争优势并提高公司的能力，它就越具有成为一个优胜者的潜力。

（二）传媒产业战略的目标

成功的战略应该致力于抓住公司的资源优势，同时克服其资源的不足。传媒产业的战略目标就是确定媒介发展的大方向和长远目标，指明媒介的未来业务组成和前进的目的地、媒介选定的受众细分市场、媒介尽力占领的市场位置，以及媒介的各种业务。

战略目标应是竞争者导向的，应致力于打败行业内在特殊领域中公认为是最好的竞争者。媒介的战略目标体系应该以竞争对手为焦点，打败与自己竞争的有一定实力的同类媒介，比如都市报一般以本地的早报、晚报、商报为竞争对手。

目标体系由两方面构成：财务和战略目标体系。财务目标包括收入增长率、盈利率、良好的现金流等，上市的媒介还要确定投资回报率（或者经济附加值——EVA)、股利增长率、股票价格评价（或者市场附加值——MVA)。建立战略目标体系的目的在于为媒介赢得下列结果：获取足够的市场份额（包括受众市场和广告市场)，获得持久的竞争优势；在媒介品质、受众服务或创新能力等方面压倒竞争对手，使整体成本低于竞争对手的成本，媒介品种比竞争对手更多或者更有吸引力，覆盖面比竞争对手更广，受众满意度更高；提高媒介的知名度、美誉度、权威性，建立行业中的领导地位，占领国际市场。

总体上，媒介要着眼于长期的战略目标，不应看重短期的利润。致力于短期财务的机会主义者在传媒产业鲜有成功的先例，由于缺乏长远的战略一致性，这些媒介所产生的利润总是最少。从长远看，媒介的战略目标是不断加强媒介的市场地位。

（三）传媒产业战略的执行与实施

卓越的媒体离不开卓越的管理，而卓越管理的真正表现是出色地执行一个媒介战略。战略执行关系到推行一个新选定的战略的管理实践，而实施关系到监督随后的战略运行，提高它执行的能力，和在达成指定结果上表现出可测量的进步。执行战略时，媒介要在战略目标与组织结构之间创建强大的"协调性"。组织应跟着战略走，战略发生了变化，组织结构也要随之改变；根据战略目标，配置资源，改变组织结构，分派管理工作，并且通过规划、预算、程序等形式落实既定的战略。

媒介战略的执行：（1）明确组织结构和管理人才的构成，高效组织结构三要素：目标明确，和谐，授权合理。（2）媒介战略执行的主要原则：对战略方案要进行层层分解；战略要由相应的组织来完成。（3）媒介的资源配置必须支持战略目标的完成和战略任务的实现。（4）做好思想工作，保证一切顺利进行。

媒介各项战略的具体实施主要由中层和基层管理人员承担，高层管理人员负责统筹规划，协调各方面关系，指导和检查战略执行情况。在具体实施战略时，要编制预算，用货币形式列出每一行动计划所需的费用细目；然后，安排实施战略和行动计划的具体工作程序，详细说明执行某项工作任务的顺序、步骤、方法。通过这一系列工作将战略目标落到实处。

高效的管理模式是扁平式的结构，上层指令传到下面，中间的环节少，信息损耗小，易于控制。如改革电视台的管理模式，由电视台直管各个频道，频道总监直管制片人，这样就由五级管理变为三级，大大提高了管理效率。

（四）传媒产业战略的评估与控制

在此阶段，要按照媒介既定的战略，监控方方面面的工作，对执行战略的情况及其成果进行评价和控制，以保证传媒产业战略的顺利实施，重估绩效、检测环境变化、制定调整是战略管理过程中正常和必要的部分。

整体上讲，传媒产业战略管理是一个循环的、不断深化的过程，并且各个环节之间不是界线分明，而是互有交叉，可能同时存在——实施一些战略的同时又分析和发展其他战略，效果如何，需要做哪些调整，必须考虑控制过程。

高层管理人员通过贯穿于整个管理过程的信息反馈系统，将战略制定阶段确定的各项战略目标与战略实施阶段的实际成果进行比较，监控传媒产业战略计划的执行情况，正确评价战略实施的成果。在评估的过程中，管理人员要总结前一阶段战略管理工作的经验，指明缺陷，以便修改原有的战略，或者制定、实施新的战略，推动下一阶段战略管理过程的开始。

传媒产业战略的评价标准：战略在内部的统一性；战略对环境的适应性；战略执行中的风险性；战略的实践性；战略与资源的配套性；战略的客观可行性；媒介战略的控制。

第二节 纵向一体化战略

一、含义

纵向一体化，就是将企业的活动范围在同行业中向后扩展到供应源或者向前扩展到最终产品的最终用户。纵向一体化战略，又称为垂直一体化战略，是生产企业与原材料供应企业，或者生产企业与产品销售商联结在一起的组织形式。

后向一体化，指生产企业与供应企业之间的联合，目的是为了确保产品或劳务所需的全部或部分原材料的供应，加强对所需原材料的质量控制。前向一体化，指生产企业与用户企业或销售商之间的联合，目的是为了促进产品销售，增强市场控制能力。

二、类型

（一）后向一体化战略

后向一体化战略是将企业的价值链进一步反向延伸，扩大经营规模。企业采取后向一体化战略主要基于以下考虑：

（1）可以降低产品成本。当企业自己生产所需的原材料或零部件，较外购能够降低成本时，后向一体化才是应该考虑的。只有在以下情况，后向一体化才能降低成本：企业所需的量很大，足以获得供应商所拥有的规模经济；在保证质量的前提下可以赶上或超过供应商的生产效率；供应商拥有相当可观的利润；企业所在行业迅速发展，供应商数量少而需方竞争者数量多，供应商讨价还价能力非常强。

（2）可以产生以差别化为基础的竞争优势。下列情况可以产生以差别化为基础的竞争优势：自己生产供应品后，能提高产品和服务的质量，改善公司对客户服务的能力，或者能够从其他方面提高企业最终产品的性能；能够更好地掌握对战略起关键作用的技术，建立或加强公司的核心竞争力；能够增加那些提高客户价值的特色。

（3）可以排除依靠供应商提供关键零配件或支持服务所带来的不确定性；可以增强公司面对那些不失一切机会抬价的供应商时的底气。

（4）提高进入障碍。

（二）前向一体化战略

前向一体化将企业的价值链进一步向前延伸，企业向产品的深加工或向流通领域发展。前向一体化战略的优势：可以降低产品成本，提高产品的差别化能力，增加生产经营的稳定性，提高进入障碍。

前向一体化战略的适用性：

（1）企业现在利用的销售商或成本高昂、或不可靠、或不能满足企业销售需要。

（2）可利用的高质量的销售商数量有限，采取前向一体化的企业将获得竞争优势。

（3）企业所处的行业正在明显快速增长或预计将快速增长。

（4）企业具备进入前向经营领域的资金和人力资源。

（5）企业需要保持生产的稳定性。

（6）现在利用的经销商或以企业产品为原料的企业利润丰厚。

三、案例——湖南日报报业集团

报业集团的纵向一体化产业链是在传统产业链基础上，通过战略节点的纵向延伸，实现产业链的拓展、生产能力的扩张和价值的增加。报业集团可以向前（自办发行、创办印务公司）、向后（物资的采购环节，甚至可以推广到山林的种植、纸浆的生产和运输、油墨的代理等）进行延伸。纵向延伸的同时，可以伴随有传媒产品的多样化，即在内容生产方面实现不同媒介种类的扩张，形成涵盖电视、广播、电影、报纸、杂志、出版社以及网络、信息库的多媒介产品，原来单一运用于报纸的信息内容可以多次使用，生产出不同类型的传媒产品，通过两次销售带来更大的利润。

报业集团纵向一体化价值链中，供应商、渠道商和客户对企业赢得竞争优势起着重要作用。当湖南日报报业集团的上下游价值链的成本很高或没有高效的上下游价值链时，可以充分利用自身优势采取纵向一体化整合价值链，将上游供应商与下游分销商整合在一起，延长自身价值链。但实行纵向一体化整合的前提是市场的交易成本大于整合后内部管理成本，也就是要实现“1+l>2”的效应。整合的目的是节省交易成本并提高运作效率，如果整合后管理成本没有减少，甚至超过了交易成本的总和，那么企业应考虑放弃此次整合，而采用其他的整合方式。

2012年年底开始，鉴于新媒体良好的发展趋势，湖南日报报业集团筹划将集团广告、印刷、发行等业务整合并整体注入集团所属的新媒体公司——华声在线股份有限公司，拟最终实现华声在线在沪上市融资。如此操作既实现了媒体资源共享，推动传统媒体与新兴媒体融合发展，也达到了完善报业价值链的目的。2014年这些资产陆续注入。

湖南日报发行有限公司成立于2008年，是湖南省规模最大的自办发行报纸的公司。公司拥有遍布全省14个地州市的发行网络以及千余名员工，主要负责每天《湖南日报》《三湘都市报》《文萃报》《大众卫生报》《科教新报》以及部分外地报刊在湖南省内的投递，以及酒水配送、DM广告直投等增值业务，每年实现报纸流转额约1. 5亿元。通过完善的物流配送渠道，报业集团实现了与报纸订户点对点的接触，能及时收到客户最真实的信息反馈。湖南日报报业集团开办了全省最大的报刊印刷基地——湖南日报印务中心，年印刷量达10亿对开张，保证印刷任务的顺利完成，确保了集团产品供给稳定。①

集团还将《湖南日报》《三湘都市报》广告业务以及《文萃报》《大众卫生报》的经营业务纳入华声在线股份有限公司。此举既消除了集团与拟上市公司之间的同业竞争障碍，更重要的是整合了媒体资源，实现了传统媒

① 湖南日报报业集团［EB/OL］.（2017）. http：//baike. baidu. com/item/湖南日报报业集团/3819806.

体与新媒体的协同发展。通过这些业务资产的重组，完善了产业链，能直接面对最终的客户，了解顾客的需求和把握报纸的市场动向，有利于现代企业管理理念在企业中成功实施。报业集团纵向一体化整合营销渠道，加大了报纸宣传和销售的力度，实现了上下游企业的目标协调一致，从而获得经营一体化的整合效益。

第三节　横向一体化战略

一、含义

横向一体化战略也叫水平一体化战略，是指为了扩大生产规模、降低成本、巩固企业的市场地位、提高企业竞争优势、增强企业实力而与同行业企业进行联合的一种战略。其实质是资本在同一产业和部门内的集中，目的是扩大规模、降低产品成本、巩固市场地位，国际化经营是横向一体化的一种形式。

横向一体化战略适用的情况：规模的扩大可以提供很大的竞争优势；企业具有更大规模需要更多资金和人才；竞争者经营不善而发展缓慢或停滞。当然以上准则不是绝对的，应灵活运用，观察研究现实中的战略案例，有助于有效运用相关战略。

二、优劣势分析

采用横向一体化战略，企业可以有效地实现规模经济，快速获得互补性的资源和能力。此外，通过收购或合作的方式，企业可以有效地建立与客户之间的固定关系，遏制竞争对手的扩张意图，维持自身的竞争地位和竞争优势。

不过，横向一体化战略也存在一定的风险，如过度扩张所产生的巨大生产能力对市场需求规模和企业销售能力都提出了较高的要求；同时，在某些横向一体化战略如合作战略中，还存在技术扩散的风险；此外，组织上的障碍也是横向一体化战略所面临的风险之一，如“大企业病”、并购中存在的文化不融合现象等。

三、案例——凤凰出版传媒集团

在传统产业链的基础上，除了可以纵向延伸之外，还可以横向发展。通过横向一体化战略，可以有效地扩大规模，实现规模经济，削减竞争对手等，从而提高企业在市场上的竞争地位，实现企业的迅速发展。

（一）跨入商业地产行业，打造文化 MALL

文化 MALL 是将文化与 MALL 的概念相结合，即将文化产业以 MALL 的形式进行行业整合，并与购物、休闲、娱乐、饮食等行业有机结合，形成以文化为主导的商业模式，打破传统的商业消费模式，致力于为消费者提供完善的文化消费场所，是一种新型的以文化产业为主的跨行业商业业态。凤凰出版传媒集团对文化 MALL 的实质进行了解释，即打造以书城为中心，集中了影城、培训、动漫等业态在内的大型城市文化消费综合体。凤凰出版传媒集团是最早在国内提出文化地产的说法的企业，即出版、地产和金融三业并举，并且让这种概念进入了实际的操作过程中，目前已经取得了一定的成效。凤凰出版传媒集团跨行业经营，将文化地产作为一个主要的途径，是一个十分大胆的构想，考虑到消费者日益增长的精神需求，填补目前文化消费市场的空白，为企业的发展带来了大量的机遇，也充满了困难与挑战。

凤凰出版传媒集团在文化地产建设上具有自己鲜明的特色。原来作为图书发行主要渠道的新华书店，近些年由于数字出版的冲击，效益呈现出明显下降的趋势，并且未来的发展并不乐观。新华书店成立于 1937 年 4 月 24 日，是我国的官方书店，也是官方刊物宣传与发售处之一。新华书店在建设之初选取的地址基本上都位于城市的商业中心，占据着城市中心最为繁华的位置，同时受到国家政策的支持。凤凰出版传媒集团正是利用集团旗下拥有多家新华书店门店并且都占据着有利位置的这个优势，打起了文化 MALL 的主意，可以说凤凰出版传媒集团抢占了未来文化消费市场的前瞻性构想。①

（二）跨入酒店行业，打造新型酒店理念

凤凰出版传媒集团旗下有两家酒店，一家是江苏凤凰台饭店有限公司，另一家是北京凤凰苏源大厦有限责任公司。江苏凤凰台饭店是凤凰出版传媒集团和它的下属公司共同出资建立的，总面积约43 000平方米，主楼 30 层。饭店将凤凰出版传媒集团的文化理念融入经营理念中，饭店内拥有各种类型的客房、餐厅、酒吧、会议中心以及美术馆、书吧、茶吧等，设计新颖，功能齐全，具有浓郁独特的文化氛围。江苏明都凤凰台饭店有限公司是其投资的全资子公司，明都凤凰台饭店位于“中国报业第一楼”的新华大厦内，位于南京第一商圈的新街口。饭店总面积为12 000平方米，内部包括可容纳

① 王雅婷．凤凰传媒集团跨行业经营研究［D］．石家庄：河北大学，2013.

700人的国际会议中心、多种类型的客房以及具有淮扬风味特色的餐厅等，可以满足多层次的商务会议和散客的需求。整个饭店装潢设计紧随凤凰出版传媒集团跨行业经营的理念，装修庄重典雅，具有浓郁的文化气息和宽松氛围，体现出了文化凤凰台的特色。北京凤凰苏源大厦位于中国电视剧制作中心附近，紧挨着北京国际传媒大道、金融街等京城重要街道。大厦高15层，拥有客房234间，设有中西餐厅、大堂吧、综合宴会厅等，其中综合宴会厅可举办各式会议、学术交流等，另有多种会议室。

凤凰出版传媒集团的酒店板块利用集团拥有的大厦，例如原新华书店大楼的旧址，进行翻建改造，着力打造依托文化品牌、建设与众不同的连锁酒店集团。将书、报等文化元素融入酒店装修中，利用凤凰出版传媒集团的品牌和文化背景对酒店的风格进行打造，使其充满文化氛围，以区别于其他酒店集团，同时文化酒店的打造也成为集团的宣传窗口和服务平台。酒店集团以“文化品牌、特色服务”为经营理念，拓展酒店的业务板块，新增服务区域的功能，初步实现凤凰集团的内部资源进行互补。凤凰出版传媒集团跨入酒店行业后，酒店的建设可以满足凤凰出版传媒集团文化交流中的住宿、餐饮、会议等多种需求，同时利用了企业内部的闲置和富余资源，提升了资源的利用率，降低了生产成本，成为凤凰出版传媒集团产业链中不可或缺的一环。

（三）跨入物流仓储行业，完善下游产业链

传统的出版业以书的出版发行作为主业，图书出版——印刷——销售终端（门店）即完成了一部书的销售过程。但是，近几年网络购物的兴起，使得传统的图书销售不仅仅只是依靠门店作为销售终端，新兴的网络渠道也成为图书发行的重要渠道之一，相应的下游仓储、物流行业成为图书发行中的重要一环。

网络的发展使图书的发行方式有所改变，为了充分发挥图书发行的潜力，凤凰出版传媒集团构建了一个物流服务体系，以新港物流配送中心、淮安物流分中心以及各子公司仓库为主体，以直发、代发的印刷厂为补充。2009年在“30年中国书业分销之最”会展中，凤凰出版传媒集团物流分公司被评为年发货配送额最高的物流中心。可以说南京新港物流配送中心是目前我国出版物流通领域规模最大、科技含量最高、运营能力最强、功能齐全、辐射全国的现代图书物流配送中心之一。凤凰出版传媒集团的产业链因为物流公司的成立大大完善，强大的仓储和物流体系可以推动凤凰出版传媒集团在传统图书的销售渠道中更快捷、更低廉地进行商品的销售周转，缩短了传统图书的销售周期，同时还为网上书店等新渠道的开拓及跨区域发展提供物流上的支撑，增强在全国图书出版发行行业的竞争优势。①

（四）跨入影视行业，深度开发主业产品

凤凰出版传媒集团旗下的凤凰传奇影业有限公司，是专门进行影视投资制作的公司。由于凤凰出版传媒集团拥有大量的图书资源，凤凰传奇影业有限公司成立后，其依托集团自身拥有的图书资源，将本土优秀作家和文艺作品进行整合，在公司内部成立了文学策划部，这样就可以达到传统图书资源和影视制作剧本的优势互补，实现出版产业链的深度开发和二次开发。凤凰出版传媒集团出版的图书，可以为影视行业提供大量优秀的剧本，在影视行业中，剧本的质量可以说直接决定着一部影片的质量，因此，凤凰传奇影业有限公司依托凤凰出版传媒集团，本身就具有其他影视公司不可比拟的优势。同时，影视公司对图书的进一步开发可以更好地消化图书资源，同时深度开发可以为凤凰出版传媒集团提供新的利润增长点。在影视剧本创作、影视制作的同时，集团又同时投资建设了电影院等作为支撑，以更好地推动影视业的发展。2011 年，凤凰传奇影业申报、立项、投资的作品数量在江苏省排名第一，全国排名第十一。

凤凰传奇影业制作的第一部电视剧《裸婚时代》取得了非常好的成绩，并以3 000万元的价格卖给中央电视台，可以说图书和电视剧的制作得到了良好的互动。在影视行业中，缺少优秀的源头文本可以说是制约其发展的最重要因素。将出版与影视相结合，既为出版行业的图书寻求了二次开发的机会，又解决了影视行业缺少优秀文本的问题，这样可以更好地促进两个行业的良性互动。凤凰传奇影业成立后，目前已经拍摄了电视剧《裸婚时代》《新萍踪侠影》《独刺》《新白发魔女传》《一个鬼子都不留》等，电影《金刚王》《富春山居图》《唐卡》等，取得了良好的口碑以及经济效益。

第四节　同心多元化战略

一、含义

多元化战略又称多角化战略，是指企业同时经营两种以上基本经济用途

① 严佳乐．新闻出版上市公司近五年经营绩效分析研究——以凤凰传媒、新华传媒、浙报传媒为例［J］．科技与出版，2015（10）：19-23.

不同的产品或服务的一种发展战略。多元化战略是相对企业专业化经营而言的，其内容包括：产品的多元化、市场的多元化、投资区域的多元化和资本的多元化。

所谓产品的多元化，是指企业新生产的产品跨越了并不一定相关的多种行业，且多为系列化的产品；所谓市场的多元化，是指企业的产品在多个市场，包括国内市场和国际区域市场，甚至是全球市场流通；所谓投资区域的多元化，是指企业的投资不集中在一个区域，而是分散在多个区域甚至世界各国；所谓资本的多元化，是指企业资本来源及构成的多种形式，包括有形资本和无形资本，如证券、股票、知识产权、商标和企业声誉等。

传媒产业一般意义上的多元化经营，多指产品生产的多元化。多元化与产品差异是不同的概念，所谓产品差异是指同一市场的细分化，但在本质上是同一产品；而多元化经营则是同一企业的产品进入了异质市场，即增加新产品的种类和进入新市场两者同时发生。所以多元化经营属于经营战略中的产品—市场战略范畴，而产品差异属于同一产品的细分化。同时，对企业的多元化经营战略的界定，必须是企业异质的主导产品低于企业产品销售总额的70%。

二、实施同心多元化战略需注意的问题

（一）注意“共同效应”

共同效应即协同效应。指除了分散经营的集团多元化以外，以一业为主的集团多元化（即有明确的主营业务），即经营过程的“整体效应”，或称“共同效应”。所谓共同效应，指经营过程的不同环节、不同阶段、不同方面共同利用同一资源（原材料、设备、技术、管理、市场、信息、人才）产生整体效应，包括：第一，生产技术方面的共同效应，即在原材料、零部件、设计与开发、机器与设备、工艺、工程技术人员的利用上具有整体性，从而减少投资，节约开发和生产成本，提高技术、生产水平。第二，市场方面的共同效应，即在销售渠道、顾客、促销、产品销售方面的相互促进作用，老产品能为新产品引路走进市场，新产品又能为老产品开拓市场；老市场能为新市场提供示范，新产品又能为老产品扩大范围，从而能减少营销费用，增加销售额和市场占有率，有利于市场的开拓。第三，管理方面的共同效应，即在管理的内涵、风格、标准、方法、手段等方面比较一致，从而节约管理人员熟悉新产品、新业务、新市场、新技术、新信息的时间和精力，

提高管理效率。

（二）多元化战略可能带来的风险

多元化战略从总体上来说能帮助企业抵御风险、化解威胁，但同其他任何事物一样，也有利弊两个方面。采用得合适，它可以提高企业的竞争优势；而采用不恰当，则会损害企业资源的合理配置，从而影响企业的竞争优势。多元化战略可能给企业带来的风险包括以下几个方面：

（1）系统风险。企业进行多元化经营时，不可避免地要面对多种多样的产品和各种各样的市场，这些产品在生产工艺、技术开发、营销手段上可能不尽相同，在市场开发、开拓、渗透、进入等方面也都可能有明显的区别，企业的管理、技术、营销、生产人员必须重新熟悉新的工作领域和新的业务知识。另外，由于企业采用多元化经营，规模逐渐扩大，机构逐渐增多，企业内部原有的分工、协作、职责、利益平衡机制可能会打破，管理、协调的难度大大增加，在资源重新配置和保证企业竞争优势方面会遇到较大的挑战。企业若向新领域进军，有可能决策失误，并且有失败的风险，造成新的经营项目的失败。

（2）资产分散化。企业在一定条件下、一定时期内所拥有的资源是一定的、有限的，如果企业内生产经营单位过分分散，就容易失去原有主导产品、主营业务的竞争优势，最终会导致企业在原有主导产品或主营业务竞争中失去市场和优势。

（3）成本风险。即代价风险，通过多元化战略来降低经营风险需要付出一定的代价。对于互不相关的多元化或跨行业经营发展方式，人们不能夸大"把鸡蛋放在不同篮子里最安全"，因为从更深层次考虑，放鸡蛋的篮子也是用钱买的，是有成本的。如果把造篮子或买篮子的成本考虑进去，可能许多企业还是选择把鸡蛋放在一个篮子里，因此企业采用多元化战略要进行综合比较。

三、案例——湖北知音传媒集团

湖北知音传媒集团是国有独资、企业性质的传媒集团。1985 年胡勋璧创立知音杂志社，2011 年将核心业务注入湖北知音传媒股份有限公司谋求上市，目前已经建立知音传媒集团公司、知音文化投资公司、知音传媒股份公司三级公司架构。2010 年集团总资产为 7.94 亿，净资产为 6.32 亿，利润为9 400余万元，经济规模和综合实力在全国期刊界居首位，下属 9 刊 2

报、7 个子公司、2 个网站及 1 所学院，拥有三份百万报刊。①

湖北知音传媒集团实行的是同心多元化战略，规模经营形成了以《知音》杂志为核心层，以核心层衍生出的知音系列刊报为第二层次，与刊报出版密切相关的广告、发行、印刷等业务作为第三层次的媒体产业链。集团积极进行其他领域多元化的扩展，如知音物业公司和武汉信息传播职业技术学院。

（一）湖北知音传媒集团价值链分析

将知音集团的价值链与一般传媒集团价值链对比，按照降低成本和最大共享的原则，确定知音集团在采购、生产、人力资源管理开发、活动环节具有明显异质优势。考虑到成本因素和共享问题，编辑部门、湖北知音印务有限责任公司、“知音管理模式”、研发新刊物是知音集团的关键战略环节。

（1）编辑部门在知音集团的整个价值链中起到链接作用，在原料提供者、采购环节、生产环节、售后环节、活动环节均为关键因素。通过编辑部门，各个环节可以共享整个集团的知识储备，提高内部资源整合的效率和降低研发新刊物的成本。

（2）湖北知音印务有限责任公司保障了知音集团的核心产品——“刊报”的印刷质量和生产效率，最大限度地降低了成本。知音印务公司承担了《知音》及其系列刊 50%以上的印刷制版业务，有效解决了印刷质量不稳定、拖期甚至刊物在工厂被盗卖的问题，年产值5 000余万元，年利润 400 余万元，是湖北省最大的期刊印刷基地。

（3）“知音管理模式”造就了“抓到耗子就是好猫，一切看经济效益”的核心精神，提高了内部效率。具体包括绩效工资、鼓励竞争的人才机制和健全科学的行政后勤以及经营管理制度，以及主要负责人的收入与集团的社会效益和经济效益直接挂钩的目标责任制。

（4）集团屡屡通过创办新刊挽回颓势，再创新高。1998 年集团面对都市类报纸纷纷期刊化，期刊市场竞争激烈的状况，将《知音》改为半月刊，发行量由 320 万上升到 400 万。2006 年面对集团营业收入大幅下滑，由 2005 年的 3.19 亿元缩水为 2.8 亿元的颓势，知音集团创立《知音·漫客》，月发行量达 400 万册，成为国内漫画第一刊。

（二）湖北知音传媒集团核心竞争力识别

由于知音集团是我国报刊出版界第一个转企的杂志社，所以创立 20 多

---

① 黄潇．湖北知音传媒集团核心竞争力分析——基于价值链［J］．现代商贸工业，2013（5）：29-30.

年来集团战略的制定、内部资源的整合以及重大的业务调整，都是依据市场情况自己决策，极少受到上级行政管理单位的掣肘。与其他行政色彩强烈的传媒集团相比，知音集团能够更加适应市场化竞争。

自负盈亏是知音集团主动创新改革的原始动力。“普通大众消费者的消费体验为第一的集团定位”是由其自负盈亏的企业性质决定的，知音集团所有的制度设置、业务扩展其实都是围绕提升普通大众消费者的消费体验这一核心理念开展的。如《知音》的海量组稿，成立法务部，保证每一篇文章的文学质量和故事的真实性，就是因为读者想看能打动人心的真实故事；《第一生活》的创办，就是为了适应武汉人民的日常生活文化需要，是根植于本地文化的一个刊物。

知音集团最大的显性竞争优势，就是其对普通大众文化的心理的了解，使知音集团能够时刻紧跟时代变化的潮流。从《知音》改半旬刊，到打造中国发行量第一的漫画连载杂志《知音·漫客》，再到潮流的“第一生活网”，一次又一次的华丽转身，都是其市场适应能力的证明。知音集团坚持提供高质量、有灵魂的刊物，围绕核心刊物《知音》发挥品牌优势，注重业态创新。所以其核心竞争力集中体现在高效率地发挥“自负盈亏，主动创新改革的企业文化”，“普通大众消费者的消费体验为第一的集团定位”和“能够紧跟业态的适应能力”协调作用。

第五节　网状联盟战略

一、含义

随着全球经济一体化和知识经济的崛起，战略联盟逐渐成为企业发展的全新战略模式，开始在实业界和理论界引起重视。战略联盟这一概念最早是由美国 DEC（数字设备公司）总裁简·霍兰德和管理学家罗杰·奈格尔提出的，已成为学界和业界公认的一种全新战略管理模式。但是，自从战略联盟的概念被提出以后，理论界一直没能对其进行严格定义，主要代表性观点有以下几种：

从战略管理角度出发，著名战略管理学大师迈克尔·波特认为，战略联盟是相互独立的两个或两个以上组织之间形成的，基于一系列目标和商业需要的正式的合作关系。联盟主要包括技术许可证、供应协定、营销协定和合资企业。

从资源整合角度出发，蒂斯认为联盟是两个或两个以上的伙伴企业为实现资源共享、优势互补等战略目标，而进行的以承诺和信任为特征的合作活动。主要包括：排他性的购买协议、排他性的合作生产、技术成果的互换、R&D 合作协议、共同营销。

从社会组织角度出发，威廉姆森认为，企业联盟是介于市场交易和科层组织之间、处于边际状态的组织，是应对企业交易时契约不完备性的一种治理结构，是管理企业的一种特殊系统。

虽然各国学者对于战略联盟的概念并没有形成统一，但是我们可以从中总结出战略联盟的一些共性内涵：（1）企业战略联盟的建立都是为了某一个或多个共同的战略目标；（2）企业战略联盟是在保持自身独立性的基础上的合作，这有别于企业集团，它是介于市场和企业（一体化组织）之间的“中间组织”；（3）企业战略联盟的合作方式多样化，既可以是股权式的，也可以是契约式的，还可以是混合式的；（4）企业战略联盟的合作范围不一定是全方位的，企业间可以在某个领域进行合作，而在其他领域可能竞争。

由此，战略联盟可以定义为，两个或两个以上的企业为了资源共享、优势互补、风险共担等共同的战略目标，在保持相互独立的前提下通过股权参与或契约协议等方式，在某些领域建立相对稳定的合作关系的介于市场和企业的中间组织。

二、主要形式

（一）合资

由两家或两家以上的企业共同出资、共担风险、共享收益而形成的企业。这种方式目前十分普遍，尤其是在发展中国家。通过合资的方式，合作各方可以把各自的优势资源投入到合资企业中，从而使其发挥单独一家企业所不能发挥的效益。

（二）研究与开发协议

为了研究开发某种新产品或新技术，合作方可以制定一个合作开发协议，联盟各方分别以资金、设备、技术、人才投入联合开发，开发成果按协议由各方共享。这种方式由于汇集了各方的优势，因此大大提高了成功的可能性，加快了开发速度；另外，由于各方共担开发费用，降低了各方的开发成本与风险。

（三）定牌生产

如果一方具有知名品牌，但生产能力不足，另一方面有剩余生产能力，则有生产能力的一方可以为知名品牌一方生产，然后对方冠以知名的品牌进行销售。这样生产能力不足的一方可以迅速获得一定的生产力，增加产品销售，扩大品牌影响，而另一方则可以利用闲置的生产能力，谋取一定的收益。对于拥有品牌的一方，还可以降低投资或并购所产生的风险。

（四）特许经营

合作各方还可以通过特许的方式组建战略联盟。其中一方具有重要的无形资产，其可以与其他各方签订特许协议，允许它们使用自己的品牌、专利或专有技术，从而形成一种战略联盟。这样特许方可以通过特许权获取收益，并可以利用规模优势加强无形资产的维护，而受许方可以利用该无形资产扩大销售，提高收益。

（五）相互持股

相互持股是合作各方为加强联系而持有对方一定数量的股份，这种战略联盟中各方的关系相对更加紧密，各方可以进行更为长久、密切的合作，与合资不同的是双方的资产、人员不必进行合并。

三、案例——上海东方传媒集团

根据联盟成员是否存在竞争，可以将战略联盟细分为竞争性战略联盟和非竞争性战略联盟。竞争性战略联盟是指“为了增强企业的竞争实力，由在同一市场上有着相同或类似的产品和服务的企业，在生产经营的某一环节上结成战略联盟，通过加强合作来减少企业之间不必要的虚耗，使之更加有效地参与市场竞争获取额外的收益”。与之相反，非竞争性战略联盟是指“来自不同产业或者同一产业中不同业务领域的企业，为了应对出现的市场机遇，以交换各自拥有的关键性资源为手段，以降低经营成本、获得额外收益为目的而结成的一种网络式动态联盟”。

针对广电传媒而言，其非竞争性战略联盟可以定义为：相互独立的两个或两个以上不存在竞争关系的广电传媒与非传媒企业，为了实现资源共享、风险或成本共担、优势互补等共同的特定目标，采取股权参与或契约联结的方式建立的较为稳固的合作伙伴关系。上海东方传媒集团正是通过非竞争性战略联盟这一新兴的企业发展模式，同电视机制造企业、中国银联、微电子科技企业采取股权参与或契约联结的方式结成较为稳定的关系，从而联盟成员借助联盟在三网融合中实现资源共享和优势互补。但是广电传媒的非竞争性战略联盟不能简单地理解为跨行业战略联盟，比如在三网融合背景下的传媒产业与电信业虽然从属于不同行业，但其存在竞争关系，所以传媒产业与电信业的战略联盟不能划归为非竞争性战略联盟范畴。①

（一）与电视机制造企业联盟

早在2005年，上海东方传媒集团（SMG）的前身上海文广集团便获得了国家广电总局颁发的国内首张IPTV集成运营牌照，开始了其网络电视的探索。因为涉及内容服务，国家广电总局开始对互联网电视实行监管，先后发放了集成和内容两张牌照，内容服务商提供节目源，集成服务商建立平台，负责向电视机终端输出节目。2010年SMG旗下的百视通公司成为全国获得互联网电视的内容和集成双牌照的三家公司之一。但是作为三网融合的产品，网络电视不仅需要内容服务商提供节目源，集成服务商建立平台，更需要电视机终端输出节目。上海东方传媒集团在发展网络电视时，在价值链的内容和平台上拥有核心竞争力，但是如果在电视机制造领域也取得竞争力，那么SMG将在整个网络电视产业链中完成纵向一体化，实现最大的收益。但是，目前我国的电视机制造业已经进入成熟期，市场上的电视机制造企业已经建立较高的行业门槛，因此SMG选择与电视机制造企业建立非竞争性战略联盟的方式，来实现对整个网络电视产业链的控制。

SMG选择携手国内彩电巨头康佳发布互联网电视。2010年9月17日，SMG旗下的新媒体公司百视通对外公布了其互联网电视产品BBTV，并宣布与康佳合作推出搭载BBTV的互联网电视。通过与电视机制造业的合作，SMG可以将自己的互联网电视产品BBTV与康佳电视捆绑在一起，康佳电视为SMG生产的内容提供了面向受众的电视机终端；而康佳电视也为自己的网络电视带来了丰富的内容资源，观众能浏览各类电影、资讯、音乐等影音资源，彻底消除了普通品牌的网络电视只能上固定的网站、看固定的板块、看固定的内容的缺陷。双方可以共享对方的核心资源和实现资源互补，SMG在内容和平台上的优势与康佳的终端优势完美结合。

（二）与中国银联联盟

随着新媒体技术的日新月异，三网融合下的电视机已经从“看电视”发展成为“用电视”，上海东方传媒集团在电视机应用领域的探索从未间断过。2010年5月28日，上海东方传媒集团与中国银联股份有限公司在沪签署合作协议，双方致力于共同构建“三屏融合”在线支付业务与电子商务

---

① 商建辉，张志平．三网融合下广电的非竞争性战略联盟——以上海东方传媒集团为例［J］．现代视听，2012（1）：27-31.

在线支付平台。此举意味着电视、手机、互联网平台的支付环节将被打通，观众可以足不出户在电视上一并完成购物与支付过程。

SMG在自己的网络电视平台中加入在线支付业务，提高了网络电视的功能，有利于增加观众的黏性，而且也为观众提供了切实的便利，通过SMG搭建的网络电视平台，观众可以直接通过网络进行购物消费和其他在线支付业务。另外，中国银联为SMG提供包括数字机顶盒支付、IVR语音订购、手机支付、家庭电话支付、线下便民支付点等多渠道银行卡支付解决方案，支持其优化目标客户的支付体验，在真正意义上将“看电视”转变成为“用电视”。与此同时，中国银联借助SMG的网络电视集成平台为用户搭建了一座名副其实的“电视银行”，拓宽中国银联各类银联卡特约商户产品或服务的展示和销售渠道，打通电视、手机、互联网平台的支付环节，实现电视与电子商务的真正融合。

（三）与微电子科技企业联盟

上海东方传媒集团在三网融合的机遇探索中，并没有仅仅将电视屏幕作为自己实现三网融合的“试验田”，SMG一直以来都致力于充分发挥自身的内容资源优势，通过三网融合拓展更多的内容输出渠道和终端产品。2011年3月17日，联想集团宣布与上海广播电视台、SMG旗下新媒体公司百视通在上海成立名为“视云网络科技”的合资企业，百视通持有合资公司51%的股份，联想持股49%，共同开拓中国移动互联与数字家庭市场。

SMG与联想集团的合作充分利用了联想集团的互联网电视、计算机、智能手机、平板电脑等多种互联网终端产品，使自身的内容资源和多种非视听的增值服务得以在多屏幕间自由传输。这不仅让SMG旗下广电传媒的内容实现了再利用的增值，而且构建了一个包括互联网电视、电脑、智能手机、平板电脑的立体化的全媒体SNG。对于联想集团，通过合资形式构建的非竞争性战略联盟，让联想互联网电视终端获得SMG新媒体视听内容以及多种非视听增值服务；联想也借此打造了横跨互联网电视、个人电脑、平板电脑和互联网手机的正版视频云服务，为用户提供多屏交换体验；另外，通过合资企业，联想集团可以顺利获得生产互联网电视的资质，并进入移动视频领域。联盟双方将发挥各自在终端产品、云计算、内容资源、市场运营等方面的优势，联手开拓中国移动互联与数字家庭市场，打造三网融合下的多屏融合时代。

本 章 小 结

传媒产业延伸战略不仅仅局限于上述的横向一体化、纵向一体化、同心多元化和网状联盟战略，企业在实际操作过程中，往往会根据实际状况作出选择。一般来说，交叉共存是企业长远战略和前景的共同选择，而这一切都源于技术发展带来的市场变革。把握市场，洞察需求，才是传媒企业的制胜之道。

第五章　数字出版产业

第一节　数字出版概述

一、数字出版概念界定

数字出版是人类文化的数字化传承。作为一种产业，数字出版在近些年蓬勃发展，产业发展十分迅猛，产业规模逐年快速增长，但是对于出版界来说，数字出版仍是一个较为新颖的概念。2016 年，中国新闻出版研究院公布的《2015—2016 中国数字出版产业年度报告》显示，2015 年我国数字出版产业收入为4 400亿元，比 2014 年增长了 30%。从宏观来看，我国的数字出版产值逐年增长，势头迅猛，但是就“数字出版”这一概念来说，大多还处于对技术层面的定义，一些权威的工具书如《大英百科全书》等尚未将“数字出版”的概念收录其中，国内各界也并未对此概念达成一致的共识。再加上“电子出版”“网络出版”“泛数字化出版”“全媒体出版”等相似的词语出现，导致了“数字出版”这一概念界定的多元化和复杂性，其中“电子出版”一词出现最早，同时也是至今正式认可度最高的用语。数字出版产业作为产业内的新兴品，已经成为世界出版业发展的新方向，国家也相继出台扶植政策，与国际接轨。在新的产业发展环境下，对数字出版概念进行重新界定具有重要的理论价值和现实意义。

（一）关于数字出版概念的演变

数字出版概念最初是从“电子出版”和“网络出版”衍生而来的，但随着科技和互联网技术的发展，数字出版概念逐渐从这两个概念中分化出来。国内最早对数字出版进行研究始于 2000 年，赖茂生在思考我国电子出版业前景时提及这一概念，但也仅仅是从技术发展方向对这一概念进行阐述，并没有给出具体的界定。从 2005 年开始，学界以及业界开始逐渐提出并认同“数字出版”这一名词，直至 2010 年新闻出版总署发布的《关于加快我国数字出版产业发展的若干意见》提出，"数字出版是指利用数字技术进行内容编辑加工，并通过网络传播数字内容产品的一种新兴的出版方式，其主要特征为内容生产数字化，管理过程数字化，产品形态数字化和传播渠道网络化",① 至此数字出版概念得到了初步的界定。

当前数字出版产品形态主要包括电子图书、数字期刊、数字报纸、数字音乐、网络动漫、网络游戏、网络原创文学、网络地图、网络教育出版物、数据库出版物、手机出版物等,② 这与早期一些学者所研究的关于数字出版的定义内容是相吻合的。如英国学者约翰・B. 汤普森将数字出版内容定位为四个层面，再划分为八种形式，这几种不同形式在电子化、数字化技术作用的价值增值能力与速度方面具有差异性和不确定性。数据、信息、离散成果以及聚合知识是细碎的内容，它们组合成离散的片状数据或文本，能够被聚合成多种形式的聚合体，并且在诸如可平衡性、可检索性、可交互性和互文性功能方面能增加实际价值。叙事体内容具有渐进积累特征，需要延续性时间完成阅读，持续性辩论和教学知识也具有渐进积累特征，但网络环境下有途径来增加它们的价值。谢新洲认为"所谓数字出版，是指在整个竖版过程中，从编辑、制作到发行，所有信息都以统一的二进制代码的数字化形式储存于光、磁、电等介质中，必须借助计算机和类似设备来使用和传递信息的出版"。③ 所以数字化出版不仅仅是数字技术用于出版的某些环节，而是从出版业的源头开始以数字化进行的形式存在，更多地满足公众需求和服务功能。

(二) 相关概念辨析

1. 电子出版

电子出版物指有实体形态如光盘的出版物，比如 CD、VCD 等都是电子出版物，是随着计算机技术的出现而出现的一种新型的机读出版物，最初应用于科技期刊的出版，其中美国《化学题录》磁带版是已知世界最早的电子出版物。

2. 网络出版

① 李锋，王蔚．科技期刊数字出版的 SWOT 分析［J］．中国科技期刊研究，2013（5）：961-962.

② 辽宁省新闻出版局联合课题组．大力发展辽宁数字出版产业［J］．辽宁经济，2012（1）：4-9.

③ 侯欣洁．数字出版概念界定的再认识［J］．现代出版，2014（5）：44-45.

网络出版指的是将经过编辑的文、图、声、像信息存储在磁、光、电等介质上，通过计算机网络和无线通信网络大规模复制传播，读者凭借计算机或其他移动阅读终端设备下载或在线阅读、视听的出版活动。

3. 互联网出版

互联网出版是指互联网信息服务提供者将自己创作或他人创作的作品经过选择和编辑加工，登载在互联网上或者通过互联网发送到用户端，供公众浏览、阅读、使用或者下载的在线传播行为。①

4. 手机出版

手机出版是指手机出版服务提供者使用文字、图片、音频、视频等表现形态，将自己创作或他人创作的作品经过选择和编辑加工制作成数字化出版物，通过无线网络、有线互联网络或内嵌在手机载体上，供用户利用手机或类似的移动终端阅读、使用或者下载的传播行为。例如手机图书、手机杂志、手机报纸等。

5. 跨媒体出版

所谓跨媒体，即横跨平面媒体（书、报、刊）、磁光介质媒体（盒带、CD-ROM、VCD、DVD 等）、网络媒体甚至移动媒体的多媒体、多渠道平台。② 跨媒体出版是在出版流程的选题策划、印前编辑和印刷过程中，出版内容都可以以一种数字的形式存在，以便适应不同的承载媒介，使所有的媒介都能共享相同的信息资源，并在以各自媒体的特点进行宣传销售的同时，又吸收其他媒体传播形式和特点的一种立体经营模式。跨媒体出版的理念在于让文化产品可以在纸介、电子、网络等不同介质中相互转换，譬如文字可以转化为图像、声音等符号形式；如果是形象性、情节性内容，还可以转化为影视、主题公园、卡通等文化产品。

二、数字出版物的主要类型

包括数字图书、电子期刊、数字报纸、开放存取出版物、按需印刷、手机报/杂志/图书、数字音像制品（如网络数据库出版物、网络原创文学、网络教育出版物、网络地图 、网络动漫和网络游戏）、博客/微博/微出版物、有声图书、维基类网络百科全书、传统工具书上网、数字内容包（教育为主）、CNKI 一类的数据库、增强型出版物/多媒体读物（APP 形式）、

① 张立．数字出版相关概念的比较分析［J］．中国出版，2006（12）：11-12.
② 程佳敏．印刷融入多媒体［J］．中国印刷，2014（2）：48-49.

公开课、慕课等。

第二节 数字出版产业现状及规模

一、数字出版产业现状

（一）全球数字出版产业发展迅速，市场空间巨大

目前全球数字出版产业发展迅速，根据普华永道《全球娱乐及传媒行业展望2015—2019》统计，2014年，划分为音乐、游戏等13个部分的娱乐及传媒行业总产值1.84万亿美元。扣除B2B和网络接入收入（例如介入互联网需要的服务费等），仅将音乐、电影、游戏、杂志、报纸、书籍等纳入出版产业，出版产业的总产值则达到1.19万亿美元。其中，数字出版2014年渗透率约为22.13%，总产值约为2 637亿美元，预计2015年将同比增长13.72%至2 999亿美元。预计2014—2019年，数字版权年均复合增速将达到11.87%，高于非数字出版市场3.86%的增速；2019年，数字出版的渗透率有望达到32.09%，市场规模高达4 621亿美元。①

（二）我国数字出版产业的发展现状

1. 传统出版社纷纷加大数字出版转型力度

政府政策是推动数字出版产业发展的重要推动力。近年来，在国家和行业层面相继颁布了一系列鼓励、扶持和推动数字出版发展和传统出版业转型的政策文件，如《关于推动新闻出版业数字化转型升级的指导意见》《关于推动传统出版和新兴出版融合发展的指导意见》《网络出版服务管理规定》等，对数字出版的发展进行了顶层设计。“十三五”规划纲要明确提出加快发展网络视听、移动多媒体、数字出版、游戏动漫等新兴产业，其中数字出版首次被列入其中，成为新兴文化产业建设的重要组成部分，这为数字出版的发展带来了新的机遇。伴随着一系列纲领性文件的颁布，各地也纷纷出台针对数字出版产业发展的优惠政策和扶持措施。各新闻出版单位也主动应对数字化冲击，积极投身数字出版转型之路，探索传统出版与新兴出版的融合之道。目前，我国出版业正在加速由传统出版向新兴出版转型，越来越多的出版单位积极主动适应用户多样化、个性化、分众化的消费需求，适应互联

① 数字版权行业报告（2015·2016）[EB/OL].（2016）. 中文互联网数据资讯中心. http://www.199it.com/archives/445963.html.

网传播趋势，一个内容多种创意、一个创意多次开发、一次开发多种产品、一种产品多个形态、一次销售多条渠道、一次投入多次产出、一次产出多次增值的生产服务方式初现雏形。①

2. 集群式发展初现端倪

产业集群是产业发展适应经济全球化和竞争日益激烈的新趋势，为创造竞争优势而形成的一种产业空间组织形式。在经济全球化的今天，产业集群式发展已成为全球性的经济发展潮流，产业集群构成了当今世界经济的基本空间框架。

在我国，随着数字出版产业的迅猛发展，各部委和地方政府批复成立了多种类型的与数字出版相关的产业基地，集群式发展已初现端倪。截至2015年年底，全国共批准设立国家级数字出版基地14家，初步形成以东部沿海为带动，长三角流域为核心，华北、中南、西北、西南为辐射的综合布局。数据显示，2015年国家级数字出版基地总营收超过1 500亿元，占全国数字出版总营收的30%以上。加强国家出版传媒产业园区的建设发展是新闻出版业五年发展规划的突出内容和重要任务，可以推动出版资源整合，充分挖掘多种出版资源的潜力，促进体制机制创新，促进出版产业大发展、大繁荣。

3. 媒体融合发展态势明朗

随着生活节奏的加快，人们对信息的获取方式提出了新要求，单一的媒体已经不能满足人们在传播的速度、广度、深度及交互等方面的需要。面对这些变化，各传媒公司开始积极探索合作模式，各种媒体间业务交叉、渗透、互动直至融合，并逐渐发展到媒体平台及市场的交汇、相融；而更高层次的融合，将会在电信、IT界与传媒业等相关行业的各类机构大汇流的基础上出现。2009年12月4日，南方报业传媒集团与凤凰卫视签署战略合作伙伴协议，这两家媒体同是当今华文媒体领域里的佼佼者，在中国传媒业界和受众中都享有盛誉，独具一格，两者在全球化竞争的态势下进行跨媒体合作，突破了以往同类同质媒体之间的合作。需要注意的是，几乎相隔一年之后，新华社与盛大网络于2010年12月2日签署了全面战略合作框架协议，协议宣称双方将利用各自的内容、信息和渠道优势，在全媒体领域开展全面深入的合作。新华社和盛大网络的合作，有利于发挥各自在内容、渠道和技

① 王坤宁，李婧璇．开放+融合+差异化基地将形成完整产业链［EB/OL］.（2016）. 搜狐网. http：//mt. sohu. com/20160519/n450301193. shtml.

术方面的优势，打造面向广大受众的强大终端。这两起案例昭示了媒体融合发展的势头与方向。

此外，信息的传播途径也趋于向统一的移动终端靠拢，手机作为数字阅读终端在近几年兴起。手机拥有便携性和移动化的特点，以手机为载体下载、复制和浏览文学作品的新型阅读方式，正好满足了人们希望随时随地获得知识、愉悦身心的需求。随着4G技术的成熟，传统报业、出版业和广播电视业将加速向手机终端汇聚，手机媒体业步入快速发展的新阶段，手机成为集成性的移动媒体终端。

4. 娱乐化、碎片化内容消费正在成为一种趋势

随着生活工作节奏的加快，时间被“碎片化”，伴随而来的是阅读的碎片化。碎片化阅读是指通过手机短信、电子书、网络等电子终端接收器进行的不完整的、断断续续的阅读模式。在等车、等人、电梯里、上下班途中、会议的间隙用手机浏览一下手机报、登录微博看看朋友的留言等，无疑是打发时间的最佳选择。快节奏的工作和生活，使方便携带、可随时随地使用的手机迅速成为见缝插针式的碎片化阅读的新载体，随着碎片化阅读的快速发展，手机作为移动终端也发展迅速。①

二、数字出版产业规模

（一）产业模式的发展趋势

1. 角色的转变

在数字出版发展的初期，传统出版社还是市场的主体，不需要直接面对市场，所以对于产品的数字化来说，是由技术供应商来完成数字化的转变，由技术供应商面对市场。但是随着互联网以及传播技术的发展和普及，传统出版社已经不具备原有的优势，面对市场转变的情况不得不积极参与出版物向数字出版的转型，并且出版社为了保住市场必须掌握数字化的主导权。由此，数字出版由提供内容的角色向内容服务大众角色转变。

2. 商业模式的转变

出版由单一的商业模式向复合商业模式转变，促进收入的多元化发展。如谷歌的商业模式，过去传统出版社以内容为王，直接通过内容的好坏来吸引读者，从而直接获取利益。但是谷歌开创了新的模式，其在互联网上提供

① 中国数字出版年度报告（2010·2011）[EB/OL].（2011）. 中国出版网，http://www.chuban.cc/yw/201207/t20120720_125664.html.

免费的阅读，然后通过点击率来吸引广告从而获取利益，而内容只是吸引眼球的手段。谷歌模式说明相比通过印刷出版物来盈利的单一的商业模式来说，数字出版带来的是多方向的产品开发和运营，能带来更可观的收益。目前的数字出版产业收入结构中，手机出版占据半壁江山，与出版社相关的手机阅读是移动增值服务的新方向。① 比如阅文集团投入上亿资金用于非网络文学内容的采购，以引进传统作家作品为重点，与传统出版机构洽谈合作，开发手机阅读。随着互联网的发展以及"互联网+"的运用，在线阅读还可以开发衍生产品，所以利用互联网开发 IP（知识产权），数字出版可以向无线增值领域扩展。

3. 版权运营的转变

数字出版模式中版权运营转变。首先，就版权运营主导来说，从过去的出版社为中心转变为读者为中心，开展多方位立体化的经营模式。充分发挥新媒体平台的广泛性，以及手持阅读器终端数字设备的优势，将用户、媒体紧密结合在一起，最终实现多渠道的营销手段。其次，着眼于数字产品的版权保护，并对数字内容的格式进行统一的界定，将内容和信息处理终端捆绑在一起，满足用户实际需求。②

（二）产业链及产业规模

1. 产业链

出版产业链的各个环节的价值丰度曲线与施振荣提出的个人电脑产业链"微笑曲线"有着惊人的相似之处。出版产业链上游的策划以及下游控制着渠道的发行环节的附加值高，属于出版产业链的高端，而处于产业链中部的印刷环节附加值低，是出版产业链的低端。所以对于传统出版业来说，出版企业或发行企业都可以支配传统出版企业链；而相对于数字出版来说，最大的变化就在于印刷制作环节的退出，环节的改变，使其产业链的价值丰度曲线也较传统出版链条发生了变化。通过"内容+平台+终端"构筑数字出版全球的产业链，目前已经形成完整的上下游结构，主要由上游的数字内容提供商，中游的平台服务商、网络运营商和下游的硬件生产商、数字发行商等主体构成。③

---

① 吴治强．探索数字出版商业模式［J］．出版参考，2012（5）：14-15.

② 程美华．数字出版发行平台的运营与功能整合［J］．重庆社会科学，2011（11）：7-10.

③ 徐丽芳．出版产业链价值分析［J］．出版科学，2008（4）：17-18.

（1）上游是内容提供商。传统出版单位——出版社、报纸杂志社、唱片公司等已经拥有多年业务积累下的内容资源，加上手机内容提供商、网络游戏开发商、网络原创文学出版商等，共同构成目前内容提供商的企业结构。

2009—2010年，随着《关于加快我国数字出版产业发展的若干意见》的发布，以及传统出版社自身战略规划的需要，情形发生了微妙的变化。很多传统出版商不再仅局限于做内容提供商，而开始向内容服务商转型，大规模的出版单位开始有效地整合技术资源和内容资源，纷纷通过不同的数字出版形式大踏步进军数字出版产业。如上海世纪出版集团推出了辞海悦读器，其内置了我国大型综合性辞典《辞海》《中华文化通志》等鸿篇巨制，成为我国首款由出版机构出品的电子阅读器；外语教学与研究出版社以其长期积累的出版物内容资源系统整合优势，开发外语类远程教学网，通过提供各种出版物、师资力量、课程设置等系列业务，建立起网上网下相结合的个性化外语教学服务平台；高等教育出版社自行研发内容结构化标准、内容元数据标准等，并建立起内容管理平台，按学科分类，把分散在出版社内部各部门的内容资源汇集到系统中进行统一管理，同一内容资源可为图书出版、网络出版、电子出版、学科网站等反复利用，并可提供定制服务，为不同的读者提供相关个性化数字内容服务，达到了资源利用的最大化。还出现了传统出版单位与数字技术提供商合作、合资的现象：2010年4月，新华传媒及解放日报集团与易狄欧携手，共同注资成立全新的平台公司，新公司仍以手持移动阅读器终端为切入点，推出了全新品牌和形象的阅读器终端——亦墨，希望通过利用各自的优势资源，整合数字出版内容，在传统业务上搭建全新的数字出版发行平台，从而打造完整的阅读器产业链。①

从文字出版行业来看，出版社将图书资源授权或者一次性售卖给数字图书馆等平台服务商，期刊社将期刊内容数字化版权出售给互联网期刊平台服务商，平台服务商将纸质内容数字化，整合成数据库，打包卖给实体图书馆、高校或科研机构。数字图书和数字期刊突出文献信息的分析、归类加工和整合，拥有信息咨询、决策分析等增值空间。而报纸时效性较强，不适合在数据库市场开拓，一般采用与网络运营商合作的方式将内容加工成手机报等，吸引了大批移动阅读群体。全球五大出版巨头——哈珀·柯林斯出版集

① 李广宇．我国数字出版产业现状及问题分析［J］．现代出版，2011（1）：15-17.

团、企鹅兰登书屋、西蒙·斯舒特出版公司、拉加代尔出版集团和哈考特出版社均属于数字出版业上游企业。此外，网络原创文学出版商如盛大文学，网络视频出版商如万合天宜，网络动漫出版商如日本集英社，等等，都可以作为数字出版的上游企业。

随着数字业务的拓展、原创渠道的平民化，独立音乐人、作家和剧作家等小微型版权人也在数字出版业扮演着越来越重要的角色，新的技术平台型企业会绕道直接接触作者，传统出版社在夹缝中生存，转型将成为出路。

（2）中游是平台服务商、网络运营商。平台服务商不生产内容，通过自身的技术平台优势整合内容，并对外发布和运营资源，依靠自己的专业性保证了内容提供商专注于优质内容的生产，通过第三方将出版内容数字化，凸显规模效应。

2004年，谷歌开始寻求与著名图书馆和出版商合作，组织全球有效信息，欲建立全球数字图书馆。虽然自筹备以来就引发世界版权之争，但仍然可以将谷歌全球数字图书馆的发展模式定位为数字出版产业链中的平台服务商。此外，全世界最大的中文数字图书馆——超星数字图书馆也是主要进行图书资源整合的平台。超星集数字图书资源加工、供应、采集、管理以及提供数字图书的创作、发布和交流等业务为一体，被公认为国内数字图书馆行业第一品牌。流媒体服务平台 Spotify 得到了华纳、索尼等著名唱片公司的支持，提供正版音乐，曲目多、使用方便，可以免费使用，但是免费用户在使用时将被插播一定量的广告。

网络运营商包括互联网和移动网络，服务形式和终端分别对应计算机、手机、iPad 等移动设备。网络运营商的存在在数字出版产业链中是不可或缺的。在国内，中国电信、中国移动、中国联通扮演着这个角色，内容资源下载和使用按照网络运营商的收费模式执行。

（3）下游是硬件生产商、数字发行商。硬件生产商和发行商离终端消费者最近，按照市场上数字出版的发行实践，大致分为分销商、零售商和在线发行平台三类，在线发行平台是目前最主要的形式。互联网的飞速发展和普及为数字出版内容提供了方便快捷的营销渠道。

书报刊数字内容多由平台服务商或网络运营商自产自销，例如维普期刊资源整合服务平台中，面向高校、图书馆等的文献数据服务一般直接销售给消费者。一些传统书报刊发行商也经营数字内容的发行业务，如亚马逊在经营纸质读物的同时，也会出售电子图书，还衍生出移动终端 Kindle 电子阅读器的销售。①

2. 产业规模

针对出版商和发行商而言，相对于传统出版业，数字出版业规模经济特征显著。首先，数字出版业的发展所需要的基础设施建设已经相对完备，这不仅指硬件端的网络设施和软件端的信息技术日趋成熟，还包括用户对于数字出版物的接受度相对较高。其次，在基础设施完备、技术标准统一的前提下，数字版权内容产业链上聚集了大量参与者，不同企业集群所从事的产业分工不断细化、标准化，奠定了数字版权内容制造和分发的基础，有助于进一步降低其生产和销售成本。因此，随着行业的发展和数字版权内容的不断积累和进步，整个产业链参与者的生产成本都将逐步下降。不仅如此，数字出版业的范围经济特征也十分显著，即一家企业同时生产多种产品的费用低于多家企业分别生产每种产品的费用，这主要是因为不同类型数字版权作品之间具有较强的相关性。例如同一故事（人物设定、世界观架构、剧情等相似）可以有小说（网络文学、电子书）、音乐、电影、电视、游戏等多种表现形式，而某一产品产生的粉丝和关注者可以直接注入另一种形式的产品中，以降低营销成本，提升销售收入。②

从用户的数量上来看，我国数字出版用户的规模随着产业的壮大而不断增长。就手机阅读的活跃用户来说，根据各年度的《数字出版产业报告》统计，2008 年手机阅读活跃用户为 1.04 亿人，而到 2011 年已经达到 3.09 亿人，到 2015 年手机阅读活跃用户达到了 4.8 亿人，这是一个相当庞大的用户群体。这里还未把互联网期刊用户、电子图书用户、数字报纸用户、在线音乐和网络游戏等用户纳入，如果把这些数据加起来，我国数字出版的用户已经具有很大规模。2014—2015 年的出版产业报告显示，截至 2014 年底，我国数字出版产业的累计用户已经超过 12.48 亿，这些逐年增长的用户规模无疑给我国数字出版产品的消费提供了一定的保障 。

我国数字出版的产品数量持续上升，2012 年国内数字出版产业（含网络游戏、网络广告等）整体收入规模为1 935.49亿元，比 2011 年增长 40.47%。从产品数量来看，经过多年的发展，我国数字出版物种类不断丰富，规模日益扩大，用户也有了更多的选择。互联网期刊产品、电子图书产

① 李广宇．我国数字出版产业现状及问题分析［J］．现代出版，2011（1）：9-12.

② 数字版权行业报告（2015 · 2016）［EB/OL］．（2016）．中文互联网数据资讯中心．http：//www.199it.com/archives/445963.html.

品、数字报纸产品的收入增长也非常显著，其中电子图书 31 亿元，比 2011 年增长 342.86%，还有互联网原创作品、多媒体互动期刊等。就整体而言，产品的规模是相当可观的 。

我国数字出版的产业收入节节攀升。从产值收入来看，我国数字出版的产业收入 2006—2015 年都保持着较高的增长率，2015 年的产业收入已经达 4 403.85亿元，比 2014 年增长 30%。数字出版产业收入占新闻出版产业收入的总比由 2014 年的 17.1%提升至 20.5%，其中：互联期刊收入达 5.85 亿元，电子书（含网络原创出版物）收入达 49 亿元，数字报纸（不含手机报）收入达 9.6 亿元，博客收入达 11.8 亿元，在线音乐收入达 55 亿元，网络动漫收入达 44.2 亿元，移动出版如手机彩铃、铃音、移动游戏等收入达 1 055.9亿元，网络游戏收入达 888.8 亿元，在线教育收入达 180 亿元，互联网广告收入达2 093.7亿元。其中移动出版和网络游戏的收入分别为 1 055.9亿元和 888.8 亿元，在数字出版总收入中所占比例分别为 23.98%和 20.18%，两者合计占比 44.16%，接近全年总收入规模的一半，这说明移动出版和网络游戏依然是拉动数字出版产业收入的主力军，地位比较稳固，意味着休闲、娱乐类产品在数字出版产品形态中占据了相当大的比重。在线教育是数字教育出版的核心部分，经过多年布局和市场竞争，产业发展取得了实质性进展，2015 年收入规模为 180 亿元，呈现出巨大的发展潜力。①

（三）产业态势

产业态势可总结为：从 2006—2015 年来看，数字出版产业总收入连年持续增长，各种形态数字出版物产值持续增长，其中手机出版以及网络游戏方面占据了数字出版的绝大部分。随着互联网的普及、数字出版产业的用户规模平稳增长、国家政策支持力度加大、科技创新驱动转型升级、新媒介助力数字出版，数字出版模式日益清晰，将形成完整的产业体系。

《数字出版“十二五”时期发展规划》是关于数字出版的第一个专项五年规划，对数字出版产业发展具有深远意义。规划实施五年来，总体情况良好，运行顺利。结合“十二五”时期的发展情况和存在问题，国家新闻出版广电总局对“十三五”时期数字出版产业进行综合部署、统筹规划，《数字出版“十三五”时期发展规划》在数字出版的转型升级、融合发展、产品质量、公共服务、拓展服务、管理体制、走出去和人才建设等八个方面提

① 数字出版产业报告（2014 · 2015）［EB/OL］.（2015）. 中国出版网 . http：//www. chuban. cc/cbsd/201507/t20150715_168554. html.

出要求和指导，从而为未来五年数字出版产业发展指明了方向，绘制了新蓝图，将引领数字出版产业向更高层次迈进。①

1. 转型升级、融合发展持续推进

2015 年，新闻出版业在转型升级、融合发展方面取得了进一步突破。2015 年 4 月，国家新闻出版广电总局与财政部联合发布《关于推动传统出版和新兴出版融合发展的指导意见》，对新闻出版业融合发展提出具体要求。同年 7 月，总局公布了第二批 100 家转型示范单位名单，至此传统出版数字化转型示范单位总计达到 170 家。这些单位在内容聚集、技术应用、产品创新以及探索数字化商业模式等方面起到了积极的表率作用，带动整个行业转型升级、融合发展取得实质性进展。

经过几年的探索和积累，2015 年出版业融合发展转型升级思路进一步清晰，主动性进一步增强，通过整合资源、实施项目、应用技术、优化流程、重塑布局，开展内容创新、产品创新、服务创新与模式创新，融合态势初显。特别是专业出版单位，在专业知识服务模式探索方面卓有成效，已形成了特色资源数据库、专业领域在线教育、专业数字化工具书等多个产品形态。管理部门通过部署专业数字内容资源知识服务模式试点工作，以推进专业出版的转型升级、融合发展。教育出版单位和大众出版单位在转型升级、融合发展方面的成果也日益显著，发展模式和产品形态日趋丰富多元。

2. 产业集群效应日益显现

“十二五”时期，根据产业发展的迫切需求，管理部门加快了数字出版产业基地（园区）建设步伐。截至 2015 年，全国共设立国家级数字出版产业基地 14 家，在建设数量上超出了“十二五”规划的预期目标，初步形成以东部沿海为带动，长三角流域为核心，华北、中南、西北、西南为辐射的综合产业区域布局。

据初步统计，2015 年 14 家国家数字出版基地营业收入总和已超过1 500 亿元，占全国数字出版总收入的 30%以上。其中，上海张江基地 2015 年产值突破 300 亿元大关，达到 346 亿元；江苏基地和广东基地营业收入都超过 200 亿元。国家数字出版产业基地（园区）在培育产业龙头、科技创新、人才和企业孵化、推进传统出版转型升级等方面起到了积极的示范引领作用。各家基地凭借龙头企业的影响力，带动产业链上下游企业有效聚集，集群效

① 数字出版“十二五”时期发展规划［EB/OL］.（2011）. 中国出版网 . http：//www.chuban.cc/ztjj/shierwu/zxgh/201105/t20110509_87970.html.

应日益显现。

经过多年的经验积累与实践探索，当前国家数字出版产业基地的发展战略和重点已从基础建设逐步转向差异化、特色化发展：一是发展路径的差异化，二是发展模式的差异化，三是管理模式的差异化。

3. 人才队伍建设稳步推进

数字出版人才培养工作得到有力推进。管理部门组织多次基于“互联网+”环境下的人才培养研讨会议，行业协会、科研机构、企业也加大了对数字出版相关人才的培训力度。出版单位对数字出版人才的培养与引进给予了更高的重视，在创新人才培养、引入、管理、选拔、评价、激励保障机制方面进行了积极有益探索。如：专门针对引入数字出版人才建立“协议工资制”；让传统编辑参与数字化项目实践，逐步实现由传统编辑向复合型编辑的转型；选派传统编辑到下属互联网企业工作，让其逐步适应“互联网+”思维模式和运营机制等。①

特别值得一提的是，2015 年北京市将数字编辑职称评审纳入全市职称评审序列，由中国新闻出版研究院牵头组织专家编写教材和考试大纲，于2016 年 5 月组织开展了首次数字编辑初中级职称考试，有近3 000人报考，并于 7 月开展数字编辑高级职称评审工作。此项工作开创了全国数字编辑职称评审工作先河，并为全国数字出版人才队伍建设率先示范。同时，北京市正在着手制定“十三五”时期数字出版人才的专项规划。②

（四）数字内容版权运营备受关注

2015 年的 IP 改编热潮激发了出版业的内容运作新活力，开拓了产业融合发展的新空间。出版单位纷纷通过数字内容版权运营，促进优质内容的充分挖掘与运用，构建多元化商业模式；新兴出版企业加速对原创 IP 的竞争；百度、腾讯、阿里巴巴等在网络文学、网络游戏、网络影视等领域进行全面布局，原创内容版权产业链条已初步形成。

企业对 IP 的运作重点从已实现纸质出版的网络文学作品，转向对有潜力 IP 的挖掘、培育和孵化，开展传统图书出版、动漫、网游、影视、周边

① “十二五”收官之年的中国数字出版——2015—2016 中国数字出版产业年度报告主报告（摘要）[EB/OL].（2016）. 中国出版网. http://www.chuban.cc/cbfxyj/kwfm/201608/t20160831_175324.html.

② 数字出版守得云开见月明 增速与增长贡献率“登顶”[EB/OL].（2016）. 人民网. http://media.people.com.cn/n1/2016/0930/c40606-28751810.html.

衍生品等产品形态的同步、多元开发，围绕 IP 进行全产业链运作、全方位运营，打通各业务板块以发挥协同效应。

IP 概念带动文化资本市场的活跃，相关统计数据显示，2015 年国内市场共产生 IP 相关收购 42 起，其中披露收购金额 39 起，合计产生并购金额 209.59 亿元，被并购企业涵盖文学、动漫、游戏、影视等多个领域。①

1. 产业政策

随着近年来数字出版产业的飞速发展，国家在政策上给予引导，资金上给予扶持，还在技术、人才培养以及平台建立等方面都给予支持，所以数字出版产业在政策的引导下，其发展始终保持了较高的增长速度，总营收从“十二五”初期的1 377亿元增长到末期的4 400亿元，在“十二五”期间，年均增长 34%。2016 年 3 月，十二届全国人大四次会议审查通过了《中华人民共和国国民经济和社会发展第十三个五年规划纲要》，“数字出版”作为新兴文化产业的重要组成部分首次写入国家的五年发展规划，在新闻出版业总营收中的比例也从初期的不足 10%提高到 20%以上。

数字出版产业发展政策是国家和地方为了推进数字出版业的发展，以目标为导向制定的产业政策，主要包括数字出版技术政策、数字出版布局政策、数字出版投融资政策、数字出版人才政策、数字出版税收政策、数字出版财政政策和数字出版中小企业政策。具体而言，数字出版技术政策是引导、促进和干预数字出版产业技术发展的专门政策，具有较强的前瞻性和引导性。②

2. 数字版权保护

数字版权保护方面，作为新闻出版重大科技项目之一的数字版权保护技术研发工程的研发任务已全部完成，并通过第三方测试。数字版权保护立法工作取得新进展。2015 年 2 月，《最高人民法院关于适用〈中华人民共和国民事诉讼法〉的解释》开始实施，改变了原有立案管辖权规则，便利了权利人维权诉讼的开展；2015 年 9 月，国家版权局针对《著作权行政处罚实施办法（修订征求意见稿）》向社会公开征求意见；2015 年 11 月开始实施

---

① “十二五”收官之年的中国数字出版——2015—2016 中国数字出版产业年度报告主报告（摘要）[EB/OL].（2016）. 中国出版网. http://www.chuban.cc/cbfxyj/kwfm/201608/t20160831_175324.html.

② 吴江文. 我国数字出版产业政策内涵与体系 [J]. 科技与出版，2016（9）：7-11.

的《中华人民共和国刑法修正案（九）》强化了对网络行为和网络犯罪的监管，增强了对数字版权网络著作权的刑事司法保护。

司法与行政保护力度加强，成效显著。国务院于 2015 年年底印发了《关于新形势下加快知识产权强国建设的若干意见》，提出要完善行政执法和司法保护两条途径优势互补、有机衔接的知识产权保护模式。国家新闻出版广电总局、国家版权局印发了涉及网络文学、网络音乐、网络转载、网盘服务等方面的多项规范性文件，对相关领域的数字版权保护给予了明确规范。“剑网行动”成果显著，有效规范了网络作品传播的版权秩序。社会保护也获得新进展。搜狐视频、腾讯、优酷、土豆、凤凰视频、爱奇艺等互联网公司于 2015 年 7 月发起组建互联网视频正版化联盟；百度云盘和 6 家视频网站及权利人签署了云盘版权保护共同声明，携手抵制网络云盘上的侵权盗版行为。

3. 组织政策

数字出版产业组织政策是政府为实现数字出版产业发展目标而实行的对本地区数字出版机构鼓励或限制的政策措施，主要由数字出版反垄断和不正当竞争政策与数字出版公共规制政策组成。数字出版反垄断和不正当竞争政策是两类政策的组合，前者是规避某个数字出版企业垄断市场，并实行对其他企业和消费者不利，影响市场公平竞争的策略；后者则是调整各市场主体间有序竞争的措施。经过近 10 年的改革，数字出版业市场格局基本形成，某些领域的竞争态势基本呈现，但由于我国出版业的特殊属性，目前尚无专项的反垄断和不正当竞争的政策，在实际操作中，采用的是国家有关反垄断和不正当竞争的政策。现阶段，我国数字出版政策更应该强调扶持大型数字出版集团，从而形成市场引导力和领导力。

总体说来，中央政策注重产业方向引导，地方政策注重实用有效。数字出版产业发展中，可以充分应用国家和地方与产业相关的公共性政策带来的优惠，从而形成以数字出版产业专项政策为主线、相关产业政策为基础、公共政策为辅的产业政策体系，这个体系将在未来得到进一步完善和丰富。未来我国数字出版产业政策丰富和完善的重点是技术开发、对外贸易、市场公平、股权奖励、促进混合所制、特殊管理股的推进等多个方面，从而达到规避市场失灵，调整市场关系，优化资源配置，提升产业影响力和产业实力，促进产业健康良性发展的目的。①

---

① 吴江文．我国数字出版产业政策内涵与体系［J］．科技与出版，2016（9）：15-17.

第三节 传播影响力

一、产业特征

2015—2016年，中国数字出版产业年度报告显示，我国的数字出版产业继续保持强势增长趋势，2015年产业整体收入为4 403.85亿元。其中移动出版和网络游戏的收入分别为1 055.9亿元和888.8亿元，在数字出版总收入中所占比例分别为23.98%和20.18%，两者合计占比44.16%，接近全年总收入规模的一半。这说明移动出版和网络游戏依然是拉动数字出版产业收入的主力军，地位比较稳固，也意味着休闲、娱乐类产品在数字出版产品形态中占据了相当比重。① IP价值的凸显引起了进一步的关注，移动出版成为了未来数字出版的方向。

首先是数字出版在内容生产上实现了数字化，与传统出版相较，数字出版使印刷退出了历史舞台，取而代之的是全方位的数字化，知识和信息更为创意性地传达，产品更易保存和传播。其次是传播方式数字化，数字出版的传播方式多种多样，网络化的传播技术，传播方向的创新，还有传播对象的广泛性，有力地促进了数字出版产业创意特性的形成。比如可以在移动客户端发行，或是APP、公开课等，传播方式的数字化使得产业的产值和影响力增加。最后是管理过程数字化，较之于传统出版的粗放型管理模式，数字出版大多采用ERP模式进行管理，数字产物更新快，人员的积极性更强，群体性的创意行为可以更好地表现出来。我国数字出版产业结构本身也表现出长尾效应，产业关系结构复杂。数字出版产业吸纳了更多的第三产业成分，数字化、云计算、信息传输和软件类对数字出版产业的影响越来越深。②

---

① 魏玉山：2015—2016中国数字出版产业年度报告[EB/OL].(2016).中国出版网. http://www.chuban.cc/rdjj/2016szcb/zlttp/201607/t20160719_174913.html.

② 肖洋．数字出版产业结构调整与经济增长关系实证研究［J］．中国出版，2014（2）：6-10.

二、主要市场占有率

（一）全球数字出版市场占有率①

数字广告大行其道，成为数字出版产行业收入主要来源。数字广告可以各种数字出版形式为载体，2014 年收入将近1 501亿美元，在数字出版产业各形态中收入占比最大，高达 57%。由于智能终端如智能手机、平板电脑的发展，消费者可以时刻处于被连接的状态，移动互联网广告是数字广告市场的主要组成部分，2014 年增幅接近 17%，占数字广告总收入的 90%。

网络游戏数字化率超过 65%，领跑数字化转型。2014 年，全球游戏行业总产值 708 亿美元，同比增加 9. 5%。其中数字化游戏（包括 APP 和网页社交休闲游戏、数字化游戏机游戏、在线游戏机游戏、数字 PC 游戏和在线 PC 游戏）规模为 461 亿美元，占游戏总市场的 65. 11%，数字化渗透率在各类出版市场中居于首位。

阅读习惯转变，电子书渗透率显著提升，电子书市场和电子杂志市场规模增长迅速。电子书市场规模由 2010 年的 58 亿美元上升至 2014 年的 185 亿元，年均增速 33. 84%，但从趋势来看，同比增速从 2011 年的 42. 39%下降至 2014 年的 24. 53%。这主要是因为“自出版”或网络原创文学式的出版物的兴起对传统电子书的销量和售价带来挑战，而“自出版”式电子书未被计入此统计口径。从渗透率来看，电子书销量在书籍出版市场占比由 2010 年的 3. 32%上升至 2014 年的 11. 99%，在几种阅读出版物市场中数字化渗透率最高。而数字化杂志的市场规模占比在 2010—2014 年从 3. 32%小幅上升至 13. 16%，2014 年规模达 125 亿元。但从年同比增速来看，电子书和电子杂志市场规模增速都逐年下降，在 2011—2014 年分别从 42. 39%和 62. 16%下降至 24. 53%和 24. 46%。

流媒体影视发展迅速，支持数字电影渗透率快速提升。在近年来全球电影市场几乎不增长的环境下，随着流媒体的快速发展，数字电影市场规模由 2010 年的 74 亿美元快速扩大至 2014 年的 131 亿美元，四年来几乎翻了一番，其渗透率也由 2010 年的 8. 88%上升至 2014 年的 17. 89%。2014 年，电影院票房和电影广告收入以 308 亿美元占全球电影市场的 46%，而流媒体电

① 数字版权行业报告（2015・2016）[EB/OL]. (2016). 中文互联网数据资讯中心. http：//www. 199it. com/archives/445963. html.

影市场规模 81 亿美元，占电影市场的 9.43%，电视订阅观看市场规模为 72 亿美元，占比 8.46%。

（二）我国数字出版市场主要占有率

1. 网络文学

根据长尾理论，当商品生产成本和销售成本急剧下降，以至于个人可以进行生产和销售时，任何需求极低的产品，只要进入市场，都会有人对其进行消费，而海量的、销量并不高的产品所占据的共同市场份额，可以与热销主流品市场份额相当，乃至更大。因此，企业需要关注的不仅是头部的畅销品，也应关注长尾的冷门。在信息技术快速发展的今天，内容信息的产生和传播成本大幅下降，而网络文学的盛行让成为当红作家的门槛大为降低，一个人、一台电脑、一个知名网络文学平台的账号即可完成作品的写作和发布并实现收入。因此，数字出版行业可以通过网络渠道将小众化人群集合在一起，并提供便捷的发布和变现渠道，构成了长尾经济的现实基础。

数据显示，2015 年网络文学市场规模达到 70 亿元，用户规模达到 3.5 亿人。网络文学已成为数字阅读内容和收入的主要构成，呈现出蓬勃的发展态势，行业格局初步形成。继 2014 年年底百度文学成立后，2015 年 3 月腾讯组建阅文集团；阿里文学也于 2015 年 4 月成立；掌阅科技于 2015 年年初成立掌阅文学集团；2015 年 4 月，中国移动整合手机阅读基地相关业务，成立中国移动咪咕数字传媒有限公司；中文在线也在 2015 年深耕网络文学市场，通过“产品线”，以项目制方式开展 IP 运作，通过“聚合众创”实现网络文学零门槛商业化创作。2015 年，网络文学领域格局已初步形成，竞争日益激烈。

2. 在线教育

2015 年，在国家持续大力推行教育信息化的背景下，在线教育收入规模为 180 亿元，以在线教育为主要形态的数字教育出版持续升温。传统出版单位依托自身的优质教育和出版资源，通过产业链延伸来进行转型发展，开展跨界融合，取得了突出成效。一是积极利用自身教育和出版优质资源，进行在线教育平台的搭建和数字教育出版产品的开发；二是积极开展与互联网企业的合作，借助双方优势，实现互惠共赢；三是积极运用资本市场，借助资本力量，推进融合发展；四是成立独立的科技公司，以更加灵活的机制投入数字教育转型。①

3. 网络游戏

中国产业信息网发布的《2015—2020 年中国网络游戏行业市场运行态势及投资前景预测报告》指出：2014 年中国游戏市场（包括网络游戏市场、移动游戏市场、单机游戏市场等）实际销售收入达1 144.8亿元，比 2013 年增长了 37.7%。按游戏类型划分，其中端游收入 608.9 亿元，网页游戏（微博）收入 202.7 亿元，移动游戏销售收入 274.9 亿元，社交游戏收入 57.8 亿元，单机游戏收入 0.5 亿元。其中主要以企业对 IP 的运作为重点，开展网游衍生品形态的同步、多元开发，围绕 IP 进行全产业链运作、全方位运营。

三、受众

数字出版产业是一个呈现强马太效应的产业，即率先获得资源积累的企业可以有机会去取得更大的成功和进步。举例来说，视频网站作为数字动画、电影、电视和原创视频资源的分发平台，其数字版权资源的积累有助于吸引更大的用户量，为未来更多新资源的聚拢、发布和变现（广告、点击付费或包月付费）奠定更坚实的基础，使得整个行业呈现强者恒强的局面。②

2015 年我国国民数字化阅读率达到 64%，超过纸质图书阅读率 5.6 个百分点，其中 60%的成年国民曾进行过手机阅读，这是国家新闻出版广电总局副局长吴尚之公布的数据。数据同时显示，2015 年中国数字出版产业收入规模达到4 403.9亿元，比上一年增长 30%。吴尚之表示，庞大的网络用户群体和日益旺盛的数字内容消费需求，为中国数字出版发展壮大提供了强劲的动力。近年来，传统出版单位加大了数字出版的业务布局，积极寻求产品和模式上的创新突破；网络文学、有声读物、自媒体等新兴形态蓬勃兴起，消费热点层出不穷，巨大的发展潜力吸引了互联网企业、电信运营商、电子商务企业广泛参与；同时还涌现出了大批新媒体、动漫、游戏等新兴出

① “十二五”收官之年的中国数字出版——2015—2016 中国数字出版产业年度报告主报告（摘要）[EB/OL].（2016）. 中国出版网. http://www.chuban.cc/cbfxyj/kwfm/201608/t20160831_175324.html.

② 数字版权行业报告（2015·2016）[EB/OL].（2016）. 中文互联网数据资讯中心. http://www.199it.com/archives/445963.html.

版企业，数字出版阵营不断壮大。

第四节　国内外案例

一、中国知网

中国知网，即中国国家知识基础设施（China National Knowledge Infrastructure，CNKI），由清华大学、清华同方发起，始建于1999年6月，以实现全社会知识资源传播共享与增值利用为目标，是全球领先的数字出版平台。中国知网通过产业化运作，为全社会知识资源高效共享提供丰富的知识信息资源和有效的知识传播，是一个资源丰富的数字化学习平台。①

中国知网在新的形势下进行二次转型：立足数字出版，服务创新发展，做深做细知识服务。即大规模整合国内外的出版内容资源，发展原创数字出版，以创新服务为目标，以知识服务为手段，积极推进自身和出版业的转型发展战略，深入出版上下游，为促进各行各业的知识创新提供平台支撑和关键性信息。② 中国知网建设了超大规模集成整合与原创云出版平台，包括优先数字出版、网络出版、双语对照出版、期刊协创平台、大成编客、数字复合出版、协创出版平台、数字出版系统以及“纸质版+电子版”的云出版平台等。

优先数字出版：期刊优先数字出版编辑部已经定稿的单篇或整期文章，在纸质版出版之前，通过互联网或移动互联网等载体实现数字优先发表。中国知网于2010年10月正式启动了中国学术期刊优先数字出版模式，5年来，近3 000种期刊使用优先出版模式，累计60多万篇文献，较纸质期刊上网平均提前2.5个月。

双语出版：通过双语对照数字出版，建立中文学术期刊“走出去”集成推广平台，实现学术期刊国际化与数字化转型升级，自主打造一批具有较强国际影响力的中国学术期刊，促进中西方学术与文化的交流、融合，推动期刊产业快速发展。

---

① CNKI大成编客，助你轻松实现编书梦想！[EB/OL].（2016）. 知网客户服务中心. http：//blog. sina. com. cn/s/blog_b659563f0102wopu. html.

② 中国知网打造“CNKI知识管理与协同研究平台”[EB/OL].（2016）. 人民网. http：//media. people. com. cn/n1/2016/0817/c40606-28643120. html.

期刊协同创新平台：期刊协同创新平台的实质是“研究—出版—传播”一体化模式，研究过程与出版过程相通，支持协同讨论、协同创作，具有管理、记录、发布、评价等功能。

全过程出版：全过程出版的基本思想就是及早介入创新过程，协助创新主体用网络和数据的方式组织创新，全面地揭示和展现创新成果。协同创新平台是全过程出版的支撑基础，它的核心功能主要有：研究资料查询收集、协同研讨、交流互动、总结及创作、研究过程管理。全过程出版的输出物，除了可以用优先方式出版传统的学术出版物外，还有大量的碎片化成果，如微创新成果、数据片段、数据出版等。为了更完整地表达创新成果，增强出版模式成为必须。

大成编客：大成编客是基于互联网的内容生产平台，是中国知网旗下的内容汇编与创作、展示与发行平台；① 以知识应用为目的，为快速解决用户特定问题、辅助用户决策的知识服务平台。主要包括：基于海量素材库的内容动态重组、基于原创内容的自媒体、编创者与读者对接的 C2C 出版服务模式、腾云数字出版平台服务传统出版全流程数字化转型。在出版业数字化转型的大背景下，大成编客提供基于 XML 的全流程数字化、全媒体、网络化、社会化的新一代出版平台，提供面向教育和专业知识服务的数字出版整体解决方案，助力传统出版全面转型。

行业知识服务平台：大规模集成整合上游出版资源，建设超大规模出版资源池，在此基础上根据各行各业的具体业务应用和行业知识体系，建设问题知识库和行业知识服务平台，从简单粗犷的文献服务向精确知识服务转变。首先是基于 4W1H 模型，构建问题知识库（如表 5-1）；其次是基于选编发系统，发布了上百个行业知识服务平台，包括面向创新和创新管理的 OKMS 协同研究平台，基于多级 NKI 体系的创新知识服务云平台和基于学术社交网络的个人知识管理云平台。围绕各行业的顶级、关键问题，以知识管理为基础，整合各种内外部知识资源，为创新和创新管理构建知识基础设施；以协同研讨、协同创作为工作机制，为研究人员、工程技术人员以及管理人员进行学术研究、技术革新、产品发明、管理决策等的协同研究创新提供基础支撑平台。

---

① CNKI 大成编客，助你轻松实现编书梦想！[EB/OL].（2016）. 知网客户服务中心. http://blog.sina.com.cn/s/blog_b659563f0102wopu.html.

表 5-1　　**4W1H 模型①**

4W1H 内容碎片化结构				
研究问题 What	研究目的 Why	研究方法 How	研究群体 Who	时机 When
研究对象 研究问题 研究目标 研究领域 研究结论	课题来源 研究目的 研究意义	研究思路 研究依据 研究方法 研究过程 研究条件	研究同行 合作者 研究项目 基金	解决问题 的时机 解决问题 的条件

二、爱思唯尔

1. 爱思唯尔的发展历程

总部位于英国伦敦的爱思唯尔出版集团（Reed Elsevier PLC），其学术出版历史可以追溯到 1580 年，这一年，荷兰的出版商路易斯·爱思唯尔（Louis Elsevier）创办了一家小型出版公司，借此开辟了多种语言的学术图书市场。1951 年，现代意义的爱思唯尔出版公司（Elsevier NV）在荷兰成立。1993 年，该公司与英国的励德国际公司（Reed International PLC）合并为励德·爱思唯尔集团（Reed Elsevier），并投资设立了励德·爱思唯尔出版集团（Reed Elsevier PLC），负责集团内所有图书出版和线上资料库等业务。正是这种独特的公司结构使得爱思唯尔集团充满活力，20 世纪末，随着国外媒介融合进程的加快，传统的纸媒争相进行转型，爱思唯尔出版集团也完成了从传统出版物向电子出版物的转化，成为以网络化传播为主的数字内容服务商。悠久的历史、内容资源上的深厚积累以及集团的规模化使其在相应的专业领域占绝对的优势，并最终成为全球最大的科技与学术信息出版商。②

2. 爱思唯尔的数字化之路

从 2000 年到 2013 年的短短 10 余年时间，爱思唯尔已经从一家传统出

① 知识服务篇（中国学术期刊未来论坛系列）［EB/OL］.（2017）. 散文网. https：//sanwen. net/a/lqyrwoo. html.

② 王悦 . 励德·爱思唯尔对中国出版业的启示［J］. 新闻研究导刊，2015（10）：181.

版公司转型为一家大型数字出版公司，2000 年数字出版收入只占集团总收入的 20%，到 2013 年已超过 60%。如果不算励展博览集团这块不直接与出版挂钩的收入份额，集团数字出版收入已占到总收入的 80%以上，更重要的是，集团纸质出版收入每年都在以 5%的速度递减。根据美国第三方机构 PaidContent 在全球跨行业进行的调查，爱思唯尔已经成为全球第四大数字付费内容提供商，仅次于谷歌、中国移动、彭博通讯社。从 15 年前开始，爱思唯尔把业务从以纸质出版为主转型为以数字出版为主。其传统优势是面向医生、科学家、律师等专业人士的书籍和杂志出版，如今提供多种在线产品，将传统专业内容与前沿大数据技术结合，从而帮助科学家探索新发现，帮助律师胜诉，帮助医生拯救生命。① 同时，爱思唯尔也是全球最大的展览公司。

3. 爱思唯尔的学术期刊数据库全球运营策略

学术期刊数据库是当前学术传播的重要形态。爱思唯尔作为全球最大的科学、技术和医学出版商，始终将市场定位于全球，其代表性产品包括 ScienceDirect、Scopus 等全文期刊数据库和二次文献数据库。其全球传播经验证明，学术期刊数据库不但可以盈利，还可以实现巨额盈利，而这些都要归功于爱思唯尔成功的全球运营策略。

首先是学术信息的整合策略。顶级学术信息是爱思唯尔学术期刊数据库运营链条的源头，其影响因素包括全球顶级学术信息的数量和质量。爱思唯尔为此建立了全球学术信息采集网络，包括全球范围内的数量众多、覆盖广泛的采集站点，如编辑部、发行站、分社等，其雄厚的国际学术信息采集能力便得益于此。

爱思唯尔在全球 24 个国家拥有 7 000 多名员工，产品在 180 多个国家销售。② 21 世纪以来，爱思唯尔一直在进行兼并和重组，持续扩大其海外分支机构的数量和规模；并通过对海外分公司的平面化管理，提升全球雇员的学术采集技能与素养，使国际雇员对总公司的学术信息采集标准产生认同感。最终，这些遍及全球的海外分支机构通过高效的运转，为爱思唯尔的全球学术信息采集工作发挥了基础性作用，它们不仅最大限度地贴近当地顶级

---

① 爱思唯尔未来十年转型新方向　开发数字决策工具 [EB/OL]. (2014). 中国出版网. http://www.chuban.cc/gj/my/tj/201409/t20140901_158677.html.

② 励德·爱思唯尔集团 [EB/OL]. 中文百科在线. http://www.zwbk.org/MyLemmaShow.aspx? lid=222198.

学者，也能在第一时间获取当地最新研究成果，还将爱思唯尔的最终产品——学术期刊数据库在当地进行高效迅捷的传播与营销。

其次是灵活有效的全球营销策略。突出的营销能力是爱思唯尔独步全球的关键，没有高效的全球营销网络与能力，再好的产品也毫无意义。学术期刊数据库的全球营销受两大要素的影响：一是营销网络的国际覆盖率，二是全球范围内的学术品牌建构。二者相辅相成，全球覆盖范围有助于品牌塑造，品牌影响力亦能提升全球覆盖率。爱思唯尔对其学术期刊数据库的经营着重体现在品牌意识强、策略多、语言多元化等方面。

爱思唯尔为提升其学术期刊数据库的品牌知名度，聘请了众多知名学者担任其学术期刊的编辑或编委，生产顶级的学术信息，提升爱思唯尔的品牌知名度、认知度与忠诚度。

爱思唯尔采用多元化的营销策略。早在20世纪爱思唯尔便已开始数字化转型，将传统营销与网络发行渠道结合在一起，并通过与各国出版企业或其他媒体展开广泛合作的方式扩大产品输出，提高其国际影响力和知名度。爱思唯尔的旗舰产品《柳叶刀》《细胞》等都是通过与大众媒体合作，大大提升了其在消费者心目中的品牌知名度。另外，爱思唯尔学术期刊数据库还通过数字化方式，直接面向用户展开垂直营销。在进行垂直搜索型数据库产品的前期研发时，爱思唯尔主要通过聘任专家型编辑，运用最新的数字化技术，让用户感受到其学术产品的魅力。同时，爱思唯尔还与谷歌学术平台（Google Scholar）建立链接进行营销。用户进入谷歌进行相关学术搜索时，会直接进入爱思唯尔的ScienceDirect数据库，这就保证了爱思唯尔的搜索指向及排名。①

爱思唯尔还通过多元化的语言，根据当地实际，发行“地方版”。爱思唯尔与中国多家科学类、医学类出版社建立了学术合作关系，包括人民卫生出版社、北京大学医学出版社、科学出版社等中国科学与医学领域的顶级出版社。通过强强合作，爱思唯尔在中国谋得出版渠道，并将其丰富的医学信息在中国成功出版。爱思唯尔还与世界图书出版公司西安公司进行合作，将《柳叶刀》译成中文，使全中国的医师可以在线获取来自这份享有世界最高声誉的期刊所提供的医学信息。② 全球营销策略让爱思唯尔学术期刊数据库

---

① 赵树旺．国际数字出版商的用户策略及启示［J］．现代出版，2015（2）：41.

② 钟楚．Elsevier 爱思唯尔 & Lexis Nexis 雷克斯兰克斯北京代表处举行揭牌典礼［J］．中国出版，2004（6）：3-4.

具有了一流的国际传播力。

最后是满足全球用户需求的运营策略及其启示。满足用户需求是爱思唯尔学术期刊数据库全球运营的动因，也是其能够实现全球运营与传播效果的根本。在大数据时代，爱思唯尔已经比很多出版商更早地学会根据数据来服务与满足用户需求，成立了处理大数据的专门机构，根据数据进行各项决策，将分析和处理结果应用于其全球运营之中，最终实现了其学术内容在国际范围内的持续增值。同时，爱思唯尔还通过对国际用户的详尽调查，设计了很多数字化解决方案，以更好地为国际用户服务。对学术资源的开发与生产是爱思唯尔学术期刊数据库全球传播的核心竞争力，这种竞争力主要表现于其市场定位能力、议程设置能力、编辑评审能力与技术研发能力。

第一，爱思唯尔能够精确快速地发现其潜在的国际客户市场，并根据细分目标市场为不同区域、不同类别的目标受众提供不同的服务。第二，爱思唯尔能够巧妙利用议程设置原理来制定规则影响国际用户，如爱思唯尔的 SCI 、SSCI 等检索系统建构了一套自己的学术价值观，并在此基础上制定出一整套国际学术刊物的评价和评级标准，在世界学术话语体系中占据了先发优势与有利地位。第三，严格的评审程序与高效的评审能力是爱思唯尔生产顶级学术产品的重要保证，其一流的评审队伍通过严格的评审程序和高效的内容管理机制来实现学术质量审查。第四，技术研发是爱思唯尔开发数字化学术产品的技术保障，其每年的技术投资一般会占到销售额的 4%~5%，新技术的采用大大提高了生产效率和质量。

下面这个例子诠释了爱思唯尔生产学术产品的能力。2013 年 4 月，爱思唯尔收购了全球三大学术社交网站之一的 Mendeley 网站，借此掌握了用户的使用行为，并依托此网站成立了大数据分析小组，通过新技术的运用来处理学术数据，这些都帮助爱思唯尔开发用户所需的学术产品。基于对特定专业领域用户需求的深入了解，再加上高品质的学术信息，爱思唯尔足以设计出高水准的学术产品与期刊数据库。可以说，满足用户需求是爱思唯尔全球运营模式中最为核心的部分。爱思唯尔一直在努力为其全球用户提供各种使用便利，由此，用户的体验与需求的满足贯穿了爱思唯尔学术期刊数据库全球运营的整个过程。例如，爱思唯尔于 2011 年在其学术期刊数据库中植入了谷歌地图的功能，其交互性极大丰富了爱思唯尔的国际应用范围，满足了全球研究者的国际化信息需求。爱思唯尔把高科技手段和优质内容结合起来，提供高品质的信息解决方案，既保证了信息的实用功能，又满足了全球学者的特定需求。①

本 章 小 结

数字出版产业是建立在计算机技术、网络技术、通信技术上的新兴产业，面临着机遇也面临着挑战，数字出版产业在传播方式、盈利方式上都与传统出版有一定差别。整体来看，虽然我国数字出版产业起步较晚，但前景巨大，构建完整的产业链条和促进产业间的融合具有重大意义，数字出版产业不但对我国新闻事业发展具有促进作用，更是提高我国文化软实力的重要环节。同时，随着我国民主进程进一步加快，市场经济体制进一步完善，有关数字出版产业的政策会更完善，今后的数字出版产业必然会有更好的发展前景。

① 赵树旺．国际数字出版商的用户策略及启示［J］．现代出版，2015（2）：41.

第六章　动漫、游戏产业

伴随着互联网技术和CG技术日新月异的发展，动漫游戏产业的前景给每个置身其中的人带来了无限的遐想，整个游戏动漫产业的发展速度得到了极大的提升。在游戏方面，从过去的街机、家庭电子游戏机，到风靡一时的掌机、电脑单机、网络游戏，其发展速度令人瞠目结舌；在动漫领域，从二维动画到立体动画，从简单的电脑处理到纯粹计算机制作，仿佛也就是弹指间的事情。①

依托新技术，全世界影视动画、动漫、游戏行业不断制造新的财富故事，特别是欧美发达国家、邻国韩日动漫已经成为其国民经济支柱，为中国动漫游戏产业展示着绚丽的色彩。巨大的市场空间及需求，新媒体动画技术的快速发展，给中国动漫游戏产业再创昔日的辉煌带来了一次难得的历史性机遇，中国动漫游戏产业为“赶上了好时候”而兴奋不已，整个产业正在涌动着激情的创业热潮。②

第一节　动漫、游戏基本概念

一、游戏的定义和分类

（一）游戏的定义

游戏是一种极为古老、极为普遍的社会生活现象，是人类生存、活动和娱乐的一种基本方式。在有历史记载之前人类就开始玩游戏了，最早出现的有记载的游戏是一款名为“SENST”的古埃及游戏，这款游戏出现在壁画上。那时，游戏的基本内容上是对现实生活的模拟、对生产技能的训练。原

---

① 何嘉锐．曙光要等多久——中国游戏、动漫产业现状［J］．数码世界，2005，4（9A）：40-41.

② 王文琳．初探中国动画的复兴之路［D］．石家庄：河北师范大学，2009.

始社会人们为了生存，要进行必要的跑跳运动，以躲避野兽的追踪或者捕猎野兽，由此产生了以跑跳投为内容的各种游戏，最终发展成为体育运动。

人类从进入了阶级社会之后就产生了战争，现在我们看到的很多竞技游戏都是对战争或准战争形态的模拟，最典型的就是足球，足球场变成了各国之间进行角逐的舞台。① 游戏从单纯的体力活动逐渐向体力与脑力结合的方向发展，甚至出现了一些纯粹的脑力活动，比如棋类和牌类游戏的发明。

进入科技时代以后，越来越多的高科技手段被运用到娱乐行业中。而随着物质生活被不断满足，人们对于生活品质的追求更倾向于享受，生活不再单单是工作养家糊口，而且添加了更多精神层面的娱乐活动。在电脑、手机普及后，这种状况更是明显，人们开始在网络上寻求娱乐方式，在上班途中玩玩手机打发时间，或者玩玩网络游戏，足不出户就可以与他人交流。于是各种各样的游戏孕育而生，游戏发展到如今已经形成了巨大的产业规模。②

当今，游戏产业中的“游戏”并非传统意义上的“捉迷藏”“丢手绢”，它指的是一种新兴的、数字化的、虚拟化的，并借助电子电路运行的社会存在——“电子游戏”（Electronic Game）。电子游戏又被称为视频游戏或电玩游戏，是指人通过电子设备（如电视、电脑、手机等）进行的一种娱乐方式③，我们一般所说的游戏就是指电子游戏。电子游戏不单单是一种娱乐，而已经成为了现代社会的一种文化现象，许多人将电子游戏形容为“第九艺术”。

（二）游戏的分类

电子游戏经过多年的发展，种类繁多，形式多样。一般来说有两种分类方法，一种是根据运行平台的不同来区分，另一种则是按照内容构架来对其进行分类。

1. 按运行平台分类

电子游戏按硬件载体可分为：街机游戏（Arcade）、电视游戏（TV Game）、电脑游戏（PC Game）、掌机游戏和手机游戏。街机，是安置在街头与公共娱乐场所的大型投币商用游戏机，街机游戏就是在街机上运行的游戏；电视游戏是指以电视屏幕为显示器，在“电视游乐器”上运行家用机

① 恽如伟．数字游戏概论［M］．北京：高等教育出版社，2012（3）：2.
② 张爱华，李珩．浅谈中国游戏现状和未来发展［J］．科技传播，2014（1）：47.
③ 徐涛．中国游戏产业成长分析［D］．北京：清华大学，2005：1.

的游戏；掌机游戏（Handheld）指便携式的掌上游戏主机，又名便携式游戏机、手提游戏机或携带型游乐器；电脑游戏指在电子计算机上运行的具有娱乐功能的电脑软件；手机游戏，是指运行在手机上的游戏软件。

2. 按内容架构分类

从1958年游戏诞生以来，其种类越来越繁多。随着游戏叙事上的发展，游戏的体验方式也越发的多样化，越来越多的游戏按照玩家的消费需求与兴趣爱好而分得更细，因此，游戏类型更加多样化。游戏按类型划分可分为角色扮演类（RPG）、即时战略类（RTS）、动作类（ACT）、冒险类（AVG）、第一人称射击类（FPS）、模拟类（SIM）、运动竞技类（SPG）、桌面娱乐类（TAB）八大类。当然，随着游戏表现力越发复杂与真实，表现效果越发向电影看齐，当今大部分电子游戏已经具备多种游戏形态，无论从类型还是游戏的叙事手段都无法明确地划分其种类。如著名的《生化危机》第六代，根据叙事的安排就从传统的冒险游戏变成了集动作、竞速、格斗、射击为一体的融合型游戏。①

二、动漫的定义和分类

（一）动漫的定义

现在许多人对“动漫”这一词有错误的认识，认为“动漫”就是“会动的漫画”，而“会动的漫画”又叫做“动画”。因此常常有人将动漫和动画等同，这是一种错误的理解。

动漫，其实是“动画”与“漫画”的合称，取这两个词的第一个字合二为一称之为“动漫”。随着新媒体的传播，动画和漫画之间的联系也日趋紧密，因此“动漫”一词的使用频率大大提高，渐渐地人们将所有动画、漫画作品统称为动漫。只有在需要明确区分二者的时候，才会用到“动画”“漫画”这两个词语。

根据考证，“动漫”一词最早出现在1993年创办的动漫出版同业协进会与1998年创刊的动漫资讯类月刊《动漫时代》（*ANIME COMIC TIME*），后经由动漫资讯杂志《漫友》传开，因概括性强而在中国开始普及起来。

值得一提的是，“动漫”一词并非源于日语，在日语中也没有“动漫”这一说法。“动漫”一词创始地为中国，在中国以外的地方相当少见，国外

① 恽如伟．数字游戏概论［M］．北京：高等教育出版社，2012：56.

更常用的是“动画”(anime)以及“漫画”(comic/cartoon)这两个词语组合。①

(二) 动漫的分类

简单来说动漫就是动画和漫画的一个缩略称谓，动画和漫画是分属于两种不同的艺术形式的。

1. 动画

动画是近几年越来越被人熟知的一个名词，但是动画一词给人的印象总是不十分清晰。中国的“动画”一词或许来自于日本，日本在第二次世界大战的时候将 W 线条描绘（line drawing）的漫画式作品称为“动画”；二战之后日本人化用英文“animotion”片假名，来总称包含偶动画、线绘动画等技巧制作出来的影片。

英文“cartoon”原意指绘画，1940 年后被用来独立称呼滑稽画，而早期的动画也多半是由漫画（英文称之为 cartoon）人物延伸发展成的。在华特·迪士尼创造出家喻户晓的米老鼠之后，卡通这种动画形式变成了所有动画的代名词②，而卡通事实上强调了一种简化与夸张的手法。

从原理上来说，动画是利用人类视觉上的闪动现象（stroboscopic motion)，一般称之为“视觉停留”。医学证明人类具有“视觉暂留”的特性，人的眼睛看到一幅画或一个物体后，在 0. 34 秒内不会消失。利用这一原理，在一幅画还没有消失前播放下一幅画，就会给人造成一种流畅的视觉变化效果。③ 根据这个原理，可以用多种素材进行动画拍摄，不仅仅限于常见的胶片动画制作，水墨画、木偶、剪纸、黏土模型等制作方式也比较常见。事实上只要能够掌握每一画格之间的连续感，任何素材都能够拍摄出有动感效果的动画。

根据国际动画组织（ASIFA）1980 年的定义，动画艺术是指除了真实的动作或方法之外，运用各种技术创作活动的影像，也就是人工的方式所创造出的动态影像。④

2. 漫画

① 高雪．新媒体动漫的亚文化现象研究[D]．成都：四川师范大学，2015：5.

② 黄玉珊．动画电影探索［M]．台北：远流出版社，1997：20.

③ 上海市多媒体设计与应用能力考核办公室．影视动画理论基础［M]．上海：上海科学技术文献出版社，2007：1.

④ 刘柳．动漫艺术中“动”与“漫”艺术探析［D]．南京：南京师范大学，2015：10.

漫画，指笔法简洁、手法夸张而重视寓意的一种绘画类型，该“漫”字与漫笔、漫谈中的“漫”字用意相似。漫笔、漫谈在文体中是随笔、小品文，而漫画是画中之随笔、小品，一般亦随意取材、篇幅短小，通过写实、比喻、象征、假借、夸张、点睛诸法表现精粹内容。①

漫画（manga）一词是1814年由日本人葛饰北斋最先提出的，用以描述日本传统的三卷绘画作品，这些作品的内容多来自神话、历史和日常生活。这个词所代表的是一种自由、散漫而又夸张的风格，汉语和朝鲜语中也用“漫画”这两个字来表示相同的意思。20世纪先后两次被引进我国，由于先后包含的内容不尽相同，中国社会不同年龄阶段的人士对“漫画”这个词的理解也有所不同。《现代汉语词典》对它的解释是：“用简单而夸张的手法来描绘生活和时事的图画，一般运用变形、比拟、象征的手法，构成幽默、诙谐的画面，以取得讽刺或歌颂的效果。”② 但对于看着日本漫画成长的人们来说，“漫画”除了有上述的内容之外，同时还兼指日本漫画“manga”这样的绘画作品。③

第二节 动漫、游戏产业发展概述

一、发展历程

（一）游戏的发展历程

与欧美、日本等游戏产业发达国家相比，我国游戏产业起步落后。由于经济上的原因，一直到20世纪80年代中期，中国游戏产业才初现雏形，随后的发展也波折不断。按照时间跨度，中国游戏产业发展大致经历了三个阶段：

1. 电子游戏厅时代（1985—1994）

20世纪80年代中期到90年代中后期，是中国游戏产业萌芽发展的时期。在这一时期，游戏产业还处在一个较为原始的阶段，多数游戏爱好者对电子游戏的了解都来自日本游戏，而这一时期正好也是日本游戏软硬件飞速

---

① 王广振．动漫产业概论［M］．福州：福建人民出版社，2013（9）：5.

② 中国社会科学语言研究所词典编辑室编．现代汉语词典（第2版）［M］．北京：商务印书馆，1983：763.

③ 汪宁，高博．中外动漫史［M］．上海：上海人民美术出版社，2007（6）：3.

发展的时代，大量的日本街机游戏机进入到中国市场。但是，由于区域经济发展水平的原因，那时的电子游戏主要是以街机游戏台的形式出现在沿海地区的高档场所里面，游戏类型比较少，游戏性也比较差，往往售价高昂，动辄上千元的售价不是普通民众所能负担的。到了20世纪80年代末，日本游戏厂商发现了中国市场的潜力，这其中包括世嘉、SNK、卡普空等日本厂商，这一时期大量的平民街机游戏机和家用游戏机开始涌入中国，形成了以街机厅和游戏机室为主要舞台的国内游戏环境。而到了90年代初，国内的盗版商也看到了游戏机市场所蕴藏的商机，纷纷开发出仿造日本厂商的盗版街机、家用游戏机芯片。盗版商的介入，大大降低了进口游戏硬件的引进成本，使得大大小小的街机厅与游戏厅如雨后春笋般出现，也造成了许多山寨游戏机的出现，如当年红极一时的“小霸王”游戏机就是仿造任天堂的游戏机FC。盗版的出现，一方面降低了购买成本，使得游戏机能进入到寻常百姓家，另一方面却滋生了国内盗版游戏的土壤，可能会造成游戏市场的不健康发展。经过国家相关部分的整治，政府取缔了许多中小规模的游戏厅，到了20世纪90年代中期，泛滥成群的游戏厅时代成为了历史。在这一时期，国内游戏市场并没有形成比较成熟的游戏产业链，游戏市场依然不太规范，但游戏的市场规模正在逐渐形成。①

2. 单机游戏市场形成期（1995—1999）

90年代中后期，随着个人电脑（PC）的普及与硬件的提升，个人电脑开始进入到普通家庭中。这一时期，欧美游戏厂商随之崛起，基于个人电脑平台开发出了大量优质的游戏。在国内，也出现了许多以电脑为主力开发平台的优秀游戏产商，如金山、目标软件以及台湾的大宇、智冠等公司。随着电脑的普及以及游戏光盘的成本下降，盗版游戏光盘依旧盛行，从某种意义上来说，盗版光盘的成熟使更多的人接触到了电子游戏。这一时期，互联网技术还不太发达，国内外开发商都是以单机游戏为主要开发目标。从1995年到1997年，我国掀起了单机游戏的狂潮，也诞生了许多经典的国产单机游戏，如台湾大宇的《轩辕剑》《仙剑奇侠传》、目标软件的《傲世三国》等，国内游戏产业链在这一时期初步形成。90年代末，随着国外正版PC游戏的引进，国内逐渐出现了专业的游戏发行、代理商，如第三波、天人互动、奥美电子等，形成了以软件开发商和软件代理、分销组成的基本体系。第三波代理的《英雄无敌》，奥美电子代理的《魔兽争霸》《反恐精英》，

① 徐涛．中国游戏产业成长分析［D］．北京：清华大学，2005：17.

以及新天地互动代理的《樱花大战》《盟军敢死队》等正版游戏软件都在市场上红极一时。但是，随着盗版软件的侵蚀，再加上受到资金短缺、管理经验缺乏等多重因素的影响，国内游戏开发商和厂商面临着艰难的困境。"单机游戏最大的敌人是盗版"成为很多从业人员的共识，游戏代理商由于没有自己的核心技术和雄厚的资金支持，在转型失败后纷纷走向倒闭。如新天地互动在转型开发网游《魔剑》失败后于2002年倒闭，奥美电子则在2005年被其他公司收购后，因经营不善倒闭。在盗版软件的危害下，国内单机游戏市场已经名存实亡，中国游戏产业进入了一个冰封期，一度出现了只有游戏市场而没有游戏产业的尴尬局面，虽然玩游戏的人非常多，可惜大多数玩家玩的都是盗版游戏软件。

3. 国内网络游戏市场壮大期（2000—2011）

2000年6月12日，文化部、国家经贸委、公安部、信息产业部、外经贸部、海关总署以及工商局六部门联合发布了《关于开展电子游戏专项治理意见》，明确规定除了加工贸易外，面向国内的电子游戏设备及其零附件生产、销售即行停止，任何企业、个人不得再从事面向国内的电子游戏设备及其零附件的生产、销售活动。一经发现向电子游戏经营场所销售电子游戏设备及其零附件的，由经贸、信息产业部门会同工商行政管理等部门依照有关规定进行处理。面对我国政府的严格控制，许多国外著名游戏机厂商都无法通过正规渠道销售自己的游戏机，如索尼、任天堂、微软三大硬件厂商都不能在中国销售自己的游戏主机。盗版猖獗也是一直困扰中国游戏产业的一块心病。严格的管制与盗版使得电脑单机游戏、街机和游戏机行业一直没有形成气候，产业链也一直无法成熟。

2000年以后，随着互联网和电信技术的发展，一种新的游戏体验方式进入中国，那就是网络游戏。台湾华义国际所代理的网络游戏《石器时代》被引进到内地，标志着中国网络游戏时代的到来。

2001年，上海盛大代理的网游《传奇》更是造成了轰动式的效应，这也使得上海盛大成为最早一批盈利惊人的网络游戏公司。《传奇》获得的巨大成功，使许多游戏厂商看到了商机，认为只要做网游就一定能赚钱。此后，大量热钱开始涌入到开发、代理网络游戏上，大批的游戏厂商不管有没有开发、运营经验，都趋之若鹜转型做网络游戏。

随后，大批的游戏厂商在激烈的市场竞争中倒闭。在2002年至2004年这一时期内，国内网游市场主要是以代理日本、韩国、欧美网游为主，如世纪天成的《跑跑卡丁车》、网星的《魔力宝贝》、第九城市的《奇迹》等。

在代理国外网游的同时，许多国内网游公司意识到了只有自主研发掌握核心知识产权才能在激烈的市场竞争中站立脚跟，因此，许多网游公司纷纷进行符合国内网游市场作品的开发。在摸索的过程中，这些拥有独立开发能力的公司逐渐成为中国游戏市场的中坚力量，如网易在2001年推出了自主网游《大话西游Online》，金山软件在2003年推出了《剑侠情缘网络版》，盛大也在同年推出了《传奇世界》，巨人网络在2004年推出了《征途》。腾讯公司也依靠自己强大的平台优势，在2005年进军网络游戏市场，先后推出了《QQ幻想》《QQ音速》《QQ飞车》等作品。国产网游在这一期间不断摸索，游戏产品日渐成熟。①

（二）动漫的发展历程

目前，中国的动漫产业已成为文化产业的一部分，动漫产业成为万众瞩目的主流产业。在许多国家，动漫产业已成为国家利用与推介的新载体。日本前首相麻生太郎曾提出“漫画外交”这一理念，从而在政治层面凸显出动漫产业的重要性。在20世纪50年代，我国早期优秀动漫作品曾代表中国走出过国门，并轰动一时，成为当时的动漫强国，并在世界范围内享有“中国学派”的美誉。但在繁荣时期过后，我国逐渐成为动漫竞争力越来越弱的动漫大国，此大国非彼大国，这个动漫大国只大在数量上，并不是所谓的动漫强国。下面就以动漫作品的原创性为主线，梳理我国动漫发展的四个时期。

1.“仿美”时期（1922—1945）

万氏四兄弟万古蟾、万籁鸣、万涤寰和万超尘作为中国动画的开山鼻祖，从童年时期就酷爱绘画，万氏四兄弟在1922年推出了我国首部广告动画片，由于经验不足，这部象征中国动画的开山之作《舒振东华文打字机》在当时并没有引起人们的关注。1926年万氏兄弟再次推出无声动画短片《大闹画室》，这是我国首部真人与动画人物相结合的动画片。1941年我国第一部动画长片《铁扇公主》上映，标志着我国从此在亚洲动漫领域发出了自己的声音。此片作为第一部在日本本土上映的中国动画长片，在世界影坛亦可以与《小人国》《白雪公主》《木偶奇遇记》等名作相提并论。

但如果仔细研究不难发现，这一时期的国产动漫无论是在动画风格，还是在影片动作的设计与内容剧情编写上，均有着“仿美”的影子。例如，

① 李菁．日本游戏发展分析及对我国的启示［D］．重庆：重庆工商大学，2013：24.

《大闹画室》在很大程度上借鉴了美国动画片《墨水瓶人》。其内容大体为，画家作画时书桌上的墨水瓶里突然钻出一个小的黑色墨水人，它的存在使得麻烦无处不在，画家试图带领墨水人回到墨瓶内，但它却十分不听话，到处乱窜，就是不回去。此片演出的方式结合了真人和动画的主题。

2. 改编时期（1946—1965）

这一时期我国的艺术指导思想是“百花齐放，百家争鸣”，各界艺术家纷纷摩拳擦掌，争先恐后地投入到艺术创作中。我国的动画产业也进入了发展的全盛时期，在新技术的带动下，质量、产量及原创性达到了前所未有的高度。“中国学派”也在这一时期获得世界的认可，并屡屡在各类国际电影节上摘金夺银。被誉为具有里程碑意义的动画《大闹天宫》，其历史写实的风格和生动的人物刻画，令无数外国观众为之所倾倒。

其实，《大闹天宫》与《猪八戒吃西瓜》故事内容均取材于我国四大名著之一的《西游记》，将改编历史经典名著运用到动画制作上来，在原著的基础上，发挥想象力，对主要人物进行创新塑造，制造出的作品独一无二，同时也使国产动漫走出国门、享誉全球。

1961 年，首部国产水墨动画片《小蝌蚪找妈妈》成功上映，影片以其细致生动的动作设计与独具传统国画意境的特色获得了全世界的赞誉，影片将讲故事的方式变成赏析一幅幅水墨画作品，使人仿佛畅游于浓郁的中国画风的世界中。从此，水墨动画成为了我国独一无二的动漫形式之一。1963 年，另一部同样优秀的水墨动画片《牧笛》的推出，使我国再次获得了国际动漫界的一片赞誉之声，由此，“水墨动画”成为中国动画的又一张成功的“名片”。

3. 原创高质时期（1979—1989）

1976 年后的中国，步入了改革开放的时代，动漫产业亦由此进入了最繁盛的时代。新的动画制作单位犹如雨后春笋般不断诞生，随之而来的是上海美术电影制片厂一枝独秀局面的打破。这期间全国总共诞生了 219 部动画电影作品，它们代表了中国动画电影作品的最高水平，如《哪吒闹海》(1979)、《雪孩子》(1980)、《三个和尚》(1980)、《猴子钓鱼》(1981)、《南郭先生》(1981)、《阿凡提的故事》(1981)、《鹿铃》(1982)、《天书传奇》(1983)、《鹬蚌》(1983)、《黑猫警长》(1984)、《女娲补天》(1985)、《新装的门铃》(1986)、《稻草人》(1985)、《葫芦兄弟》(1987)、《邋遢大王历险记》(1987)、《山水情》(1988)、《牛冤》(1989)等优秀作品。其中 1984 年开播的《黑猫警长》，已成为一代人的童年记忆；1980 年发行的《阿凡提的故事》凭借着独树一帜的西域风格、机智幽默的台词，不但红遍了大江南北，在世界范围内亦被广泛流传，此片还摘得了1991年美国芝加哥国际儿童电影节一等奖。

4. 盲目跟风时期（1990年至今）

进入20世纪90年代，随着美、日等动漫强国优秀动漫作品的不断引入，国产动漫受到了不小的冲击。国外动漫凭借异于本土的独特风格，迅速吸引了各个年龄段的观众，大量占据原本属于国产动漫的播出与发行资源，使得本就缺乏原创力的国产动漫加速进入衰退期。不断推陈出新的《花仙子》《樱桃小丸子》《蜡笔小新》《灌篮高手》《花木兰》等美、日动漫几乎占据了80后、90后甚至00后几代人的童年。①

二、产业规模

（一）游戏的产业规模

随着各个细分市场的成熟及新市场开拓速度慢，中国游戏产业将步入稳步增长的状态。从用户层面来说，新增用户变少，用户的付费挖掘潜力也将进入瓶颈，市场未来增长难度上升。从具体的细分市场看，客户端游戏、网页游戏市场基本处于平稳状态，电视游戏低速前行，VR游戏则仍然处于起步阶段，多个细分市场不支持整个产业的高速增长。②

2016年1~6月，中国游戏（包括客户端游戏、网页游戏、社交游戏、移动游戏、单机游戏、电视游戏等）市场实际销售收入达到787.5亿元，同比增长30.1%。截至2016年6月，中国上市游戏企业163家。其中，A股上市游戏企业占81.0%，港股上市游戏企业占10.4%，美股上市游戏企业占8.6%。163家中国上市游戏企业中，北京上市游戏企业占22.7%，广东上市游戏企业占21.5%，上海上市游戏企业占8.6%，其他地区上市游戏企业占47.2%。

2015年下半年以来，移动游戏重度化加剧③，一批由客户端游戏改编

① 马丹丹．我国动漫产业原创力研究［D］．北京：北京印刷学院，2014（12）：7.

② 刘杰华．2016年1~6月中国游戏产业报告［R］．中国音数协游戏工委，2016（7）：25.

③ 重度游戏是指具备玩家认知度高，付费能力强，用户群体固定忠实度高，游戏生命周期长等特点的游戏。轻度游戏又叫休闲游戏。游戏有轻度、中度和重度之分。（编者注）

的移动游戏拥有具备良好付费习惯的优质用户，移动游戏用户 ARPU（每用户平均收入）值快速提升。在客户端游戏市场，相关企业重新找到了客户端游戏定位，推动了客户端游戏增长率提升。此外，游戏产业跨界联动加速，影视、动漫、小说、直播等关联产业快速反哺游戏，为游戏带来之前未开拓的用户群，促进了用户增长，最终提升了游戏产业的收入。

目前，游戏产业整体增长趋于稳定，但竞争状况依然激烈。2016 年 1~6 月，市场竞争主要围绕移动游戏领域展开，游戏企业采用不同的策略参与市场竞争，间接强化了大企业控场格局。其中，腾讯、网易借助多年的优势，依旧处于强势地位；老牌客户端游戏企业依靠多年的研发实力及端游 IP，快速切入市场；“合纵连横”则成为新兴企业参与竞争的重要方式，通过强强联手获取市场。其中，老牌研发商与新兴发行商的合作呈现优势互补，在保持产品质量的同时，做到了更精准地用户投放，如完美世界与胜利游戏联合推出的《倚天屠龙记》；不同流量渠道之间的合作则可以丰富用户资源，加大宣传力度，提升产品覆盖率，如硬核联盟、超级联盟等；而针对不同细分类型的合作则能加速开拓目标市场，如移动电子竞技联盟对此类游戏开拓市场有显著作用，多款游戏借助这一平台举办比赛。此外，与其他产业的跨界合作也在加强，一些视频网站、影视公司、硬件厂商成为游戏企业的合作伙伴。

在全球游戏市场中，中国游戏产业正依靠更为擅长的轻量级游戏参与竞争。目前，在更强调沉浸式体验的客户端游戏、主机游戏领域，中国游戏依然与海外游戏存在差距，而在网页游戏与移动游戏等细分领域，中国游戏则积累了独特的优势。随着全球网民快速增长，其所带来的用户红利对于更为轻量级的网页游戏与移动游戏更容易释放。2016 年 1~6 月，多款新游戏在海外市场表现出色，如《大皇帝 M》《九阴》等，一些已经在海外取得成绩的老游戏收入也保持稳步增长。更为难得的是，由于海外市场更为稳定的用户基础，一些游戏虽然在国内出现一定的衰退，但海外市场保持稳定，如《COK 列王的纷争》《少年三国志》等海外收入依然稳步增长，提升了相关企业的实力。①

（二）动漫的产业规模

中国动漫产业逐步形成了多种经济成分共同发展的产业格局，民营企业

① 刘杰华.2016 年 1~6 月中国游戏产业报告［R］. 中国音数协游戏工委，2016（7）：41.

凭借更为成熟的市场机制迅速发展壮大，特别是在动漫内容产品生产制作领域成为了主力军，有效地促进了中国动漫产业的市场化进程。作为动漫市场主体的动漫企业在产业化潮流中快速成长，规模实力持续增强，一批有实力、有特色的动漫企业脱颖而出。我国动漫企业数量不断增加，2015 年又有 61 家动漫企业通过文化部、财政部、国家税务总局的认定，全国通过认定的动漫企业累计达 730 家，其中重点企业 43 家。

以我国三大经济地带来统计，东部地区有 462 家，占总体的 63.29%；中部地区有 176 家，占 24.11%；西部地区有 92 家，占 12.60%。以地理区域进行统计，华东地区有 283 家，占总体的 38.77%；华北地区有 135 家，占 18.49%；华南地区有 101 家，占 13.84%；华中地区有 87 家，占 11.92%；东北地区有 49 家，占 6.71%；西南地区有 38 家，占 5.21%；西北地区有 37 家，占 5.07%。从省份来看，以江苏省、广东省和北京市动漫企业最多，江苏省和广东省各有 89 家，北京市有 72 家；长三角（江浙沪两省一市）有 166 家，占 22.74%；环渤海（京津冀鲁辽三省两市）有 162 家，占 22.19%。

经过多年的积累发展，中国动漫逐步涌现出奥飞娱乐、华强动漫、中南卡通、腾讯互动娱乐、美盛文化、长城动漫、炫动传播、优扬传媒、华夏动漫等综合运营商，央视动画、原创动力、玄机科技、蓝弧文化、咏声文化、宏梦卡通、江通动画、青青树、追光动画等专业内容供应商，以及知音传媒、华闻传媒、中南传媒、时代出版、光线传媒、慈文传媒、拓维信息、恒大文化、海尔文化等战略投资者。奥飞娱乐 2015 年实现营业收入 25.89 亿元，同比增长 6.56%；实现净利润 4.89 亿元，同比增长 14.26%。美盛文化 2015 年实现营业收入 4.08 亿元，同比增长-10.50%；实现净利润 1.26 亿元，同比增长 30.15%（见表 6-1）。①

三、产业政策

（一）游戏的产业政策

1. 法律法规与政策

第一，出版行政部门颁布新规促发展。游戏作为互联网产业的一部分，在“互联网+”等战略推动下，已经成为重点发展的领域之一，得到了国家

① 中国动漫游戏产业年度报告课题组. 2015 年中国动漫游戏产业发展报告［R］. 2016：5.

表 6-1　　　**2015 年主要动漫概念上市公司财务报表①**

财务指标	奥飞娱乐（002292）	光线传媒（300251）	骅威文化（002502）	美盛文化（002699）	长城动漫（000835）
主营业务收入(万元)	258 917.00	152 329.00	59 057.30	40 810.10	35 740.80
主营业务利润(万元)	135 445.00	51 119.90	26 866.20	15 109.80	11 537.40
营业利润(万元)	50 802.90	43 330.80	12 574.00	13 633.90	-1 218.77
投资收益(万元)	10 361.30	7 568.60	536.91	7 062.39	—
营业外收支净额(万元)	4 149.79	2 075.23	-375.05	2 699.98	4 711.08
利润总额(万元)	54 952.70	45 406.00	12 198.90	16 333.90	3 492.31
净利润(万元)	48 904.00	40 208.60	12 034.90	12 640.80	1 838.65
股东权益(不含少数股东权益)(万元)	302 951.00	687 199.00	309 533.00	115 764.00	34 487.00
基本每股收益(元)	0.39	0.28	0.35	0.29	0.06

新闻出版广电总局等政府部门支持。一方面，改进管理，规范行业秩序。游戏市场整体健康，但也不乏一些打色情暴力擦边球、侵权盗版、换皮抄袭欺诈消费者等问题存在。2016 年 2 月，国家新闻出版广电总局联合工业和信息化部发布《网络出版服务管理规定》，重申网络游戏上网出版需经国家新闻出版广电总局审批；5 月，国家新闻出版广电总局印发《关于移动游戏出版服务管理的通知》，进一步提高移动游戏受理和审批工作效率，规范移动游戏出版服务管理秩序，促进移动游戏行业健康有序发展。另一方面，推出相关扶持措施，扶持优质国产原创游戏。国家新闻出版广电总局正在着手组织实施“中国原创游戏精品出版工程”，实施网络游戏精品战略，推动游戏产业升级。

第二，资本市场新政拓宽游戏企业融资渠道。2016 年 1～6 月，相关部门推进股票、债券市场改革和法治化建设，促进多层次资本市场健康发展，提高直接融资比重。资本市场推出的一些新政策，对游戏企业产生了直接的影响，主要表现在：首先，新三板的扩容为许多中小游戏企业提供了新的融资渠道，挂牌新三板游戏企业已经超过 80 家，总融资金额接近 100 亿元；

① 数据来源：根据各上市公司披露信息（http：//stock. qq. com/）整理。

其次，新三板分层制度的落地，解决了流动性问题，有利于提升优质公司的品牌影响力，提高挂牌游戏公司交易频率，为投资者提供退出渠道；最后，对跨界并购加强审核，挤压游戏企业估值泡沫，为游戏产业营造更健康、良性的资本环境。

2. 行业协会服务

第一，中国游戏数码港项目建设初见成效。为促进我国游戏产业长期繁荣，发挥产业资源优势，推进产业集约化发展，助力产业升级，中国音数协游戏工委与海南省人民政府展开战略合作，决定自 2015 年起共同推动在海南建设中国游戏数码港。在中国音数协游戏工委与海南省人民政府的大力支持下，中国音数协游戏工委与海南生态软件园密切合作，从优化我国游戏产业生态出发，从为游戏企业服务出发，按照本项目战略部署要求，抓紧抓好各项落实工作。截至目前，受益于游戏业的积极关注与直接参与，本项目取得了一系列成果，除成功举办两届中国游戏产业年会外，制定并公布了中国游戏数码港专享优惠政策，正在增加服务贸易优惠措施；提供了企业注册与结算快速通道；与海内外开展了多次中国游戏数码港专题合作交流；吸引了 150 余家游戏企业注册中国游戏数码港园区（其中 30 余家为 2016 年上半年注册）。中国游戏数码港项目一期占地1 500亩，从 2015 年年底启动基础设施建设，现已接近竣工。

第二，开展交流合作，推进游戏产业健康发展。2016 年 1~6 月，中国音数协游戏工委组织举办了国际游戏商务大会、中国国际 IP 大会等各类展会、交流会，发布说明文件、主持游戏评审等工作，搭建交流合作平台，助推游戏产业更快更好发展。中国国际 IP 大会作为国际游戏商务大会的重要组成部分，分享了来自动漫、文学、影视等领域的 100 余个 IP。中国音数协游戏工委正在组织开展第六届中华杯优秀出版物奖，并配合国家新闻出版广电总局实施 2016 年度中国原创游戏精品出版工程的评审工作，扩大积极影响，树立研创精品意识，促成示范效应，引导产业升级。在国家新闻出版广电总局印发《关于移动游戏出版服务管理的通知》的同时，中国音数协游戏工委印发《移动游戏内容规范（2016 年版）》，为移动游戏研发和出版运营内容审核提供重要参考。

3. 经济战略规划

随着我国经济发展进入新常态，供给结构调整转型升级的任务十分艰巨。这需要积极发挥新消费引领作用，加快培育形成新型供给，从而在更高层次上推动供需矛盾的解决，为经济社会发展增添新动力。国家发改委发布

《关于印发促进消费带动转型升级行动方案的通知》，提出开展电子竞技游戏游艺赛事活动。加强组织协调和监督管理，在做好知识产权保护和青少年引导的前提下，以企业为主体，举办全国性或国际性电子竞技游戏游艺赛事活动。文件的发布不仅说明电子竞技再次得到政府管理部门认可，更说明其对电子竞技赛事的实际支持。

4. 社会文化

第一，深化综合执法改革，促进文化市场健康发展。随着文化体制改革向纵深拓展，开放水平不断提高，在各类文化市场主体迅速发展，新型文化形态大量涌现的同时，一些问题也暴露出来，如不良文化产品服务、有害文化信息不时出现，损害未成年人文化权益、侵犯知识产权等行为屡禁不止。为此，中共中央办公厅、国务院办公厅发布《关于进一步深化文化市场综合执法改革的意见》，提出创新文化市场管理体制机制，进一步提高文化市场综合执法能力和水平。坚持把社会效益放在首位，社会效益和经济效益相统一，要高度重视文化市场管理问题，进一步完善文化市场综合执法，推动现代文化市场体系建设，更好地维护国家文化安全和意识形态安全，促进文化事业、文化产业繁荣发展。

第二，深化经济体制改革，促进文化产业转型升级。国务院批转国家发展改革委《关于2016年深化经济体制改革重点工作的意见》提到，“深化文化、体育改革，加快构建现代公共文化服务体系，推进基本公共文化服务标准化、均等化，推动中央各部门各单位已转企改制的出版社、非时政类报刊社重组整合，组建若干出版传媒集团”。文化产业转型升级加速，能够为游戏产业释放更多活力，提升整个产业竞争力，丰富游戏产业与传统出版、网络文学、电影、电视、动漫等媒体融合的通道。①

（二）动漫的产业政策

近年来，我国动漫发展较快，一批动漫企业崭露头角，但我国动漫市场国内外动漫作品在需求之间还有很大的差距，政府从一开始就对动漫产业十分重视，每个时期均出台了相关政策扶持尚处发展期的动漫产业。从构建国产动画片播映体系、培育影视动画交易市场、限制播放海外动画、推进动漫产业基地建设、鼓励多种经济成分共同参与我国影视动画产业的开发与经营等多个层面扶持国内动漫产业发展。

---

① 刘杰华 .2016年1~6月中国游戏产业报告［R］. 中国音数协游戏工委，2016（7）：15.

2000年，动漫首次被确立为产业以来，"十五"规划将动漫产业列入其中，该规划提出预计5~10年内，争取将动漫产业的产值提升至GDP的1%。

2004年起，国家广电总局为解决动画播映不足的问题，在2004—2007年，广电总局相继批准成立北京电视台动画频道等四家动画频道。

2005年，广电总局开设专项资金扶持少儿动漫动画精品发展与国产动画作品的发展，以此来激励与支持国产动漫原创作品的创作、制造和放映。

2006年，国家颁布黄金时段禁播境外动画片政策。

2008年，国家关于动漫的"禁播令"延长至17:00~21:00,其中各频道每日播出的国产动画作品的比例不得低于70%。

2008年8月，文化部出台相关政策，扶植原创优秀动画作品，给予原创动漫创作人才扶持等举措，培养一批充满活力、有竞争力的动漫企业。

2011年6月，海关总署等部门发布相关规定，规定对于确认需进口的境外动漫作品可免征进口关税的优惠条件。①

2012年7月，文化部公布《"十二五"时期国家动漫产业发展规划》，首次单独为动漫产业制定规划。

2013年12月，财政局、税务部出台《关于动漫产业增值税和营业税政策的通知》，在增值税、营业税方面给予动漫产业相关优惠政策。

2014年2月，国务院发布《国务院源于推进文化创意和设计服务与相关产业融合发展的若干意见》，深入挖掘优秀文化资源，推动动漫游戏等产业优化升级，打造民族品牌，推动动漫游戏与虚拟仿真技术在设计、制造等产业领域中的集成应用。

第三节　动漫、游戏的传播影响力

一、产值和市场占有率②

（一）游戏的产值和市场占有率

游戏用户是游戏市场消费主体，中国游戏用户规模的增长，迅速扩大了

① 马丹丹．我国动漫产业原创力研究［D］．北京印刷学院，2014：32.

② 刘杰华．2016年1~6月中国游戏产业报告［R］．中国音数协游戏工委，2016（7）.

游戏的市场空间（见图 6-1）。

2015 年，中国游戏（包括客户端游戏、网页游戏、社交游戏、移动游戏、单机游戏、电视游戏等）市场实际销售收入达1 407. 0亿元，同比增长 22. 9%。根据《2016 年 1~6 月中国游戏产业报告》，2016 年 1~6 月，这一数据达 787. 5 亿元，超过了 2015 年的一半，同比增长 30. 1%。其中，自主研发网络游戏市场实际销售收入达 570. 4 亿元，同比增长 24. 5%；中国自主研发网络游戏海外出口实际销售收入达 25. 3 亿美元，同比增长 43. 7%。客户端游戏市场实际销售收入达 281. 0 亿元，同比增长 5. 2%。移动游戏市场实际销售收入达 374. 8 亿元，同比增长 79. 1%。单机游戏市场实际销售收入达 0. 8 亿元，同比下降 42. 0%。电视游戏市场实际销售收入达 4. 6 亿元。

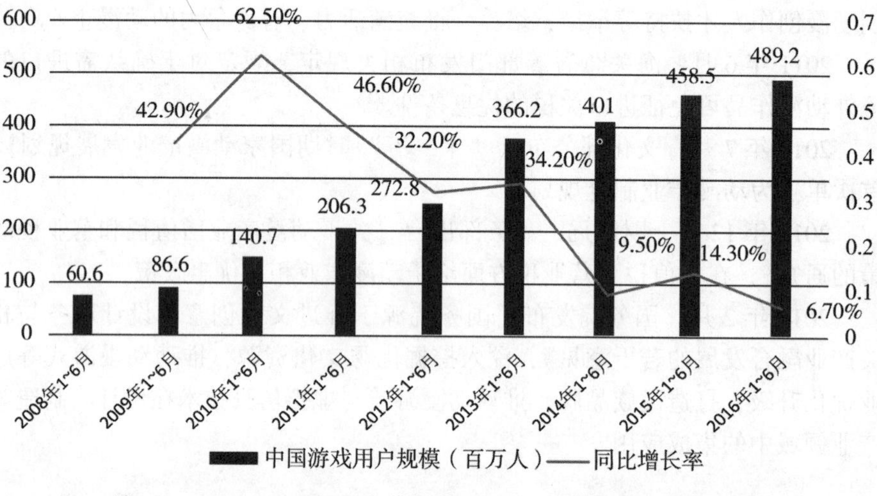

图 6-1 2008—2016 年上半年中国游戏用户规模与同比增长率①

2016 年 1~6 月，客户端游戏处于增长状态，同比上升，出现回暖迹象。产品层面，《守望先锋》千万份的销售量带动了客户端游戏市场销售收入的增长，国服采用的买断式销售模式也为精品客户端游戏的发展提供了空间。企业层面，腾讯、网易、完美世界、畅游、金山等依然占有客户端游戏市场的主要份额，由于门槛较高，新进入的游戏公司数量不多，市场竞争趋于缓和。目前，国内客户端游戏的发展主要以延长用户体验时间

① 注：图中同比增长率计算和曲线制作由编者所加。

为主，通过对副本、BOSS、玩法、装备等游戏内容不断地更新来留住用户，虽然短期内回暖，但在缺乏本质创新的情况下，强势回暖的可能性不大。在逐渐回暖的客户端游戏市场中，竞技类客户端游戏成为亮点。这主要是因为面对移动游戏，客户端游戏正在重新对自身定位，依靠更优秀的用户体验与之进行竞争，在这一背景下，竞技类客户端游戏获得越来越多的关注。由于竞技类游戏对画面表现力、操作性要求更高，因此，依靠更高的品质以及硬件优势，客户端游戏迎来了竞技游戏发展契机。2016 年 1~6 月，多家厂商推出 MOBA、FPS 等更着重于对抗性的客户端游戏，如网易代理的《守望先锋》、完美世界推出的《幻影突击》、多益网络推出的《第十域》等。

2016 年 1~6 月，移动游戏市场处于高速增长阶段，市场竞争激烈。产品层面，IP 改编作品大量增加，并逐渐探索出相对成熟的商业模式，推动了市场收入的增长，如《倚天屠龙记》《问道》等。企业层面，大企业借助资源占领市场，实力雄厚的研发商成为市场追捧的对象，而一些拥有经验、人脉、资金的企业高管在发行领域成功创业让竞争加剧，相关企业借助外部资源合纵连横予以应对。在未来，移动游戏依然拥有增长潜力，但激烈的竞争正在推升这个市场的风险，优胜劣汰的节奏有加快趋势。

2016 年 1~6 月，网页游戏市场不乐观。产品层面，市场活跃产品数正在减少，上线后表现稳定的新品正在减少，老游戏成为市场主要力量。企业层面，以三七互娱为代表的横跨发行、研发业务的企业逐渐主导市场，这些企业拥有稳定的流量、成熟的平台，以及丰富的运营经验和对产品的把握能力，保持着这个市场的稳定；而一些以研发为主的企业由于缺乏相关资源储备，加速转型移动游戏，网页游戏领域以老游戏迭代为主。未来，网页游戏所面临的风险依然不减，少有新企业进入让这个市场缺乏新鲜血液，行业整体缺少活力，难以出现大的蜕变；而移动端对 PC 端流量的分流依旧在持续，这让高度依赖流量导入方式的网页游戏市场更加被动。

受多重因素影响，电视游戏市场增长有限。具体来说，第一，海外电视游戏市场主力——主机游戏由于错过了发展黄金期，在国内受众有限，其付费模式与国内大部分游戏用户付费习惯不符，虽然政策上已经解禁，全球三大游戏主机都已登陆中国，国产游戏主机也推向市场，但市场开拓成绩平平；第二，目前以智能电视机、智能盒子为代表的新兴电视游戏依然以移植移动游戏为主，而其体验相比于移动端又无优势，因此市场开拓缓慢，用户规模保持较小，付费能力弱；第三，由于缺乏成熟的产品及运营模式，电视游戏行业的参与者较少、专业人才缺乏、资本投入不高，缺少推动其快速发展的外部因素。

在技术发展、用户需求、媒体报道、资本认同等因素的共同作用下，VR 游戏已成趋势。2016 年 1~6 月，游戏公司加速 VR 游戏领域布局，如三七互娱千万投资 VR 游戏开发商天舍、腾讯游戏研发 VR 头盔、掌趣科技布局主机 VR 等。相对于其他游戏形式，VR 能够带给用户更好的虚拟现实体验，甚至被不少创业者寄予爆发增长的期望，但实际上，VR 游戏目前正处于探索阶段，未知因素有可能左右其市场发展前景。第一，用户群体相对分散，用户分布在不同的硬件平台上，如 PC、移动设备、游戏主机、各类眼镜等；同时，PS、Xbox 等游戏主机也并未将 VR 设备作为标配，VR 设备标准也不统一，分辨率不同，刷新率不同，视野范围不同，抬高了 VR 游戏的开发成本，增加了开发商风险。第二，适合 VR 的游戏类型有限，缩小了 VR 游戏潜在玩家的范围，需要排除如 2D 游戏、固定视角游戏等。第三，体验较好的 VR 设备价格昂贵，如 PS VR、HTC VIVE、Oculus Rift 等，目前价格或预计价格均达数千元人民币，对高普及率形成负影响，反之价格便宜的容易导致晕眩，影响用户体验。

（二）动漫的产值和市场占有率

动漫产业被誉为 21 世纪最具创意的朝阳产业，2014 年我国动漫产业内容生产实力进一步提升，总产值超过1 000亿元（见图 6-2），与此同时 2014 年我国核心二次元用户规模达到4 984万人，而泛二次元用户规模达到 1 亿人，未来随着动漫 IP 化运营日益显著，动画电影不断渗透，动漫用户的规模将不断增大。

在政策调控和市场杠杆的双重引导下，2015 年中国电视动画行业总体上调控数量、提高质量，由数量增长转向质量提升的趋势更加明显。2015 年，全年备案公示的国产电视动画片剧目数量为 399 部298 114分钟，同比分别增长-6. 12%和 9. 95%；全国制作完成的国产电视动画片共134 011分钟，同比上年下降 3. 30%，创 2009 年以来最低产量纪录，仅相当于 2011 年最高产量（261 224分钟）的一半左右。2014 年，全国各级电视频道动画片播出数量为304 839小时，其中国产片288 955小时、进口片15 883小时，与 2013 年相比，增长率分别为 3. 99%、3. 52%和 13. 33%，国产片和进口片所占比值为 94. 79：5. 21。由于 2004—2011 年国产电视动画片持续保持高速增长，导致节目片源累计存量十分庞大，加之电视频道播出资源相对较少且拓展空间有限，使得电视动画生产较多和播出紧张的矛盾长期难以得到缓解，这势必要求国产动画在降低产量的同时更加强化质量提升。

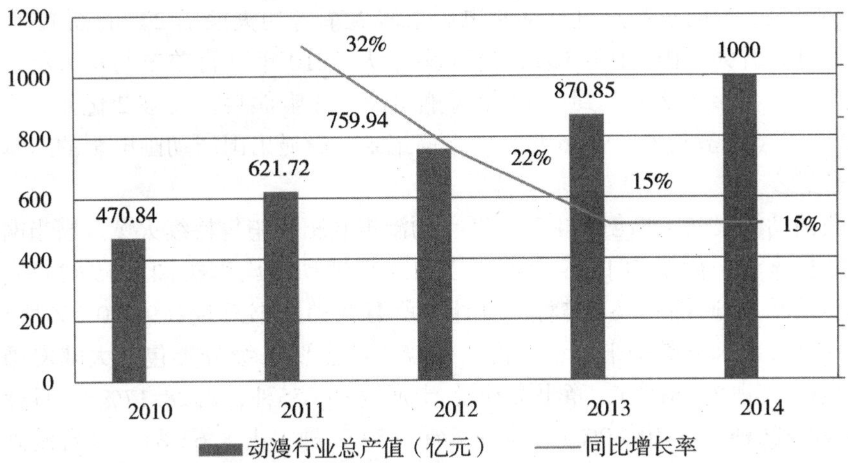

图 6-2　2010—2014 年中国动漫产业总产值与同比增长率①

伴随影院建设的快速增长和银幕数量的快速扩张，动画电影票房收入也在随着整体电影市场的快速崛起而持续攀升，国产动画电影无论是票房收入还是市场份额都在大幅提升。2015 年，我国动画电影票房市场持续走高，全年共有 55 部动画电影在国内上映，合计票房收入为 42. 45 亿元，同比增长 38. 87%，在总体电影票房（440. 69 亿元）中所占市场份额提升到 9. 63%。其中，国产片（含合拍片）票房达 19. 26 亿元，进口片票房为 23. 19 亿元，国产片和进口片所占比例分别为 45. 38%、54. 62%。与往年相比，国产动画电影与进口动画电影的票房收入差距正在逐步缩小，国产片所占比例较 2011 年（20. 64%）提高近 25 个百分点。随着动画电影市场竞争的加剧和动画品牌发展的需要，动画电影在投资制作方面开始采取系列化和品牌化的发展路线，涌现出《熊出没》《洛克王国》《黑猫警长》《喜羊羊与灰太狼》《赛尔号》《猪猪侠》《潜艇总动员》等国产动画品牌系列，同时基于漫画、游戏、影视等内容推出的《洛克王国 4：出发！巨人谷》《桂宝之爆笑闯宇宙》《赛尔号 5：雷神崛起》《摩尔庄园 3：魔幻列车大冒险》《奥拉星：进击圣殿》《长江 7 号：超萌特攻队》等一批影片被推上银幕。

① 注：图中同比增长率计算和曲线制作由编者所加。

2015年7月，动画电影《西游记之大圣归来》（简称《大圣归来》）成为暑期档最大的黑马，凭借着9.56亿元的票房，不但创下国产动画电影票房新纪录，同时还超过进口动画电影票房冠军《功夫熊猫2》的6.12亿元，一度晋升为国内动画电影票房新冠军。从2010年《喜羊羊与灰太狼之虎虎生威》突破1亿元，到2014年《熊出没之夺宝熊兵》突破2亿元，再到2015年《大圣归来》9.56亿元的最高纪录，彰显出国产动画电影的跨越式成长进步。

我国动漫报刊图书创作生产活跃，动漫报刊图书销售持续火爆。当当网统计数据显示，截至2015年年底，该网站在销动漫幽默类图书45 034种、童书类动漫/卡通图书16 655种，合计占所有在销图书总量（9 390 286种）的0.66%。从细分类别来看，所占比例较大的主要二级分类包括大陆漫画（18 218种，占30.81%）、童书类动漫/卡通（16 655种，占28.17%）、日韩漫画（6 386种，占10.80%）、动漫学堂（5 095种，占8.62%）、港台漫画（4 209种，占7.12%）。在2015年度图书畅销榜前500名中，包括《就喜欢你看不惯我又干不掉我的样子》《丁丁历险记·小开本精巧阅读本（全集22册）》《巴巴爸爸（全10册）》《父与子全集》《滚蛋吧，肿瘤君（独家签章版）》《你今天真好看》《长歌行8》《关于我最喜欢的他》等8种动漫图书。总体来看，近几年来国产漫画所占市场份额正在稳步提升。从当当网2012—2015年动漫类畅销图书前500名情况来看，大陆作者作品数量所占比例已从2012年的138种（占27.6 %）稳步上升到2015年的218种（占43.6 %）。

我国动漫产业正从传统媒体向新媒体加速迁移，数字动漫产品的互联网化已成为不可逆转的潮流趋势。在高新技术的支撑下，动漫产品的传播介质和呈现方式发生了变化，传统的报刊、图书、磁带、胶片、光盘介质+物理运输被现今的数字格式+网络传输+多种终端呈现所取代。从物理形态转变为数字产品形态后，动漫内容产品的边际生产成本大大降低，原本的生产复制（印刷）、仓储、物流运输等业务流程实现了数字化，影视节目可通过卫星、光纤网络进行流量传输，其边际复制和传播成本渐趋于零。数字动漫内容产品和新媒体传播技术的有机融合，将会大大激活潜在的市场需求，推动新媒体动漫的加速发展。动漫已成为国内视频网站和阅读网站的重要板块，腾讯、新浪微博、网易云阅读、小米多看阅读、当当读书等网络巨头相继开启了在线漫画阅读，中国网络电视台、腾讯视频、搜狐视频、爱奇艺、土豆、优酷、乐视、酷6、56、风行网、激动网、迅雷看看等主流网络视频网站纷纷开设了动漫（动画）频道，中国移动、中国联通、中国电信等运营商纷纷成立了手机动漫基地，此外还产生了有妖气、漫客栈、i 尚漫、n 次元漫画等在线漫画网站，酷米网、淘米视频、百田卡通、AcFun、哔哩哔哩（bilibili）等垂直动画视频网站，以及布卡漫画、有妖气漫画、Vista 锋绘、漫画魔屏、开卷漫画等 APP 应用。有妖气（u17. com）是目前国内最大的独立原创漫画网络平台，从事原创漫画的互联网创作、营销、推广及商业化，汇聚了近万名漫画家、数万部漫画作品与近百万读者。

易观千帆监测数据显示，2015 年国内活跃用户数量较大的动画类 APP 主要有哔哩哔哩动画、布丁动画、猫团动漫、AcFun、前沿动漫，漫画类 APP 主要包括布卡漫画、爱动漫、快看漫画、暴走漫画、腾讯动漫。由上海幻电信息科技有限公司开发的哔哩哔哩动画 APP 在 2015 年 1 月有 219. 48 万活跃用户，启动次数达5 903. 81万次，使用时长为 923. 83 万小时；2015 年 12 月则拥有 373. 07 万活跃用户，启动次数达12 216. 20万次，使用时长为1 911. 80万小时。相对于动画类 APP 较为稳定的市场格局，漫画类 APP 则充满了变数。尽管布卡漫画和爱动漫全年平均活跃用户数较大，但活跃用户数却分别从 2015 年 1 月的 251. 69 万人、188. 07 万人下降到 2015 年 12 月的 127. 85 万人、126. 41 万人。而快看漫画、有妖气漫画、腾讯动漫、咪咕动漫和漫画人 APP 的活跃用户则持续上涨，分别攀升至 2015 年 12 月的 316. 18 万人、249. 34 万人、208. 85 万人、145. 49 万人和 128. 60 万人。①

二、受众

（一）游戏的受众

2016 年 1~6 月，中国游戏用户达 4. 89 亿人，同比增长 6. 7%。中国客户端游戏用户数量达 1. 38 亿人，同比增长 3. 1%；中国网页游戏用户数量达 2. 79 亿人，同比下降 8. 7%；中国移动游戏用户数量达 4. 05 亿人，同比增长 10. 7%。可见用户的增量主要来自于移动游戏领域。从潜在用户规模来说，4G 普及、“提速降费”政策的落实，改善了移动游戏的网络环境，降低了用户上网费用，提升了移动互联网网民的规模，这为移动游戏带来更多的潜在用户。此外，游戏运营更加多样，提升了游戏的覆盖率，为用户规模

① 中国动漫游戏产业年度报告课题组 . 2015 年中国动漫游戏产业发展报告［R］. 2016：6-7.

的扩大做出了贡献。①

由于网络游戏能够快速“变现”，游戏与体育、影视、小说等领域的跨界合作变得越来越频繁，这些跨界合作为游戏企业带来了新的用户获取渠道，也为游戏产业带来了更多的用户。同时，游戏产业竞争加剧，也让不少企业立足于一些细分市场，深耕具有显著特征的用户群体，如二次元群体、军事爱好者、中老年群体等，这也提升了整个产业的用户规模，如空中网对军事爱好者的关注、B 站对二次元群体的耕耘等。

1. 积极影响

第一，网络游戏以其开放、平等与自由的人际交往环境，很大程度上为个体的情感宣泄与思想交流提供了良好的途径，满足了个体多方面的精神需求，有利于个体的身心放松、排解孤独以及心理认同。

第二，网络游戏人际交往不仅能锻炼个体的实际交际能力与技巧，而且丰富了交往方式和扩展了交往空间，调动了主体参与意识的积极性，有利于个体社会化经验的积累和社会意识的建立，为个体的现实交往提供了经验。

第三，网络游戏人际交往为个体智力开发与思政教育提供了一种手段，在培养个体创造力和良好品德方面具有潜移默化的作用，能够寓教于乐。

2. 消极影响

第一，网络游戏人际交往会使个体消耗大量时间与精力逃避现实生活，造成其对网络重度沉溺与长期依赖，忽略现实交往情感，身心健康严重受损，从而对个体家庭与社会关系等带来一定冲击。

第二，网络游戏交往过程中个体的自我隐匿与自我暴露心态，会带来更多自我意识模糊或多重角色冲突的迷惑。进入网络游戏交往的游戏者，在现实与游戏间不断地进行若干角色转换与更迭，当达到一定程度或转换过于频繁的时候，个体行为的持续性就遭到了破坏，往往会形成多重角色差异甚至心理危机，导致个体双重或多重人格障碍，这对于青少年的成长显然是极为有害的。

第三，网络游戏人际交往相关规则的简单化，会使个体在现实交往活动中产生对社会责任感的漠视，导致个体丧失现实社会中的角色规范，从而引发人际信任危机。

第四，网络游戏人际交往中的网恋与网婚现象会引发现实情感危机，网

---

① 刘杰华 . 2016 年 1~6 月中国游戏产业报告［R］. 中国音数协游戏工委，2016（7）：38-39.

络欺骗与网络争斗等一些不良交往行为很容易引发社会伦理与道德危机，并极有可能延伸到现实社会中，成为一种不可忽视的现象。①

（二）动漫的受众

一个行业受众的多少是和这个行业的发展程度紧密相连的，比如，乒乓球在中国、足球在巴西、篮球在美国、动漫在日本的风靡程度就是一个明证。动漫的受众定义为接触动漫的人，动漫创作者为人们提供丰富的精神享受，同时受众也主动选择自己所欣赏的动漫作品，影响着动漫方向性的发展。动漫产业在媒介形式和受众需求的双重影响下，开始从单向的动漫生产、发行向以受众为中心、双向的内容互动和产品服务转变。

1. 金融投资：从风险投资到“大数据”融资

从动漫产业链角度看，创作、播出、发行、授权、衍生产品的各个环节都是相辅相成的，任何一个环节资金的缺乏都会导致项目的失败，如何在资本环节推动产业发展为后续开发作保证成为了产业的重中之重。而随着“互联网+”以及大数据的普及，基于市场受众调查的动漫前期数据分析为投资规避了极大的风险。2016 年，动漫产业与互联网从资本层面进一步融合，资本注入的目的性越来越强，过去盲目的押宝式的投资正在逐渐减少。动漫产业与互联网产业将深度融合，产品内容会在互联网平台上被众多受众接受和熟知，而受众才是动漫产业真正的核心服务对象。大数据已有应用在电影产业的经验，动漫数据平台的应用将有助于“大数据+动漫”在动漫产业发展，促进更多优秀动漫产品的诞生。动漫大数据的分析更能划分动漫受众群体的层次，规范动漫产业方向。当前，动漫生产主要面向儿童和少年，成人群体受众被忽视，这成为生产模式的短板。成人群体往往有更大的价值，他们倾向于购买高价位动漫模型或玩具，对动漫衍生品消费能力强。动漫生产模式转变能重新将动漫受众归入国产动漫受众群，所以应创作符合他们需求的动漫。

因此，应针对互联网和广电网上不同的受众数据，分析出不同年龄、性别受众在动漫故事题材、剧情节奏、画面风格等方面的审美倾向，进行有针对性、有比例的动漫创作，避免出现同质化严重的现象。在网络中诞生了很多优秀的动漫形象，这些形象受到很多受众的喜爱，从而带来商业利润。随着中国动漫数据平台的成立，大数据关于受众消费水平和领域的研究与预估

① 蒋黎．网络游戏环境下的人际交往及其社会影响研究——以角色扮演类网络游戏为例［D］．成都：成都理工大学，2010（5）：49.

技术将被应用到动漫作品从创作到商业开发的各个环节，从而推动动漫产业科学合理地发展。

2. 内容创作：从模仿抄袭到“IP”孵化开发

20世纪六七十年代的中国，漫画、连环画在群众中广为流传。《三国故事》《历史上的名人》《封神榜故事》《聊斋故事》等一大批连环画都成为艺术经典，也成了那个时代中国“动漫产业”的代表作。当时只能通过出版社的出版发行来传播动漫作品，这些作品广为流传的原因是，其艺术水准高，通俗易懂的分镜设计和富有表现力、感染力的画面，形成了良好的口碑形象，并没有其他太多商业因素的干扰。改革开放后，随着广播电视的普及，以及大批国外动漫作品的涌入，改变了中国动漫产业近30年的格局。文化底蕴和原创水平的薄弱让国产动漫在外来文化和资本的双重压制下很难找到成功的机会，而动漫营销模式的缺乏，也使得国产动漫一直没能形成足够强大的本土动漫品牌和销售模式，国产动漫形象一直得不到国人的认可。受众需求是动漫内容转化的动力，也是国产动漫高质量建立的根基。一方面，受众对作品内容是否满意完全取决于受众自身的审美倾向和品位爱好；另一方面，互联网创作本身可以用最小的成本完成受众取向的满意度采集。网络动漫平台逐渐成熟，并孵化出优秀的动漫作品，如腾讯动漫、有妖气动漫、漫漫漫画、快看漫画等漫画平台，衍生出一批如《十万个冷笑话》《尸兄》等优秀的动漫IP，在前期就确定了受众群，为后续的动漫开发打下了坚实的受众基础。当前，中国动漫创作节奏以及创作数量节节攀升，但是在内容创新上仍然不尽如人意，比如动漫创新动力不足、动漫短片的质量缺乏竞争优势。因此，一方面我们要洋为中用，学习美国和日本动漫作品成功的内容原创机制；另一方面要以中国传统文化为基础，研究动漫受众心理需求，坚持动漫的民族之路。

3. 传播方式：从“大一统”传播到全平台分享

如今，媒介的融合使信息传播方式更加多元和便捷，媒介技术的进步又使得受众获取信息的方式更加多样。如从电视上收看到多屏式分众化的阅读，过去被动、单一的实体店销售模式如今已经被线上线下的综合销售平台所取代。从纸质书到电子书，从电视机到电脑、手机的媒介转移也体现出当下动漫消费便捷式的特征。就动漫传播而言，移动互联网媒体将成为动漫传播双向互动的重要环节。

传播应以宣传、营销、公关以及广告等手段向公众发送可能需要的信息，以受众媒介为中心，通过营销手段的“协同效应”产生巨大的作用，使受众自愿成为传播者。能产生这种影响结果，是因为在传播过程中形成了参与互动，受众接收模式从单向转向多向，受众不是被动接收，而是主动发出，通过受众参与迅速汇聚动漫人气。

多屏时代的营销，以受众为中心模式，主要是将受众参与重点向动漫节目链前端移动。因此，需要针对互联网、广电网上不同的受众数据，进行有针对性、有比例的动漫创作。动漫受众在感官、情感等方面娱乐化的满足需求，并不代表他们对动漫在艺术审美、道德价值、精神追求等方面的要求的降低。

4. 衍生产品：从“卖玩具”到全生活覆盖

过去动漫作品的传播主要依托于各级电视台的统一播出，只能依靠电视台的采购和政策扶持来维持企业的生存，但传统电视缺少受众的反馈和市场支持，依靠播出只能收回成本，再加上没有良好的动漫形象支撑，使得后续的开发杯水车薪。如今，受众消费的对象不仅是动漫本身，还体现在与动漫相关的衍生产品，动漫衍生产品的开发是动漫企业收入的另一大来源。过去，相对成功的动漫作品也只是做一些简单的玩具加工或者相关周边的推广，普及度和品牌辨识度都很低，再加上盗版泛滥，进一步限制了动漫衍生产品的盈利。而如今，动漫衍生产品的开发商将会有更大的利润空间可寻，尤其是全方位的品牌周边宣传和覆盖，将改变过去单点式的“零售”模式。动漫衍生产品的销售将更依赖于成熟的且分布广泛的连锁销售模式、娱乐设施及游乐场的建立，这将是销售渠道商的重大变革。多屏时代只是催化剂，最终的内容都是在终端和衍生品上显现。

中国动漫品牌保护和授权机制较差也是制约产业发展的一大原因。迪士尼的巨大成功，是因为依托超强的动漫 IP 和后期的衍生产品的授权，包括游乐场的建设，这些都为迪士尼全方位的品牌发展贡献力量。由于我国动漫产业资金缺乏和文化市场秩序的不完善，导致动漫品牌形成和建立存在一定的困难，但是随着我国经济水平的提高和互联网渠道世界性的互通互融，相信我国动漫品牌在日后将会有突破性的发展。①

---

① 王玉珊．谈中国动漫受众需求对动漫产业的影响［J］．艺术教育，2016（5）：226-227.

第四节　腾讯动漫案例

作为国内动漫企业的先行者和佼佼者，腾讯动漫的发展路径有着很强的代表性，并且取得了不错的成果，非常值得探讨和研究。在文化产业大发展大繁荣的时代背景下，腾讯动漫在坚持“泛娱乐”战略不动摇的基础上，凭借全产业链运营思维，努力打造全产业链动漫王国。

一、腾讯动漫平台发展历史回顾①

腾讯动漫主要以腾讯网动漫频道为核心平台，是腾讯旗下的国内动漫综合网站。伴随着互联网的大力发展以及移动互联网的快速普及，腾讯动漫平台不再局限于 PC 网页端，开始逐渐布局移动端，日益形成多终端、移动化、全覆盖的全媒体动漫平台。腾讯动漫平台目前包含三个形态的产品：PC-Web 端，微漫（手机 APP），手机 H5（手机 Web）。但动漫用户三种形态产品（尤其是微漫、手机 H5）的使用行为与需求尚不清晰，且三个产品都面临着用户流失现象严重的困境。基于此，腾讯围绕泛娱乐战略的实施，开始全面布局动漫产业。

1. 正式提出泛娱乐战略，打造腾讯动漫发行平台

面对国内动漫产业发展持续不振的窘境，腾讯互动娱乐率先发力，找准战略定位，于 2010 年正式提出泛娱乐战略，意欲整合游戏、动漫、文学三大内容产业，试图打造国内真正意义上的动漫全产业链王国。在泛娱乐战略的指引下，短短几个月的时间，腾讯就把“腾讯动漫发行平台”一举打造为国内领先的正版原创的优质动漫平台，深受广大漫迷用户的青睐。《洛克王国》就是其战略实施下的典型案例，并获得了成功。《洛克王国》是腾讯专门为儿童打造的一个在线绿色社区，孩子们可以在里面体验趣味小游戏，学习和交流知识，相互之间可以快乐玩耍和互动。作为腾讯战略实施的明星产品，其上线至今，在线社区用户的数量已达 1.5 亿，在线用户最高峰时覆盖近百万人，一跃晋升为国内首屈一指的在线儿童社区。通过对腾讯游戏领域独有的知识产权的挖掘和开发，无限整合与扩张至其他衍生品领域，不断授权至动漫、文学、图书等衍生品内容产业，由此逐渐形成了一条动漫全产业链发展路径，知识产权价值实现了最大程度的挖掘和开发。

---

① 资料来源于腾讯动漫官方网站 http//ac. qq. com/。

2. 积极布局动漫业务，强化版权意识

近年来，腾讯一直致力于开发和强化自身的版权资源，加大力度培育原创动漫人才，营造特色和个性化的动漫平台文化，打造独家内容，完善动漫平台运营和管理，并逐步向动漫全产业链上游乃至整个产业链渗透，“打造明星知识产权的粉丝经济”①。腾讯始终以泛娱乐战略为基点，加强知识产权的跨界合作与运营，大力布局动漫业务，通过与国际巨头的强强联合，逐步推进腾讯动漫平台的国际化进程和产业化步伐。腾讯动漫相继与中国动漫集团、迪士尼以及日本集英社逐步达成合作共识，协同开发和运营优质动漫资源，其发展之迅猛、成果之显著，让业界为之震撼。

事实上，腾讯动漫通过对产品、内容、产业三大块的深度布局，已荣升为国内最大的正版动漫平台。产品层面，通过依托腾讯大平台，打通 PC、H5、APP 及其他合作平台，实现多终端无缝共享，打通优质内容的同时整合多阅读场景，满足用户不同阅读场景的个性化需求。内容层面，已签约 500 位独家作者，产生包括顶级日漫、国漫神话、韩漫独家在内的 200 部点击超千万的作品，作品总数超过一万部，形成了业界最强的内容孵化体系，吸引了过亿漫迷成为其忠实粉丝。产业链层面，立足动漫知识产权开放平台，通过 IP 共享，进行游戏改编、大电影制作、影视改编、衍生品经营等，打通产业链，实现合作共赢，拓展多元泛娱乐形态。

3. 泛娱乐战略积极打通产业界限，营造全新商业模式

传统动漫产业的上下游产业链大多是孤立的，各产业之间缺乏协同合作的理念和精神，难以进行有效融合与合作。它们各自为政、自立为王，坚守自身独有版权资源，致使经营模式单一，缺乏多元化产业经营，盈利能力薄弱。此外，国内版权规范意识的普遍缺失加剧了竞争，包括动漫、文学等在内的众多内容产业面临着同质化恶性竞争的巨大压力，难以形成有效的商业盈利模式，发展前景不容乐观。因此，产业间的融合发展迫在眉睫，多领域间的跨界合作势在必行。腾讯泛娱乐战略的提出就是顺应时代潮流，意欲打破原有闭塞的动漫经营理念和模式，试图构建可持续发展的商业模式。泛娱乐战略就是要通过优质知识产权的授权经营，打通和消除各内容产业间的边界与隔阂，整合各产业链间的优势资源和协同优势，实现“衍生产品产业

① 刘晓云．泛娱乐战略升级“让想象绽放”——腾讯全面布局互动娱乐产业［J］．成功营销，2014（5）：60.

与动漫产业走向融合。”①

二、腾讯动漫与国内动漫竞争者对比分析

土豆动漫和哔哩哔哩，二者作为腾讯动漫国内的强力竞争者，其动漫平台的运营方式、推广方式等有着自身的特点和优势。笔者从平台定位、商业模式、传播策略、盈利来源、核心优势等多角度将其与腾讯动漫进行综合对比，分析三者的优势和不足。

1. 平台定位及商业模式分析

腾讯动漫等平台运营主要以内容拉动用户为主，以强有力的创意资源和动漫版权内容吸引广大用户。腾讯动漫代表的是基于泛娱乐战略的 IP 运营和跨界开发，注重与优质版权合作运营为主的全产业链商业模式，以平台资源整合力提升和品牌运维为主，更靠近于互联网 IP 孵化平台属性；土豆动漫代表的是以采购优质版权为主的商业模式，更靠近于传统互联网视频媒体属性；哔哩哔哩代表的是以鼓励 UGC 提升用户黏性为主的商业模式，更靠近网络社区属性。三者平台定位和商业模式侧重的不同决定了其核心竞争力以及收入结构的差异。

2. 核心竞争力分析

动漫的商业模式是平台商业化的总体方式，三者的平台商业模式如下：

（1）腾讯动漫：以平台聚合 UGC，挖掘优质 IP，以全版权运营为主的商业模式。

该模式主要有以下特点：①注重搭建平台，利用腾讯动漫发行平台聚集大批优秀动漫创作者和优质 IP，立足以受众行为分析为主的 IP 开发前景，早期开拓以争夺优质工作室入驻，以成功项目案例和广大的社交用户基础形成 IP 聚合的良性循环，打造从游戏到电影、动画以及更多衍生品的全产业链王国，代表作品《洛克王国》；②以平台资源整合力提升和品牌运维为主，注重优质版权合作，不自主进行内容生产，买断 IP 版权进行一系列开发；③盈利来源以自有 IP 产品版权和衍生授权为主；④平台基因定位为“求稳为主”，为腾讯动漫发行平台上的创作者提供了长期、稳定的收益分成机制，以留住和吸引更多优秀的新老动漫作者。其优势在于快速聚集大量优秀 IP，以受众为导向的 IP 选择机制产品开发周期相对较短；不足之处在

---

① 徐群晖．金融危机中的中国动漫产业态势研究［J］．新闻与传播研究，2009（6）：62.

于对 IP 创作制约度低，无法从创作早期进行长期开发规划。作者、合作动漫工作室的配合度及执行效率对平台内容更新的稳定性和质量都存在潜在风险。

（2）土豆动漫：以垄断优质版权扩大市场规模，以内容运营为主的商业模式。

该模式主要有以下特点：①独占强势内容是其核心竞争力，凭借市场先入优势，在特定日漫领域已占据较大市场规模，并与内容供应商建立长期合作关系，如与东京电视台签署独家版权合作；②土豆动漫作为视频媒体，以优质版权采购为主，PGC（专业生产内容）为辅，专注平台内容运营，以优质内容带动流量，在受众中已形成品牌认知，自身已成为主要流量入口之一；③盈利主要以广告收入为主；④土豆动漫根据视频媒体平台的特性，除专注海外版权外，也与国内的动漫工作室展开合作。与公司其他部门比较，其从事版权贸易的员工占比最高，他们每天进行版权采购评估和 PGC 生产。其优势在于掌控特定产品市场内容的垄断优势，独家占据动漫资源，如《火影忍者》《寄生兽》，形成较高的市场壁垒，降低了用户运营维护的风险和成本；另外，自身及优酷导流用户流量大，且相对稳定。其劣势在于完全依托内容吸引用户，对用户运营维护力度和投入不足。随着视频网站对内容版权的竞争日趋激烈和资本市场的大肆介入，为争夺海内外内容导致版权价格逐年高企，增加了平台盈利的压力，2016 年土豆动漫在内容争夺方面已初见疲态。随着早期独家版权合作时限到期，动漫业版权合作将面临市场新一轮洗牌。

（3）哔哩哔哩：类游戏运营提升用户黏性，以用户运维为主的商业模式。

该模式主要有以下特点：①作为视频分享网站，鼓励“搬运工”和 UGC 视频，以维护用户活跃度带动内容，自身平台不运营内容和 PGC，只做简单的个性类别划分。②功能上有一些亮点，如弹幕、VIP 会员制等，利用特色产品特性去吸引用户，成功的关键在于精准用户定位。用户购买一个 VIP 会员，就可享受免费会员服务，如改变弹幕限制，包括字数、颜色、运动方向等，还可以优先观看普通会员观看不了的部分版权视频。这种筛选机制强化了 AGC（动漫、漫画、游戏的总称）人群的圈子属性，也确保了对平台内容、产品的认可度，利用社交性规避了内容风险，提升了用户黏性。③盈利主要来源于用户购买虚拟币，并开拓游戏领域，其 80%收入来自游戏。④平台用户以 90 后、00 后为主。其优势在于用户黏性较高，受内容流失影响较小；并且鼓励用户上传内容，一定程度上规避了版权风险；单用户产值较高，用户向游戏转化较为容易。不足之处有三方面：弹幕存在较大的监管风险，且随着弹幕体量增多，监管人力成本投入将加大；依旧是小众文化维持的小众市场，市场空间存在瓶颈，增长乏力；缺乏版权意识，版权灰色地带依旧面临公关危机和法律压力。

3. 平台盈利模式分析

(1) 腾讯动漫：广告收入+全产业链盈利模式

腾讯动漫在坚持泛娱乐战略的基础上，背靠腾讯集团的资源优势，立足腾讯动漫发行平台，试图打造动漫全产业链盈利模式，该模式主要包括平台的植入或贴片广告收入和以 IP 授权为主的多渠道、多领域的版权合作收入。腾讯平台拥有庞大的用户群体和广泛的企业合作基础，从受众层面解读，用户 10 亿左右的 QQ 平台、用户 6 亿左右的微信平台以及国内社交媒体活跃度排名数一数二的 QQ 空间，为腾讯动漫输送了海量的用户资源，形成了当下互联网经济社会中难能可贵的注意力资源和眼球资源；从广告主层面解读，腾讯与各行各业在数据服务、营销推广等众多互联网领域的深度合作，为腾讯动漫提供了别人难以企及的广告主资源，保障了强力的广告客户来源的稳定性。这种优势地位汇聚了包括腾讯动漫产业、动漫用户以及目标广告主在内的三方资源，三者共生共赢，在融合与发展中共同前行。平台优势从源头上保障了腾讯动漫可观的广告收入，一定程度上为腾讯动漫全产业链盈利模式的全面实现提供了资金保障，给腾讯动漫产业的良好发展吃了一颗定心丸。目前腾讯动漫发行平台主要包含的三个产品形态 PC-Web 端、微漫（手机 APP）、手机 H5（手机 Web），分别从 PC 网页端和手机移动端与用户进行零距离接触，三者共同合作、协同发展，齐心协力贡献广告收入。

除了广告收入之外，另一部分收入主要来自以 IP 授权为主的多渠道、多领域的版权合作。该部分收入目前占比不大，这是因为全产业链的发展尚不成熟，其形成和完善还存在很多问题和待研究的领域，但是全产业链盈利模式是毋庸置疑的发展趋势，市场潜力和发展空间十分广阔，很有可能将会主导未来的盈利模式。以《洛克王国》为例，腾讯动漫在坚持 IP 授权的基础上，全面整合上下游产业，试图打造包括动漫、游戏、动画、音乐、电影、图书等创意衍生品在内的全产业链条，极大程度地丰富了动漫产业的盈利模式。腾讯通过 IP 授权的模式，彻底打破了动漫领域单一的产品运营，无限扩大了动漫产业的延伸区域，将动漫产业的触角悄悄伸展至市场前景更为广阔的文化产业领域，业务经营辐射了包括出版业、广告业、艺术业、影视业等众多领域在内的文化创意产业，全面盘活了动漫市场，一定程度上推动了国内动漫产业化的发展进程。

以动漫和网络游戏的版权合作为例，对红极一时的动漫作品《火影忍者》的网游改编是腾讯的代表作之一。腾讯游戏通过与万代游戏等业界知名合作伙伴的深度合作，分析和研究动漫迷的兴趣点和关注度，结合《火影忍者》人物原型，协同改编和打造了《火影忍者》游戏。从事后的线上数据统计来看，该游戏几乎完美转移和嫁接了《火影忍者》动漫的数亿漫迷，吸引了众多漫迷的关注度和眼球，一举成为腾讯游戏平台当月火热度排名 TOP1 的网游，为腾讯贡献了价值不菲的产业收入。立足腾讯动漫发行平台，通过授权动漫版权与上下游全产业链各行各业进行通力合作还有很大的想象空间，这种融合与碰撞所催生的“化学反应”必将推动商业价值的进一步开发，腾讯动漫全产业链盈利模式的道路也将走得更为坚实。

（2）土豆动漫：以植入或贴片广告收入为主

以《泡芙小姐》为例，其植入或贴片收入在 100 万元左右。另外，相关特定活动也会带来一定的收入，比如音乐会活动。土豆音乐会是依赖平台的模式，邀请明星在线下演唱流行歌曲，请用户在网上点评点播，然后分享视频。这是典型的 O2O 模式，融合和打通线上和线下渠道，通过线上注册，用户领取参与资格，然后线下参加活动。整个音乐会活动基本不会收取费用，大部分现场座位都是通过虚拟币兑换的，只有少部分特殊位置会收取一定的费用。音乐会的收入还有一部分是隐性收入，主要用来吸引更多优质的付费用户。事实上，根据事后的数据统计，付费用户的确略有增加，但由于涉及线下统计的不确定性和不方便，难以得出某些相关性或者因果性结论。

（3）哔哩哔哩：以游戏虚拟币收入为主，页面广告收入为辅

目前哔哩哔哩对用户全面免费，游戏虚拟币的收入是其主要收入，目前占 80%左右。除了对部分优质会员进行收费外（占总收入 10%），网站广告商对于网站的盈利也起着重大的作用。哔哩哔哩平台上的某些高人气版面是很好的媒介资源，是许多目标企业用来进行广告宣传的良好选择，这部分收入能够达到总收入的 10%左右。该广告收入基本上是对内部产品的推广和营销，不作为主要收入，再加上该平台定位垂直化、细分化、小众化，广告市场空间较为狭窄，难以吸引过多厂商、公司投入广告，广告收入增长捉襟见肘。总体来看，国内现有的弹幕视频投稿网站的盈利模式还比较单一，需要跨界整合资源，采取多元化经营和管理举措，创新和发展盈利模式。

三、腾讯动漫平台的未来发展趋势

腾讯动漫平台未来将打着“动漫无界，梦想无限”的旗号，着重从产品布局、内容布局、产业布局三方面入手，规划未来发展蓝图，打造国内最大的正版动漫平台。

产品布局将主要从三个维度着手：其一，打通优质内容，实现优质动漫内容在多终端、多渠道的无缝共享；其二，打通多平台，通过拥抱移动互联网，依托腾讯大平台，全面整合 PC-Web 端、手机 APP、手机 H5 以及 QQ、微博等多元化合作平台，实现平台的融合与共享；其三，打通多元化阅读场景，根据用户个性化阅读需求和行为习惯的特点，满足用户不同阅读场景的需求。

内容布局将着重发力原创的优质内容建设，计划签约月藏、豪老猫等500 位超人气作者，通过泛娱乐战略全面护航，大神作家不断涌现，专业编辑贴身服务等重大举措的实施，实现作品价值的飞速提升，形成业界最强的动漫孵化体系。已诞生超过一万部作品，点击超千万的超人气作品 200 部以上，其中包括超人气动漫的顶级日漫，点击破亿的原创国漫神话，题材独特、画风细腻的韩漫独家，从而吸引过亿漫迷选择腾讯动漫。

产业布局将着重开发全产业链，计划投入超 10 亿元助力动漫 IP 成长，打造动漫开放平台。腾讯动漫将不断开发一流优质 IP，打造优质大平台，通过 IP 共享、合作共赢，全面布局动漫全产业链。腾讯动漫将立足动漫 IP 授权，将知识产权效应逐渐延伸至游戏、文学、影视、音乐、戏剧等多元化产业，无限扩大知识产权的价值，打通产业链，拓展多元泛娱乐形态，共赢动漫产业大未来。

结合腾讯动漫平台的发展现状与未来发展蓝图、动漫用户阅读的需求与行为特点等，笔者综合考虑从内容、产品、运营以及产业四方面着手，探讨和分析腾讯动漫平台的发展方向，并指出其未来发展的四点趋势。

1. 专业分类定位客户，内容丰富且多元化

无论是在动漫用户新进阶段还是留存阶段，动漫迷都是以内容为导向的。而腾讯动漫平台在留存用户阶段的主要问题在于内容不够丰富，且缺少自己的特点，没有凸显的品牌特性。未来腾讯动漫平台应该在提供多元化内容的基础上，突出自身做原创精品国漫的定位，做到与竞争动漫有所区隔。比如：签约更多优秀的原创漫画家，独家发布他们的作品；由于漫画用户与动画用户重合度较高，精品国漫还可以通过 IP 授权改编为动画，一起整合

推广，从而增强用户的认同感，体现与竞争对手的产品差异化；还可适当增加日漫及同人漫画的数量，以满足更多不同偏好漫画用户的个性化、多元化需求。

此外，由于腾讯动漫对用户缺乏分类定位，导致众多动漫产品难以实现精准到达，其未来发展很可能会对用户进行专业化分类，做好动漫推荐和分类，满足漫迷核心需求，这是其发展的另一大趋势。借助腾讯动漫平台，对用户进行在线访问和线下交流，收集和分析用户资料和数据，根据用户漫画阅读的行为需求、阅读习惯、对漫画的态度等方面的差异，对其进行归类。对用户的不同需求，通过不同的动漫内容来吸引与满足。

2. 优化产品功能体验，丰富平台社交功能

在平台内容满足的情况下（有自己指定要看的漫画作品），用户会关注产品层面的因素。腾讯动漫平台三款产品（PC-Web 端、微漫、手机 H5）在视觉体验、性能和个性化小功能方面不逊色于竞争对手，但仍有可以提升的空间。腾讯动漫未来可能将从产品层面入手，优化其产品功能，提升用户体验。

另外，腾讯动漫平台社交功能较弱，分享功能较为局限，用户评论质量不高且没有论坛功能，基本不能满足用户的社交需求。未来，腾讯动漫可从以下四个方面丰富产品社交功能，搭建起与用户沟通的桥梁。

第一，为用户创造方便的分享条件和途径（覆盖主流社交平台），满足用户的社交分享需求。在 PC 端、微漫上提供便捷的一键分享/截屏分享功能，方便用户及时将喜欢的漫画作品截图、阅读心情分享至微博、微信等社交平台，并通过链接可在 PC、手机网页中进行阅读，或下载微漫 APP 进行阅读。一方面满足了用户的社交需求，另一方面也增强了三款产品间的相互引流，还可通过“分享@好友”功能将更多的潜在用户引入平台。

第二，提高平台评论内容的质量，增强用户参与评论吐槽的积极性。增加即时评论功能，让用户在阅读的同时可以发表自己的观点，抒发情感，增加评论的积极性；加强对用户评论的管理，置顶优质的用户评论，及时清理广告信息以及对平台负面的评论；吸引漫画作者或漫画达人对平台作品内容进行试读，并分享评论，创造高质量的评论内容；通过 QQ 提醒或 APP 通知推送功能及时反馈用户评论回复信息，增强用户评论交流的互动性。

第三，建设论坛模块，让用户有自由沟通交流的平台。在 PC 端腾讯动漫平台建立专门的论坛交流模块，或整合腾讯动漫频道的论坛功能，满足漫迷自由沟通交流的需求；打造与普通动漫论坛或动漫社区差异化的论坛模

块，如签约作者交流区、同人分享区（手绘或小说）、COS 交流区等，满足用户的不同社交需求，增强用户的活跃度。

第四，提高用户与漫画作者间的互动，打造差异化的互动模式。对于平台签约作者，要求其能够及时或每周对用户评论进行选择性的回复，增强用户评论的积极性；通过论坛的签约作者交流区让用户有渠道可以和作者进行自由交流；增加互动小功能，提升作者、用户双方的互动积极性。比如：会员每月可获得免费的鲜花，送给喜欢的作者；用户可通过充值会员，每月获赠赞票，送给喜欢的作者（作者可使用赞票兑换现金）；用户可支付定金要求作者在规定时间内更新作品（若作者在规定时间内完成更新，则可获得全部定金，否则会退还用户）；用户可购买虚拟点券，直接打赏给作者；作者也可抽取每月获利的5%～10%，以抽奖点券的形式回馈粉丝，等等。

3. 发力社交平台，做好碎片化场景互动营销

用户电子阅读的场景可谓渗透至生活中的每一部分，碎片化时间特征、移动场景特征都较为明显。未来，腾讯将发力社交平台做好碎片化场景互动营销，丰富用户漫画生活。腾讯动漫可以借助自身大平台优势，利用漫画用户高频阅读场景（早上上班路上、中午吃饭、晚上休息）推送特定的漫画内容与资讯，丰富用户的漫画生活；还可以利用用户高频阅读场景与用户开展互动，提升用户与产品的黏合。例如：开展早、晚阅读签到活动；个性化制定早、晚个人专属阅读内容。

除了传统媒体外，社交平台（如微博、微信、QQ 空间）也是触达用户、和用户交流的有力武器。未来，腾讯动漫平台可以考虑从以下几方面着手：

（1）为用户提供主流社交平台“一键截屏/分享”的功能；

（2）通过“@好友”的活动，让他们成为分享的源头，帮助平台进行宣传，影响更多的潜在用户；

（3）邀请著名的漫画作者或漫画达人进驻腾讯动漫平台，定期对漫画进行评论，发表新作品试读报告等，并且及时将这些内容通过社交平台发布，实现平台宣传引流的效果；

（4）通过腾讯动漫平台官方微博与粉丝互动，并提供用户感兴趣的信息（漫画作品、漫画资讯等）。

4. 丰富和完善平台搭建，打造动漫全产业链

平台作为腾讯动漫强有力的核心竞争力和优势资源，腾讯动漫必将继续强化平台意识，丰富和完善平台搭建，进一步聚合平台资源，打造平台经

济，以平台资源整合力打造动漫全产业链。目前国内动漫产业的发展模式较为单一，盈利能力稍显薄弱，整体缺乏对产业链的整合与开发。腾讯作为国内乃至世界互联网业界翘楚，在当下动漫产业整体陷入产业链不完善、盈利能力捉襟见肘的困境时，不会放过市场潜力巨大、经济效益颇丰的动漫产业。未来，依仗平台优势打造动漫全产业链必将是其发展的一大趋势，这也是国内动漫产业未来发展的整体趋势。只有通过无限衍生产业链，融合发展全产业链，才能打造动漫产业可持续发展的模式，盘活和发展整个动漫产业，从而创造出惊人的市场价值和精神食粮，进而丰富和完善广大受众的物质生活和精神文明生活。

事实上，腾讯动漫已经开始率先尝试全产业链盈利模式。早在 2011 年前后，腾讯即开始启动泛娱乐战略，在坚持 IP 授权的基础上，将动漫与游戏、图书、音乐、电影等多种产品进行融合，整合所有动漫衍生产品到一架"超级战车"上协同前行，并取得了可观的收入和不错的成绩。以《火影忍者》为例，从最初的动漫授权，到后期的游戏开发、电影制作、出版图书和音乐以及多元化的动漫玩偶等衍生品的开发，使整个产业链条形成一条无尽的产业长尾，极大地丰富和完善了动漫版权价值，为打造全产业链盈利模式做出了尝试。只是该模式还需时间的历练和考察，发展尚不成熟，亟待进一步完善。①

本章小结

本章对我国的动漫、游戏的产业发展现状及趋势做了详细论述，展现出中国的动漫、游戏产业具有强大的生命力和发展前景。中国动漫、游戏产业以其强大的创意设计力量和品牌版权价值日渐融入国民经济大循环，在推动文化创意产业和相关产业融合发展、支撑文化产业逐步成为国民经济支柱性产业等方面发挥着重要作用。在发展中也涌现出了一些具有代表性的企业，它们的经验值得参考学习。

① 徐行．腾讯动漫平台发展研究［D］．南昌：江西财经大学，2015：7.

第七章　社交媒体产业

第一节　社交媒体概述

传播学家麦克卢汉认为："媒介即讯息"。倘若我们回看近十几年社交媒体的发展历程就会发现，麦克卢汉1964年关于媒介的阐释是多么深刻。社交媒体的出现改变了传播的性质，包括人与人之间的交往、企业与消费者之间的关系和企业之间的联系等。如今，"我"时代的来临，让社交媒体（social media）成为时下炙手可热的话题，社交媒体已经发展成为全球媒体产业最引人注目的领域，无论其社会影响还是经济发展都成为媒体行业新的引擎和增长点。①

一、社交媒体的基本概念

什么是社交媒体？实际上，它并非一个全新的概念，社交媒体的概念最早由安东尼·菲尔德（Antony Mayfield）在2007年《什么是社会化媒体》一书中提出来，他认为社交媒体是一种给予用户极大参与空间的新型在线媒体，具有参与、公开、交流、兑换、社区化、连通性几个特征。②

此外，传播学者安德烈·开普勒（Andreas Kaplan）和迈克尔·亨莱因（Michael Haenlein）认为社交媒体是一系列建立在Web2.0的技术和意识形态基础上的网络应用，允许用户自己进行生产内容的创造和交流。此处的意识形态是指软件开发者和最终用户开始把万维网当做这样一个平台来使用：内容与应用不再由个体创造和发布，而是经由参与式、协作式之路持续不断地被所有用户所改动和调整，由此才产生了Web2.0时代特有的参与、公

---

① 孟禹熙．社交媒体现状及监管对策［J］．新闻战线，2015（6）：85.

② 曹博林．社交媒体：概念、发展历程、特征与未来——兼谈当下对社交媒体认识的模糊之处［J］．湖南广播电视大学商报，2011，47（3）：66.

开、对话的特性。① 也有论者认为社交媒体（social media）是允许人们撰写、分享、评价、讨论、相互沟通的网站和技术平台，现阶段主要包括 SNS（社交网站）、微博、论坛等，简而言之就是社交媒体和社交网络的结合体。②

根据以上学者的界定，可以看出社交媒体是建立在互联网技术，特别是 Web2.0 基础之上的互动社区，它的最大特点是赋予每个人创造并且传播内容的能力。然而，著名学者保罗·莱文森则认为，千百年来的一切媒体都具有社会性，所以用“社交媒体”专指最新一代的媒介是不妥当的。③

社交媒介的社交性质固然是关键，但并非它独有，故他将以上媒体都称为“新新媒体”（new new media）。莱文森认为存在三种媒体，第一种是传统媒体，即电视、报纸、杂志之类的媒体，它们是空间和时间定位不变的媒介，特点是自上而下的控制和专业人士的生产。第二种是新媒体，是互联网的第一代媒体，主要是指电子邮件、亚马逊网上书店、留言板、聊天室、报刊网络版等。这一媒体的特征是传统媒体的时间和空间被打破，内容可以上传到互联网上，人们可以使用、欣赏并从中获益，而且按照使用者意愿的时间去使用，而不是按照媒介确定的时间表去使用。第三种是新新媒体，主要包括博客网、优视网（Youtube）、维基网（Wiki）、掘客网（Dig）、聚友网（Mayspace）、Facebook 以及 Twitter 等。其界定性的特征和原理是指：其消费者即生产者；其生产者多半是非专业；个人能选择适合自己才能和兴趣的新新媒介去表达和出版；没有自上而下的控制。④

基于莱文森的观点，虽然对于“社交媒体”与“新新媒体”的表述不同，但两者在内涵和外延上都保持着高度一致，我们可以通过对新新媒体界定性特征的表述，为归纳出社交媒体的基本特征提供有效的参照。

总而言之，纵观国内外学者对于社交媒体概念的界定，本书认为社交媒体是人们用来创作、分享、交流意见、观点及经验的虚拟社区和网络平台。随着新媒体技术的发展，对于社交媒体的定义也会有新的理解，但是无论怎

---

① 李娜，胡泳．社交媒体的中国道路：现状、特色与未来［J］．新闻爱好者，2014（12）：5.

② 曹雁．论“社交媒体”对受众的影响［J］．新闻世界，2011（9）：121.

③ 曹博林．社交媒体：概念、发展历程、特征与未来——兼谈当下对社交媒体认识的模糊之处［J］．湖南广播电视大学商报，2011，47（3）：66.

④ 保罗·莱文森．新新媒介［M］．上海：复旦大学出版社，2011.

样，社交媒体最大的特点依然是赋予每个人创造并传播内容的能力。

二、社交媒体的特点

从社交媒体的概念界定可以看出社交媒介的基本特性，但是社交媒体概念之广往往使得许多对社交媒体的特征概括捉襟见肘，人们一般认为，正如《什么是社会化媒体》中提出的，参与、公开、交流、对话、社区化、连通性六个特征是社交媒体的基本特征。具体阐释如下：参与，社会化媒体可以激发感兴趣的用户主动地贡献和反馈，它模糊了传播者和受众之间的界限；公开，大部分的社会化媒体都可以免费参与，它们鼓励人们评论、反馈和分享信息，参与和利用社会化媒体中的内容几乎没有任何障碍（受保护的内容除外）；交流，传统的媒体采取的是“广播”的形式，内容由媒体向用户传播，单向流动，而社交媒体的优势在于，内容在媒体和用户之间双向传播，形成了一种交流；对话，传统媒体以“广播”的形式，将内容单向传递给受众，而社交媒体则多被认为具有双向对话的特质；社区化，在社交媒体中，人们可以很快地形成一个社区，并以摄影、政治或者电视剧等共同感兴趣的内容为话题，进行充分的交流；连通性，大部分的社交媒体都具有强大的连通性，通过链接，将多种媒体融合到一起。①

而研究者王晓光和郭淑娟在《社会性媒体初论》一文中总结社交媒体具有五种本质特征，分别为平民性、对话性、匿名性、社交性和涌现性。该文认为，匿名参与是社会性媒体内的常见现象，它迎合了多数平民的心理需求，这也是社会性媒体使用规模急速膨胀的原因之一。② 但是值得讨论的是，匿名性不一定是社交媒体的本质特征，实际上社交媒体在很大程度上是基于信任关系所建立的，例如人人网，它所建立的是一个实名社区。③ 所以依据社交媒体定义的模糊性，社交媒体的特征也是广涵括性，但毋庸置疑的是其本质特征应该包括以下方面：

（1）平民性。社交媒体的低门槛赋予了每个人创造并传播内容的机会和能力，在社交媒体出现以前，这种创造内容并传播给受众的权利，掌握在

---

① 游恒振．社会化媒体的演进研究［D］．北京：北京邮电大学，2012：9.

② 王晓光，郭淑娟．社会性媒体初论［EB/OL］．（2010）．http：//news. 163. com/08/1217/14/4TCEO1DH000131UN. html.

③ 曹博林．社交媒体：概念、发展历程、特征与未来——兼谈当下对社交媒体认识的模糊之处［J］．湖南广播电视大学商报，2011，47（3）：68.

具有内容制作设备和工具的人或者组织手中。社交媒体是基于人的网络应用，用户从内容消费者的主力军演变为生产者和消费者双重主力军。

（2）参与性。传统媒体是由媒体将内容传播给受众，属于单向传播。网络媒体虽然提供了信息反馈的渠道，但是社交媒体不仅提供了双向传播，还将传播者和受众放到了信息传播的同等地位，每个人都能够将信息迅速地传播到受众，也可以迅速地对信息传播的效果进行反馈。

（3）社区化。社交媒体激发人们将现实的关系以一定的方式转移到互联网上，模拟真实的人际交往，并且具备传播中的多对多方式、多方参与交流、信息传播的多样性，颠覆了之前的网络传播模式。在社交媒体中，大家基于某些爱好或共同话题，组建成一个团队、社区，进行深度的交流，从而获得较高的网络信任。

（4）媒介融合。社交媒体提供的媒介融合主要表现在两个方面，一是传统互联网和移动互联网的融合，受众获取和传播信息的时间越来越碎片化，乘车、旅行、开会等场合中的闲暇时间接触信息主要是通过移动化的终端，这样传统互联网和移动互联网的融合就势在必行；二是社交媒体和其他网络媒体的融合以及不同社交媒体的融合，社交媒体整合了文字、图片、音视频等类型的内容，促成了不同类型媒体的融合，信息分享越来越便捷化，多数网络媒体也提供了相应的入口。①

三、社交媒体的分类

随着移动终端的发展、媒体生态环境的动态化与多态化等发展趋势，社交媒体的形式越来越丰富，根据 Kaplan 等人的梳理，社交媒体主要包括六大类，分别是协作项目、虚拟社会、虚拟游戏世界、博客、内容社区和社交网站。② 但是移动社交市场的细分领域还有广阔的天地，特别是在中国，社交媒体呈现出多元化的发展特征，满足了用户在不同场景中的娱乐、工作和生活等多方面的要求。我们更多地是把社交媒体分为这样两类：第一类是综合类社区，它因为起步早、积累用户多、功能多样化等原因，成为目前社交媒体的主要阵地。第二类是垂直类社交，这是一种新型社交，近年来，一大批垂直社交产品涌现出来，因为其领域不同、应用场景差异化，呈现出多元

① 游恒振．社会化媒体的演进研究［D］．北京：北京邮电大学，2012：10.

② 崔保国．中国传媒产业发展报告（2015）［M］．北京：社会科学文献出版社，2015：279.

化发展的势头。

首先是综合类社交。主要有社区/BBS，具有代表性的论坛有天涯，是一个在全球具有影响力的网络社区；豆瓣，糅合了自媒体、微内容、长尾理论等时髦的互联网概念，以书、电影、音乐等为媒介，以UGC为核心精神的聚合用户的互动社区和开放平台。①

微博/博客，具有代表性的有微博，一种通过关注机制分享简短实时信息的广播式社交网络平台；QQ空间，在QQ空间上可以书写日志、写说说、上传用户个人的图片、听音乐、写心情，通过多种方式展现自己。

即时通信，最具代表性的是腾讯公司旗下的微信和QQ。QQ是在中国本土市场上出现得最早的即时通信软件，支持在线聊天、视频通话、点对点断点续传文件、共享文件、网络硬盘、自定义面板、QQ邮箱等多种功能，并可与多种通信终端相连。②

其次是垂直类社交。移动社交市场的细分领域具有广阔的天地，例如职场社交，代表应用有脉脉，脉脉以“生活用微信，工作用脉脉”定位自己。截至2014年11月，用户已达150万户；同性社交代表应用有Blued、Zank等。同性社交产品同质化严重，基础功能均为通过LBS（基于位置服务）结识陌生同性、发布动态、展开聊天和组织线下群组，这些平台的核心卖点在于针对LGBT这一群体。2014年9月Blued注册用户达1 500万，其中有1 200万国内用户，300万海外用户。熟人社交代表产品有友秘、Secret中文版等；陌生人匿名社交代表产品有秘密（源自糗事百科团队）、Whisper、叽喳等，主要基于陌生人社会网络和地理位置。③

移动互联时代的去中心化和去边际化意味着垂直社交还将迎来更大的发展。它的优势在于服务特定的社交需求，将用户从微信这种社会关系庞杂的大平台中解放出来，更简单、快速地完成特定社交目的，这是新型移动社交要有别于微信的重要策略。

---

① 范以锦，董天策．数字化时代的传媒产业［M］．广州：暨南大学出版社，2008：327.

② 即时通信［OL］．(2016)．百度百科．http://baike.baidu.com/link?url=5Jtm5-bSovzqH4hwwDOWQFejBH3bjF-nXCcBWpsTNhIZbHlqs3iRz-sMrjG0WWaAfbe2S4oK0seYYchjXM3wlBXZQSahzkgmGdoKtQDY9zW.

③ 崔保国．中国传媒产业发展报告（2015）［M］．北京：社会科学文献出版社，2015：220-221.

第二节　社交媒体产业概述

一、社交媒体产业发展历程

新媒体的概念是相对的、发展的和变化的，这对于社交媒体产业同样也是适用的。正如美国南卡大学魏然教授所强调的那样，新媒体需要具有历史感的研究，社交媒体产业也需要，有研究就将社交媒体产业研究延伸到20世纪70年代，从更加宽广的历史视角上追溯Facebook等社交媒体产业的前世今生。① 中国的社交媒体产业框架主要源自美国的网站，但是其发展也有自己的特点。实际上中国的社交媒体产业的发展过程具有明显的特征性，Web2.0时代经历了四个阶段。

（一）早期社交网络——BBS时代②

该阶段社交媒体产业以论坛、即时通信和点评网站为代表，给用户带来了交互性的体验，极大地丰富了网民的生活。这个阶段处于Web1.0应用时代，诞生的社交媒体以“内容”为中心特征，在用户的交互习惯进一步自由化的同时缓慢培育。③

社交网络是从Web1.0时代的BBS逐渐演进的。BBS是一种点对面的交流方式，淡化个体意识而将信息多节点化，并实现了分散信息的聚合。中国大陆最早的BBS站是1991年建立的北京长城站，限于互联网尚未普及的条件，当时每天用户访问量只有十几人。1994年春，中国大陆第一个网络BBS站——曙光BBS站成立。随着计算机及其外设的大幅度降价、互联网在国内的快速发展，BBS及Forum逐渐被人们认识，并以惊人的速度发展起来。中国内地的BBS论坛在1997年达到一个发展顶峰，各种BBS站大量涌现，BBS论坛功能不断改进，内容涉及领域几乎无所不包。

最早针对BBS论坛进行管制的法律条文是1997年公安部发布的《计算机信息网络国际联网保护管理办法》。2000年起我国先后颁布了一系列网络

① 崔保国．中国传媒产业发展报告（2015）［M］．北京：社会科学文献出版社，2015：278.

② 李娜，胡泳．社交媒体的中国道路：现状、特色与未来［J］．新闻爱好者，2014（12）：5.

③ 游恒振．社会化媒体的演进研究［D］．北京：北京邮电大学，2012：14.

方面的法规，其中《互联网电子公告服务管理规定》对 BBS 论坛的法律管制作出不少规定，对 BBS 论坛运营者的法律责任和法律义务也有很多具体的规定。①

论坛的种类众多，比较有影响力的大型论坛包括：全球最具影响力的中文论坛——天涯社区，百度贴吧依托百度搜索引擎建立的大型中文社区，猫扑社区、西祠胡同等门户网站建立的论坛，搜狐论坛、网易论坛、新浪论坛等新闻网站开设的论坛，人民网的强国论坛、新华网的发展论坛等专业性论坛，铁血社区等军事类论坛，摄影图片类的色影无忌论坛等，高校论坛有清华大学的水木社区、北京大学的未名、南京大学的小百合等，地方性论坛有福建论坛、深圳之窗社区等，另外还有其他各种不同大小、种类的论坛不计其数。②

论坛的诞生，打开了一种全新的交互局面，普通民众可以利用论坛与陌生人进行互动，而不仅仅是被动接收媒体信息。

（二）休闲娱乐型社交网络时代

经历了早期 BBS 阶段，社交网络凭借休闲娱乐内容取得了长足的发展。2004 年，复制线下真实人际关系到线上进行低成本管理的 Facebook 诞生，意味着社交网络正式迈入了 Web2. 0 时代。③

受国际社交网络发展的影响，中国社交网络产品相继出现，该阶段社交媒体产业以博客、视频分享、百科、问答为代表。博客的发展和推广使网民有了“自媒体”平台，可以表达感情、宣扬自我；视频分享网站更是扩展了自媒体平台的信息类型，提供了多媒体化的自我表达途径；百科开创了用户协同创造内容的平台，网民的创造力得到了极大发挥；问答是简单化的论坛，为用户创造一个汇聚无数人经验、智慧的互动式知识问答平台。

（三）微信息社交网络时代

该阶段社交媒体产业以 SNS、微博、团购、基于位置的服务为代表。网站依据“六度分割”理论而建立，让人们把现实世界中的人际关系复制到互联网上，并在互联网上拓展人际关系，使社交成为互联网发展的主流微

① 潘敏，凌慧，于朝阳 . 国内外 BBS 论坛发展及管理比较研究 [J]. 思想理论教育导刊，2007（7）：68-72.

② 游恒振 . 社会化媒体的演进研究 [D]. 北京：北京邮电大学，2012：14.

③ 李娜，胡泳 . 社交媒体的中国道路：现状、特色与未来 [J]. 新闻爱好者，2014（12）：5.

博，更使人们接触和使用互联网的门槛降低，给人们随心所欲、不拘于格式畅所欲言的自由和轻松。① 2009 年 8 月，新浪推出微博产品，140 字的即时表达，图片、音频、视频等多媒体支持手段的使用，转发和评论的互动性，使得这种产品迅速聚合了海量的用户群②。随着移动互联网的发展，微信息社交产品逐渐与位置服务（LBS 技术）等移动特性相结合，相继出现米聊、微信等移动客户端产品。③ 这个阶段的社交媒体以“用户开展社交分享信息”为中心特征，社交媒体呈现爆发式发展。

（四）垂直社交网络应用时代

该阶段社交媒体产业开始跨界整合成为一种新的尝试，随着群组、站点的发展，各种社交媒体不断完善其功能，给用户带来更好的社交体验。然而在没有区分的大平台社交媒体上，用户被各种各样的无效信息轰炸，随着好友数的增多，处理信息变得疲劳而低效，成本剧增，现有的社交空间不断被压缩。因此，从大众化走入小众排他性开放平台成为中国互联网业界发展的共识，社交媒体也掀起了开放的浪潮，吸纳更多的企业为用户提供网络应用。

近年来，一大批垂直社交产品涌现出来，渐成燎原之势，大量的垂直社交产品达到百万用户量级，甚至是千万用户量级。截至 2014 年 7 月，中国同性社交平台 Zank 的总用户数达 500 万户，日活跃用户 100 万户，月活跃用户 300 万户；情侣私密社交产品“小恩爱”的用户数则达到1 500万。④

垂直社交产品的大批出现和成功说明，人们更愿意用垂直社交产品解决垂直社交需要，而不是功能臃肿、关系庞杂的大社交平台。

二、社交媒体产业规模

传统媒体渐行渐远，社交平台百家争鸣。曾经，电视、广播、印刷媒体是人们最主要的休闲娱乐方式，但随着互联网的兴起与普及，传统媒体离

---

① 游恒振．社会化媒体的演进研究［D］．北京：北京邮电大学，2012：16-17.

② 微博［EB/OL］．（2016）．百度百科．http：//baike. baidu. com/link？url = mJUTb0E3e20gohpFK5uuCTpfKzyXhJwUP0XB0xzpDaQ46gMCBtefiu _-SBTNQeSsCio15uDX _ cBslief1Fdw0Zx4XfUGXnNeCglckfuXg7K.

③ 李娜，胡泳．社交媒体的中国道路：现状、特色与未来［J］．新闻爱好者，2014（12）：6.

④ Zank 发布同志消费报告［EB/OL］．（2016）．网易科技．http：//tech. 163. com/14/0717/17/A1CEIMSA000915BF. html.

我们的生活越来越远，更多的人选择线上的娱乐方式，沟通交流等通信工具也逐渐向线上转移。在这个背景下，社交平台应运而生，社交媒体产业孕育社交娱乐新方式，QQ、微博、人人、陌陌、微信等社交平台相继成长起来，针对不同的受众群体形成了百家争鸣的局面。

从中国的情况来看，近年来网络基础设施日益完善，中国网民的规模不断扩大，互联网应用的使用率不断提高。① 根据中国互联网络信息中心（CNNIC）第 37 次《中国互联网络发展状况统计报告》的数据，截至 2015 年 12 月，我国网民规模达 6. 88 亿，互联网普及率为 50. 3%，手机网民规模达 6. 20 亿。② 从各类使用人数的绝对值与增长趋势可以看出，中国社交媒体已经广泛渗透到网民生活中，成为网民生活中不可或缺的一部分。

社交需求广泛存在于生活中的各个方面，因此针对不同需求的用户群体，各类型的社交平台被相继开发。社交平台根据服务的场景主要可分为社区类、即时通信类、娱乐类、匿名类、婚恋类、微博/博客类以及职场类，涉及日常生活中的各个领域。腾讯发布截至 2015 年 12 月 31 日的全年综合业绩显示，微信和 Wechat 合并月活跃账号数达 6. 97 亿，较半年前增加近 1 亿；另据腾讯发布的《2015 年微信平台数据研究报告》，25%的微信用户每天打开微信超过 30 次，55. 2%的微信用户每天打开微信超过 10 次。微博发布的 2015 年第四季度及全年财报显示，截至四季度末，微博月活跃用户达 2. 36 亿，同比增长 34%，日活跃用户达 1. 06 亿，同比增长 32%。③ 由此可见，以微信、微博为代表的社交平台已成为人们生活的重要部分。

三、社交媒体产业政策

纵观中国社交媒体发展历程，社交媒体产业的发展离不开国家宏观政策的推动，“十三五”规划建议明确提出，到 2020 年文化产业要成为国民经济支柱性产业。根据该目标，文化产业未来的增加值至少应该达到 5 万亿元，年均增长率至少应保持在 13%以上，这就意味着作为文化产业重要组

① 2016 年中国社交媒体行业市场现状及发展前景分析［EB/OL］.（2016）中国产业信息. http：//www. chyxx. com/industry/201605/415536. html.

② 第 37 次《中国互联网络发展状况统计报告》［EB/OL］.（2016）. 中国互联网信息中心. http：//www. cnnic. cn/gywm/xwzx/rdxw/2016/201601/t20160122_53283. htm.

③ 腾讯：2015 年微信平台数据研究报告［OL/EB］.（2015）. 中文互联网数据咨询中心 . http：//www. 199it. com/archives/324845. html.

成部分的传媒产业，在“十三五”期间将保持总体上的高速增长。①

2015年，国家为了更好地促进传媒产业健康、高速地发展，出台了一系列扶持性、规范性政策。社交媒体以其巨大的力量影响并改变着中国，2015年更凸显出社交媒体带动政治、经济、技术和文化等各领域的发展。第二届世界互联网大会召开，“约谈十条”（2015年2月4日，《互联网用户账号名称管理规定》出台，对包括博客、微博客、即时通信工具、论坛、贴吧、跟评评论等注册的所有账号进行规范管理，要求网民的账号、头像、简介等注册信息不得出现危害国家安全、破坏民主团结等违法和不良信息）、“账号十条”（2015年4月28日，《互联网新闻信息服务单位约谈工作规定》指出，凡是网络新闻出现的违法违规行为，其主要负责人和总编辑将被国家网信办或地方网信办约谈；此政策对约谈的主要形式、行政主体、行政相对人、实施办法、约谈方式、相关程序等做出了明确的规定）②等政策法规出台，体现了政府在互联网治理方面的努力，为行业长期稳定的发展提供了支持。

第三节　社交媒体传播影响力

中国互联网络信息中心（CNNIC）发布的《2014年中国社交类应用用户行为研究报告》，主要研究以社交功能为基础的互联网应用，包括狭义的社交网站、微博、即时通信工具等，以了解市场的整体情况。报告数据显示，截至2014年6月，三大社交类应用中，即时通信在整体网民中的覆盖率最高，为89.3%，其次是社交网站，覆盖率为61.7%，再次是微博，覆盖率为43.6%。③

以即时通信为例，2015年，中国即时通信用户规模为6.24亿人，比2014年同期增长了3 632万人，增长率达6.2%，网民使用率为90.7%。尤其值得一提的是，移动互联网及移动终端的飞速发展孕育出广阔的APP市

---

① 崔保国．中国传媒产业发展报告（2016）［M］．北京：社会科学文献出版社，2016：3.

② 崔保国．中国传媒产业发展报告（2016）［M］．北京：社会科学文献出版社，2016：203.

③ 2014年中国社交类应用用户行为研究报告［EB/OL］．(2014)．中国互联网信息中心．http：//www.cnnic.net.cn/hlwfzyj/hlwxzbg/sqbg/201408/t20140822_47860.htm.

场空间，目前苹果APP Store应用程序数量已达到150万个，场景话、碎片化、社交化是APP发展的主要趋势。在这种趋向下移动IM（即时通信）云服务应运而生，中国IM云服务市场在2015年进入高速发展期，预计到2018年，中国IM云服务市场规模将会达到23.89亿元。①

另外是微博，2011年微博呈井喷式发展，2012年达到巅峰状态。根据新浪微博数据中心发布的《2015年度微博用户发展报告》，截至2015年9月，微博月活跃人数已达2.12亿，较2014年同期相比增长48%；日活跃用户达1亿，较去年同期增长30%。随着微博平台功能的不断完善，微博用户逐渐稳定并保持持续增长。

在产值方面，通过比较微博前三个季度的成本和营收，相对2014年各季度还处于运营亏损的状态，2015年已经开始稳步盈利，第一季度亏损430万美元，第二季度盈利230万美元，第三季度盈利1 390万美元。在营收的总盘子中，广告营收和增值服务营收是最主要的来源，前者是微博营收的主要构成，而增值服务营收则较为稳定。②

从这些数据可以看出，社交媒体正在渐渐渗入人们的生活中，正如安东尼·菲尔德（Antony Mayfield）所说："网络的社会化不会朝生暮死，也不会昙花一现。网络的社会化将逐渐影响到每个人，每家公司，深入到世界的每个角落。"③ 社交网络不仅改变着全球的互联网市场，还改变着消费者的生活方式。不管是网络基础的应用，还是在获取信息这一功能上，都呈现出多元化的状态。④

相关数据表明，2015年报纸和期刊在城市居民总体中的日到达率和日均阅读时长均处于下滑状态。2015年报纸的日到达率下降到37.5%，相比2014年减少了8个百分点；电视的日到达率为75.3%，较2014年下降了3.5个百分点；广播的日到达率为14.6%，相比2014年有小幅下滑，但广播的日均收听时间却呈现出较大的下降幅度；移动互联网在城市居民中的日到达率为63.6%，受众越来越倾向于在微博、微信等社交媒体上获取信息，

---

① 崔保国．中国传媒产业发展报告（2016）［M］．北京：社会科学文献出版社，2016：261-263.

② 2015年度微博用户发展报告［EB/OL］．（2015）．知识库．http：//www.useit.com.cn/thread-10921-1-1.html.

③ 孙楠楠．对社会化媒体的传播学思考［J］．新闻爱好者，2009（9）：16.

④ 曹雁．论"社交媒体"对受众的影响［J］．新闻世界，2011（9）：122.

寻求帮助和建议。其中92%的消费者信任熟悉的同伴推荐，70%的受众信任网上用户评论，广告信任度排名依次为：好友推荐、网友评论、软文、官网、信任邮件、电视、杂志……①此数据再次证明，微信、微博等社交媒体已经成为人们特别是年轻人的一种生活方式，同时社交媒体在潜移默化中也对受众的角色构建产生了重要的影响。

首先社交媒体改变了受众在传播中的地位。在大众传播研究中，从“魔弹论”中完全被动的受众，到“有限效果论”中顽固的受众、适度效果论中相对主动的受众，从被视为消费者的受众，到被视为公民的受众……受众的能动性随着理论研究和传播实践的发展逐步得到肯定。在社交媒体中，用户已经变为内容的生产者与消费者的结合体。大量UGC（用户生成内容）的产生，颠覆了传统的新闻生产流程，受众已不仅仅是过去的信息接受者、消费者，更是传播者、反馈者、咨询者、对话者，受众角色呈现出多元变化态势。“用户”替代了“受众”概念，淡化了传播者和接受者的区分，表现出与大众传媒时代明显不同的特征。互联网的发展为受众生成内容的传播提供了技术支持，而各种移动终端的推广普及，再加上信息发布不受时空制约，能使用户方便地将生成的内容发送到社交媒体的平台上。这种内容的生成，是对传统传者角色的一种颠覆，通过自身产生的用户体验来修正传播内容，这就从传播过程的起始进行优化，对良好传播效果的形成起到了积极作用。②

其次，社交媒体的传播特性迎合了受众的期待。基于群体和圈子的信息发布范围，在任何场合下都可以“短消息”的形式来记录和发布，社交媒介更多的成为了社交工具平台上的信息发布工具，信息是为社交服务，显然人际关系的稳定性加剧了受众对社交媒介的依赖。社交媒体依托互联网将世界缩小为一个地球村，融合了所有媒介的传播优势，不仅可以进行文字、图像、声音等传播，还可以随时随地下载、储存、交互沟通、发送信息。信息的生产和传播时间大大缩短，尤其是突发事件的在场传播更是时效性的强体现，弥补了传统媒体在信息生产传播过程中无法第一时间做出反应的缺憾。

---

① 陈琦，刘磊．社会化媒体环境对受众角色的重构和信息传播影响［J］．新媒体，2015（3）：80.

② 李静，崔爽爽．社会化媒体中的受众解读［J］．新闻研究导刊，2015，8（15）：267.

传播形态由点对点或点对面转变为面对面，同时再反馈回受众本身,① 在这个过程中，不论是互联网还是手机媒体，任何人都可以便捷地向受方传送信息，而且容易形成二次或多次传播，形成新的信息源。

最后，现代受众的心理正在被社交媒体逐渐适应，“在原子化的社会关系中，社会生活和文化图景显得支离破碎，社会关系网络不足使得孤独感成为一种弥漫性的心理状态，孤立的个体遭遇前所未有的自我认同困惑和归属感的缺失”②。传统媒体的受众呈现较分散的状态，受众间的关系更多的是基于人际关系；而社交媒体的各种传播优势为受众提供了一个全新的虚拟空间，社交媒体中受众间的关系比传统媒体的受众间关系更加密切。社交媒体中的受众关系已经超越了简单的线下人际关系，线上关系统率了用户之间的联系。用户自己选择关注的议题，通过转帖、评论等方式去形成相关的圈子，用户的黏性在这些圈子能够得到深化，他们之间的关系呈现出一种紧密化的状态，形成集群化。国外学者提出“三度影响力”的观点，提出每个人在网络上发布的信息会引起像涟漪一样的效应，即影响朋友（一度）、朋友的朋友（二度）、朋友的朋友的朋友（三度），超出三度分割，原始信息的影响就逐渐消失了。这些圈子通过用户建模、用户相似性和用户分类模型都可发现。③

通过对社交媒体的分析，我们可以看出社交媒体影响的多个层面，正好印证了安东尼·菲尔德（Antony Mayfield）所说的社交媒体深入到世界的每一个角落。

第四节 社交媒体重点企业和案例

一、社交媒体重点企业

胜利总是属于那些善于把握趋势者。消费者正在日益网络化、个性化，这对企业来说是一个机会，无论大企业还是中小企业，现在都有机会在社交媒体这一新的接触点上大展身手。它们可以在社交媒体上通过融入消费者人群，最直接地了解消费者的需求；它们可以与消费者进行平等对话；它们甚

① 曹雁．论“社交媒体”对受众的影响［J］．新闻世界，2011（9）：122.
② 蔡葵．媒介崇拜论［M］．北京：中国传媒大学出版社，2008.
③ 曹雁．论“社交媒体”对受众的影响［J］．新闻世界，2011（9）：122.

至有机会让消费者一起来参与企业品牌的延伸与塑造；它们也有机会让品牌越来越归属于消费者需要的某种文化、时尚或潮流。也就是说，消费者将成为你的品牌的主人，你要做的是通过社交媒体，顺应消费者的需求，让你的品牌真正得到消费者的认同与信赖。①

腾讯公司就是这样一个极具责任心的企业，该公司的愿景是成为“最受尊敬的互联网企业”。不是最大，也不是最强，而是最受尊敬，这鲜明地表达了腾讯的远大抱负。在这样的愿景的指导下，腾讯不仅在互联网技术上进行开拓升级，在服务上更符合大众的需求，更是在降低网络犯罪、保护个人隐私上做出努力，努力使企业成为一个不仅是消费者喜欢更是消费者尊敬的企业。②

腾讯公司成立于 1998 年 11 月，是目前中国最大的互联网综合服务提供商之一，也是中国服务用户最多的互联网企业之一。成立十多年以来，腾讯公司一直秉承一切以用户价值为依归的经营理念，始终处于稳健、高速发展的状态。目前，腾讯公司以“为用户提供一站式在线生活服务”作为自己的战略目标，并在此基础上完成了业务布局，形成 QQ、门户网站腾讯网（QQ. com）、QQ 游戏门户、多媒体社交网络服务 QQ 空间这四大网络平台，形成中国规模最大的网络平台，对网络的影响非常深远。在满足用户信息传递与知识获取的需求方面，腾讯公司拥有门户网站腾讯网（QQ. com）、即时通信工具 QQ、QQ 邮箱以及搜索 SOSO；满足用户群体交流和资源共享方面，腾讯公司推出的 QQ 空间已成为中国最大的个人空间，并与访问量极大的论坛、聊天室、QQ 群相结合；在满足用户个性展示和娱乐需求方面，腾讯公司拥有非常成功的虚拟形象产品 QQShow、QQ 宠物、QQ 游戏和 QQMusic/Video/Live（音乐/视频/电视直播）等产品，同时，还为手机用户提供了多种无线增值业务；在满足用户的交易需求方面，C2C 电子商务平台——拍拍网已经上线，并完成了和整个社区平台的无缝整合。当前腾讯公司即时通信工具 QQ 的注册账户数已经超过 10 亿，活跃账户数超过 5. 686 亿，同时在线人数突破 1. 1 亿，QQ 游戏的同时在线人数超过 500 万，腾讯网已经成为了中国浏览量第一的综合门户网站。

经过近几年的高速发展，无论是核心产品数据还是企业经营业绩，腾讯

① 曹宇 . 潮湿的社会化媒体 [J]. 商界评论，2010：87.

② 李伟 . 腾讯公司发展战略研究 [D]. 青岛：中国海洋大学，2014：28.

都保持了持续高增长态势，而且这一趋势到目前为止仍然没有改变。① 由此可见，腾讯的“为用户提供一站式在线生活服务”多元化战略获得前所未有的成功，它的业务范围可以说几乎涵盖了互联网的全部业务。

腾讯公司的核心业务无疑是即时通信行业，目前在全球范围内，即时通信发展迅猛，是互联网发展的领头羊，并且在“羊群效应”下，全球从 20 世纪 90 年代开始就频繁地涌现出来大量的 IM 运营商。CNNIC 统计数据显示：“截至 2015 年 12 月，网民中即时通信用户规模达到 6.24 亿，较 2014 年底增长了3 632万，占网民总体的 90.7%，其中手机即时通信用户 5.57 亿，较 2014 年底增长了4 957万，占手机网民的 89.9%。即时通信的网民使用率仍为各类应用最高，可见用户规模还在不断提升。”截止到 2013 年 11 月 21 日，QQ 号已经编号到了 2044430031（从 10000 号开始），QQ 累计用户数已经超过了 20 亿。② 腾讯的累计用户数已经超越了三大运营商之和，虽然中国互联网发展落后全球很多年，但是 QQ 的用户占比可以证明中国在全球即时通信中的地位非同一般。

腾讯当前力争做中国领先的互联网服务和电信及移动增值服务供应商。该定位明确了腾讯当前的市场范围是中国，主要业务范围是互联网增值服务、移动及电信增值服务及网络广告。这一战略定位无疑是基于当前自身的资源能力优势建立，充分体现了腾讯的务实专注，因为，客观来说在国际市场腾讯产品并没有绝对竞争优势，而且，由于自身国际化方面经验不足、人才储备不足，如果急于拓展海外市场将很难获得成功。另一方面，中国互联网是目前全球规模最大、潜力最大且最具活力的市场，仍然具备较大挖掘和上升空间，能够在这一市场占据领导地位无疑将为未来的长远发展奠定坚实的基础。从长期来看，要想实现保持互联网综合实力前三的目标，腾讯最终必将走向国际化。而正是这一定位的成功实施，让腾讯在 2016 年继续交出了一份出色的成绩单，一直创造着互联网营收的神话。

2016 年 5 月 18 日，腾讯公布了截至 2016 年 3 月 31 日未经审核的第一季度综合业绩。2016 年第一季度，腾讯总收入为 319.95 亿元，比去年同期增长 43%。经营盈利为 133.98 亿元，比去年同期增长 43%；经营利润率为 42%，与去年同期持平。期内盈利为 92.68 亿元，比去年同期增长 34%；净

① 王啸枫．腾讯社交网络商业模式分析［D］．天津：天津大学，2010：13-14.

② 腾讯到底有多强大［EB/OL］．(2013)．科学中国．http：//science. china. com. cn/2013-11/26/content_30707991. htm.

利润率由去年同期的31%降至29%。权益持有人应占盈利为91.83亿元，比去年同期增长33%。财报显示，QQ月活跃账户数达到8.77亿，比去年同期增长5%；QQ智能终端月活跃账户数达到6.58亿，比去年同期增长9%；QQ最高同时在线账户数（季度）达到2.60亿，比去年同期增长14%。微信和WeChat的合并月活跃账户数达到7.62亿，比去年同期增长39%。QQ空间月活跃账户数达到6.48亿，比去年同期下降3%；QQ空间智能终端月活跃账户数达到5.88亿，比去年同期增长4%。收费增值服务注册账户数为1.08亿，比去年同期增长33%。在广告业务方面，腾讯网络广告业务的收入同比增长73%，增至47.01亿元，广告总收入中约80%来自移动平台。效果广告收入同比增长90%，增至25.32亿元，主要受QQ空间手机版、腾讯新闻、微信朋友圈及微信公众账号的广告收入增加所推动。① 品牌展示广告收入同比增长56%，增至21.69亿元，主要来自腾讯新闻及腾讯视频收入的增长。

腾讯交出的成绩单无疑让我们看到了腾讯宽阔的版图，在这块版图上腾讯帝国拥有自己的货币、完整的生活服务系统、完整的购物和交易生态系统、完整的娱乐和生活服务系统、庞大的媒体传播系统，支持其不断扩张的雄厚现金储备和庞大的投资系统。纵观马化腾的腾讯帝国，离不开众多的资源能力优势的强力支持，腾讯至少具备以下三项核心竞争力：

（1）腾讯公司的组织管理能力很强。

高管团队在专业和技术层面都有极深的造诣。马化腾作为CEO，本来就是技术出身，是产品开发的资深专家；前任CTO张志东在技术和管理水平上造诣匪浅；现任总裁刘炽平的管理运营经验丰富；副总裁张小龙有着独特的产品理念，是Foxmail和微信的设计者。这四位高层管理者能力经验各异，配合默契，保证腾讯在产品、技术和运营的稳步发展。除了几位高管外，腾讯拥有超过两万人的员工团队，以技术研发为主，内部扁平化的组织结构，对环境反应灵敏，信息传递高效。②

（2）海量的用户资源。

QQ用户天然的社会网络属性让腾讯拥有中国最全的互联网用户关系链数据，海量用户数据在量上形成优势，而具备社会网络属性的数据其意义更

① 腾讯2016年第一季度总收入319.95亿元 同比增长43% [EB/OL]. (2016). 腾讯网. http://tech.qq.com/a/20160518/067853.htm.

② 李伟. 腾讯公司发展战略研究 [D]. 青岛：中国海洋大学，2014：38.

加非凡。为了将用户资源庞大这一优势进一步发挥，腾讯在全国多地如上海建立了互联网数据中心，庞大的关系链数据为腾讯的海量数据挖掘、精确营销、用户细分、市场细分及 SNS 类业务拓展提供了强大支持。中国没有第二家互联网公司拥有如此资源，这将极大提升腾讯基于用户网络属性的产品研发和业务推广，形成对竞争对手的绝对竞争优势。①

(3) 对用户需求与产品体验的极致挖掘能力。

腾讯非常善于把握网民需求，他们总是能通过各种途径与网民接触，如内部完善的数据挖掘分析、用户调研、CE 平台、产品博客等，而且，腾讯总是能够通过产品线的延伸、渗透与整合创造出更丰富的用户需求。一直以来，腾讯的产品几乎都在重复着这样一种模式——复制、改进、超越，腾讯似乎总能比竞争对手做得更好。在腾讯内部听到最多的一个词就是“体验”，腾讯对产品的专注让他们长期以来形成了一种对用户体验的极致挖掘能力，CEO 马化腾亲自担任首席体验官，他们不放过每一个细节，而正是这种对用户需求与体验的极致挖掘，使得腾讯的产品总是会比对手更好一点，最终赢得用户信赖。

腾讯之所以能够获得巨大成功，离不开其强大的核心竞争力，核心竞争力是竞争对手不具备且难以复制和追赶的，在制定公司战略和拓展业务的时候只要始终坚持围绕自身核心竞争力展开，始终坚持对自身核心竞争力的深度挖掘和灵活运用，腾讯将建立起对竞争对手的长期竞争优势。

二、国内社交媒体案例

微信是腾讯公司于 2011 年 1 月推出的一款基于移动智能终端的即时通信软件，是通过网络快速发送语音、视频、图片和文字的 APP，同时是支持多人群聊的手机聊天软件。它具有零资费、跨平台沟通、显示实时输入状态等功能。与传统的短信沟通方式相比，微信更灵活、智能，且节省资费，微信只需消耗手机流量，以近乎免费的方式实现跨运营商、跨系统平台的语音、文字、图片等信息的即时传递功能。一经推出，微信便迅速占领市场，取得了傲人的下载量和使用量，并且获得良好口碑，在 2012 年成为中国移动互联网领域最具人气和最富话题的应用。经过 2013 年的继续发展，微信建立并稳定了其在移动互联网即时通信领域的绝对优势和垄断地位。在几年的发展过程中，微信经过多次版本升级，功能越来越丰富，其意义已经远远

① 黎巍．腾讯公司发展战略研究［D］．上海：上海交通大学，2010：39.

超出一般的即时通信工具。①

如果 QQ 是 PC 互联网时代的标准沟通工具，微信就是手机互联网时代的标准沟通工具。微信是继 Facebook、Twitter 之后世界互联网的又一奇迹，它迅猛的发展脚步超越了世界上任何数字通信产品的发展速度。微信抢占了移动终端社交媒体这一巨大蛋糕后，获得了巨大的用户量并开始平台化。各大互联网公司注意到了移动即时通信应用作为一个平台级产品的巨大潜力，纷纷发力这一领域，如电信携手网易推出的易信，阿里巴巴推出的来往等，这些产品虽然主要是各大互联网公司或电信运营商针对微信的防御措施，但是如果得到深度发展同样会有进一步的举措。可以看出移动即时通信类应用已经成为一个热门领域，其发展潜力得到了业内的公认。

值得一提的是，微信公众平台的低门槛为各种规模的企业提供了新的机遇。微信公众平台的用户不仅有全球性的知名企业，还有地域性的小商家；不仅有知名度高的大明星，还有在网络上拥有一定知名度的“草根”。微信首先为这些官方的和非官方的公共账号的发展提供了一个操作简单、成本低廉又高度可定制化、个性化的平台，同时拥有足够规模的用户群体，为公共账号与用户之间的互动和反馈提供了绝佳的土壤。

微信已走过六年的发展历程，从最初的社交通信工具，成长为连接人与人、人与服务、人与商业的平台。月活跃户是衡量社交媒体的重要指标，根据企鹅智酷发布的《2016 年微信影响力报告》，截至 2016 年 2 月底，微信月活跃户已经高达 6. 5 亿，全年的季度平均同比增长高达 9. 1%。微信在即时通信领域成就了霸主地位，在 2016 年交出了满意的成绩单。

企鹅智酷发布的报告数据显示，有 17%的人每天会打开微信超过 50 次，微信用户中男性用户居多，在职业分布中，企业职员所占比例超四成；超九成的微信用户每天都会使用微信，半数每天使用微信超过 1 小时；拥有 200 位以上好友的微信用户占比最高，64. 1%用户打开微信必刷“朋友圈”；35. 8%的微信读书用户，提升了自己的阅读量；超过四分之一的微信运动用户，提升了自己的运动量。②

微信之所以能够交出如此优秀的成绩单，与它不断升级的产业体系是息息相关的，下面对微信产业进行具体阐述：

---

① 魏超，陈璐颖，白雪．微博与微信［M］．北京：企业管理出版社，2015：170.

② 2016 年微信影响力报告［EB/OL］．（2016）．搜狐网．http：//mt. sohu. com/20160621/n455511873. shtml.

（1）微信+社交。新媒介为人们提供了创造和分享的场所，人们在新媒介的“广场”上交谈、分享，通过个体间的互动实现社会性交往。微信首先是实现个体与个体之间对话的工具，点对点的人际传播是人们通过微信实现社会交往的主要方式。其次微信好友一般以手机通讯录联系人和QQ好友为主，这决定了微信上的关系以熟人居多。微信能在移动社交领域取得霸主地位，其中一个重要的原因就在于它致力于优化私人朋友圈的社交维护。用户之间彼此连接，也互相绑定，微信承载了用户的大部分社交关系。朋友圈已成为用户手机社交的主阵地，用户表现出登录高频、点赞活跃、喜爱围观好友生活状态的行为特点。如果用户要离开微信，其社会关系也得使用其他工具，而且这些工具还必须有更好的用户体验。因此，只要熟人社交关系不更换社交工具，用户自身无法主动更换，微信是以熟人社交为核心的圈层传播，利用朋友圈增强优势。微信也尝试提供了更多的社交玩法和商业化模式，如短视频、红包照片、朋友圈广告等，进一步奠定了微信的霸主地位，而且这类探索值得继续下去，挖掘社交链内部和外延的更多生态和服务价值。①

（2）微信+支付。微信公众平台、扫一扫、查看附近的人、微信支付等衍生出许多商业服务功能：基于公众平台的媒体功能，商家、企业和品牌可以在这里实现营销推广和客户服务；基于LBS以及二维码技术的普及，微信在实现线上线下电子商务方面具有创新性；微信支付功能不仅为用户提供了便捷的支付方式，还可以引入电子商务平台。随着应用场景的扩大，微信支付的消费额度开始增长，超过1/5的调研用户月均微信支付额度超千元。随着在金融和电商领域进一步打通服务，微信支付有望将现金流从社交流转引导向金融流和消费流，银行金融流程、线下支付覆盖将是微信等互联网支付产品未来的业务重点。

（3）微信+媒体。2012年8月，微信推出“微信官方账号”功能模块，后更名为“微信公众平台”。微信公众平台是一个面向公众进行信息传播活动的平台。任何个人、组织和团体机构都可以申请开通微信公众账号，向公众推送内容，和公众进行互动、沟通，通过后台轻松实现公众号的运营管理。公众号可以向订阅者群发信息，进行一对多的信息推送，通过内容的传播向受众传递信息、知识，输送观点、价值，进行品牌的建立、推广和营销活动。《2016年微信影响力报告》数据显示，约有3/4的用户表示，关注微

① 魏超，陈璐颖，白雪．微博与微信［M］．北京：企业管理出版社，2015：182.

信公众号的主要需求是获取资讯，微信公众平台的开放，使微信在通信和社交功能之上又具备了媒体的功能。在国内外，媒体拥抱社交传播已成为大趋势，微信+媒体模式已有很多跟进者，但复制会很难。

（4）微信+生活服务。《2016年微信影响力报告》数据显示，62.2%的用户使用过微信生活服务类功能，使用手机充值功能的用户最多，达47.1%；其他细分功能的使用率中，微信运动和微信公益捐助等细分服务使用率达15%。在微信运动这一块，62.5%的微信运动用户认为最大的好处是方便了解每日的运动量。① 此外，因为可以看到好友运动情况排名，用户增加了好友互动，变得更为关注运动健康。根据以上数据来看，微信已基本完成从社交平台向多维度服务平台的延展，整体渗透率可观，线下互联网化程度越高的行业，在微信平台的引流效应越明显，和其他相对成熟的行业相比，金融服务和微信的结合在未来可延展的空间更大。

（5）微信+企业服务。数据显示，72.7%的公众号运营主体为企业和组织机构，微信公众平台为企业和商家提供了一个与微信用户直接沟通的渠道。具体行业中，文化/娱乐/传媒类企业占比最高，其次是服务业/IT/通信/互联网行业；超六成的运营者对公众平台有投资，同时，各个资金区间的投入相比上年度均有提升。由此可以看出，用户高度聚集的地方，会吸引大量服务用户的企业进驻，这是平台的价值。微信公众号中，传媒娱乐类占比最高，服务行业次之，这也符合平台与用户交互场景的黏性关系。另外，微信帮助企业获取和服务用户方面，潜力已被很好激活，为了更近距离触达和服务精准用户，运营者在微信平台上的投入不断提升。目前看来，这一领域的天花板还远远未到，接下来将进入更高规模的发展。

作为全球政治经济的有机组成部分，包括微信在内的社交媒体不仅持续地挖掘国内市场，同时也在积极拓展海外市场。微信是中国移动通信媒体的典型代表，在中国获得了巨大的成功。中国社交媒体走向世界——腾讯公司日前宣布，国际版微信 WeChat 注册账户数突破5 000万，WeChat 是腾讯微信团队专门为海外用户设计的产品。从中国的港澳台开始，WeChat 在泰国、马来西亚、印度、印度尼西亚、菲律宾、墨西哥以及中东等地掀起一波波热潮，成为当地 APP Store 和 Google Play 平台上下载量最高的社交类应用程序。针对海外市场，腾讯为 WeChat 制定了本土化战略，邀请当地明星和名

① 2016年微信影响力报告［EB/OL］．（2016）．搜狐网．http：//mt.sohu.com/20160621/n455511873.shtml.

人代言，使得 WeChat 在当地迅速落地，注册账户数持续增长。① 微信目前已经推出 20 多个语言版本，覆盖超过 200 个国家，在 2015 年的季度报表中，腾讯公司也明确提出通过春节红包等活动持续提升海外市场的用户参与度。②

通过腾讯微信这个成功案例，社交媒体企业应该认识到，当新的移动社交工具不断出现，不断分流用户和使用时间之时，社交媒体企业应该制定快速、有效的发展战略，应该根据社交网络的特点对产品体验进行调整，否则容易在竞争市场中丧失市场先机。

三、国外社交媒体案例

以社交媒体为代表的美国新媒体产业蓬勃发展，在 2014 年有出色表现。美国皮尤研究中心 2014 年 9 月针对美国互联网网民的调查发现，社交媒体已经成为美国人生活中不可或缺的组成部分。美国皮尤研究中心的调查显示，Facebook 是目前最受欢迎的社交网站。③

Facebook 是美国的一个社交网络服务网站 ，于 2004 年 2 月 4 日上线，网站的创始人名叫马克·扎克伯格（Mark Zuckerberg），是一名来自哈佛大学的学生。网站的名字 Facebook 来自传统的纸质“花名册”，通常美国的大学和预科学校把这种印有学校社区所有成员的花名册发放给新来的学生和教职员工，帮助大家认识学校的其他成员。扎克伯格的初衷只是想为哈佛大学的同学们建立一个相互认识和熟悉的途径。最初，网站的注册仅限于哈佛学院（哈佛大学的本科生部）的学生，之后，注册扩展到美国的许多其他高校，最终，在全球范围内只要有一个大学后缀电子邮箱的人（如 . edu、. ac、. uk 等）都可以注册。④

细数 Facebook 发展历程，2004 年 2 月 4 日扎克伯格上线 Facebook，当时的网站名为 Thefacebook。当时用户在网站上只能添加自己的个人资料、浏览他人的资料、加好友以及“戳一下”他人。2005 年，经西恩·帕克建

---

① 郑善珠 . 移动社交媒体全球化 [J]. 新闻爱好者，2015（1）：85.

② 崔保国 . 中国传媒产业发展报告（2016）[M]. 北京：社会科学文献出版社，2016：204.

③ 崔保国 . 中国传媒产业发展报告（2015）[M]. 北京：社会科学文献出版社，2015：376.

④ 蒲开今 . 美国 Facebook 网站的核心竞争力分析及借鉴 [J]. 今传媒，2009（4）：89.

议，扎克伯格买下 facebook. com 域名，将网站正式更名为 Facebook。网站上线了照片功能，让网页内容大大丰富，针对高中生的版本上线。2006 年，是 Facebook 产品发生革命性变化的一年。最具争议功能 News Feed 上线，用户可以在自己的个人主页上看到好友的所有信息动态；高中版和大学版 Facebook 融合；针对非学生群体开放；用户可以在手机上上传照片，网站的移动版页面上线；包括分享按钮也在 2006 年推出。2007 年，用户之间可以发送虚拟礼物；针对移动版页面做出大量优化，推出视频功能；① 社交广告上线，即根据用户的社交关系链展示广告；最重要的是，Facebook 宣布平台化战略，Facebook 平台上线。直至 2007 年 7 月，Facebook 在所有以服务于大学生为主要业务的网站中，拥有最多的用户——高达3 400万活跃用户（包括非大学网络中的用户）。从 2006 年 9 月到 2007 年 9 月，该网站在全美网站中的排名由第 60 名上升至第 7 名。2008 年，全球化路线大幅度推进，针对多个国家地区推出多语言版；Facebook 以外的其他网站内容可以分享到 Facebook，比如 Flickr 和 Picasa 的图片内容；Facebook 聊天功能 Chat 上线；iPhone 版 Facebook 应用推出。在这一年，用户数超过 1 亿。2010 年，图片上传功能大幅度提升，用户上传的速度和操作变得更快、更简洁；针对 Facebook 平台上的应用提供更多功能，包括游戏应用的活动版块；开发者可以调取 Facebook 用户关系链的 API（应用程序编程接口）；为了紧跟一些热门产品的趋势，上线了 Facebook 签到和团购功能；Facebook 好友的聊天功能变得更强大，将短信、Chat、email 等聊天渠道进行了整合；和 Bing 合作，推出了社交搜索功能。2011 年，允许用户之间无需双向关注，也可以单一订阅对方的公开动态；用户之间的关系结构更多元；针对非智能手机推出应用；将 Facebook 聊天应用 Messenger 做成独立的应用。2012 年，用户的主页可以按照信息流的格式进行展现，好友之间可以互听对方的歌曲。Facebook 在这一年上市，花了 10 亿美元收购热门图片社交应用 Instagram。2013 年，移动广告业务获得突飞猛进的发展。②

回顾 Facebook 十年发展之路，Facebook 根据市场的变化不断调整自己的运营策略，不断创新，其收入自然也是相当可观的。在产值方面，相关数

① Facebook 产品十年演进路线［EB/OL］.（2014）. 移动互联. http：//mi. techweb. com. cn/tmt/2014-02-04/2003363. shtml.

② Facebook 产品十年演进路线［EB/OL］.（2014）. 移动互联. http：//mi. techweb. com. cn/tmt/2014-02-04/2003363. shtml.

据显示，Facebook的年广告收入常年占美国社交媒体整体广告收入的60%以上。美国皮尤研究中心的数据显示，从2014年在线用户使用社交媒体的百分比来看，Facebook仍然以71%远远超过了Twitter的23%、Instagram的26%、Pinterest的28%和LinkedIn的28%。

Facebook的成功是不可复制的，但是我们可以Facebook为考察对象，从收入变化、用户构成和满意度三个方面来分析Facebook的产业特征。

首先是总体收入向移动化转型。美国社交媒体的巨头Facebook收入在2007—2010年以188%的增速高速发展后逐渐放缓，近些年的收入增长维持在50%左右。它的主要收入来源是广告，其在2014年的收入贡献了超过90%，① 这无疑体现了传统社交媒体网站在移动终端时代的转型和尝试。

其次是用户覆盖多样化人群。用户是社交媒体发展的命脉，社交媒体的发展在很大程度上要归功于青少年和年轻人群体。根据2014年的一项调查，Facebook的用户群已经呈现“全民通吃”的结构，② 除了青少年和年轻人这部分稳定用户，甚至超过一半的65岁及以上的老年人使用Facebook。

最后是用户满意指数总体偏低。如果使用数量和频次仅仅代表客观行为，正如在收视率调查中增加美誉度等指标一样，在社交媒体方面，引入满意度来分析社交媒体在使用者心目中的主观印象。在美国几大社交媒体知名企业中，只有Pinterest的满意度高于社交媒体平均满意度，Facebook的满意度不高的情况，与网络缺少把关人，导致信息虽然丰富但是可信度较低有关，这是未来Facebook亟待整顿的问题。

著名管理学者普拉哈德和哈默尔在1990年提出了核心竞争力的概念，他们认为，随着世界的发展变化，竞争的加剧、产品生命周期的缩短以及全球经济一体化的加强，使企业的成功不再归功于短暂的、偶然的产品开发或灵机一动的市场战略，而是企业核心竞争力的外在表现。③ 传媒产业的核心竞争力意味着媒体对传媒的受众有更多的、更优越的满足，受众能从该媒体获得比其他媒体更多的实惠。首先，核心竞争力一定是拥有媒体独一无二的

---

① 最大社交网站的烦心事，不是收购带来的那点破损［EB/OL］.（2014）. 好奇心日报. http：//www.qdaily.com/articles/3177.html.

② 法媒：退出Facebook成当今法国年轻人“潮流趋势”［EB/OL］.（2013）. 中国网. http：//www.china.com.cn/international/txt/2013-06/09/content_29079080.htm.

③ 蒲开今．美国Facebook网站的核心竞争力分析及借鉴［J］. 今传媒，2009（4）：89.

资源或能力，是“人无我有”，而不是“你有我有全都有”。其次，核心竞争力能够使自身在提高效率、降低成本和创造价值方面比竞争对手做得更好，给顾客创造更多的价值。再次，核心竞争力具有难以模仿性，当某家媒体拥有核心竞争力时，其他竞争者和市场跟进者想获得同样的竞争力是很困难的。因为，核心竞争力是该媒体在长期实践中积累形成的，深深地打着其自身特殊经历的烙印，其他媒体想模仿需要付出很高的模仿成本。最后，传媒产业的核心竞争力具有延展性，它不是一成不变的，可以向更有生命力的新领域延伸，保证了传媒产业多元化发展战略的成功。

社交网站的主要功能是对个人社会关系的管理，可以安全地对信任的人群分享自己的信息和知识，利用信任关系拓展自己的社会性网络。美国的社交媒体由 Facebook、Twitter 等几家寡头所垄断，但是 Facebook 能以如此迅猛的速度风靡整个互联网，并且其业绩和用户数远超其他的 SNS 网站，除了技术方面顺应了开放性的互联网发展趋势，另外一个最重要的原因就是 Facebook 对于核心竞争力做出了最深刻的理解。下面将对 Facebook 的核心竞争力进行详细阐述：

（1）对已经存在的实体社区提供一种辅助的网络在线服务①。

Facebook 网站最初的成功是通过向大学生提供实体社区不能获取的信息服务获得的，这是一种交互式的学生指南，包括每个学生的课程计划和社交网络。在 Facebook 优化现在所具备的功能特点之前，它主要是简单地提供一种更全面的学生指南，Facebook 网站并没有创建一个以前完全不存在的全新社区，它采取的策略是在现有实体社区的基础上为学生提供一种更重要的信息和交流服务。大学生在校园里和大多数同学都保持一种很宽松的伙伴关系，他们更习惯于或者倾向于熟人社交，并没有一个很好的途径来更多地了解自己所在的社交圈子外面的学生。现今大部分大学的班级学生数量都很大，学生没有机会在课上和很多同学交流。Facebook 网站首先按照课程表来组织学生，让用户能够更多地了解可能遇上的同学，在一定程度上扩大了学生的社交圈。

（2）限制用户注册来创建理想的在线服务，更加真实、互动。

Facebook 做了很重要的产品决策，保证实体社区和在线服务之间的协调和信任。Facebook 网站最初仅限于能够验证所在大学的 .edu 邮件地址的用

① 蒲开今．美国 Facebook 网站的核心竞争力分析及借鉴［J］．今传媒，2009（4）：90.

户登录使用，也限制了用户能够查找或浏览的学生范围仅限于用户所在的大学。这些措施的目的是让用户感到网站是排外的，并不是每个人都可以进入到其中，仅限于他们实际所在的社区（学院或大学）内部的人员。在早期的 Facebook 网站上，30%的用户在自己的资料上准确地公布了手机号码，这些数据表明，因为都是自己熟悉的好友，接收到的也基本是真实的信息，让用户觉得心里踏实、有趣。Facebook 网站最近已经对 .edu 教育网外面的用户打开了大门，他们创建了一系列“网区”来完成这种方案。早期的 Facebook 上面的各个大学，已扩展到了各个高中、公司和不同的地理区域，当用户加入到这些网区时，仅能够看到特指的网络中的成员。此外，Facebook 已经实行了一系列隐私控制，允许用户准确地控制谁能够查看他们所提供的信息。①

（3）集合一系列被渗透的微社区。

Facebook 比其他的社交网站更能吸引广告机会，因为它能够深入地渗透到一系列微社区（各大学校园）内。一个地方的广告商如果想定位一个特殊的大学校园，Facebook 网站是将广告信息传递给观众的最佳途径；本地广告行为的 CPM（千人成本）因为所具有的定位本质而受到广告商的高度重视；每日 65%和每周 85%的用户登录率保证了广告商能够非常有效地操作时间导向的广告活动；大的品牌广告商能够通过一次广告活动宣传到几乎每一位美国 18~22 岁的学生。Facebook 网站将有大量的机会来使自己的盈利渠道多样化，深入渗透这些微社区的特点使它不仅仅局限于传统的广告条幅模式。如果吸引了 90%的学生加入，一所大学可以为自己增添在线分类、事件列表、电子商务和选举领导等便利功能。由此，Facebook 将能够非常好地被定位成一个主要的在线分类方式，基于庞大的用户群而提供给用户更实用的使用方式。

（4）通过用户群和广告商建立强大的品牌效应。

Facebook 通过在线广告业务建立了自己的品牌，使众多广告商愿意与之合作，一个被认可的著名品牌能够获取更好的广告 CPM（千人成本）。如果两个网站在用户统计数据和用户使用模式上并无多大差异，但是它们的 CPM 率出现了很大差异，原因就是品牌认知度和形象方面的影响。Facebook 完成了非常出色的公关工作，强调 Facebook 对大学生的生活和在线消费产

---

① 严茜，冯浛 . 当前美国社会化媒体发展现状与趋势分析 [J]. 学术百家，2015 (8)：51.

生的影响力。你听说过多少网站能够保证90%的 Facebook 用户每周登录一次网站吗？很显然，公关带来了巨大的收益增长，公关资本化是帮助建立品牌的关键成功因素。①

（5）在 Web2.0 时代公开页面源代码。

通过强大的搜索与订阅功能，网民已经没有必要为取得有用的信息反复辗转于各种类型的 BBS、博客或者门户网站②；用户已经越来越讨厌无处不在的显示广告，同时对没有经过任何过滤的海量信息已经越来越感觉迟钝和麻木。Facebook 网站充分把握住这一趋势，率先公开自己的页面源代码，让各种类型的互联网内容提供商开发出嵌入 Facebook 用户页面的内容提供工具（APPs），供用户自行选择，这其中有娱乐的、工作的、阅读的等，几乎无所不包。到目前为止，基于 Facebook 平台的 APPs 已经数以万计。可以预见的是，未来 Facebook 的用户将在自己的主页里满足交友、娱乐、工作的全套信息与体验需求，给用户带来前所未有的超值享受。其实这个模式很类似于传统零售行业的变革——从更早的专业商店向一站式购物的百货商场过渡。Facebook 网站正在成为新平台的主宰者，以及新产业链的主导者，这是微软在 PC 时代曾经扮演过的角色，将硬件、软件和 IT 服务串联为一个相互依存的整体。③

对于社交媒体产业以后的发展来说，每个企业应该时刻牢记安东尼·菲尔德说的那句话："网络的社会化不会朝生暮死，也不会昙花一现，网络的社会化将逐渐地影响到每个人，每家公司，深入到世界的每个角落。"在互联网趋势下，要努力形成自己的核心竞争力，保证在浪潮中一次次前行。

本章小结

泛社交媒体时代已经来临。随着线上线下的不断融合、移动终端的普及和 APP 的盛行，社交媒体越来越深入地嵌入我们生活的许多场景。社交的

① 蒲开今．美国 Facebook 网站的核心竞争力分析及借鉴［J］．今传媒，2009（4）：90.

② 瞿旭晟，张志安．Web2.0：从 Facebook 到 Twitter［J］．新闻前哨，2008（1）：75.

③ 蒲开今．美国 Facebook 网站的核心竞争力分析及借鉴［J］．今传媒，2009（4）：90.

内容和形式不断拓展和延伸，进一步带动了整个传媒产业的发展。

本章通过对社交媒体的基本概念、发展历程、产业概述以及国内外社交媒体重点企业的分析，对我国社交媒体产业发展的现状有了基本的认识。并且对国外发展迅速的社交媒体产业发展模式进行思考与借鉴，从中寻找规律，在变革中探索社交媒体产业发展的未来之道。

第八章　传媒技术创新

第一节　三网融合

一、三网融合的概念

“三网融合”从概念上可以从多种不同的角度和层面去观察和分析，至少可以涉及技术融合、市场融合、行业融合、终端融合、网络融合乃至行业管制和政策方面的融合等。“三网合一”实际是一种广义的社会化的说法，从分层分割的观点来看，目前主要指高层业务应用的融合。表现为技术上趋向一致，网络层上可以实现互联互通，业务层上互相渗透和交叉，应用层上使用统一的 TCP/IP 通信协议，行业管制和政策方面也逐渐倾向统一。

但是，随着技术的进步、形势的发展，三网合一的含义也在逐渐发生变化。不能简单地认为三网合一是电信网、计算机网和有线电视网三个网络的融合，不是消除底层电信网、有线电视网和计算机网的存在，而是在业务层和应用层中繁衍出大量新的业务和应用。图像、话音和数据也不会简单地融合在一个传统终端（电视、电话和计算机）中，而是更加有机地融合衍生出多样化、更有特色和个性化的终端。三网合一的最终目的是在满足不断增长的各种业务需求的情况下，最有效利用资源，提高我国信息产业的整体水平，为国民经济信息化创造条件。

二、三大网络现状、特点及发展方向

（一）电信网

目前，中国电信已建成一个覆盖全国，以光缆为主、以卫星和数字微波为辅的大容量、宽带、高速干线传输网，早在 1998 年年底就提前两年实现原邮电部提出的“八纵八横”网格型光缆干线网络，中国电信建成了规模居世界前列的固定电话网和移动电话网。目前，中国电信经营管理的电话网

和数据网的规模容量、技术层次、服务水平都发生了质的变化，实现了从小容量到大容量、从模拟到数字、从单一业务到综合业务的转变，初步建成覆盖全国、技术先进、完整统一、安全可靠、海陆空交叉并行的国家公用通信网大平台。

电信网的优势在于覆盖面广、管理严格、组织严密、经验丰富，有长期积累的大型网络设计运营和管理经验，而且最接近大众及商业用户，与用户有长期的服务关系，这些优势是数据公司不具备的。另外，电信网在提供全球性业务、全球无缝信息服务方面远胜过 CATV 网，因为电信业已建成全世界无缝互联的全球电信网。

电信网的特点是能在任意两个用户之间实现一对一的、双向的、实时的连接。通过使用电路交换网络系统，用户之间可以实时交换话音、传真或数据等各种信息。这种通信方式的个人化和实时性是非常明显的，原因在于每个用户都占用了一个单独的通信线路或信道。由于通信系统的资源是有限的，尤其是在人们使用长途电话和移动电话的情况下，因此用户需要根据其所占用资源的种类、数量和时间而支付较高的费用。

电信网未来的发展方向为：

1. 网络业务的数据化

作为电信网长久以来主要业务的电话业务已经让位于数据业务，全球 IP 业务增长率仍然十分可观。我国电信网络业务的数据化趋势也很突出，省级干线的数据带宽至少是语音的 5 倍，流量是语音的 6 倍。

2. 网络的分组化

随着电信业务从以语音为主向以数据为主的转移，传统的电路交换技术逐步转向以分组交换技术特别是无缝连接的 IP 技术为基础的电信新框架。

3. 网络的光纤化

光纤的带宽大、成本低、易维护特点使得网络光纤化成为全世界网络的发展趋势之一。

4. 网络接入的宽带化和无线化

接入网成为全网带宽的最后瓶颈，接入网的宽带化和 IP 化成为未来几年的主要趋势。

（二）广播电视网

我国有线电视网是在提高无线电视收视质量中诞生的，是在完全空白的基础上建立起来的，它虽然起步晚，但发展迅速。

有线电视网的特点是将一个信息源以单向、实时及一点对多点的方式连接到众多的用户，用户只能在当时被动地选择是否接收此种信息（主要是语音和图像）。近年来广播电视部门也开始利用一些新的数字调制技术，通过全系统的广播信道传送一些特殊的数据信息。由于广播所采用的是一点对多点的方式，众多用户共享一个信道，不涉及任何交换技术，所以用户几乎无需支付任何费用。

有线电视网的优势是普及率高，接入网带宽最宽，掌握着重要的信息源。有线电视网是高效廉价的综合网络，它具有频带宽、容量大、多功能、成本低、双向性、抗干扰能力强、支持多种业务和连接千家万户的优势，它的发展为信息高速公路的发展奠定了基础。其目标是首先用电缆调制解调器抢占数据业务市场，再逐渐争夺电话业务和视频点播业务。宽带双向的点播电视（VOD）及通过 CATV 网接入 Internet 进行电视点播、CATV 通话等是 CATV 网的发展方向。CATV 的最终目的是使 CATV 网走向宽带双向的多媒体通信网。

我国有线电视网的发展方向：

1. 数字化

数字化可大大改善有线电视的节目传输质量并提高传输效率。

2. 宽带化

CATV 开发的宽带接入技术已经成熟并进入市场，而且 CATV 网的覆盖范围广、入网户数多、网络频谱宽、起点高，极其适合提供宽带业务。

3. 双向化

有线电视网有近 1GHz 的带宽，多媒体通信是其优势，有光缆的多芯结构，而且具有多通道传输的能力和同轴电缆频分信道的特点，可以进行双向传输。

4. 光纤化

由于光纤有损耗小、温漂小、信号好、抗干扰、抗雷击等优点，在有线电视综合信息网中得到愈来愈广泛的应用。

（三）计算机网

计算机网特别是互联网是近几年发展最快的网络，它集中了大量投资，新概念、新技术不断出现。计算机网的优势是网络结构简单，传送网主要依靠其现有网络，技术更新快、成本低。计算机网的最大优势在于 TCP/IP 协议是目前唯一可为三大网共同接受的通信协议，该网没有电信公司的巨大铜缆接入网包袱，擅长企事业网，正试图用互联网吸收电话和图像业务。基于该网的 IP 电话和电子商务是业界最看好的业务。

其中，互联网的特点是：其连接方式和它所能提供的业务在电信网和广播电视网两种极端的情况之间实现了所有的可能。在互联网中，用户之间的连接可以是一对一的，也可以是一点对多点的。用户之间的通信在某种情况下可以认为是实时的，而在大多数情况下都是非实时的，采用的是存储转发的方式，通信方式可以是双向交互式的，也可以是单向的。互联网主要采用TCP/IP协议，用户也是共享通信系统的资源，因而每个用户所需支付的费用是比较低廉的，正是互联网这种灵活的通信功能，低成本的通信方式，才使其得以快速发展，并使人们考虑建立真正的信息高速公路——高速宽带信息网络。

计算机网的发展方向：

1. 网络宽带化

近几年来IP网技术的迅速发展使得带宽化成为可能。

2. 业务多样化

IP网实现宽带化并由此带来时延特性改善后，业务多样是必然趋势，不仅支持非实时的数据业务、实时的语音业务，还支持高带宽的视频业务。

3. 高服务质量

对服务进行分类，对不同类型的业务在占用网络资源时给予不同的优先级，优先保证实时业务和服务质量要求高的数据业务的资源。

三、三网融合的技术及业务基础

由以上对电信网、有线电视网和计算机网三大网络的特点和发展方向分析，我们不难看出，三网各自的发展趋势反映了三网融合是大势所趋。下面就具体从技术基础和业务基础两个方面对三网融合进行分析。

（一）三网融合的技术基础

应该说，技术的发展是三网融合的基本推动力量。今天，人们有条件来谈论三网融合正是得益于近几年来巨大的技术进步，特别是以下几个主要领域的重大技术进展。

1. TCP/IP协议

IP技术的发展，提供了三网都能接受的统一的通信协议TCP/IP协议，为三网在业务层面的融合奠定了基础，也为不曾统一严格设计的传送网之间实现互通提供了有利条件。TCP/IP协议的普遍采用，使得各种以IP为基础的业务都能在不同的网上实现互通。

2. 数字化技术和光通信技术

数字化技术，尤其是数字信息处理技术的迅速发展和全面采用，使电话、数据和图像信号都可以通过数字编码进行传输和交换。而光通信技术的发展，为综合传送各种业务信息提供了必要的带宽和传输质量，也带来了传送网互联互通的可能性。光通信的采用使传输成本大幅度下降，使通信成本最终与传输距离几乎无关。

3. 软件技术

软件技术的发展，使得三大网络及其终端都能通过软件变更最终支持各种用户所需的特性、功能和业务，现代信息网装备已成为高度智能化和软件化的产品。

4. 接入技术

不同的信息网络经营部门以不同的思路建立网络，电信网、有线电视网和计算机网形成了不同的网络形态，其中的差异集中体现在接入技术方面。尽管采用不同技术的接入网在统一接口标准、统一接口规范方面还需要进一步协调，但接入技术的进步已可以实现支持多种业务的接入网，随着网络技术的进一步发展，接入网将越来越趋向于宽带化。

以上技术领域的进展从技术上为三网融合铺平了道路，尽管各种网络仍有自己的特点，但技术特征正在逐渐趋向一致，特别是逐渐向 IP 协议汇聚已成为下一步发展的主导趋势。

（二）三网融合的业务基础

网络是用来携带业务的，不同的网络结构往往适于传送不同的业务信号，而不同的业务信号也往往要求不同的网络结构来支持。到今天为止，电信网的主要业务一直是电话，因而电信网一般称为电话网，传统电话网的设计都是以恒定的对称话路量为对象。近 10 年来，全世界电话用户的年增长率为 5%~10%。然而近年来，由于计算机的广泛普及和应用，数据业务平均年增长率达 25%~40%，远高于电话业务。特别是 IP 业务正呈现爆炸式增长趋势，其骨干网上的业务量到了 6~9 个月就翻一番的地步，比著名的摩尔定律（18 个月左右翻一番）还要快 2~3 倍。显然，按照此趋势，用不了几年，网上的数据业务就会超过电话业务。

从全世界范围看，估计在未来 10 年内，包括中国电信网在内的世界主要网络的数据业务量都将先后超过电话业务量，100 年来的电话主业地位将最终让位给数据业务，网络的业务构成将发生根本性的变化，网络的业务将向以数据业务为中心的方向融合。用户数量的指数式增长和业务带宽的高增长态势，使 IP 业务所需的网络带宽随之增长，终将形成新时期网络带宽需求的主要驱动力量，IP 协议也将成为电信网的绝对主导通信协议。在这种大形势下，网络逐渐向对 IP 业务最佳的分组化网（特别是 IP 网）的方向演进和融合是历史的必然。

四、新形势下三网融合内涵的扩展

作为一个新的产业布局战略，目前中国的三网融合虽然取得了一定进展，但是，从公众对它的认知程度、业界对它的认可程度以及电信、广电行业对其投入程度来看，并不尽如人意。但这并不意味着三网融合会终止，无论如何，作为技术演变的一个过程，三网融合必定会持续下去。而这个过程，不仅取决于国家政策或相关行业的市场策略，还会受到与之并行的各种新兴技术力量的影响。

近几年兴起的社会化媒体、移动互联网、云计算、物联网等技术，已经开始与三网融合的技术形成交叉渗透，这几种新兴技术力量的合力，也使得三网融合的目标与路径在发生一定的“转向”或“重新定向”，未来也会出现新的层面的三网融合。接下来将重点分析移动互联网和物联网技术对三网融合进程及走向的影响。

（一）移动互联网：三网融合升级的起点

今天，无论是在世界范围内还是在中国，移动互联网时代都已经到来。2016 年 8 月 3 日，中国互联网络信息中心（CNNIC）发布第 38 次《中国互联网络发展状况统计报告》（以下简称《报告》）。《报告》显示，截至 2016 年 6 月，我国网民规模达 7. 10 亿，互联网普及率为 51. 7%，半年共计新增网民2 132万人。互联网对个人生活方式的影响进一步深化，从基于信息获取和沟通娱乐需求的个性化应用，发展到与医疗、教育、交通等公用服务深度融合的民生服务。未来，在云计算、物联网及大数据等应用的带动下，互联网将推动农业、现代制造业和生产服务业的转型升级。

移动商务类应用拉动网络经济增长，信息获取类应用注重个性化服务。由于移动端即时、便捷的特性更好地契合了网民的商务类消费需求，伴随着手机网民的快速增长，移动商务类应用成为拉动网络经济增长的新引擎。2016 年上半年，我国手机网民规模达 6. 56 亿，网民中使用手机上网的人群占比由 2015 年年底的 90. 1%提升至 92. 5%，仅通过手机上网的网民占比达 24. 5%，网民上网设备进一步向移动端集中。随着移动通信网络环境的不断完善以及智能手机的进一步普及，移动互联网应用向用户各类生活需求深入渗透，促进手机上网使用率增长。

移动互联网与三网融合进程密切相连，在某种意义上，移动互联网是电信网与互联网融合的一个产物，所以它也可以看做是三网融合的一个结晶。当然，移动互联网并非是电信网与互联网的简单结合：它在很大程度上将使得原有的电信网和互联网都变得面目全非；它的未来发展，也会促进三网融合的升级。

（二）物联网时代：老“三网融合”向新“三网融合”的飞跃

在移动互联网迅速发展的同时，物联网发展也开始渐入佳境，而这两者有着异曲同工之处。从字面上看，物联网意味着万物相连，但事实上，它不仅意味着物与物的相连，也意味着物与人、物与环境、物与信息等之间关系的深刻变化，它将带来的是一场全面的信息传播革命。融合中的三网也会与物联网逐渐融合，这将带来三网融合的一次更大飞跃。

物联网之所以必然与三网逐步融合，首先是因为它与互联网内在的共通性。物联网是传统的互联网的一个延伸，也是移动互联网的一个延伸，它把通过互联网实现的信息与信息、人与人的互联，扩充到了人与物、物与物、人与环境、物与环境等各种对象之间各种形式的互联、互动。

物联网带来的智能家居，会改写今天的电视终端的功能以及电视与其他智能家电的关系，因此，它与广电网的数字化转型必然会联系在一起。物联网与三网的融合，将建立在移动互联网成型、广电网升级的基础上，变成了新三网的融合，即移动互联网、新一代广电网（NGB）、物联网之间的融合，这三者的融合将形成一个泛在网络，即网络无处不在，人、物体、信息、服务之间形成全面的连通。

三网融合是技术的发展方向，在移动互联网、物联网、云计算、社会化媒体以及未来更多的新技术的推动下，三网融合本身也会呈现出动态发展的过程。三网融合这个初始概念，只是一个新的革命起点，而不是终点。下面以 OTT 模式为例进行分析。①

网络视频以及各种移动应用商店是典型 OTT 应用，OTT 同时也是国际互联网运营商对互联网电视业务的一种称呼，全称是 OTTTV。其本质是利用统一的内容管理与分发平台，通过开放的互联网，向智能机顶盒提供高清的视频、游戏和其他多媒体应用，如 YouTube、Apple TV、Google TV 等。

---

① 叶小阳，王亮．OTT 的挑战与应对分析［EB/OL］．（2013-05-15）．http：//www.zte.com.cn/cndata/magazine/zte_technologies/2013/5_2013/magazine/201305/t20130515_397615.htm/.

其最大的特点是开放性，一些原来由基础运营商、增值运营商提供的业务现在开始由应用商店提供，对原有的电信行业商业模式产生了重大影响，也给行业监管带来了挑战。

OTT 以形式灵活、内容多样、部署快速等特点，正日益得到运营商及消费者的青睐。随着观看习惯的转变，用户要求能够随时随地在任何设备上观看视频节目。市场研究机构 Digital TV Research 的报告指出，全球 OTT 产业将在近几年快速发展，中国作为最大的电视机存量市场，OTTTV 用户数发展速度将领先全球，整个 OTT 产业收入也会迅速增长。全球范围内，包括电视台、有线电视网络公司在内的传统广电正面临新媒体的强劲挑战。在美国，以 Netflix 为代表的视频网站有线电视用户的流失加快，同时 Google TV、Apple TV、Hulu 等正以 OTT 模式冲击传统付费电视产业。电信运营商、互联网企业、硬件设备商以及内容生产商等都将自身定位于视频产业的参与者，并设法获取相应价值。

1. OTT 业务给电信运营商带来的挑战

电信运营商在和 IT 领域的 OTT 业务商初步交锋后，发现自己在宽带上的每一分投入，收益中有 80%流入了互联网领域的 OTT 业务商的账户，自己仅仅获得不足 20%的宽带使用费。对电信运营商来说，把管道铺好、坐等收钱的好时代已经过去，“被管道化”的趋势越发明显。

OTT 业务商已大大侵蚀了原本属于传统运营商的份额，尤其年轻用户群体对即时通信应用的依赖极强，即时通信如微博、网络电话和 QQ 等的出现，在一定程度上削弱了人们对电信运营商的依赖——微信代替短信彩信、VoIP（网络电话）冲击话音业务、微博和 QQ 代替了短信。

2. 寻求制衡共存

长期来看，电信运营商和 OTT 业务商之间需要寻求一种制衡共存的关系。电信运营商可以针对提供给 OTT 业务商的网络进行分类分级，针对不同的类别和级别进行收费，比如可以给语音类的 OTT 业务商提供通话质量一般的网络或者通话质量很好的网络，可以给以内容为主的 OTT 业务商提供不同级别的内容分发网络等。电信运营商也可以对 OTT 业务商提供给终端用户的服务种类进行区分，比如基本业务、广告业务、游戏业务、盈利业务等，可以根据需要对业务进行有效的控制。

OTT 模式的兴起，给传统通信行业市场带来了很大的冲击，对电信运营商而言，是挑战也是机遇。随着竞争的日益激烈，电信运营商需要以开放的思想、合作的态度、共赢的原则，探索适合自己发展的新模式。

第二节 传媒数字化平台

当前，随着数字化技术日益广泛和深入的应用，传媒的数字化革命已成为一股难以阻挡的时代潮流。在以数字化技术为支撑的新媒体急剧扩张，并且对传统媒体权威地位提出挑战的时候，融合新媒体技术、努力向数字化转型已成为觉醒后的传统媒体的必然选择。

一、数字化的定义、内涵及主要特征

（一）定义及内涵

1946 年，全世界第一台计算机在美国费城大学正式投入运行。在此后半个多世纪的发展过程中，计算机技术日趋成熟，从而为数字化技术与传媒的数字化革命打下了坚实的基础。

所谓“数字化”，简而言之，是指借助计算机技术把语言、文字、声音、图像等转换为数字形式进行信息交流的过程。它是一种以二进制代码“0”和“1”为载体，以网络技术为基础，通过计算机的自动符号处理来实现信息交流的方式。

然而，以“0”和“1”为基本的逻辑单元所带来的数字化革命并不像上述定义那样简单和便于理解。托马斯·鲍德温（Thomas F. Baldwin）在《大汇流：整合媒介、信息与传播》中写道，数字化意味着信息能被计算机存储和处理，也可以不失真地被传递。闵大洪认为数字化包括传播技术手段“以数字制式全面替代传统模拟制式的转变过程”。① 尼葛洛·庞蒂这样说，数字化构建了一种“真实的”虚拟空间。可以看出，“0”和“1”这样一个简化的逻辑单元所带来的传播革命并不简单。

数字化改变了传媒的生存方式。交互式的传播特点所形成的数字化网络，将传统媒体单向度的传播方式推上了风口浪尖，由此带来的对人文精神和人文关怀的讨论，更把数字化技术的力量推向了思想文化领域。

（二）主要特征

数字化技术赋予了数字传媒以下一些特征：

1. 元素化

数字传媒是由各种不同的元素（如电视画面的传输流）组合而成的，

① 闵大洪．数字化时代与数字化传媒［J］．新闻实践，2012（11）：23-26.

只有格式的区分，而格式的区分恰恰带来了内容的变化。

2. 即时传播

数字传媒可以使任何人在任何地点任何时间都能够与其他任何人进行任何形态的信息沟通与交流。

3. 双向互动

以网络或者信息终端为介质的传播使得信息在发送者与接受者之间可以无障碍地双向流动。

4. 传播空间无限扩大

数字化技术使得信息传输的保真度和便利性可以不受距离的限制，卫星传播、互联网传播、卫星电视以及手机 WAP 等都大大延伸了信息传播的空间。

二、数字化平台——媒介新形态

基于数字通信技术及互联网协议机制的数字化新媒体，成为了大众传播信息的基本形态及工具，其传受互动性与全时空反馈性，完全区别于传统媒介的传播机制和属性。随着 Twitter、Facebook、Line、微博、微信及各种应用软件 APP 在各类智能终端设备工具的广泛应用，基于用户关系的信息分享、交易传播逐渐形成了数字新媒介平台，这样一来，全球化的网络交互媒介通信发展就构成了网络新媒介平台和数字传播社会。

运用数字化多媒体平台，媒体集团能在提高工作效率的同时，进行跨媒体的信息整合与多次开发，以模块化的方式重新组装信息，创造更有市场价值的产品，提供给不同的媒体，满足不同的受众需求。达到“一次生产，多次加工，多元输出，多重服务”的目的，从而实现信息的增值与传承。

当前，随着全球化、媒体产业开放等因素，媒介组织的规模越来越大。但是，数字化改变了以往媒体内容生产与传输的方式，新老媒体间的竞争越来越激烈，只有掌握数字化机会，采用信息管理系统，学习通过数字化平台有效分配子公司资源，并应用于生产流程与支援决策过程的媒体集团，才能降低成本、提升效率，获得更多的利润，并发展成为跨越不同媒体、不同产业，运用各种组合方式的新兴媒体集团，从而占有更多的媒体市场。

三、数字化平台——信息交换平台

直到数字传播媒介出现，人类才真正地实现了“一呼百应”的沟通交流，彻底地改变了人类原有的交流方式、信息生产过程以及大众传媒业态。

数字传播新媒体已渐成媒介化社会中巨大的信息交换平台，其表现是大众信息传播市场活动中传受各方获取所需资讯的交易成本急剧下降，从而倒逼传统媒介在产业与营运上应变与革新。

如今，无法回避的现实是，随着移动互联网媒介工具的应用普及，人际间的交流沟通、采集信息和传播的成本在不断下降。这样一来，传统的传媒机构就可让大众社会成员在适当时担当编外记者职能，运用新媒介软件工具及时地、现场地、低成本甚至无成本地向传媒机构提供当地的新闻参考资讯。新媒介平台化交换机制的形成，无疑对传统传媒原有的运营方式产生了极大的冲击。

数字化新媒体传播形态多样性、工具性、个性化导致了用户间的信息交换与沟通成本日趋下降，甚至接近无成本。这无疑消除了新闻信息、服务资讯在生产与传播中机构与个人之间的重大障碍，从而使数字传播媒介平台化的功能特色、商业价值及运营机制在信息交换或服务交易中的“微内容”“微营销”整合和功用得到更进一步的彰显。另外，运用信息科技与现代设计艺术理念而形成的新媒介工具操作界面（UI），是数字传播形式和信息交互设计形态的完美结合。新媒体交互设计形态及内容的“泛传播”，自然地吸引专业的、业余的个人参与到数字化传播体验式资讯的生产过程中。

可以预见的是，新媒体产业化的未来，信息传播内容的整合、平台交换的平民化和信息交互化战术操作的便捷性将互为融合等机制的流变，将构成数字传播新媒体产业化重构进程的重要基础。

四、数字化新媒体营运模式

数字化技术属性决定了新媒体产业化经营要将互动性、个性化和开放服务理念视为发展基石。传统媒体经营、盈利模式遵循的是信息“二次售卖”模式，即通过收取广告费用获得利润支撑。这种盈利模式成功的关键在于媒体要占有一定的传播市场份额，即受众人数足够多才会有广告主投入。随着新媒介和自媒体工具的兴起和风靡，大众与分众传播市场不断地细分对传统媒体行业经营冲击巨大既成事实。随着网络新媒体传播市场的形成，新媒介、自媒体工具传播平台化成为了每一个网民均可入场博弈的信息交换市场。网民对于网络信息的组合、整理、集成和转发，均有可能成为下一个用户的服务需求内容，这样就可能产生巨大莫测的信息市场机会。

美国学者克里斯·安德森（Chris Anderson）提出的长尾理论或许可以解释这种传播市场现象。他认为，成本和效率才是引导交易的重要因素，需求不佳的产品共同占据的市场份额和那些数量不多的热卖品所占据的市场份额会不相上下甚至更大①，并以著名网络新媒体亚马逊和 Netflix 门户网站的商业模式为佐证。事实上，在传播场域中，资讯通过病毒式网络传播作为引爆点参与制造舆论市场的情况时有发生。去中心化与全节点的即时传播能动地促使现实大众社会中的网络用户或粉丝有可能被动或主动地卷入其中，参与形成舆论场域、创造传播服务商机。可以想象，当无数涓涓细流的比特（Bit）字符在媒介交换平台汇聚成网络信息海洋之时，网络数字化传播的交互属性将最大限度地满足不同用户的资讯要求。

下面以纽约时报的数字化走向为例进行分析。② 从纽约时报创办网络版以来，其数字化进程发展至今已经走过了近二十年之久，在报纸的转型与创新方面取得了不少经验。经过报纸的网络化发展，纽约时报继而进入移动互联网领域，这是纽约时报数字化进程中的一个新开端。

1. 内容定制系统的开发

从 1996 年开始着手创建报纸网站开始，纽约时报的数字化转型迈开步伐，在技术和员工的支持下走上快速发展的道路。经过 10 年时间的成长，到 2006 年下半年纽约时报正式推出移动版。从决定投入到正式运行，移动版所花费的时间较短，这主要是因为纽约时报的管理者从创办网站的时候就开始构思能够促进报业持续发展的数字化战略，在当时一个可实现内容定制的系统已初步成型，高效地缩短了报业走向数字化之路的进程。内容管理系统的研发将纽约时报所有的优势资源集中到一个统一的平台之上，完成了从媒体到受众的定向、精准传播，包括文章、专栏、社评、影评等数字资源构成了纽约时报数字领域的中枢系统。这个系统中的资源不仅可以为报纸所用，还能够在其他移动应用上循环使用，推送内容直接面向用户。在加强系统管理的同时，纽约时报还不断扩大受众市场，与用户群和服务商建立合作关系，以扩大移动应用和内容的覆盖面。

为了提高系统内容建设的全面性和稳定性，纽约时报投入大量的资金和人员组建了专门的开发与维护团队，在系统的管理方面也付出了巨大的精力。由于高科技产品跟随技术发展一起更新换代，因而旧产品的过时和新产品研发之间的间隔时常较短，但是，在纽约时报内容定制系统建设的过程

① 克里斯·安德森．长尾理论［M］．北京：中信出版社，2012：56.

② 陈宪奎，刘玉书．付费墙：《纽约时报》的数字化转型与美国报业的发展［J］．美国研究，2015（2）：112-131.

中，忽略了对新应用的继续开发，创新的步伐明显滞后于移动市场上的其他产品。发现了这个问题之后，报纸的管理者又组建了一个致力于移动应用的小组，该小组与原来的团队一起负责移动市场的技术开发与内容完善工作，同时也与其他行业加强了联系，移动应用逐渐成为时报的技术先锋。

2. 不断开发新的移动应用

纽约时报在移动应用的开发方面遵循从内到外、由少到多、由单一内容到全面的路线。纽约时报经过一段时间的调试以后开发了适用于内部的应用，初次打开了报纸的移动数字化之路。待内部应用完善之后，纽约时报进军移动设备，通过与这些移动终端的提供者和运营商建立多方面的合作关系，将本报的内容置于用户的移动设备上。例如，纽约时报与苹果和黑莓手机生产公司建立联系后，将自己的移动应用推向用户。在纽约时报推出移动应用的前期，这些内容都是从内容管理系统中选出来的，但是当这些内容呈现到手机等应用桌面上的时候，它的界面显示效果和用户的体验跟在报纸上单纯地阅读新闻是大不相同的。除了坚持内容为王的理念外，纽约时报在优化用户体验方面也进行了多次尝试，以提高用户的使用满意度为目标，为将内容的展示和信息阅读过程融为一体做了深度开发。以手机端的应用为例，有些手机无法播放视频，纽约时报的移动应用小组就对应用和格式进行调整，以适应手机在内容呈现方面的特点。这些调整都是增加用户满意度的举动，进一步奠定了纽约时报的数字化基础。

纽约时报开发移动应用和提高用户使用移动应用满意度的过程，是其数字化战略进一步明朗的过程，也是管理者和员工对数字化理解加深的过程。内容的优化、格式的调整、体验效果的提升是纽约时报走向移动数字化过程的特征，在这些方面所作出的努力为后续发展积累了有益经验。

3. 提高应用使用的交互性

交互性是移动互联网的一大主要特征，有移动就有互动，有互动才会有包含重大信息量和价值的 UGC 内容。自媒体的兴起和移动应用产品的丰富，极大地调动了用户的参与热情，站在产品与产业的角度看，媒体移动用户已经成为和商业客户一样重要的资源，他们决定着产品能够产生价值的大小，也决定了产品和行业的发展状况。纽约时报在内容平台建设逐渐完善和新的移动应用不断被开发出来的情况下，将媒介与用户、用户与用户之间的交流和互动作为一项重要工作。对照纽约时报的移动板块，可以发现做得最有成效的是房地产，这个栏目整合房屋买方和卖方资源，将房屋信息完整地显示在移动版面上，还将各自的联系方式与房屋信息对应在一起，而报纸的移动版充当着服务提供商的角色，这种免费的购房服务为纽约时报吸引了大量的用户，他们对报纸的信任度也逐步提高。

纽约时报利用互联网和移动应用拓宽移动市场的过程中，并没有放弃报纸的印刷版和网络版。尤其是在广告资源的整合上，三者相互合作，集结了三个平台上的资源和人力，同样显示出了在数字化背景下报业利用技术带来的便利提高不同平台之间的渗透力，达到均衡、快速发展的目的，这是交互性在纽约时报不同平台上的应用体现。

4. 人性化的产品和服务提供方式

在高科技的发明与使用成本不断降低的情况下，行业 APP 应用呈现海量汇集的态势，一个行业或一个门类对应一个特定移动应用的情况屡见不鲜。移动应用市场的庞大加快了受众市场的细分化速度，在用户资源变得稀缺的情况下，针对用户对某类产品的使用行为和需求进行分析就显得异常重要。改善用户的使用体验，提高用户对应用的满意程度，是所有移动应用提供商面临的一个难题。

面对与传统报业不同的移动市场，纽约时报无法再以传统的生产标准和编排方式提供给受众无差别的新闻。以往受众阅读报纸新闻的方式基本上是一扫而过，停留的时间很短，报纸的编排形式让位于内容的精良。到了移动化时代，用户对信息的需求以个人化、多元化和综合性为主要诉求，不仅在意看到的是什么，更在乎怎样看，以及看后能对自己产生多大的价值，以上方面都要求纽约时报的数字化改革要符合受众要求，推出的产品和服务要与用户的个性特征和情感诉求紧密结合在一起。与其他报纸开发的移动应用一样，增加生活服务类信息，如天气的实时报道、交通出行的友情提醒、突发事件的及时快报等，这些都是可以增加用户使用好感的方式，也是纽约时报的数字化改革更能体现时代特征和顺应未来发展趋势的必然选择。只有在此基础上，纽约时报的数字化战略才能在技术和人才的驱动上走上更远、更快的发展道路，并为同行业数字化之路提供指导。①

第三节　新媒体传播

媒体在人类社会中一直扮演着相当重要的角色，每一次的媒介变革都带

① 蒋洪.《纽约时报》的数字化转型对我国报业发展的启示［J］. 传媒，2015(6) 下：56-57.

来了人类社会的变革与发展，而今，继四大媒体之后出现的被称为“第五媒体”的新媒体，正以迅猛的态势辐射整个社会。新媒体成为当下热议的话题，无可否认，我们已经进入了“新媒体时代”。目前学界对新媒体并没有一个统一的定义，但是可以对新媒体的特征进行一定的描述，可以说新媒体并不是一种媒介形态，而是多种媒介形态融合后产生的复合体，新媒体也是一个相对的概念，它的内涵和外延都随着技术进步和社会发展在不断变化。

一、新媒体环境影响下的新闻传播

(一) 新媒体的特点

新媒体在当下突飞猛进的发展，自然源于新媒体较之传统媒体无可取代的特点和优势。新媒体作为以新技术为支撑体系的媒介形态，综合了传统报纸、广播、电视和杂志等传统的媒介形态特点，并具备传统媒体没有的特色。新媒体在数字技术和互联网平台的支持下，具有以下几大特点：

1. 交互性与平等性

传统媒体的线性传播方式，决定了反馈的有限性，主要以传播者为中心，受众处于被动接收状态。而新媒体的出现能够实现反馈的及时性，并充分发挥传播者与受众的互动性，这使得二者的角色定位不再明确，受众也可以成为传播者，成为一个小媒介，实现了传播者与接受者地位的平等化。比如微博的出现，让每个人都可以发声，并且在第一时间实现互动。

2. 海量性与共享性

新媒体在数字技术的基础上，可以实现海量数据的储存与搜索，所以在新媒体中有多样化的海量信息。而且这些信息不受时空的限制，人们可以通过多样化的接收形式来获得所需的信息，并且随时随地地与任何地方的人们共享这些信息。

3. 即时性与快捷性

新媒体在新技术的支持下，打破了时间的限制，具有即时传播的特点，信息传播的快捷让人咂舌，可以说在地球任何地方发生的事情都可以瞬间传遍全球。

4. 个性化与社群化

新媒体提供了很多功能，可以实现信息的个性化送达和使用者的个性化表达，不再像传统媒体那般千篇一律。比如博客，使用者可以根据自己的个性任意设计，达到与众不同的目的；微信的出现，则实现了朋友圈中使用者的社群化。

（二）新媒体融合传统新闻传播的平台

新媒体作为多种媒介形态融合后产生的复合体，自然延伸并融合了各种传统媒体，形成一个新的传播平台。比如报纸、杂志主要通过图片和文字传递信息，广播主要通过声音传递信息，电视主要通过声画联动来传递信息，新媒体则融合了所有这些特征，具备了传统媒体的综合优势，于是新媒体成为一个传播多元化、接收多样化、跨时空互动、信息海量的平台。人们不再仅仅局限于在传统媒体中寻找信息，越来越多的人开始将微信、微博作为最主要的信息来源地和信息发布地，比如很多新闻事件就采用了微博直播的方式。

（三）新媒体改变传统新闻传播的模式

传统媒体，不论是报纸、杂志、广播还是电视，都是采用单一线性的传播方式，也就是说媒体通过严格的限制，发布有限的信息给受众，在这个线性传播过程中即使有受众反馈，也是少之又少，且存在严重的时间滞后性，这样受众在新闻传播过程中就处于一个被动接收的地位。而新媒体的出现完全改变了传统的传播方式，打破了信息交流的障碍，让信息流通变得更自由更方便，人们可以及时接收或发布自己关注的信息，不再受媒介的限制，可以及时参与信息互动，发表个人见解，可以跨时空共享网络信息。因此新媒体改变了传统单一线性传播的方式，过渡到一种不受时空限制的互动型模式。这其中以微博最具代表性，微博的出现给传统媒体带来了翻天覆地的改变，任何人都可以成为信息的接受者和发布者，并能及时与其他人进行沟通互动，微博正在当下的媒介中发挥着越来越重要的作用。

二、新媒体传播的发展态势

Web2.0 完全改变了媒体的传播方式，信息从聚集到扩散，再由分散到聚集，不断循环往复，每一次的聚集和扩散都会因为消费者参与而改变信息内容、传播速度和传播范围。伴随着以互联网信息技术、数字技术为主的新媒体传播的迅猛发展，传统媒体遇到了前所未有的机遇和挑战，信息传播活动已经不能单纯依靠传统媒体的单一传播形式，新媒体传播逐渐成为主流，呈现出传播分众化、传受关系复杂化、信息扩散化的发展态势。

（一）传播分众化

1. 阶层分化与信息需求量激增——社会因素分析

媒介的变革和信息传播活动的发生，与人所处的社会环境息息相关。在我国以前对于传统媒体——报纸、杂志、电视、广播等而言，受众就直接等同于大众。即使进行受众市场分析，也不过是将读者大致分为“工人与农民”“年轻与年老”“城镇与农村”等大致几类，这些受众细分对于信息传播活动并不是起决定性作用的因素。随着改革开放的深入和现代化进程的加深，经济体制不断完善，直接导致我国原有的“两个阶级、一个阶层”，即工人阶级、农民阶级和知识分子阶层的社会阶级阶层结构发生了重大变化，不仅工人阶级、农民阶级内部发生了分化，而且出现了很多新的职业阶层。毫不夸张地说，除必要的信息外，社会上每一阶层都会根据自己的爱好、兴趣而产生特殊的信息需求，很显然众口难调，传统媒体“大一统”式的信息传播不仅在信息数量上无法涵盖所有阶层，在质量上也难以满足每一阶层的特殊信息需求，社会阶层的分化直接导致信息传播的受众分众化，因此，传播分众化是社会发展对传播活动提出的必然要求。

另外，社会发展直接导致信息需求的绝对量的增加。社会金融业、工业、农业、银行业等各个行业的发展速度一再加快，各种新兴产业不断出现，这与社会信息需求量倍增有着直接的联系。由此可见，社会不断出现新的社会阶层，新产业的发展与人类文明的前进必然要求信息需求量的增加，传统的大众传播，不管是受众覆盖面还是信息流通量都不再能满足社会发展的需要。而新媒体的出现为解决信息需求量提供了直接的解决方法，新媒体以能够为受众提供个性化的信息服务为最显著特征。应受众分众化、信息量激增的需要的发展，传播分众化成为新媒体传播必然的发展方向。

2. 媒介个性化与聚焦传播对象——媒介因素分析

新媒体与传统媒体相区分，不仅仅是出现的时间不同。从传播媒介所针对的受众对象不同，可以把传播媒介分成个体性媒介和大众性媒介。个体性媒介是传播者针对特定的个体受传者进行信息传递时使用的媒介，包括口语、书信、电话、身体动作等。个体性媒介使用范围特殊，受传对象明确，媒介运行较为随便。大众性媒介是面向公众性受传者进行信息传递时使用的媒介，可在较大范围内同时传播相同信息，如报纸、电视、广播、电影、图书等。大众性媒介没有十分明确的传播对象，比如可以为个人量身定做的互动电视节目，受众可以自由选择的网络信息等。大众媒体进行点对面的传播，是将内容一致的大量信息在一个相对一致的时间内灌输给受众，所以我们称之为“泛播”。

从媒介研究的角度来说，新媒体偏向于个体性媒介，它更多地承担着口语、书信、电话等个人性传播活动，新媒体传播将人际传播和群体传播提升到重要传播活动之列，从而决定新媒体传播活动的个性化特征。新媒体“时空互补”的独特优势弥补了传统媒体时间性和空间性不能融合的缺点，改变了大众传播过程中“你传我受”的单一模式，使受众不再是被动的信息接受者，而可以根据个人需求有选择地接收信息，实现个性化传播。就像既是一个发表自己的个人内容的空间，又是一个可以与他人交流以及从事其他活动的共享空间，赋予了信息传播更大的灵活性、延伸性和个人性。

新媒体的个体性特点使得传播活动更加依赖传播对象，聚焦传播个体，关注信息接受者的信息需求，以得到更好的传播效果。分众化传播是社会需求与媒体发展两者相互作用而产生的必然趋势。

（二）传受关系复杂化

1. 人际传播和群体传播复苏

传统媒体是大众性媒介，是统治阶层和利益集团的“喉舌”，其受众是社会基层的普通大众。新媒体更偏向于个体性媒介，它属于社会个人的私人信息传播工具，因此它更多承担着口语、书信、电话等个人化传播活动。在这种意义上，新媒体传播与传统媒体传播活动的最大区别在于传播状态由“点对面”的传播变为“点对点”的传播，人们使用博客、社区、个人空间、手机等来进行人与人、人与群体、群体与群体之间的感情交流和信息传递。可以这样说，新媒体的媒体特征内在要求其传播活动以人际传播和群体传播为主要传播形式。以手机传播为例，从朋友、同事、家人之间的人际传播，到单位、地区等一个系统内部的群体传播，毋庸置疑，手机传播主要帮助人们进行人际传播和群体传播。同时，博客、网络社区等众多新媒体也是更多地进行人与人或群体内部的信息传播活动。

2. 传受角色复杂化

新媒体传播打破了传统媒体“你传我受”的线性传播格局，参与新媒体传播的个人不再是单纯的传播者或是单纯的接受者，而是集编码、释码、译码等多种角色于一身，活跃在信息传播过程中。

首先是传播者的改变。主要表现在越来越多的非职业传播者正在通过媒介组织成为信息传播活动的传播者。以往认为大众传播的主体是媒介组织以及在其中供职的职业传播者，新媒体的出现在表面上似乎并没有改变这一点，但其实内部的改变已经悄然发生。例如，越来越多的广播节目，尤其是新闻类节目通过短信平台来扩大信息来源，很多手机用户也因此成为及时提供新闻信息或观点的信源。最能体现信息传播者的角色变化的是网络传播，每个人都可以轻而易举地通过网络成为传播者，或者说部分地替代职业传播者所扮演的角色。职业传播者的数量毕竟有限，而日益增多的网民逐渐成为一个潜在的通讯员队伍。

其次是受众的改变。传统的大众传播活动针对的是较大数量的、异质的和匿名的受众，以“点对面”的传播为主，因此传统的受众通常是被动的，只能是大众传媒提供什么信息，受众就接收什么信息，可选择的余地很小。新媒体可以针对具体的、同质的或个体的受众传递个性化的信息，例如，拥有互动电视的受众可以提出个性化要求，获得为自己量身定制的电视节目，而且能享受到先进的家庭购物形式。互联网上名目繁多的分类网页以及网站上的各种细密的分类信息，更可以针对不同层次、不同年龄、不同职业、不同爱好、不同需求的受众提供特殊的信息服务。再加上互联网得天独厚的互动功能，每个人都可以根据自己的不同需要快速搜索并选择大量的相关信息。

（三）信息扩散化

1. 新媒体传播改变信息传播方式

数字技术的进步让传播渠道从稀缺变成过剩，从计划经济时代的“多种媒体，一个声音”的传播方式演变成全新的“多种媒体，多个声音”的传播方式。像互联网传播就可以将纸质媒体和互联网上的信息进行重新整理，形成组合信息，通过超链接将不同背景的相关信息串联在一起，从而为受众提供完整的解读事件的文化地图。它还可以通过个性化的定制服务，为特定个体提供他所感兴趣的内容和信息服务，同时为受众提供及时的互动渠道，让每一个希望发表自己意见的个体获得公开的话语权利。它还能够以多媒体的方式将音频、视频信息加以组合，让受众获得多种感官的满足。

相对于传统媒体，新媒体的显著特征还表现在它的消解力量——消解传统媒体电视、广播、报纸、通信之间的边界，消解社群之间、产业之间的边界，消解信息发送者与接受者之间的边界，等等。从一点对多点消解为多点对多点，新媒体传播显示出独特的有别于传统媒体的信息传播特征。

2. 信息传播的网状扩散

新媒体传播改变信息传播方式，也从根本上改变了信息传播的扩散方式。传统媒体的信息传播呈“利益集团——大众媒体——大众”这样的金字塔状，以单向传播为主，信息传播呈直线性扩散。新媒体传播时代，信息传播的信源数量激增，统治阶层控制下的传统媒体不再占有绝对优势，手机、博客、网络社区等新媒体都成为普通公众发表言论和声音的“话筒”，人际传播和群体传播复苏并成为主要的传播形式。因此，每个人都可以借助新媒体成为信源，信息能够同时在横向和纵向进行立体的交叉传递。同时传统媒体大多开设了网络版的论坛，这样能够最大范围地获得受众的信息反馈，不仅补充了传统的信息交流方式，也满足了受众之间的信息交流需求。

进入新媒体传播，任何个人和组织都能凭借新媒体的交流系统，建立起多向的、平等的、自由的传播关系。这时候，个人或组织既可以是新闻和信息的接受者，也可以成为新闻和信息的传送者。在这张分散型的传播巨网里，任何一个网结都能够产生和发布信息，所发布的信息都能够以非线性方式流入信息网络的经纬中。

新媒体在真正意义上实现了分众传播和精准传播，同时也改变了传统媒体“点对面”式的传播特质。新媒体是互动性极高的个体性媒介，它使人际传播和群体传播代替大众传播成为主要的传播形式；信息传播的便捷性让普通民众拥有了话语权，突破了以往信息传播活动中传受不能同位的绝对限制；互动性的提高和媒体的平民化，让信息的传播不再呈传统媒体信息传递的单向流动的方式，而是通过新媒体连接社会每一个角落的媒介使用者，像网一样四面八方地传播开去。

三、新媒体传播的技术特征

（一）媒体嫁接——新媒体传播的技术优势①

互联网的出现颠覆了广播、电视、报纸、杂志四大传统媒体的线性传播方式。借助数字技术和通信技术的每一次提升，传统媒体、互联网以及通信工具手机之间不断出现媒介功能相互嫁接的现象，出现了博客、网络社区、地铁视频、手机报等功能多元化、形式多样化名目繁多的“新媒体”。

“媒体嫁接”实现了新旧媒体的优势嫁接，是新媒体发展的技术层面的优势特征。同时，“媒体融合”也是近年来传媒领域使用频率最高的词汇之一，无论是学界还是业界，都热切地关注着这个问题。媒体融合是媒介发展的重要趋势，是电子传播时代媒介发展的愿景，而媒体嫁接是媒体融合的技术力量。随着数字技术和网络技术的发展，出版、电信、广电、娱乐、互联网等产业将实现真正意义上的媒体融合。

（二）时空互补——缔造媒介特征的平衡新格局②

1. 传播偏向论——媒介的时间偏向性和空间偏向性

---

① 杨静 . 新媒体传播特征研究［D］. 开封：河南大学，2009：16-18.

② 杨静 . 新媒体传播特征研究［D］. 开封：河南大学，2009：18-21.

加拿大传播学派奠基人哈罗德·伊尼斯开创了“媒介决定论”的先河，他确定了媒介的属性，认为媒介在时间和空间上对社会组织产生决定性的影响。伊尼斯的“传播偏向论”认为传播和传播媒介都有偏向，大体上分为口头传播的偏向与书面传播的偏向、时间的偏向与空间的偏向。他发现，媒介可以分为两类，两者有一个基本的区别——有利于空间上延伸的媒介和有利于时间上延伸的媒介。①

媒介，或倚重时间，或倚重空间。这为重新梳理媒介属性和媒介发展现状与趋势提供了一种全新的视角。伊尼斯认为倚重时间的媒介，是指那些质地较重、能长久保存的媒介，如古代社会使用的羊皮纸、薪土、石头等，这些媒介体现了在时间方面的优势，“偏向时间”的媒介有助于人们进行时间上的控制，却不利于空间上的控制；倚重空间的媒介，是指那些质地较轻、容易运送的媒介，如纸草纸、白报纸等，易于运送却不易于长久保存。以传播偏向论的视角来审视大众媒体，不难看出，大众媒体同样具有或倚重时间或倚重空间的传播偏向性。电视和广播，虽然能够做到信息的实时传递，却受限于媒介本身的物理重量，只能被放置在客厅或卧室中；报纸和杂志方便人们随时携带，但其信息的数量和有效性非常短暂，而且不能长时间保存。大众媒介或偏向时间，或偏向空间，其传播偏向性显著却单一。

2. 时空互补——新旧媒体的优势嫁接

21 世纪伊始，全球信息传播结构出现了新的变化，这些新变化对媒介体系产生了巨大影响。基于无线互联网的拓扑式信息传输的功能优势和以四大传统媒体为主的信息内容之间的优势嫁接，无线上网和移动电话成为世纪媒介矩阵中构成新媒体发展格局的关键因素。新媒体融合了四大传统媒体单纯的时间偏向性和空间偏向性，做到既有利于在空间中延伸，又有利于在时间中延续，弥补了四大传统媒体各自或倚重时间或倚重空间的单一性，创造性地实现了媒介属性能够时空平衡的新格局。

但从传播媒介发展的历史来看，新媒体的先进性并不意味着它必然能取代传统媒体的所有作用，或必然能使原有媒介的特点都相形见绌。除非原有媒介在新媒介出现后无视自身生存环境的变化，不为适应新环境而采取积极措施扬长避短，否则其生命力便不会轻易终结。“无论哪一种新媒介，都将在旧媒介的旁边占据它们的位置，而旧的媒介不会消失。过去发生的一种共同形式是，新的传播技术并没有完全挤走旧的传播技术，却引发旧的传播技

① 哈罗德·伊尼斯．传播的偏向［M］．北京：中国人民大学出版社，2003：IX.

术承担新的角色。”很明显，传统媒体和新媒体绝不是完全对立、不能协调的关系，而是“你中有我，我中有你”的关系，呈优势互补之势。

本章小结

数字媒介平台化不可避免地把媒介社会带入基于互联网、物联网、智慧城市、数字地球、移动新媒体、云传播等全开放、全媒体、全时空的数字信息化社会融合时代。数字媒介形态多样化、工具多种化和信息交互化，使集知识、娱乐和服务功能的多媒体信息交换平台传播进入更高阶的形态。新媒体不仅为大众传播方式开拓了多样性、颠覆性的受众市场，也导致了传媒产业与传播生态的重构，影响着人们的生存状态与生存方式。

新媒体不会自发地、孤立地出现——它们都是从旧的媒介形态变化中逐渐脱胎出来的。当新的传播形态出现时，比较旧的形式通常不会消亡，它们会继续适应与演进。如同历史上每一次传媒生态的变革一样，传统媒体只有通过适应性的进化才有可能获得新的生存空间，其中非常重要的一条就是通过整合新媒体的传播功能，延伸和拓展传统媒体的优势项目。就像电视的普及激发了广播新的媒介定位理念，进而开拓了广播新的媒体功能。

未来新媒介发展将是建立以用户为中心，由形色各异的社交生活圈交叠组成的无限量数字信息交互平台与枢纽，组成人类不可或缺的另一个虚拟“云生存”世界。新媒介传播形态与内容决定了传媒盈利模式的转变，数字传播新媒体及产业化在动态中螺旋式发展。

第九章　传媒管理创新

传媒管理创新是一个系统工程。尤其是在新媒体发展日新月异的大背景下，我国的众多传统媒体和新媒体就如何顺应媒介融合潮流进行发展和变革作出了不懈的努力。在经历了市场经济洗礼之后，中国传媒业沉浸在一片“群雄争霸”中。面对近几年媒介融合的“暗流涌动”，中国报业集团早已破局突围，但面对市场化产业化老问题的广电业，却不得他顾，改革不配套的传媒管理转型也在危机中沉沦。如今，我国的各项改革无不强调制度建设、科学发展、和谐社会的战略思想，传媒业也不例外，因为，技术的生产力与市场的无形之手已经把中国传媒管理战略转型推向了新的时期。

中国传媒借技术之手，促成三网融合的实质性突破，从管理上应运而生“集成管理”，无疑成为其开启新一轮改革的必然抉择。集成管理思想，最早由美国的切斯特·巴纳德（Chester Barnard）提出。基于系统的协调思想，集成管理是一种效率和效果并重的新管理模式，其作用在于整体寻优、系统创新与功效倍增，增强企业的集成效应。具体而言，传媒集成管理就是通过创造性战略思维，拓展传媒管理的视域，重新整合传媒实体内部与外部的各类资源要素，实现管理对象由传统的人、财、物等资源向以科学技术、信息、人才等为重点的智力资源转变，提高传媒实体的技术含量，激发融合媒体时代信息内容的潜在效力。①

第一节　现代企业制度

从企业构成要素之间的关系角度看，企业是指各种生产要素的所有者为了追求自身利益，通过一定的契约方式而组成的经济组织。其中企业各生产要素之间的关系，就是企业制度，企业制度是企业能够实现其特定目标的

① 陈文喜，陈琰．融合时代的传媒管理战略转型［J］．北方传媒研究，2014（4）：25-28.

保证。

一、现代企业制度的含义与基本特征

（一）含义

所谓现代企业制度，是指以完善的法人产权为基础，以有限责任为基本特征，由以专家为中心的法人治理结构作保证，以公司企业为主要形态的企业制度。

（二）基本特征

1. 产权清晰

产权清晰主要是指产权关系与责任清晰。完整意义上的产权关系是多层次的，它表明财产最终归谁所有、由谁实际占有、谁来使用、谁享受收益、归谁处置等产权中的一系列关系。

出资者的最终所有权一般表现为股权；企业的实际占有权表现为法人财产权。

2. 权责明确

即用法律来界定出资者与企业之间的关系，明确各自的责、权、利，从而形成各生产要素之间科学的、行之有效的、相互制衡的法人治理结构。

3. 政企分开

这主要是针对国有企业而言的，是指必须把政府行政管理职能和企业经营管理职能分开，取消企业与政府之间的行政隶属关系。

4. 科学管理

即现代企业必须形成一套严格、科学、系统的管理制度。一是科学的组织管理机构，使企业权力机构、经营机构和监督机构权责明确，相互制衡，各司其职；二是科学的内部管理体制，包括合理的领导体制、科学的决策体制、民主的管理体制、严格的核算体制等管理制度；三是科学的企业规章制度等。

二、基于契约精神的现代企业制度

现代企业制度很重要的一个基石就是契约精神，契约精神考验着置身于企业关系中的每位成员能否自觉自愿按规则办事。现代企业制度下的信任是在契约精神、法律框架下可以追诉、处罚的一种信任，不是建立在血缘、地缘这样一些关系上的。信任自己的血缘、信任自己的家族或是家乡子弟兵，是农业文明的一种，这种信任是很脆弱的，离开这个圈子就是不相信的、不信任的。现代企业制度建立的信任关系，完全是建立在完善的规则制度以及坚持遵守基础上的，企业运转不因人员的转换而受到影响。企业制度中的契约精神，从本质上说就是一种尊重规则和重视规则的意识，就是以团队利益和长远利益为重的大局观念，就是与合作者、竞争对手实现共赢多赢的思想，就是一种对自己和对别人负责的态度和强烈的责任感。

企业的契约精神从内部来说是所有者与经营者之间、管理者与执行者之间、内部各专业模块之间的合作、诚信关系。根据“权责利”的思想，各个关系之间既有明确的工作目标、激励机制，又有相应的责任机制。企业在经营管理和持续发展的过程中，企业的各项工作诸如管理制度、岗位职责、用工合同等是以契约的方式来完成的。在契约的基础上，企业与各利益相关者对规定的内容、条款共同讨论、认可，形成一致的价值理念，并共同承诺为实现共同的目标而尽心尽力，这种承诺是双方在自愿的前提下，具有双方各自内在的积极性，因而是平等的。管理的对象是人，不能像法律那样强制员工积极工作，因此只有调动员工的主动性、积极性，才能提高企业的效率，员工才能有一个乐观平稳的心态参加工作。这种契约需要企业员工共同认可和自觉履行，需要企业和员工双方共同遵守，从而使书面契约上升为心灵契约，形成以人为本的自愿、自发、自动、自觉地开展工作的企业文化，创造企业平等、高效的工作氛围。

企业的契约精神从外部来说是企业与客户之间的合作、诚信关系。要发展，企业就要脚踏实地、艰苦奋斗、努力创新，要明明白白交易，不挣黑心钱，要讲契约精神，而不是靠小聪明、耍鬼点子。在中华民族的传统道德中，“仁、德、礼、义”等思想占据了核心地位。我们传统的商业道德也是倡导“诚信真善，义利并举”这样一种价值观念，在人们的经营活动中往往具体表现为“以诚待人，以信待物”“童叟无欺，信誉至上”“以质取胜，货真价实”，这也是中国古代各商帮恪守的商道。只有讲信用，重商德，不欺不诈，别人才会乐于同自己做生意，认真履行契约，提供最好的产品和服务。企业遵守契约精神，认真履行自己的责任，为客户提供最好的产品和服务，为客户创造最大的价值，这本身就是最好的营销。在任何时候、任何场合尤其是在市场经济中，都要忠于契约，做一个忠于契约的人。

三、建立有文化特色的现代企业制度

国有文化企业改革，既要符合市场经济改革方向，遵循市场经济规律和企业发展规律，又要符合精神文明建设要求，遵循文化生产传播规律，建立

和完善有文化特色、符合文化企业特点的现代企业制度。

随着文化体制改革的不断深化，国有文化企业参与市场竞争的范围逐步扩大。如何实现国有文化企业体制机制的转型升级，让它们跑得快、跑得好，已成为摆在我们面前的一大课题。中共中央、国务院在2015年9月印发的《关于推动国有文化企业把社会效益放在首位、实现社会效益和经济效益相统一的指导意见》就明确提出："以建立有文化特色的现代企业制度为重点，以落实和完善文化经济政策、强化国有文化资产监管为保障，建立健全确保国有文化企业把社会效益放在首位、实现社会效益和经济效益相统一的体制机制，打造一批具有核心竞争力的骨干文化企业，推动社会主义文化大发展大繁荣。"①

这个文件出台的背景主要有三个方面：

第一，中央对文化企业把社会效益放在首位、实现社会效益和经济效益相统一高度重视。习近平总书记强调，要把握好意识形态属性和产业属性、社会效益和经济效益的关系，坚持社会主义先进文化前进方向，把社会效益放在首位；无论改什么、怎么改，导向不能改，阵地不能丢。

第二，国有文化企业的定位决定了它必须要把社会效益放在首位。文化企业既有一般工商企业的产业属性，也有意识形态的特殊属性，它提供精神产品，担负文化传承的使命。以内容生产为主的文化企业主要包括书报刊、影视、演艺及新闻网站等，其中大多属于国有文化企业，应该在坚持把社会效益放在首位、实现两效统一方面发挥表率和示范作用，带动引导民营文化企业实现同样的目标。

第三，在实践中，十六大以来，随着文化体制改革的深入推进，大量经营性文化事业单位转制为企业。在这个过程中，也存在一些企业转制不彻底、治理结构还需要进一步完善的情况，以及一些企业转制后片面追求经济效益、忽视社会效益的现象。这个时候出台这样的文件，对文化企业两效统一问题提出明确要求，很有必要也很及时。产权清晰、权责明确、政企分开、管理科学的现代企业制度，既可以提高文化国企的效能，增强文化国企的活力，推动文化国企做大做强，也有助于硬化内部约束机制，加强国有资产监管，促进文化国企做优做好。而建立有文化特色的现代企业制度，是文

---

① 中办、国办印发《关于推动国有文化企业把社会效益放在首位、实现社会效益和经济效益相统一的指导意见》[EB/OL].（2015-09-14）. http：//www. sov. cn/zhengce/2015-09/14/content_2931745. html.

化企业区别于一般工商企业的重要特征，其目的就是要推动形成文化企业特有的经营理念和治理结构，确保把社会效益放在首位，实现社会效益和经济效益的统一。

从投入到产出、从生产到传播、从交换到消费、从效用到效果，文化生产与物质生产都有明显不同的特点。相对于物质产品，精神文化产品具有更加显著、强烈、广泛的外部效应，因此更加需要强调其正面的社会效应和社会价值。而作为生产传播精神产品、满足人们精神需求的文化企业，显然不能完全复制或全盘照搬工商企业的生产运营和管理制度。对照当前文化国企的发展来看，一些文化国企两个效益相统一的问题还没有很好地解决，片面追求经济效益、忽视社会效益的现象时有出现。正因为如此，今天的国有文化企业改革，既要符合市场经济改革方向，遵循市场经济规律和企业发展规律，又要符合精神文明建设要求，遵循文化生产传播规律，建立和完善有文化特色、符合文化企业特点的现代企业制度。

文化企业把社会效益放在首位、推动两效统一，应该从两个方面着手：一是要完善企业内部运行机制，在组织架构、绩效考核考评、企业股份制改造，以及加强党的建设、人才队伍建设等方面要有明确要求。二是要营造良好的外部环境，在政策环境、法治环境、市场体系建设上为企业健康发展创造好的条件。

具体来讲，在经营理念上，要强化文化企业的意识形态属性，明确把社会效益的要求体现在企业宗旨中，贯穿生产经营管理的各环节和全过程；在治理结构上，要加强文化企业党组织建设，科学设置企业内部组织机构，健全党委领导与法人治理相结合的管理体制，确保内容的正确导向；在绩效考核上，要推动文化企业建立科学的内部绩效考核体系，实行差异化考核，突出社会效益。文化企业作为生产文化产品、提供文化服务的社会组织，由于文化产品的特殊属性，不仅不能突破产生负面外部效应、导致负面社会效益的底线，还应当努力冲刺正面外部效应最大和正面社会效益最优的高线。国有文化企业兼具文化企业和国有企业的双重属性，是发展文化产业、建设社会主义先进文化的重要力量，坚持社会效益第一、两个效益统一是国有文化企业的天职。

虽然社会效益与经济效益有时候会互相冲突，但从大时段、大范围来看，两者是内在统一、外在一致的。从历史和现实来看，任何文化企业要想走“下三路”出名赚钱是上不了台面、登不了大雅之堂的，只能侥幸出点恶名赚点脏钱，做不大也做不长。在现代文化工业勃兴的时代，世界著名的文化企业因其能以自觉引领社会文化风尚为担当，所以得以成就百年企业。如美国的迪士尼公司，在创造巨大票房价值的同时，总是能通过一个个动人的故事、一个个可爱的角色，带给人们欢乐和启发，向人们传递爱和希望。

深化国有文化企业改革，建立有文化特色的现代企业制度，是一项崭新的事业，又是一个紧迫的任务，这也是加快推进国有文化企业制度现代化和能力现代化的必由之路。总之，把国有文化企业打造成为繁荣文化市场、发展文化产业的生力军，是繁荣社会主义文化的应有之义。

第二节　管理体制创新

我国的传媒事业，特别是国有传媒，尽管表现为多种形式存在，但仍然致力于维护社会主义经济制度和政治制度，发挥着党、政府以及人民的耳目喉舌作用。新媒体环境下，国有传媒的变革主要集中在以下几个方向。

（1）整合产业资源。

在新媒体咄咄逼人和媒介融合的大势下，国有传媒只有通过产业资源的整合与经营范围的延伸，才能提升其运营与盈利能力。强势国有传媒将越来越多地通过重组、并购、参股、自设等方式进行多元化的综合传媒经营，而具备跨地区、跨业务整合及资本运作能力的国有传媒企业，将成为这一进程中的最大赢家。

（2）市场化经营。

国有传媒的核心竞争力在于创新，而实现市场化运作是保证其创新的质与量的“有机土壤”。在媒介融合的新媒体环境下，国有传媒的下一步改革将立足放宽市场准入，积极引入新媒体的民间资本和战略投资者，形成国有传媒的市场化经营决策机制。“国有传媒更进一步的市场化经营，需要治理结构调整，让渡出更多治理权给完全意义上的市场主体，通过市场来成倍放大国有传媒资产的融资和投资能力，用资本的逻辑和力量来确保国有传媒资产的保值与增值。”①

（3）以媒介融合为基础的全媒体构建。

新媒体是传媒产业未来的发展方向，积极开拓新媒体业务将是国有传媒企业在当前发展环境下的必然选择。国有传媒必须依托新媒体的理念以及手

---

① 周笑．国有传媒业创建市场主体的困局与突破［J］．视听界，2008（1）：54-58.

段，直接参与、渗透到生产经营中去，以这一方式更加有效地提高媒体自身的附加值，并且这一价值也将远远超出转型后新媒体的范畴。

(4) 开拓新业务。

开拓新业务是国有传媒主动求变，提高市场竞争力的战略选择。在这方面，国资控股参股传媒公司因为具有独一无二的资本、渠道和政策优势，外资和民资也乐于与其合作。由此，国有传媒借用新业务和新市场，将逐渐摆脱对传统业务的依赖和包袱。

一、传媒管理制度的现代化

(一) 解放思想，树立由“传统媒体+”到“互联网+”的治理理念

现有传媒制度的主体基于传统媒体的传播特性而设计，惯性思维和路径依赖使得“传统媒体+”成为现有传媒制度设计的主导理念。从传播的技术特性上看，新兴媒体与传统媒体有着本质上的区别。在制度变迁理论看来，切合作用对象特性而设计的制度才是有效力的制度。对传统媒体而言，说到底是要进行思想层面的大解放，在推动传统媒体与新兴媒体融合的制度设计中，树立由“传统媒体+”到“互联网+”的治理理念。

(二) 加快改革，继续全力加速传统媒体的市场改造

市场经济本质上是自由与开放的经济，自由与开放同样是新兴媒体的核心精神。国内外的大量实践也已证实，市场经济虽然有这样或那样的不足，但至今来看，市场经济的资源配置方式最有利于新兴媒体的发展。而以市场化程度来衡量我国的传统媒体，这恰恰是其急需大幅提高之处。其实，自改革开放以来，我国传统媒体就一直在进行市场化改革。现今主要由于新兴媒体带给传统媒体排山倒海的冲击压力，催生出传统媒体与新兴媒体融合的迫切，再次将传统媒体市场化改革的紧迫性推至前台，着重对一些有利于传统媒体与新兴媒体融合的关键制度进行重点改革。

1. 从国家层面继续推动并深化传统媒体的转企改制工作

从当前来看，成功发展新兴媒体，拥有合格市场主体身份是先决条件；此外，从事新兴媒体的传统媒体越多，发展新兴媒体成功的概率越大。首先，继续并加速完成部分非时政类报刊的转企改制工作，对受新兴媒体冲击较大、市场化程度较高的报纸和非学术期刊的转企改制进程要尤其加以督促。其次，对已完成转企改制的广大出版社和部分时政类报刊，应推动其尽快建立现代企业制度，推动有条件的媒体积极上市。最后，广播电视领域，虽然受新兴媒体冲击相对较弱，但应吸取报纸领域在改制行动的未雨绸缪上

较为迟缓，从而部分导致现今较为被动的教训，可以充分吸收其他传统媒体的转企改制经验，先积极试点开展广播台、电视台的转企改制，在条件成熟时快速推开。

2. 以特殊管理股为突破口弥补单一国有产权的不足

所谓特殊管理股是指具有较多投票权或一票否决权的股票，它能使创始人股东始终保有最大决策权和控制权。2013 年 11 月，党的十八届三中全会《中共中央关于全面深化改革若干重大问题的决定》提出，要对按规定转制的重要国有传媒企业探索实行特殊管理股制度。特殊管理股的推行，能较为有效地弥补传统媒体单一国有产权存在的先天不足，有利于新兴媒体业务的拓展：拓宽了融资渠道，利于大量资金融集；借助股权的多元化加大对经营者的监督力度；也利于借助多元产权主体减少来自行政的不必要干预。另外，特殊管理股的推行也能较为有效地消除国家因股权多元而产生的媒体管理权、领导权、话语权旁落的担忧。①

3. 以股权激励、公开选拔等方式留住和吸引高层次传媒人才

新兴媒体行业是人才密集型行业。然而对于当下的传统媒体而言，不仅很难招到高层次新兴媒体方面的人才，而且还迫切地面临着高层次人才流失问题。究竟是什么因素导致传统媒体人才的流失，虽然没有直接调查结论，但从企业人力资源管理的相关理论来看，物质激励和前途激励是留住和吸引人才的两大常见手段。对当前的传统媒体而言，在物质激励方面，完全可借鉴商业新兴媒体通过高管持股、员工持股的股权激励吸引高新人才的做法，其实传统媒体只要是国有资本控股或拥有特殊管理股，不必担心因股权的部分私有化而带来所谓的导向问题；在前途激励方面，须打破主要负责人由上级主管部门直接委任的做法，积极探索对内、对外公开选拔传媒职业经理人这一新的用人机制。

（三）配好刹车，竭力使商业新兴媒体的规制更加规范

1994 年我国实现与国际互联网全功能对接，互联网的媒体属性较迟才得到重视，2002 年中央才出台第一个针对互联网的媒体属性进行规制的文件《关于进一步加强互联网新闻宣传和信息内容安全管理工作的意见》，较长一段时间里互联网也仅作为信息产业归口于信息产业部管理。因此总体来看，在制度层面，我国对以互联网为代表的商业新兴媒体的媒体属性规制欠

---

① 中共中央关于全面深化改革若干重大问题的决定［EB/OL］．（2013-11-15）．http//news. xinhuanet. com/2013-11/15/c_118164235. htm.

账较多。商业新兴媒体经过多年的飞速同时也是粗放式发展，虽然已经成为现代中国人获取信息的第二大渠道，但其所暴露问题的危害也愈发显现，当下需要在其飞速发展之时配好刹车，规范相关的规制，使其发展更健康。

二、媒体管理创新的五个维度①

（一）建立崭新的内容管理系统

随着新媒体的进化以及大数据时代的来临，传统媒体面临着将原有和目前正在生产的媒介产品数字化、数据库化，并将其分层存储和分类整合利用的任务，建立资产管理和数字版权管理体系迫在眉睫。管理者要及早制定相应的内容管理方案，利用先进的数据管理技术建立“平台化”“网络化”的内容管理系统，以实现统一的内容产品架构。

此外，传统媒体的内容管理还面临“如何应对突发事件”这一命题。以“甬温线动车追尾事件”为例，当时浙江卫视、CCTV2 与 CCTV 新闻频道反应迅速，值得注意的是它们采用的画面都来自“非专业”“非新闻机构”的“市民目击者”——在新媒体时代，用户贡献内容（UGC）的模式真实且广泛地存在。媒体要想在突发事件报道上取得先机，就要在平时的内容管理系统设计上下工夫。

（二）再造新闻生产流程

新闻生产的流程再造是媒体机构以一种互融共生的整合性过程，改变过去由于不同介质割裂、不同部门管理造成的支离破碎的局面。它要解决以下几方面问题：首先，内容的生产多媒体化，收集的过程多媒介汇流；其次，由“评估中心”对收集的新闻素材作出价值和取向判断；再次，解决新闻分发问题，使同一内容不同形式的新闻产品能沿着各自既定的渠道运行，从而保证一件新闻产品的复次、多介质、全方位传播；最后，新闻产品抵达用户后的反馈以及用户贡献内容的上浮。

新闻生产的流程再造包含四方面内容：首先是强大的“脑”指挥中心，负责新闻信息的价值判断及去向；其次是交响乐团式的空间布局，使各媒介品种围绕“脑”指挥中心协调作战；再次是多媒体化的采写部队，能同时提供“文字、音频、视频、图片”等各类产品，供融媒体矩阵平台上的“报纸、广播、电视、手机”全方位使用；最后，实现用户生产内容的优化

---

① 栾轶玫. 融合时代传统媒体新闻管理创新的五个维度［J］. 视听界，2011（6）：23-26.

与上浮，形成一套有效的UGC机制，鼓励用户“方便、快捷、积极”地贡献优质内容。

（三）调动内容生产者积极性

媒介融合时代，媒体的内容生产者由“专业”与“非专业”人士共同组成。对专业人士的管理，除了以人为本等理念外，更重要的是要看到他们借助新媒体平台可以成就个人及母媒的声望。比如一些主播、评论员在新媒体平台发言时往往拥有广泛的关注度，如何将“粉丝”对媒体从业者的关注有效转化为对母媒的关注，是管理者需要着重考虑的。对媒体从业人员的管理创新，关键要将他们看做启动能量的“发动机”，能够自我开掘出一片天地、塑造起一种声望，并将这些关注度与美誉度成功迁移到母媒。

对于内容生产的另一个主力军——贡献内容的用户，更多地要通过社交网络系统等多个平台进行“运营”，使他们对媒体产生信赖感与情感链接。湖南卫视在这方面就做了不少尝试，例如举办“金芒果粉丝节”，密切与粉丝的联系；在金鹰网上推出互动社区“芒果圈”，通过社交网络平台聚集人气，发动用户贡献内容等。

（四）与用户建立情感链接

媒介融合的一个重要结果，是以“读者、听众、观众、网民”细分的受众概念被全新的“用户”所取代。互联网时代的竞争显然不仅仅体现在技术与内容上，Web2.0的运营核心在于“人”，而运营“人”的核心在于“关系”——这也是建立媒体SNS社交网络系统的重要原因。在管理用户时，要关注系统性与回路设计：一方面，使用户能方便地参与媒介活动；另一方面，使用户的体验能及时地反馈回来。例如中央台“中国之声”在2011年10月改版后，推出了《同步你来说》，每期同步跟踪正在发生的新闻事件或网络正在热议的话题，在当事人、评论员、听众、网友之间展开实时互动讨论，并得到进一步的线索或事实根据。听众参与到节目中本身就是用户管理的一方面，这使得电台提供给听众的不再仅仅是媒介产品本身，而是一种参与媒介内容生产的全新“体验”。

管理用户的核心命题在于“情感”。只有用户对媒介产品产生信赖感，才可能实现基于其上的附加价值。融媒体时代，这种情感链接除了在原有平台上运作外，更重要的是通过新媒体平台（特别是社交网络平台）来运营，以便与年轻的潜在用户产生黏度。

（五）舆论引导的管理

传统媒体的管理创新还表现在舆论引导方面：媒体依托自身的专业记者

与忠实用户建立“微链”传播矩阵，并在关键节点上“排兵布局”，通过“不做中心”而去影响无数个小“中心”，以实现舆论的高效引导与传播。

未来媒介生态表现出一种“微”特质，碎片化的信息通过社交网络等链状系统被连接与组合起来。媒体要想生存，就要在一个个微链中把握传播机会，创造可能的舆论热点。因此，未来的媒体除了要竞争信息的“独到解释权”外，还要在纷繁的微链世界中排兵布阵，成为一个个关键节点的组织者与传播者；报道组织形式不再是先前的“一刀切”，而是在无数个中心节点上进行疏通与引导。特别是在突发事件中，这种新型舆论引导方式的特点更加凸显。

总之，传统媒体的管理创新要注重媒介组织的整体性和目标性，强调人与人、人与部门、部门与部门之间的协调性，要求管理者对新型传播模式要有足够的认知，对包括员工、用户、客户在内的不断发展变化中的“人”有深刻把握，对媒介生态能够统筹考量，以实现与时俱进的创新性管理。

第三节 内部组织结构

媒体的公信力、影响力、传播力和其发展目标的实现，需要所有从业人员按照媒体规划愿景，发挥个人聪明才智去共同完成。没有充满职业理想、职业激情的员工，又何来具有良好公众形象和可持续竞争力的优势媒体？

一、互联网牵引传媒组织的改造方向①

在推动传统媒体和新兴媒体在内容、渠道、平台、经营、管理等方面的深度融合这一浪潮中，不能忽视传统媒体在组织和机制上的巨大创新冲动和力度。技术、人才、渠道都可以引进、嫁接、兼并，只有自身的组织方式和机制创新，才能让融合“从物理变化转向化学变化”。其实，目前的新媒体本身就处于技术异质更替的剧烈变动中，传统媒体向新媒体的融合，目标却并非今天的新媒体。转型之路无先例可依，它是依据目前互联网发展的特性去推断的未来发展之路，而深度融合的标志之一，便是用这种互联网思维重构传统媒体组织结构。在与互联网技术和新媒体的融合过程中，每个传统媒体都有自己的体会。

① 庞承，万笑影. 新思维驱动下的传统媒体组织创新［J］. 中国记者，2014（10）：45-48.

（1）内容即服务。

传播的本质就是服务，媒体融合的本质也是服务。必须把新闻传播与互联网服务融合起来，顺应用户需求的变化，重塑传播逻辑，从提供单一新闻资讯向以新闻资讯为核心的综合文化服务转变。

（2）用户即阵地。

传播的基础在于用户，必须想方设法把报刊读者变成多元用户，把占有用户、发展用户、集聚用户作为根本目标，并作为评价标准，贯穿于媒体融合发展的全过程、各方面。

（3）作品即产品。

互联网的生产模式是内容服务化、服务产品化，必须改造现有新闻生产流程，建立健全以产品为核心的新的运行体制和管理机制。

从这三条看，传统媒体的生产、运营组织方式与新媒体有着巨大区别，要实现这些转变，新闻内容生产要和互联网服务打通，采编人员要和用户需求打通，生产要和营销打通。从传统媒体机构创新诉求上讲，横向要能把不同性质的媒体串成一个全媒体，重塑传播阵地；纵向要把内容生产、技术创新、用户集聚、服务营销连成一体，使传播价值链形成一个闭环。所有这些转变，都必然对一个良好的支撑体系提出要求，使企业组织方式向更快满足需求、更易促进创新、更好复制推广的方向转型，更好适应互联网革命。

由此可见，对于传统媒体来讲，如何在现阶段与新兴媒体进行深度融合，其中一个关键点就是用互联网思维去重塑其组织架构，从根本上打通各个关节，而这种深度打通思维的本质就是用户思维和产品思维。

二、项目制带来局部机制创新①

互联网的特征是创新驱动，异质替代，微信的诞生就是一个典型。在传统媒体现有的管理体制下，内生的创新驱动有着一定的难度。互联网流行的是团队活力、资源共享，而传统媒体强调的是条块分割；互联网流行的是用户需求驱动，传统媒体强调的是管理推动；互联网流行的是内生的创新冲动，传统媒体强调的是集体考核。

在做新媒体增量的时候，导入项目制管理是许多传统媒体的路径选择。2013 年，浙报集团在内部组织了一场覆盖全员的全媒体融合创新专题培训，

---

①　庞承，万笑影. 新思维驱动下的传统媒体组织创新［J］. 中国记者，2014（10）：45-48.

有2 000多人参加了这次培训，这次培训最大的特点就是打破了原有的管理分界。在培训的第一课中，就将参加培训人员原有的组织归属横向打断，不同岗位打通，按照财经、文教、管理、生活时尚服务等类别重新分组，组成一个个 10 人左右，既有采编、又有广告、还有技术等专业人员的项目小组，进行专业化授课。同时要求每个团队在培训期间设计一个新媒体产品，从产品定位、市场细分、用户需求、商业模式等方面做设计方案，最后通过竞赛评比的方式进行理念展示，以强化培训的效果。在培训附属的项目大赛中，许多团队设计出了各种新产品，其中许多产品后来成为集团新媒体项目的雏形。

三、适应融合战略的新型架构①

媒介融合不仅是技术升级、平台拓展、内容创新，同时还应该伴随着企业组织架构的创新，而这往往是最艰难的一步。直线型组织结构，责权明确却不利于调动积极性；职能型组织结构，业务性强却横向联系差；矩阵结构，适应性好却易产生多头管理……而互联网企业又呈现什么样的组织机构特征呢？现在国内外的著名互联网公司的组织方式大相径庭，有的以产品矩阵为核心，有的用事业部制加上服务支撑，等等，但它们的共同特点是：(1) 高度突出自身的企业或核心产品特点；(2) 尽量扁平化，保证高速反应；(3) 不怕折腾，随时可以推倒再造。

2011 年 9 月，浙报传媒成功上市，成为国内第一家经营性资产整体上市的省级报业集团，这不仅让它建立起全面融合所需的资金平台，也完善了以法人治理结构为核心的现代企业制度。此前，浙报集团还建立起多个报系，这也是横向重整传媒资源的重大尝试。原先各自独立的子媒相互分享内容和受众、市场，实现资源的合理配置，让“一堆土豆变成土豆泥”。在财务上，启动全面预算管理。以前，报业集团的财务管理都是结果管理，只要年终时达到预期目标，任务就算完成。而预算管理的过程，则是体现企业战略目标的落实过程，这种资源的调配管理过程，能够更好地对集团战略导向、品牌推广、人事管理等各方面进行日常监督和推动，这是一种垂直方向资源整合革新。同时，人力资源管理引入了 ERP（企业资源计划）系统。

将来的大型媒体集团，都会面临跨界融合的飞跃，过去的主报管子报的

① 庞承，万笑影. 新思维驱动下的传统媒体组织创新 [J]. 中国记者，2014 (10)：45-48.

方式，显然不能适应新的变化。在可能出现的跨媒介、跨地域甚至跨行业的过程中，报业集团将面临组织结构和管理模式再造，要学会用融合生产、组合营销甚至资本纽带去组织和管理未来的新型传媒集团。

本章小结

传媒管理创新是一个系统工程。媒体以媒介融合为契机，借助新技术，逐步改变目前以广电收视率收听率、报刊发行率等为核心指数的单一评估体系。如今，打破既有单一评估体系的时机已经来临，这应该成为所有媒体的共识和行动。面对未来发展的主流趋势，各类型媒介亟须在新的力量抗衡中谋求新的市场定位，而全媒体战略则成为学界和业界的共识。媒体分化已经成为过去式，数字化融合才是现在进行时，而复合式多媒体将是未来的发展方向。

第十章 传媒内容创新

创新，是传媒业发展的不竭动力。而如何打造传媒的这种创新能力，从哪些方面着手创新，是问题的最难之处。新闻出版总署原副署长石峰在首届中国传媒创新年会上的讲话中将传媒创新概括为内容创新、载体创新、经营创新和政策创新四大部分。内容创新，是传媒业创新的根本。在新媒体时代的大背景下，传媒间的竞争日益激烈，网络、手机的崛起带动了传统媒体的新一轮变革，要获取保持独特竞争优势的资源和能力，传统媒体必须通过创新来增强自身的核心竞争力，不断创新。本章从传媒策划、内容生产、版权运营和内容呈现这四个方面出发，探讨传媒创新最为根本的部分——内容创新。

第一节 传 媒 策 划

一、融合背景下新闻报道策划的发展①

（一）社会化媒体对大众媒体的挑战，要求新闻报道策划进一步提高水平

社会化媒体冲击下，媒体面临着复杂的传播环境，如网络上最易引爆的问题：四大突发事件（自然灾害、事故灾害、公共卫生、社会安全），六大关系（官民关系、警民关系、城乡关系、劳资关系、贫富关系、医患关系），十大热点（反腐倡廉、司法公正、城乡执法、强制拆迁、就业失业、舆论监督、房价物价、弱势群体、教育改革、道德失范）。

社会化媒体民众反应主要特点：热切关注，先入为主；热心传播，不分真假；热衷炒作，乐此不疲；热情参与，娱乐化倾向。

---

① 罗伟. 新媒体时代传媒发展的进路——融合 · 策划 · 创新［J］. 西部广播电视，2015（12）：18-20.

（二）社会化媒体背景下如何做好新闻报道策划

新闻报道策划的主要内容：选题决策、报道方案设计、在报道实施过程中接受反馈并修正设计方案。

策划性报道选题的共同特点：①报道对象具有潜在的社会影响力，要充分考虑公众的利益和心理、考虑当前的社会环境，从大局出发做新闻价值的判断；②报道对象具有复杂性，非简单、肤浅、平面化的报道所能完整表现，要慎重考虑报道选题的侧重点与导向性。选题策划先行，要抓住网民的共同兴趣，把握最佳时机引出话题；全程跟进，着力引导，使传播效果最大化。

不同类型的深度报道，实际上是对新闻事件不同侧面的突出和拓展，前景拓展形成了预测性报道，原因拓展形成了解释性报道，经过拓展形成了调查性报道，影响拓展形成了分析性报道，意义拓展形成了述评性报道。

对于网络上的热点关注话题，作为传统媒体，首先要做好前景拓展报道，并通过报网互动等方式形成话题，通过调查和专家访谈等形成解释性或调查性报道，透过理性的分析，最后形成述评性报道。赢回话语权，姿态放低，与网民同呼吸，平等交流。改变语态，话题要有接近性、平民性，从“说我自己想说的”变成“说网民想听的”。文风要“接地气”，即网络化文风。

总之，以互动与内容共创为主要特征的报道创新，将成为新闻业务改革的主流趋势；以多种载体为新闻发布平台的整体报道策划，必将取代针对单一载体的新闻报道策划。

二、以《新周刊》的封面专题策划为例①

期刊作为文化产品以内容为王，内容是其核心竞争力。喻国明指出，“传媒内容的竞争已经从第一落点（时效性）的竞争和第二落点（事实的完整与全面）的竞争到第三落点的竞争，即眼光、视觉、标准、观点的竞争和把握事实的方法及逻辑的竞争。”② 第三落点的竞争归根到底是选题的竞争，包括选题的主题、切入的角度、表达的观点以及表达方式等。《新周

---

① 艾霏霏.《新周刊》封面专题策划探析［D］. 长沙：湖南师范大学，2014：20-23.

② 喻国明 . 中国传媒业三十年：发展逻辑与现实走势［J］. 北方论丛，2008（4）：5-9.

刊》重视选题策划，差异化的选题策略使其封面专题策划脱颖而出。

（一）寻找专题策划的蓝海

齐爱军在其专著《新时期新闻周刊的生存与发展》里，对各新闻周刊的封面专题报道做了总结："《三联生活周刊》是'态度新闻'+新生活关注+新文化关怀，《新周刊》则是话题制造+'榜'/'盘点'模式。"①《新周刊》的主笔胡赳赳说过："《三联生活周刊》坚持新闻专业主义，《新周刊》坚持传播专业主义。"② 新闻专业主义要求记者以客观、真实、准确的态度去报道事实，挖掘事实的真相，把事实的原生态展现在读者面前。③《三联生活周刊》坚持新闻专业主义去报道事实真相，做态度新闻，以文化视角和人文关怀来关注时代的社会热点，做"新时代发展进程中的忠实记录者"，赢得读者对其的信赖。

而《新周刊》从创刊之初就以话题性著称，《新周刊》敢于选择具有争议性话题，不落入期刊策划报道的窠臼，正是其坚持传播专业主义，注重传播效果，采用差异化选题策略的体现。《新周刊》的传播专业主义是以敏锐的嗅觉，远大的前瞻能力，发掘社会中已经发生或者将要发生的具有话题性的现象，通过表象阐释和深入分析，提升到一个社会热议话题的层面，来展现给读者，即齐爱军所提到的制造话题，制作具有争议性的专题。《新周刊》寻找专题策划的蓝海，采用差异化的专题策略，制造话题性封面专题，以达到传播效果的最大化。

（二）封面个性化

封面是期刊的"脸面"，是期刊特色的集中体现。优秀的封面设计可以充分体现期刊的品位和风格，吸引目标读者，尤其是在零售市场，甚至可以大幅增加期刊的发行量。喻国明曾经提出了"五步三秒"的说法，即在五步外让读者注意到它，在选择期刊时读者三秒中即会决定要不要购买，强调期刊封面对于读者是否购买期刊的重要决定意义。

稳定的期刊设计风格有利于提高期刊的辨识度，增强读者对期刊的信赖。2001 年《新周刊》的《2000 年大盘点》获得了第 15 届国际期刊设计奖——奥齐奖。《新周刊》的封面是请设计公司特别设计，张扬前卫，读者

---

① 齐爱军．新时期新闻周刊的生存与发展［J］．济南：山东人民出版社，2005：74-89.

② 陈莹莹．解密《新周刊》与北京首席记者胡赳赳对话［EB/OL］．（2005）. http：//news. xinhuanet. com/zgjx/2005-06/15/c_132572572. htm. 2005：11-12.

③ 郭镇之．舆论监督、客观性与新闻专业主义［J］. 传媒学术，2004（4）.

一眼就可以识读辨别出杂志的整体风格。

纵观《新周刊》的封面专题策划，“新锐”一词贯彻其中。1997年的号外《中国不踢球》树立了批判社会问题的大旗，1998年的《弱智的中国电视》《世界杯大批判》，以“愤青”之姿态屹立期刊界。《1997大盘点》开启了盘点模式，被期刊界效仿，1998年的《城市魅力排行榜》走上了“榜爷”之路，延伸成了后来的四大榜单，成为《新周刊》的品牌。2000年第1期《新三十而立》实现了转型，由批判的“破”转向成熟的“立”，把重心转移到“生活”上，确定了“生活方式”这一中心。当年策划的《飘一代》专题，成为《新周刊》史上的经典佳作，并创立了“概念策划”这一新的专题制作形式，后来制造了“F40”“25：00”“Morld”等新概念。

《新周刊》每年的固定封面专题有情人节特辑、年度新锐榜、生活方式创意榜、中国电视榜、酒店魅力榜和年终大盘点。封面专题围绕生活方式，每年有不同的阐释，2000年的《住得像个人样》，2001年的《回到北京》，2002年的《一定要有一个个人品牌》《像什么一样生活》，2005年的《生活家》，2008年的《穷忙族》到2010年的《给我生活，地方随便》，再到2011年的《低成本生活指南》，展现了《新周刊》的生活方式观。《新周刊》的封面专题倾向于对社会问题的探讨，如调查80后生存状态的《80年代下的蛋》，透析90后的《他们不是另一代人，他们是另一种人》《未富先懒》《急之国》《橡皮人》，等等，通过对社会现象、社会群体的观察，提炼主题，透过社会现象，解读现象背后的社会学内涵。例如，《急之国》讨论中国盲目追求高效，为什么丧失了慢的能力这一问题，两年后的封面专题借由白岩松的新书倡导慢下来、静下来，“做点无用的事”，体现了《新周刊》的期刊价值观以及封面专题内容的呼应性。

第二节 内容生产

一、内容创新是传媒业创新的根本①

传媒界一直就有内容为王的说法，而英特尔公司前总裁葛鲁夫也说过这样一句话：“整个世界将会展开争夺眼球的战役，谁能吸引更多的注意力，谁就能成为21世纪的主宰。”② 事实证明，此言不虚。网络媒体强势入侵的

---

① 文舒．浅谈传媒内容创新的四个“着力点”［J］．新闻知识，2013（3）：90-91．

② 刘鹏竞争时代的报纸策略［M］．济南：山东人民出版社，2005：113．

传媒业，新闻的报道速度之快、涉及内容之丰、新闻来源之广、表现形式之多元，跟以往传统媒体独生的时代相比发生了翻天覆地的变化，特别是近年来的微博热潮，席卷了中国整个传媒业的运作。

尽管传统媒体至今仍然掌握着权威新闻发布的主导权，及时对网络采取了“取其精华，去其糟粕”的策略，并在此基础上不断完善自身的网络门户，但草根性极强的网络媒体仍在某种程度上动摇了传统媒体在受众心目中的地位，夺去了一部分的受众关注度。纸媒和电视媒体面对网络这一亦敌亦友的强大媒介，不得不加快创新的步履。

（一）追寻新闻价值本位的回归

长期以来，主流的报纸、电视广播媒体往往过于强调宣传价值，在新闻操作上背离了新闻价值本位，难以满足读者的需求。打开电视，翻开报纸，传统媒体中充斥的是严肃、枯燥的时政新闻，或者是打着“民生”旗号的恶俗的街头巷尾市民生活的“边角料”，而为市民生活起居服务并密切相关的本地新闻却得不到重点关注。

加大和加深民生新闻的报道力度是一个老生常谈的问题，从电视民生节目《南京零距离》的播出可以看出，传媒业对民生新闻的重视与日俱增，但在这类新闻的采访和报道上，却不尽如人意。传媒只有不断寻求新的报道来源、新的报道手段、新的报道角度，才能做出真正具有新闻价值的内容，得以在激烈的竞争中存活。

（二）打造属于媒体的个性品牌①

就电视台而言，我国的电视节目模仿成风，缺乏创新意识。虽然“频道专业化”这个提法从来没有断过，但专业频道的小专业或低专业化，导致大多数电视台走的仍然是综合性这条老路，盯准的仍然是受众的普遍兴趣点。而随着当代媒介文化的加速新媒体化，传统电视播出机构势必要做好充分准备应对以下三种全新的境况：

（1）视频网站正在从传统电视内容的播出渠道的一环，全面升级为原创内容的生产者，开始在电视产业链条的上游与传统电视机构展开竞争。

（2）传统电视观众的日趋老龄化使得在内容和策略上吸引年轻观众成为电视台生存的关键之举。

（3）相对于网络原创内容，传统电视节目的内容受到更多、更严格的

---

① 常江，何天平. 平台差异化互动性解读湖南卫视的内容生产创新［J］. 新闻与写作，2014（8）：9-12.

政策调控，内容创新空间有限。因此，对于当下的电视媒体而言，“创新”不仅是提升自身产业与文化影响力的必由之路，更是应对新媒体带来的冲击与挑战的必然选择。

近些年，在内容生产的创新领域，中央电视台和地方卫视依自身的传统、优势和资源配置的不同而采取了不尽相同的策略。在地方卫视的收视竞争领域，湖南卫视在经历了“后超女时代”的低迷后，于2013年开始借助一系列创新措施而再度成为地方卫视的佼佼者。

> 2005年综艺选秀节目《超级女声》的成功，迅速将湖南卫视推上中国电视娱乐产业的巅峰，从此，湖南卫视逐渐颠覆传统电视节目规整、严肃的基调，开辟全民参与的电视娱乐时代。借“超女”契机，湖南卫视迅速转型成为以娱乐立台的一线省级卫视，口碑与影响力始终居于地方卫视前列。
>
> 《超级女声》的大热，使草根选秀比赛成为湖南卫视的品牌节目形态。在随后指向明确的频道发展路径中，湖南卫视始终坚持娱乐化创造与娱乐化运营的基本思路，陆续推出《快乐男声》《快乐女声》等系列大众喜闻乐见的节目形态。加之老牌综艺节目《快乐大本营》、新兴脱口秀节目《天天向上》的合力，湖南卫视的社会影响力稳居同级卫视的前列。在吸引年轻观众方面，湖南卫视尤其擅长。如有学者指出，“下一步应该是如何将这种文化创新固化下来，沉淀成一种可以穿越时光的创新文化”。①

不过，2011年原广电总局下发了《关于进一步加强电视上星综合频道节目管理的意见》和《〈广播电视广告播出管理办法〉的补充规定》，使得一些国内电视娱乐内容受到了影响，湖南卫视首当其冲。而与此同时，各大卫视开始借娱乐节目调控的时机纷纷启动转型策略，这也给湖南卫视带来了强烈的危机感。到2012年，湖南卫视的收视影响力跌至2005年以来的谷底——央视索福瑞数据显示，2012年第一季度省级卫视收视排名中，湖南卫视5月份跌出全国前五，而与之实力相当的一线省级卫视迅速在娱乐、文化和服务的交叉区域，推出了自己的一系列王牌节目：江苏卫视凭借快速成

① 尹良润，向菊梅．湖南卫视：十年品牌创新之路［J］．声屏世界，2012（6）：96.

长的约会类节目《非诚勿扰》不断扩展社会影响力，2012 年上半年晚间收视排名超过湖南卫视；浙江卫视凭借现象级节目《中国好声音》稳坐该时段的收视冠军。

2013 年是湖南卫视的转型关键年。经过短暂的沉寂后，湖南卫视重新步入高速发展的轨道。凭借对娱乐节目形态的敏锐洞察与具有丰富制作经验的人才储备，湖南卫视开始了新一轮的内容生产创新。在“快乐中国”的品牌内涵下，湖南卫视规划并形成了包括老牌演播室综艺节目、演播室及户外真人秀、自制偶像剧和大型活动晚会在内的节目产品线。2013 年，湖南卫视凭借《我是歌手》和《爸爸去哪儿》两档引进的真人秀节目，掀起了高门槛选秀和户外真人秀的浪潮，成为国内唯一一个在一年之内播出两档现象级节目的地方卫视。除新节目外，一贯口碑较佳的《快乐大本营》《天天向上》依旧保持稳定的影响力，金鹰独播剧场平均收视率达 2.85%,① 成为同时段收视稳居全国第一的“国民剧场”。至此，湖南卫视实现了传统优势的延续与节目形态创新的有机结合，其经验也开始为各地方卫视所效仿。

总体而言，湖南卫视的内容创新不是某一个节目或某一类节目的创新，而是统筹化、联动性的创新，其实质在于全面打通了新媒体环境下的电视制作、播出与收视环节，其对播出渠道的规划和对年轻观众注意力的攫取，全部落脚在内容生产这个至关重要的领域。具体来说，我们可以将湖南卫视的内容生产创新归结为平台化、差异化和互动性三个显著的特点。

1. 平台化：节目内容的创新与成长

媒体竞争力是该传媒在经营和发展中胜过竞争对手的核心的资源和能力的总称。在湖南卫视看来，对于传统电视机构来说，节目内容的不断创新与成长就是相对于新媒体平台如视频网站的最核心的竞争力。

湖南卫视并未因《超级女声》的成功而满足于单一节目形态的重复生产，以追逐可以预见的利润，而是以《超级女声》的制播经验为基础，开始对“如何赢得年轻观众”进行全方位的思考和探索。其“快乐中国”的品牌格调始终致力于将自身搭建为中国最为年轻化的电视观众首选的电视频道。值得注意的是，湖南卫视在牢牢攫取年轻观众注意力的同时，并未放弃

---

① 隋晓琳．记湖南广电台长吕焕斌：儒帅打造“现象级”创新［EB/OL］．新华网．http ：//big5. xinhuanetcom /gate/big5/new sxin-huanetcom /ent/2013-12/25/c 125912655. htm.

原有的忠实观众——除《快乐大本营》等老牌综艺节目持续满足90后观众的娱乐需求外,《我是歌手》和《爸爸去哪儿》则通过对选秀专业门槛的提升和初始期亲子关系的呈现，而拉住那些看着“超女”长大、如今已结婚生子并有了更高的流行文化鉴赏趣味的80后观众。至于具体的传播技巧上，湖南卫视节目创新策略主要体现在下述四个高度具象化的特点：互动性的节目形态、丰富多样的节目预告、扎实新颖的内容设计以及充分娱乐化的频道标识。这样一来，湖南卫视的节目无论是价值内核还是外在形式，均实现了对于“中国年轻观众的首选频道”的平台化设计。

2. 差异化：实现品牌价值的持续增长

内容同质化是电视行业生态的重要特征。一方面，跟风与模仿可将内容研发的成本压低，对于经济实力不强的地方卫视而言是一条很“实惠”的路径；另一方面，借助国内收视市场上某一类节目的风靡，也可节省宣传和推广上的投入。但对于湖南卫视来说，情况却并非完全如此。有学者指出，“对湖南卫视来说，对市场的再定义是对娱乐的再定义，对娱乐的再定义也是对品牌的再定义”。湖南卫视在整个中国电视生态中扮演的角色和所处的位置，决定了它在创新的过程中必须以“再定义”的激进姿态而非亦步亦趋的保守姿态出现，亦即将自身变成他人模仿的对象，而非模仿他人的追随者——后者对于湖南卫视来说，不但收益有限，而且风险巨大。在湖南卫视的内容产品线上，节目的差异化色彩极为明显，已经形成了以品牌综艺节目、自制剧和户外真人秀为主要特色的类型，且在不断根据收视市场的变化而随时做出调整，其节目无论内容和功能如何，在形态上均有极高的辨识度。

例如演艺类真人秀节目，曾经湖南卫视一家独大，但自2012年以来，却出现了群雄逐鹿的状况。在这波浪潮中，湖南卫视最初的跟风之作《中国最强音》以高投入、低收视的失败告终，可见对于湖南卫视这一体量的电视巨头来说，贸然跟风并非明智选择，由于节目制作的门槛已被抬到极高的水平，因此其所承担的市场风险和品牌价值风险远比其他实力较弱的卫视更大——赔钱尚可，“砸了牌子”却是致命的。因此，湖南卫视开始实行差异化的内容生产策略，以避免与包括《中国好声音》在内的现象级节目形成直接的竞争。在对全球电视节目形态发展和中国观众文化与心理需求的准确把握基础上，湖南卫视选择了户外真人秀作为节目形态的下一个增长点。《爸爸去哪儿》在开播后备受关注，全部12期节目在全网平均收视率2.16,

平均收视份额 15.25%，成为 2013 年度全国上星频道中收视最高的季播节目。① 节目不仅触发了社会各阶层的讨论，也展现了“视觉经济”背后人们对于新鲜事物的期待，成为新的“中国好声音”。

3. 互动性：节目内容的交互设计

在台网融合、节目的数字化制播与数字化发行等领域，湖南卫视自然是走在国内省级卫视前列的。2014 年 5 月，湖南卫视宣称将在数字转型战略上做出重要举措：其拥有完整知识产权的自制节目将由湖南卫视新媒体芒果 TV 独播。这种表面上看逆潮流而动的举措，其实背后有着湖南卫视作为地方卫视改革引领者的深层逻辑。仅从内容生产的角度看，此举无疑可将基于台网联动的互动性元素的设计和传播成本降至最低，并将赋予电视台更强的内容生产自主权。

（三）加大编辑出版的创新②

传统媒体的内容优势与新技术的融合，是传媒创新发展的一个方向。报纸等平面媒体如能和数字化技术融合，其内容的空间延展性、个性化、互动性等问题就能迎刃而解。再者，利用其本就存在的媒体品牌效应，必定能在人们心目中拥有较高的权威性和可信度，这是后崛起的网络媒体所不可替代的。③ 传统媒体特别是纸媒也还有另一条路可走，那就是多元化发展策略，即在报纸杂志的版面安排上进行创新。

1. 注重头版的冲击力

要想从报摊上摆放得密密麻麻的众多报纸跳脱出来，一下子吸引住读者，报纸的头版必须富于视觉冲击力。由于报纸在报摊上一般是对折摆放的，因此，有些报纸把头版对折线称为“市场线”，特别注重上半版的视觉冲击力。④ 视觉冲击力的营造主要在于头版图片的运用，而新闻图片加大字标题的导读性质的封面也日益成为报纸的首选。

2. 进行图表化编排

在快节奏的生活中，报纸的编排手法也应有所改变，以更方便读者阅

---

① 姜中介．湖南卫视“去哪儿”：平台化，产品化［N］．21 世纪经济报道，2014-01-06（14）．

② 文舒．浅谈传媒内容创新的四个“着力点”［J］．新闻知识，2013（3）：90-91．

③ 吴定勇．报纸未来：手机报还是电子纸？——首届中国传媒创新年会综述［J］．西南民族大学学报（人文社科版），2006（4）：196-197．

④ 刘鹏．竞争时代的报纸策略［M］．济南：山东人民出版社，2005：140．

读，图表化编排就是一个良策。读者的图像化思维往往会优先于文字，在一个版面当中读者一般先注意到的都是照片，而增加报纸的图表化编排，将新闻内容用最简单明了的图表方式展现给读者，是提高报纸易读性的有效途径。

3. 推出特色版面

数字技术越来越发达的今天，报纸也开始运用这些新技术来创新办报的手段。《长沙晚报》《潇湘晨报》等报纸曾相继推出了报纸的3D版，读者戴上3D眼镜，就能体验到报纸文字和图片的立体效果。尽管大范围地推广还需要结合成本、制作技术、发行来进行多方面的考量，但3D报纸的尝试给媒体创新提供了一个新方向。除3D效果之外，传统的漫画新闻、照片新闻模式也能在新闻的版面创新中占有一席之地，为读者带去特色化、形象化的新闻报道。

（四）促进媒体广告品位的提升①

广告是媒体的一大组成部分，好的广告可以为媒介内容增光添彩，而低质量的广告只会让读者产生反感。现在很多纸质、电子媒体都充斥着低俗广告，人流、整容、减肥药等低俗广告由公车站牌爬上了报纸版面、电视节目，内容不仅低俗而且毫无艺术性可言，有的甚至在报纸上直接做起了新闻式广告，在电视上胡谈乱侃，欺骗受众，让媒体的整体品位大大下降。做广告，必须追求一定的品位，这不仅体现在排版上的精致美观，更重在广告内容的艺术性追求。优秀、新颖的广告创意，不但能让受众在电视、报纸上多做停留，起到良好的宣传效应，更能提升整个媒体的版面质量。例如，《南方周末》上常年刊登的一幅为南方报业集团所做的“根系中国”的广告图片，构思简单精巧，寓意深远，耐人回味，让读者阅读广告也是一种艺术享受。

媒体的内容创新，是媒体创新的根本，也是媒体提高核心竞争力的关键。在新媒体和国际传媒的夹击之下，我国传统媒体的内容革新势在必行。

二、内容生产流程创新②

市场竞争的压力兼新技术的推动，正在促使报业集团开始新一轮的业务

① 文舒. 浅谈传媒内容创新的四个“着力点”［J］. 新闻知识，2013（3）：90-91.

② 王佳航. 媒介融合视野下的内容生产流程创新——透析烟台日报传媒集团的全媒体探索［J］. 新闻与写作，2009（7）：25-27.

实验，这一轮的实验是在媒介融合的浪潮中展开的。如何使传统媒体与新媒体黏聚交融，产出 1+1>2 的效应，成为这一轮报业集团创新实验的焦点。

诸多创新尝试中，烟台日报模式受到瞩目，与多数报业集团尝试的资本融合、资源融合、报网互动不同，烟台日报模式的特别之处是借用数字化技术全面整合不同媒介的资源，再造了内容生产的全媒体流程，报社从传统的报纸生产企业转为提供多种媒体内容的新型媒体机构。这一实验是关注媒介融合走向的业界及学界乐于见到的，它使媒介融合的理念在内容生产流程实践方面大胆前进了一大步。

（一）烟台日报内容生产流程创新的深层意味

1. 改造历程

目前，烟台日报初步形成了包括纸质报、手机报、多媒体数字报、户外视屏等比较完备的全媒体产品方阵。2007 年 10 月 29 日，烟台日报传媒集团正式成立“1029 项目组”，启动“全媒体数字复合出版系统”的研发，优化原有的产品生产流程，推动集团从报纸生产商向内容供应商转型。2008 年 3 月，烟台日报传媒集团组建全媒体新闻中心；2008 年 7 月 1 日，全媒体采编流程正式运行。集团旗下主要报纸的记者被纳入全媒体新闻中心，并为该中心记者配备了较为齐全的采访“武器”：每人一台笔记本电脑，移动、联通两种无线上网卡，一台照相机，一台摄像机，一部智能手机，可以同时满足手机报、水母网、电子纸移动报、纸媒文字图片需求以及网站、户外视屏的视频需求。记者采集的信息纳入待编稿库，不同媒体编辑部可从待编稿库选稿加工，亦可根据特色需求向全媒体新闻中心定制稿件、照片、视频等。

2. 改造创新之处

（1）集团内信息一次采集、多介质发布，实现了新闻资源的一次开发、多次生成、多次售卖，整合了传媒集团内部资源，延长了产业链条。

面对汹涌而至的新媒体浪潮，越来越多的传统媒体把培育以网络为主要传播载体的新媒体作为未来重要发展战略之一。这些报业集团涉足新媒体以后，面临内部资源整合的问题，在集团内部，各种介质的业务资源多数还处于分割和孤立的状态。拥有多种媒介的传媒集团如何实现集团内部多种业务板块的整合？烟台日报传媒集团初步形成了包括纸质报、手机报、多媒体数字报、电子纸移动报、户外视屏等比较完备的全媒体产品方阵。在发展战略上，集团以报刊出版为主业，核心业务、成长业务、新兴业务梯次配置。第一部分是核心业务，即主打本地市场的三张日报：《烟台日报》《烟台晚报》

和《今晨6点》；第二部分是成长业务，主打包括全国市场的报刊和DM直投广告、创意策划；第三部分是新兴业务，即基于网络传输手段的新媒体。新媒体的基本框架为水母网、手机报等“六网三报一码一社”。在内容生产方面，全媒体采编平台实现了不同报纸、网络、手机报的信息的一次采集、多介质发布，同时实现了资源一次开发，多次售卖给不同媒介，整合了资源，节约了成本。这一多次售卖的过程也使原本单一载体的内容生产产业链延长，为集团带来增值收益。

（2）全媒体内容生产流程改变了信息传播的格局，使媒介的功能和特征回归。

在烟台日报传媒集团的全媒体内容生产流程中，信息的传播是按照手机报、电子纸移动报、多媒体数字报刊、公共视屏、报纸网络版、系列报刊这一链条推移的，这一传播链条恰恰与现状相反。在现有的多数报业集团，信息采集制作完成之后，报刊是第一传播载体，而后是网络，再后是手机报等，网络在内容的原创性生产层面处于劣势。从媒介的功能和特征而论，网络、手机报都可即时传播，烟台日报传媒集团对内容生产流程的改造，使网络媒体不再只是一个传播传统媒体生产的内容产品的介质不同的载体，而真正成为媒体，并且使其回归了作为第四媒体的迅捷、海量等功能、特点。无疑，这一转变具有重大意义，报业集团成为生产多种内容格式的内容提供商，报刊在新的传播链条中则不得不重新寻找位置。

（3）塑造了编辑和记者的一种新型关系，编辑部内容生产重心前置，编辑中心制进一步被强化。

记者和编辑之间的关系一直是编辑部管理体制中重点研究的范畴。编辑中心制是与记者中心制相对立的两种编采运作模式。随着改革开放以后媒体竞争加剧和信息的爆炸式增长，我国媒体逐步从记者中心制转变为编辑中心制，烟台日报传媒集团的全媒体流程使编辑中心制得到进一步强化。在烟台日报传媒集团的全媒体新闻中心，记者隶属于整个集团，要拿起摄像机、照相机、采访机同时制作视频、文字等多种新闻文本，这些文本被集团内不同的媒体采用。而对于编辑部来说，在这一新型采编流程中，其所能获得的来自全媒体新闻中心的素材有二，一是公共素材，一是定制的特供素材。为避免信息同质化，编辑部不得不加强策划，把内容生产的重心提前，更为重视编辑。各报编辑部会给全媒体新闻中心下订单，沟通所策划稿件的内容、风格和形式。烟台日报传媒集团研发的“全媒体数字复合出版系统”，实现了选题策划的统一管理。过去每个媒体自己完成选题策划，各自分散管理。统一选题管理后，利用该平台，不同部门可以方便地一起完成选题策划——人员本属于不同部门，但在统一选题中要统一行动，分工协作，例如多媒体采访和资料准备工作等。根据选题完成的多媒体采访内容，可以在提交时方便地与选题自动关联，选题负责人及各媒体编辑可以一目了然地了解到该选题产生的素材情况等。流程的梳理，减少了全媒体内容生产流程中原本必然增加的沟通成本，提高了效率。

（二）全媒体内容生产流程面临的多重挑战

不言而喻，烟台日报传媒集团的全媒体编辑部流程还只是一次创新实验，这一模式能够走多远，又在多大程度上在未来发展中具有普遍性，还要看未来几年烟台日报传媒集团如何解决发展中遇到的问题。

1. 如何实现平面媒体与新媒体特别是网络媒体利益的双赢

烟台日报传媒集团遇到的一个困惑是，集团的各网站该如何处理并发布那些最新消息。这一困惑并非源于业务层面的问题，更多来自经营的压力。按照烟台日报传媒集团全媒体流程的设计，新闻事实发生之后，全媒体新闻中心采集的信息进入待编稿库，应该首先被手机报发布，而后由网络媒体报道，最后是报刊报道。但是，在实际操作中，却不能不考虑到媒体竞争的因素。例如，水母网并不敢发布太多最新消息，原因是网站发布了之后，马上会有竞争媒体跟进，集团内报纸的先机会被占去；但是，如果一直只转载报纸内容或者发布报纸新闻的预报，肯定不利于网站和手机媒体的发展。这个问题如何解决，其实质是如何对媒介融合时代的报纸的角色定位。国外学界有过相似的讨论，美国专业媒体设计公司 Garcia Media 创始人兼首席执行官认为，当今报纸有三大使命：一是向不上网的读者提供新闻摘要；二是向报网兼读的读者提供深度报道和分析文章；三是刊登广告及其他实用信息。这为解决报纸与其关联网络的关系提供了一种新思路。从某种意义上说，媒介融合的背景下，传统报业集团以报纸为主要产品的盈利模式可能会改变，报业集团已经不仅仅是报刊社，最终会发展成为生产融合新闻的内容供应机构。那么，报业集团在其未来发展中终将意识到集团发展是内容为王，而不一定是报纸内容为王。

2. 如何迅速增强网络媒体的内容把关能力

在大多数网站，目前网络编辑的主要工作内容是两个，一是代发新闻，就是转载有协议的媒体的内容，编辑工作主要是筛选新闻及修改标题；二是制作网络新闻专题。这是因为在现有模式下，原创性内容仍然不是网络媒体的主要内容生产方式。商业门户网站没有采编权，有采编权的部分媒体网站也并不具备强势内容生产能力，多数仍以发布集团内传统媒体新闻内容为主。从一定意义上来说，这种情形下，网络媒体在更大程度上是一种传播载体，而非媒体。烟台日报传媒集团的全媒体流程则颠覆了目前网站工作的主体内容，网络编辑面对的不再是已经由传统媒体编辑把关的新闻成品，而是要面对全媒体新闻中心直接发来的新闻信息，这无疑要求网络编辑具有与传统媒体编辑一样的新闻信息处理能力，甚至还要高于传统媒体编辑，因为网络媒体时效性更强，编辑处理时间更短。提高网络媒体的内容生产水平，提高网络编辑的新闻把关能力，对于人员储备不足的报业集团网站（水母网从事内容生产的员工不足 10 人），是一个不小的挑战。把报刊编辑的力量调到网络，报刊编辑处理新闻信息的能力会下降，而增加一整套新的队伍，显然又有重复建设的嫌疑。

3. 如何开发适合全媒体生产的内容形态

数字技术正在消解人们对于媒介边界的理解。全媒体是包括报纸、广播、电视、网络、手机、户外视屏、电子纸移动报等多种媒体形态的复合，而并非简单的几种媒介的叠加。这一提法的隐藏内涵就是未来的主导新闻媒体既非传统媒体，也非新兴的网络媒体，而是一种融合媒介，这种融合媒介的终端的特征几乎无可争议地被想象为便携、互动、多媒体。令业界和学界议论纷纷热血澎湃的是，目前适合这种融合媒介的融合新闻的形态还未现出真身，烟台日报传媒集团的全媒体内容生产流程也仅只是提前为媒介融合时代的彻底到来做了各种准备，目前在其内容平台上还远不能生产出真正媒介融合时代的融合新闻。这种只闻其响、不见其人的融合新闻的形态，可以清晰地被预测为多媒体、即时发布、互动传播、信息形态旋涡式演进，但是离它真正出现并具有稳定的生产能力，显然还有很长的路要走。至少目前，报业集团还不能逾越购并电视台面临政策障碍、网络视频制作粗糙、网络内容形态缺少化学式融合等困窘。

4. 媒介融合背景下新闻人才队伍建设是个难题

在传统媒体中，采编人员都是为单一载体制作新闻内容，而全媒体采编流程则要求采编人员能够制作多种载体的产品。一方面，这要求采编人员熟悉音频、视频、文本等各种内容产品的制作方法；另一方面，也要求采编人员熟悉各种媒介差异化的功能定位。事实上，这甚至意味着采编人员要完成角色转变——从简单的信息采集者、新闻把关人转变为新闻信息提供者、新闻信息解析者、论坛主持人、音视频节目主持人等。显然未来若干年，传媒业需要大量具有融合技能的新闻人才，国内一些新闻学院，例如中国政法大学新闻与传播学院已经开始了同样的尝试。但是，对于正在进行创新试验的报业集团而言，囿于培养周期、技术发展的不确定性等很多问题，高校新闻学院的人才培养改革亦同样只是创新实验。

第三节　版权运营

一、概念界定

（一）版权与版权博弈

1. 版权

版权，又名著作权，是指“文学、艺术、科学作品的作者对其作品享有的权利（包括财产权、人身权）”。广义的著作权还包括表演者、录音录像制作者和广播电视节目制作者。① 版权保护的对象是作品，作品具有三个基本构成要件：表达而非思想、独创性和客观形式。

（1）版权的内容分人身权和财产权两部分。根据我国《著作权法》规定，人身权细分为发表权、署名权、修改权、保护作品完整权四种主要类别；财产权分为复制权、发行权与出租权、公开传播权（表演权、放映权、广播权、信息网络传播权和表演权）、演绎权等。②

（2）版权具有法律效应和经济效应。版权的法律效应在于，通过专有权利限制，维护版权所有者合法权益，规范作品创作和传播的市场秩序，以保障社会知识、文化、科技的创新和进步。版权的经济效应主要表现在版权产业，版权产业分为核心版权产业、部分版权产业、边缘版权产业及交叉版权产业。③ 报纸、图书、广播、电视等都属于核心版权产业，互联网则属于边缘版权产业。媒体之间的版权之争源于媒体对版权经济效应的追求；版权博弈的目的，是实现版权利益分配中的个体利益最大化。

2. 版权博弈

“博弈”的概念来源于现代统筹学，指拥有理性思维的个人或团队，从可能的行为或策略中选择实施并获得收益的过程，是“分析存在相互依赖

① 王迁．著作权法学［M］．北京：北京大学出版社，2007：38.

② 王迁．著作权法学［M］．北京：北京大学出版社，2007：60.

③ 宋慧献．“版权产业”实证研究的基础框架——WTPO《版权产业的经济贡献调查指南》解读［J］．中国版权，2006（3）：34-38.

情况下理性人如何决策的理论工具”。基本概念包括参与人、行动、信息、战略、支付、均衡和结果。①

“版权博弈”是指作为版权方或者传播者的媒体、公众，为了争夺版权利益所采取的一系列行为和策略选择。版权博弈主体是版权方、传播者和使用者。

（二）传统媒体、新媒体与媒体转型

1. “传统媒体”概念

传统媒体概念适用前文的“媒体”概念：（1）传递信息的物质载体和采集加工制作信息的社会机构；（2）特指大众媒体中的新闻媒体。在本文中，传统媒体的外延主要包括报刊（社）、广播（电台）和电视（台）。

2. “新媒体”概念

新媒体概念最早出现于1967年，时任美国哥伦比亚广播电视网技术研究所所长的戈尔德·马克将电子录像称作新媒体。很明显，电子录像并不属于新媒体范畴，也说明新媒体只是一个相对概念。我们所指的新媒体，应该是立足于现在、立足于国内的媒体界定。

熊澄宇提出，今天的新媒体是在计算机信息处理技术基础之上产生的媒体形态，包括网络媒体和其他数字媒体形式。“所谓新传媒，或称数字媒体、网络媒体，是建立在计算机信息处理技术和互联网基础之上，发挥传播功能的媒介总和；它除了具有报纸、电台、电视等传统媒体的功能外，还有交互、即时、延伸和融合的新特征。”②

综合上述分析，当下国内“新媒体”概念的构成要素包括：（1）以计算机技术和互联网为基础；（2）出现时间晚于广播、电视等电子媒体；（3）具有交互、即时、延伸、融合等特点。

新媒体是与传统媒体相对应的概念。本书所指传统媒体主要是报纸、广播和电视台，新媒体指出现时间晚于电视的互联网媒体和移动互联网媒体。

3. “媒体转型”概念

媒体转型指传统媒体转型。研究领域类似概念有全媒体转型、新媒体转型、数字化转型、媒介融合等，但是并无对媒体转型形态的专门定义，可见媒体转型是一种笼统称呼。转型，“是指事物的结构、运转模型和人们观念的根本性转变过程”。媒体转型是在新媒体冲击下，传统媒体主动求新求变

---

① 张维迎．博弈与社会［M］．北京：北京大学出版社，2013：32.

② 匡文波．新媒体“概念辨析”［J］．国际新闻界，2008（6）：66.

的战略选择，其外延包括：观念转型、战略转型（向新媒体转型）、体制转型、机制转型、媒介形态转型等。① 本书所指媒体转型，是基于版权保护与运营的媒体转型，是版权经济视角下主要产品生产模式和盈利模式再造的媒体转型。

二、社会语境②

技术发展打破利益格局，版权侵权频发，著作权修改进程加速，公权打击力度加强，共同构建了当前版权学术研究的社会语境。

（一）技术发展：打破版权利益格局

随着网络技术的发展，新兴媒介形态不断涌现，传统媒体环境下较为简单、明确的版权格局被打破。新媒体环境下，网络使用者被“技术赋权”，对版权人作品的使用变得更加自由；网络媒介也培养了公众的作品免费使用习惯，使版权人对作品的直接阅读收费变得困难，影响到版权人收益，版权人和使用者之间的矛盾越来越突出。同时，新技术挑战了传统版权法，随着“复制”成为网络作品使用的前提，以“复制权”为核心的保护规则在网络环境下失效；在法律尚不完善的情况下，新兴媒介利用新技术不断“合理使用”版权作品，蚕食版权人利益，版权人与传播媒介之间利益失衡。新旧媒体并存，新媒介形式还在不断出现，作为传播者的媒介之间的竞争也越演越烈；技术发展带来传播者主体的增加，作为传播者的媒介之间的利益平衡也被打破。

技术发展催生了新的媒介形态，版权利益主体不断增加，原有的利益格局被打破，这是当下媒体之间版权博弈的基本背景。

（二）法律完善：回应技术利益博弈

2015 年 2 月 27 日，据《知识产权报》消息，著作权法修订草案送审稿已报请国务院审议。中国的版权法大大滞后于媒介的发展速度，难以适应越来越复杂的版权纠纷。自 1991 年《著作权法》实施以来，经历 2001 年、2010 年两次修订，于 2012 年开始第三次修订。前两次分别是出于加入世贸组织和应对中美知识产权争端案的需要，都是被动修订，2012 年启动的第三次修订是法律自身完善和适应的主动行为。

第三次修订草案有几大值得关注的亮点：加大了赔偿力度；完善“法

① 郭全中．传统媒体转型的框架探析［J］．学术百家，2013（8）：21.

② 张森森．版权博弈与媒体转型［D］．长春：吉林大学，2015.

定许可”制度，加强对转载使用行为的规范；引入“著作权延伸集体管理制度”，针对海量作品的授权和维权问题，将非会员的版权纳入集体管理组织的管理；以法律形式对版权行政执法和版权作品登记制度加以确认等。① 整体上，此次修法更关注版权交易机制，加大了对版权经济利益的保护。

《著作权法》的修订过程体现了各方的利益博弈。这种博弈既出现在版权产业的内部，也发生在版权产业与互联网产业之间，博弈的焦点则离不开著作权的归属与范畴。一方面，版权产业想要扩大已有的权利范畴；另一方面，成长中的互联网产业则试图打破现有利益分配规则，争取新的权利或尽量规避义务。修法既是对技术发展的回应，也是对利益博弈的回应，著作权法修订的出发点之一，是平衡创作者、传播者和公众三者利益。但是，从国际趋势来看，在著作权的修订中越来越突出版权的经济意义，② 针对版权人经济收益的保护力度越来越强。

（三）公权震慑：改变版权外部环境

1. 中国的版权制度实行的是行政和司法双轨制

截至2014年年底，针对网络侵权盗版整治的“剑网行动”已开展了十次。查办的多为大案要案，具有很强的震慑作用，主要集中于网络文学、视频、音乐、游戏和软件等领域。

在2013年剑网行动十大案件之首的“百度公司、快播公司侵犯著作权”案件，国家版权局对两公司实施了25万元的行政处罚。快播公司由于拒不整改，于2014年再次接受了2.6亿元的天价罚款。网络服务商想钻版权法空子挣快钱的想法已经行不通，借“避风港”之名行侵权之实的法律风险加大。2014年11月，人人影视和射手网被广电部门查封，海外影视资源网站也成为行政监管与打击对象。

2. 新闻作品的保护开始成为行政打击的重要任务

每年，剑网行动的十大案件无一涉及新闻媒体，说明了新闻作品保护一直不受重视的现实。2014年，剑网行动明确将“部分网站未经授权大量转载传统媒体作品”纳入重点任务，规范网络转载；引导报刊社与网站开展

---

① 国务院法制办．中华人民共和国著作权法（修订草案送审稿）．[EB/OL]．[2014-06-06]．http：//www.chinalaw.gov.cn/article/cazjgg/201406/20140600396188.shtml.

② 丛立先．国际著作权制度发展趋向与我国著作权法的修改 [M]．北京：知识产权出版社，2012.

版权合作，完善许可付酬机制；积极推广重庆日报报业集团发表版权声明的做法。① 这些做法说明国家对于媒体版权保护的意识发生转变。媒体转型是媒体发展的重大主题，而新闻媒体则是其中的关键，对其版权的保护关系到整个传媒产业转型的成败。

在版权法律意识整体较低的情况下，公权力所产生的震慑净化了版权环境，对版权人的保护影响到未来版权博弈的格局。

（四）意识增强：提升版权战略地位

近年来，传统媒体版权意识增强。传统媒体在短暂享受互联网带来的小恩小惠后，却在不知不觉间被新兴媒体夺走了受众，“二次售卖”盈利模式遭到打击。面对困境，广电媒体首先发起反击，建立内部版权资产管理部门，在通过广告盈利之外，开始与其他媒体进行版权交易，售卖优质节目版权，同时，在版权侵权发生后多愿意进行诉讼维权。比如《新京报》系列维权案，《新京报》在维权成本高，赔偿所得少，且需要克服诸多法律技术难题的情况下，自 2006 年起即持续对侵犯信息网络传播权和使用权行为提起诉讼，揭开了潜伏着的新旧媒体版权冲突。

2014 年，媒体维护版权的呼声空前高涨。年初，财新网即发布《财新传媒反侵权公告第 22 号》，声明关于谷俊山案的特稿遭到网易新闻、搜狐新闻、《郑州晚报》、光明网等 10 家媒体的非法转载，要求停止侵权并赔偿损失，打响了“版权年”第一枪，并于 2014 年先后发布 3 份反侵权公告；2 月，乐视网诉风行侵犯《我是歌手》第二季的网络信息传播权；3 月，腾讯公司以第一投诉人身份，向深圳市场监管局举报快播公司侵权，最终促成快播公司的 2.6 亿元天价行政罚单；6 月，搜狐公司、《长沙晚报》《广州日报》指责“今日头条”侵犯版权；芒果 TV 独播战略所引发的版权风波，更说明了媒体对于版权的重视与争夺已经进入白热化；8 月，人民网、中国网、国际在线等 9 家中央媒体发起“新媒体版权联盟”，传统媒体打击网络侵权的力量壮大。

2014 年，媒体发现了自身作品的版权所蕴藏的巨大价值，出现了一批具有社会的舆论关注的版权侵犯案件，这将对下一步的版权利益格局、媒体转型，乃至政府决策和法律制定产生重要影响。同时，媒体自身对版权价值认识的增进，也将提升版权在媒体发展战略中的地位，激励媒体在转型中尝

① 胡建辉．第十次打击网络侵权盗版专项治理“剑网”行动启动［N］．法制日报，2014-06-12（12）．

试通过版权建立新商业模式。

透过版权博弈的社会背景可以看出，随着技术发展，新媒体形态不断涌现，原有的媒体版权利益格局被打破，媒体版权关系变得更加复杂；作为利益平衡者，版权法和公权力加大对版权人的保护力度，将改变版权人现在的弱势地位，影响未来版权格局；媒体自身版权意识的增强，也将提升版权在媒体发展战略中的地位，基于版权的商业模式成为媒体转型的重要课题。以上构成本研究的背景，也构成当下媒体版权博弈的背景。

三、版权视角下传统媒体的转型①

2014 年初，上海文广集团（SMG）将媒体内容资产管理中心与版权中心合并，成立版权资产中心，加强版权管理和使用的规范，未来媒体内部的版权管理机构将进一步扩大，媒体在转型过程中对版权资产的重视程度会越来越高。在媒体转型中，从单纯的形态融合到版权资产的整合，也表明了未来媒体转型的新动向。

如 SMG 前总裁黎瑞刚阐释媒体资产时所说，“传媒（资产）说到底是两件事，一个是品牌，另一个是版权”，管理好版权这项媒体的核心资产，将是未来媒体转型的关键。SMG 的版权资产中心、芒果 TV 的独播战略、财新传媒的强势版权保护……目前转型较为成功的传统媒体，都将媒体转型战略转向媒体版权管理上，为全产业链开发铺路。

2014 年，芒果 TV 独播风波和今日头条事件中的争议作品，正是新媒体环境下极易被侵犯的两类媒体作品——电视节目和报纸新闻，这恰好证明了作品本身具有价值。解决这两类作品的版权保护和管理问题关系到未来电视和报纸转型。

（一）电视节目版权与电视转型：以湖南卫视为例

1. 版权博弈中的媒体地位变化

2014 年 5 月，湖南卫视推出芒果 TV 独播战略，宣布包括《变形计》第八季、《花儿与少年》等综艺节目在内的电视台自制节目，将不会在网络上进行分销，而由湖南卫视旗下的互联网电视平台芒果 TV 实行网络独播，以打造自己的新媒体平台。6 月 18 日，芒果 TV 宣布与 360 影视合作，将 360 作为《爸爸去哪儿 2》的网络首播聚合平台，芒果 TV 上的正片节目、花絮等内容将通过 360 进行推荐。而爱奇艺 2013 年 11 月就与湖南卫视签下 2 亿

① 张淼淼. 版权博弈与媒体转型［D］. 长春：吉林大学，2015.

元订单，购买了《爸爸去哪儿2》等6部节目的网络独播权。6月20日，爱奇艺官方发布声明，称拥有《爸爸去哪儿2》的独家网络版权，任何未经许可使用的行为都属于非法盗播。由此，爱奇艺一怒之下将湖南卫视与乐视合作的广告进行删改、遮挡。6月26日下午，爱奇艺与芒果TV达成和解，宣布对节目进行联合推广宣传。

湖南卫视、芒果TV、360影视、爱奇艺、乐视……芒果TV独播战略引发了一场媒体间的版权混战。不同的是，这次传统媒体由通常的版权纠纷中的原告变为被告，折射出当下媒体版权博弈中的媒体地位变化。

芒果TV版权风波起因于湖南广电推出的芒果TV独播战略。这一战略的实施本身，就表现了传统媒体版权地位的强势：电视台的版权资源已经使其可以脱离对视频网站的渠道依赖，独家版权的数量和质量也足够推动自身平台的建设。在独播战略实施前，湖南卫视早已与爱奇艺签订包括《爸爸去哪儿2》在内的6部作品的网络独播协议。次年，湖南卫视又宣布只有芒果TV才拥有节目的独家网络版权，并且与360影视合作为网站导流，爱奇艺以高价购买的独家网络版权瞬间贬值，网络流量损失巨大。最终爱奇艺与湖南广电和解，也说明在当下优质内容稀缺情况下，视频网站在版权博弈中的地位下降。

从内容输出到网台合作、网台联动、反向输出，再到网台博弈，电视台和视频网站的关系越发紧张。湖南卫视推出芒果TV独播，首先反映出当下新旧媒体间的网台联动模式濒临破产。网台联动是在全媒体语境下，电视台与视频网站利用自身的优势双向互补，并在推广营销、媒体发展、创作播出、资本运营、媒体发展、品牌建设等多方面联动。在这种模式下，视频网站只需支付一次就可以获得作品的网络传播权。电视台的品牌效应为视频网站带来巨大流量，节目中插播的广告也被视频网站替换为自己的广告，电视台却并不能从中获得分成。电视台用自己的作品“养活”了视频网站，却没有为自身新媒体平台带来太大价值。芒果TV独播战略标志着新的版权环境下，网台联动模式开始被打破，传统媒体作品的版权价值开始凸显，拥有独家版权的媒体在版权博弈和媒体转型中开始占据主动。

2. 版权资源带动网络平台建设

湖南卫视旗下的网络平台运营多年，但是拥有强大节目制作、传播能力的电视台对自身网络平台的贡献很小。搜狐以1亿元买下《中国好声音2》的网络独播权，获得了2亿元的广告收入。2014年的“王牌综艺节目推荐会”上，银鹭以6 600万获得爱奇艺《爸爸去哪儿2》的独家网络冠名权，而爱奇艺购买湖南卫视 6 部综艺节目花了 2 亿，一项广告费就让爱奇艺收回 1/3 的成本。湖南卫视的品牌影响力和高质量节目为视频网站带来了巨大利润，但湖南卫视只挣到一次性版权费。CMMR 发布的“2014 年 1~9 月省级卫视综艺栏目视频点击量 TOP10”，前十名中湖南卫视占 4 席；2014 年“省级卫视视频点击量 Top10”① 中，湖南卫视位列第一。湖南卫视综艺节目成为在线视频行业的优质稀缺内容，这些资源在向网络平台延伸时，为商业网站导入大批流量，而对自身的新媒体平台贡献很小。以 2013 年《我是歌手》4 月 12 日“歌王之战”一期为例，搜狐视频的点击量为1 200万次，爱奇艺上的点击率为2 000万次，腾讯视频播放3 800万次，在芒果 TV 的点击量只有 360 万次。

湖南卫视独播战略是通过对优质稀缺版权资源的控制，为转型中的新媒体平台导入流量，以版权许可收益换取新媒体平台影响力收益，以独家版权资源推动媒体转型。

（1）传统媒体的新媒体平台建设。

“快乐阳光”成立于 2006 年 5 月，是湖南广播电视台旗下专门发展网络视频业务的新媒体公司。包括芒果 TV（Pad、Phone、PC、手机、电视、互联网、电视）、IPTV 目前已获得国家一类新闻网站信息网络传播视听节目许可证、互联网出版许可证、互联网电视内容服务牌照、互联网电视集成播控牌照、手机电视内容服务牌照等资质与许可证。快乐阳光所运营的芒果 TV 是面向 PC 端、移动端和电视，实现“三屏合一”的跨台、独播、自制新媒体传播平台，其业务涵盖互联网电视、互联网视频、湖南 IPTV 和其他移动增值业务。金鹰网为快乐阳光旗下的网络资讯平台，2014 年 4 月，金鹰网和芒果 TV 整合改版升级为新芒果 TV 网络视频平台，业务包括手机电视、互联网电视、IPTV 和在线视频。随着移动终端和 4G 网络发展，“移动”“客厅”成为湖南卫视新媒体布局的重点。

顺应移动互联网发展趋势，湖南广电在着力打造互联网电视平台同时，推出多种移动客户端产品。2012 年推出手机客户端产品“呼啦”(Whonow)，是第一款基于客厅用户的移动社交应用；开发多款基于热门独家电视节目的手机游戏，如《爸爸去哪儿》《我是歌手》《武媚娘传奇》等热门手游。

（2）版权资源带动网络平台建设。

---

① CMMR（美兰德市场调查公司）. 2014 年省级卫视电视节目网络传播效果分析报告［R/OL］.［2015-03-10］. http://kecheng. baidu. com/view/f60d96bf6137ee06eff9187e.

纵观国内外商业视频网站，从YouTube到优酷、乐视，都是以技术为导向，通过改善技术、提升平台体验积累用户，以平台搭载海量内容。芒果TV是以内容为导向，以稀缺内容资源拉动平台升级。比如大型旅游综艺真人秀《花儿与少年》首先在芒果TV独播，由于节目本身制作成熟，具备偶像、旅行和成长等话题元素，短期内积聚大量人气，引发社交媒体热议和专业媒体关注。截至2014年6月18日，《花儿与少年》在芒果TV的点击次数已达2.86亿。点击量的猛增、社交媒体话题讨论、媒体的报道，使芒果TV独播效应初显，平台影响力攀升。

湖南卫视的新媒体转型已初见成效。根据2014年Alexa流量排名，芒果TV在中文网站中的排名已从过去的500多名上升到104名，也验证了传统媒体以稀缺版权资源推动媒体转型的可行性。

芒果TV平台建设是湖南广电新媒体转型的缩影，其底气来源于成熟的节目制作模式与市场运作下积累起来的现象级综艺节目集群。《花儿与少年》之后，《爸爸去哪儿2》也在芒果TV独播，截至2014年10月，节目点击次数达11.8亿。除此之外，《变形计8》《中国新生代2》以及传统品牌节目《快乐大本营》《天天向上》，也将为芒果TV持续提供内容支撑。芒果TV也开始生产网络自制节目，如自制剧《金牌红娘》《搭讪大师》，新闻娱乐类节目《芒果捞星闻》，访谈节目《偶像万万碎》等。

（3）版权链条推动盈利模式转型。

电视媒体传统的盈利模式主要为“广告+版权许可费”。在网络媒介时代，传统媒体的“渠道”优势丧失，用户群被网络媒体分流，广告为主的盈利模式遭遇危机。版权许可则很难突破当前收益“存量”，传统媒体在转型中需要寻找到新的盈利模式。湖南卫视提出的“变内容产品为版权资源”，就是以版权为核心的全产业链思维。与广告和版权许可不同，版权链模式是一种延迟收益，通过版权资源的多次分销、传播，利用作品的品牌效应实现多次盈利。比如，《爸爸去哪儿》除了单纯的广告售卖和版权转让，还有电影、手机游戏和图书等衍生产品。

3. 版权分销链条：“窗口期”模式

（1）湖南广电节目分销带有强烈“窗口期”授权特征。窗口期是指电影在不同媒介上播出的持续时间，是好莱坞实现版权价值利益最大化的手段，在不同时间，对电影在媒介上的播放进行多次授权，获得持续版权收益。① 比

① 陈焱．好莱坞模式：美国电影产业研究［M］．北京：北京联合出版公司，2014：10.

如，前3~6个月为电影的院线窗口期；6个月之后为授权DVD、电子下载、视频点播窗口期；一年后为授权付费电视窗口期；两年后可以在公共电视台播放。

实行芒果TV独播后，除了电视台直播，《花儿与少年》等节目首轮只在芒果TV进行网络同步；次轮在电视台选时间轮播，在芒果TV提供视频点播，并授权PC端、手机端等分屏播出，如《爸爸去哪儿》第二轮在乐视互联网电视进行点播；接下来是出售细分版权，比如《爸爸去哪儿2》授权幕后花絮、人物专访等衍生版权产品在360影视播放，《我是歌手2》授权拆条后的演唱视频在腾讯视频播放；最后则是版权的全网开放授权，形成节目的持续影响力。

（2）湖南广电自身新媒体平台的建设，以及与其他媒体平台的合作，拓展了版权分销链条，多屏渠道使节目获得更大版权价值。芒果TV提供视频直播和点播服务；移动端布局芒果TV手机客户端和呼啦社交平台，抢占移动端版权分销渠道，并利用社交平台对用户需求进行大数据分析；推出自己的互联网电视机顶盒，布局客厅媒体。同时，借助其他新媒体渠道分销版权，如《爸爸去哪儿2》与爱奇艺的合作拓展了网络流量；与乐视公司合作拓展了互联网电视端流量；与360影视合作分销幕后花絮等。

4. 版权价值深挖：衍生产品开发

吕焕斌提出湖南卫视转型中要“变内容产品为IP资源”。把内容看做可开发和多次利用的资源，而不是单一固定产品，深入挖掘版权价值。在很长的历史时期，传统广电媒体对版权内容和自制节目只进行一次性播放，而湖南卫视则对文化产品进行深挖，利用某一节目资源可以制作、推出多种衍生产品。比如，《我是歌手》每周都会推出选手的个人纪录片、节目制作花絮；售卖录制每期节目的观众入场门票，将节目录制变成小型演唱会；将总决赛搬上大荧幕打造大型音乐晚会盛典；春节档期推出《我是歌手》等综艺电影，等等。将某一节目进行多次开发，不断推出衍生产品，拓展产业链条。

在美国影视集团的盈利结构中，票房收入所占比例不高，由电影影响力所带来的衍生品开发却利润丰厚。以迪士尼为例，主题公园及度假村和消费者产品部等电影衍生品的利润占到总收入的四成，可见影视节目的衍生品利润空间潜力较大。湖南广电也在利用自身优质版权资源，不断进行资源的二次开发和深度挖掘，适时推出各种衍生产品。湖南广电已经推出两部《爸爸去哪儿》同名电影，推出了两款同名手机游戏，以及相关儿童图书、玩具等。

（二）报纸新闻版权与报业转型

1. 新闻作品屡被侵权的原因

新闻作品成为新媒体侵犯传统媒体版权的重灾区，主要归因于以下几点：

第一，新闻作品本身特点。受篇幅和文体限制，新闻作品的独创性较低，即使是深度报道、新闻评论等作品类型，也很难与文学、音乐等作品的独创性相比。新闻作品本身的版权价值决定了其在版权保护中的边缘地位。

第二，制度缺位。我国著作权将时事新闻排除在《著作权法》保护范围之外。虽然《著作权法实施条例》将时事新闻定义为各类媒体发布的单纯事实消息，但由于中国新闻媒体体制内属性，在具体审判中更倾向于将新闻当做公共产品。

第三，维权成本高、胜诉所得低，媒体维权热情不高。2014 年 9 月，新修订的《使用文字作品支付报酬办法》规定，转载、摘编报刊作品，按每千字 100 元支付报酬。而考虑到新闻作品一般篇幅长度，如果每篇按 300 元计算，100 篇文章的赔偿也只有 3 万元，只有在侵权作品数量巨大时，采取诉讼才能起到经济补偿的作用。

第四，历史上由于中国媒体版权意识缺失，在互联网兴起之初就建立起网站的免费转载模式，造成社会“新闻无版权”的认识。而在英美国家，网站使用纸媒作品需要支付较高转载费。当中国门户网站试图以在内地扩张的方式进军香港时，就因版权问题而受阻。

2. 版权博弈中的媒体转型之困：以今日头条事件为例

2014 年 6 月 3 日，手机新闻 APP 今日头条宣布获得 1 亿美元 C 轮融资，估值达到 5 亿美元。6 月 6 日，《广州日报》旗下网站大洋网诉今日头条侵犯著作权，6 月 18 日双方达成和解，签订合作协议；《新京报》等纸媒发文谴责今日头条侵权；6 月 24 日，搜狐对今日头条不正当竞争和侵犯著作权行为提起诉讼，搜狐网、腾讯网宣布停止与今日头条的合作。

（1）传统媒体盈利之困。

《广州日报》起诉今日头条，反映出当下纸媒转型过程中的盈利模式之困。在纸媒盈利的高峰（2002 年左右），门户网站大量免费转载纸媒作品，并未引发版权纠纷。自 2005 年经历“报业寒冬”，传统新闻媒体与新媒体平台间的矛盾开始爆发，集中表现为版权纠纷。纸媒错失发展门户网站的时机，失去了传统上作为渠道的意义。纸媒与新媒体的版权博弈，实际是想重构一种新的盈利模式和媒体生态：以自身的内容优势，与新媒体共享渠道收益，同时借助新媒体渠道提高传播效率。侵权风波后，今日头条 CEO 张一鸣提出未来与传统新闻媒体的合作模式：购买版权、导流分成、合作经营内容页广告、今日头条广告联盟分成等。

（2）新媒体之间：渠道的更替。

搜狐网起诉今日头条，是新媒体巨头对更新的媒体的压制，属于互联网渠道之争。在互联网 PC 端，商业门户网站具有渠道优势；在互联网移动端，今日头条这类基于移动端特点而生的新媒体具有了更大渠道优势，占据了移动端流量入口。随着移动网络对 PC 网络的取代趋势，商业门户网站的渠道地位也受到威胁，新浪网原总编陈彤 2014 年离职并加盟小米公司，被媒体看做门户网站衰落的标志。搜狐网作为新媒体，其发展越来越具有传统媒体特点。商业门户网站以免费转载、盗用纸媒内容发展起来，现在却因版权问题起诉其他新媒体，说明了当下中国版权生态已发生根本改变。

（3）传统媒体网站：成侵权入口。

案例中，今日头条以《广州日报》媒体网站大洋网为入口对《广州日报》实施侵权。中国新闻媒体的自有网站没有为媒体带来收入和影响力的增长，反而为门户网站的侵权提供了入口，实现转载自动化，消解了新闻作品的“稀缺性”特征，导致版权的贬值；而中国媒体网站自身不生产内容，盈利模式也尚不明朗，未能给纸媒带来任何收益上的增量。

第四节　内 容 呈 现

一、电视媒体：季播模式中国化

（一）季播模式的内涵①

“季播”是电视节目编排的一种模式，最早出现在美国。季播中的“季”并非指季节，而是指季度，多用来描述节目编排及播出的周期。在首创季播模式的美国，季播节目首先要明确自身的播出目标，并以此为基础主动策划节目并制作节目内容。播出之前，节目组会深入调查受众的生活及收视习惯，并最终确定连续的播放周期。

以美国为例，由于该国每年的 9 月至次年的 4 月气候转冷，夜晚变长制

① 姜智彬，王星．美国电视节目编排的“季播”模式及其借鉴［J］．广告大观，2011（5）：67-69.

约了人们的出行，因而这段时间被电视台视为俘获观众的“黄金季”。其中，分为秋季首映期（9月至12月）、关键编排期（12月底至1月）、旺季播出期（2月至5月）和夏季重播期（6月至8月），前三个时段为收视旺季，最后一个时段为收视淡季①。另外，美国的季播类节目主要包括两种，即电视剧集和真人秀，并以电视剧集居多，真人秀节目一般在春季播出。无论是真人秀还是电视剧集，一旦收视情况良好，电视台都会将其转变为系列节目，延长播出时间，有些甚至可达数年之久。

季播节目能否成功很大程度上取决于对市场的洞察，以及对变幻莫测的市场状况的掌控和应变能力。在美国，假日季（holiday season）、收视调查季（rating season）和体育赛季（sports season）相对其他“季”，对于商业电视的节目制作及运营有着深刻的影响，并最终促使了季播模式的诞生。受这三类“季”的影响，美国商业电视网从节目策划、节目录制、节目销售到节目播出周期编排、节目评估及节目广告销售，形成了相互配合、协调的完整“产业季”。

此外，观众经历了漫长的等待后也会对新“季”抱以极大的期待。此前，曾有调查论证“21天即可养成一种新的习惯”。在固定频道、固定时段播出固定时长的制作精良的季播节目，可帮助目标受众形成一种收视习惯，正是这种作用，才使得每周仅播一集的电视节目仍能维持高收视率。另外，观众收视忠诚度的培养也与节目本身休戚相关，例如，情节上环环相扣、引人入胜的节目自然能获得观众的持久关注。此外，节目播出频道的安排也尤为重要，一般来说，能在每周黄金时段播出的均为高质量新片或老牌剧集的全新系列，时长从30分钟到120分钟不等。这种固化稳定的收视编排有益于精准定位、培养稳定的收视群，也便于整合资源、流水线运作节目的策划制作播出。

（二）季播模式的本土化策略：以《中国好声音》为例②

在传统的电视媒体一端，《中国好声音》采用的是季播模式。在播出时间上，《中国好声音》有别于热衷于在春季播出的美国真人秀节目，第一季和第二季的播出时间均选择了暑期档的每周五晚21：15。

有关机构的统计数据表明，《中国好声音》收视率一再突破新高，从

① 路明涛．中国式“季播”［J］．视听界，2011（5）：52-54.

② 张铁婷．“泛真人秀”时代中国电视真人秀节目的内容与传播创新［D］．上海：上海外国语大学，2013.

2011年7月13日首播的1.48，到8月17日第六期突破4个点，再至巅峰之夜的6.109。好声音的市场份额也由最初的30.34%上升到36%，成为无可争议的年度收视冠军。好节目自然值得反复欣赏，好声音的四次复播也获得平均3.08的收视率，位居同时段省级卫视收视榜首。①

笔者认为，《中国好声音》能成功运作季播模式，取得骄人的收视表现，主要得益于以下策略：

1. 明晰定位，锁定目标观众群

《中国好声音》成功运作季播模式，与其明确市场、明晰定位分不开。从策划到播出再到线下宣传，该节目把受众需求、季播主题、频道定位三者结合起来，起到了引导受众收视习惯、扩大季播的覆盖面的作用。笔者认为，季播节目的核心在于根据目标受众结构、规模、和收视习惯的变化而变化，因此，对目标受众的把握是非常关键和重要的一步。只有深入调查受众市场并据此明确定位，才有可能抓住固定的收视群，并逐渐培养起这类群体对节目的忠诚度。

在如今各频道竞争渐趋白热化的背景下，浙江卫视提出了“爱·梦想·中国蓝”的频道定位，这与《中国好声音》大型励志音乐评论节目的定位不谋而合，这种契合在某种程度上也促使了该节目在浙江卫视的落地。

据《中国好声音》总导演金磊透露，早在节目策划初期，考虑到节目大型励志音乐评论节目的定位，制作方把主力目标受众锁定在了25~54岁群体。这类受众多为上班一族，工作压力较大，更加渴望能在真实、简单的节目中找到励志的支撑点和情感共鸣。根据这一人群的特点，《中国好声音》基本上是以真实、细腻、感人作为定位标准，选择以声音打动评委及观众，并辅以讲故事的节目模式。为了照顾目标受众的收视习惯，该节目选择每周五九点以后播出。这样一来，该节目既符合浙江卫视的频道定位，又贴合目标受众的收视习惯，满足了其找到情感共鸣的需求。在一年中的暑期档播出，配合整体化的线下宣传，给受众带来了耳目一新的新鲜感，培育出了一档名副其实的品牌栏目，也为第二季、第三季……培育了忠实的受众群体。

2. 按目标受众收视习惯选择播放时机

季播节目的收视效果与播放时机的选择息息相关。我国的电视观众与美国观众相比有着不同的收视习惯，CSM（中国广视索福瑞媒介研究）研究

---

① 祁慧．浙江卫视与加多宝交互式营销效果分析［D］．杭州：浙江大学，2013.

表明，从全年的收视效果来看，收视高峰都出现在节假日：春节、五一、暑假、十一、寒假。其中春节期间是全年的收视最高峰；节假日收视的显著特征是白天收视时间增加；6~8 月，传媒的市场环境会呈现暑期独有的特点：随着学生放假，白天收视人数增加，全天的收视时间也会增加；学生人群关注的题材多具有时代感强、个性张扬、青春气息浓厚的特点。①

《中国好声音》宣传总监陆伟曾透露，在敲定节目播出时间前，节目组针对目标受众群体做了大量的收视习惯调研。调研结果显示，22~55 岁年龄段受众的收视黄金时间是每天 18：30~22：00，周末这一时间段的收视率更佳。《中国好声音》的播出时间为暑期档每周五晚 21：15 分，恰好吻合每周的黄金收视时段。

实践证明，该节目在播出前进行的市场调查和判断较有前瞻性，根据 CSM 提供的《中国好声音》在第一季播出期间的收视情况，25~54 岁的人群为其收视的主力人群。以第一期为例，25~34 岁群体的收视率为 4.003；35~44 岁群体的收视率为 4.131；45~54 岁群体的收视率为 4.824，明显高于其他年龄段群体的收视率。

3. 与受众建立情感联系

加拿大传播学者麦克卢汉曾提出，真正有意义、有价值的“讯息”，不是各个时代的传播内容，而是这个时代所使用的传播工具的性质、它所开创的可能性以及带来的社会变革。由于季播节目只在全年的某一段时间内播出，因此，节目能否成功的一大因素在于节目与观众的情感联系。《中国好声音》巧妙地利用微博、网络论坛等媒体，搭建起了方便快捷的互动通道，使观众对节目产生了持久的关注与期待，节目也逐步深入了受众的内心。

例如，自《中国好声音》节目上线以来，节目官微无论是比赛日还是非比赛日都会更新微博，所发布内容多与节目密切相关，包括预告收看、揭秘幕后花絮、讲述选手背后的故事等，与观众建立了更深层次的线下情感交流。在《中国好声音》第一季与第二季间隙，不少观众还主动在微博和贴吧上发布有关《中国好声音》的内容，门户网站上也时常能找到与节目相关的新闻稿，且多是围绕观众关注的话题。这些方式改变了传统真人秀节目电视媒体独大的传播方式及途径，在推行季播模式的进程中，有助于使观众对节目保持长久的关注。

---

① 弓伟波．论编播季目的中国本土化之路［D］．武汉：华中科技大学，2007：38.

二、视频网站的网台联动：以《中国好声音》为例①

（一）《中国好声音》的网台联动策略

2012 年，广电总局颁发“限广令”“限娱令”。限广令使得传统电视广告时长缩短，部分广告商纷纷转投视频网站；限娱令使得电视娱乐节目数量和时间受到明显限制，不少娱乐内容从电视媒体转投视频网站。另外，电视媒体的内容展现形式受限于播出时间的刚性约束，而视频网站具备海量存储和即时、互动等特点，是对电视平台的有效延展。网络传播互动性强，优质内容经过多次发酵，话题被放大，可有效推动节目播出效果。加上受众年龄层越来越年轻化，用户已经越来越习惯在视频网站上看电视剧、电影和综艺节目。网络视频行业迅速成长，在与电视媒体的合作中逐渐由被动地位转向平等合作。一些视频网站除与电视台联合制作并推广大剧外，也纷纷发力自制电视剧和综艺节目，反向输送至电视媒体。

《中国好声音》在确定了浙江卫视这一电视媒体合作伙伴后，又与以爱奇艺为首的八家视频网站签订了合作协议，受众也可以在这些网站上回看节目实况。《中国好声音》第三期节目的收视率飙升到 3.1%时，爱奇艺平台的网络播放量也突破7 000万次。截至 2011 年 9 月 15 日第九期节目，爱奇艺累积播放量超过 4 亿②。

此外，《中国好声音》还与爱奇艺开创了更深层次的网台联动，深入挖掘并展现了比赛实况背后的故事。例如，在嗅到了选手背后的故事的话题效应后，爱奇艺策划并制作了一档全新的节目——《中国好声音——后传》。该节目以学员和导师为主角，用谈话的节目形式回应质疑、发掘深意，形成了与受众的良性互动。该节目由导师杨坤担当主持，作为人气导师，杨坤与学员在节目中进行面对面交流，既回顾选手的精彩花絮，也安排了杨坤对晋级选手的犀利“拷问”。制作完成后，该节目在浙江卫视每期《中国好声音》结束后播出，但播出时间仅限定为 10 分钟，受众要想看到完整版，则需登录爱奇艺网站。

---

① 张轶婷.“泛真人秀”时代中国电视真人秀节目的内容与传播创新［D］. 上海：上海外国语大学，2013.

②《中国好声音》收视率破 5 视频网站成最大赢家［EB/OL］.（2012-09-27）. 中国新闻网 . http：//www. chinaews. com/it/2012/9-27/4216614. shtml.

(二) 效益：影响力的叠加

在联动策略的推动下，数百万观众因为《中国好声音》守候在电视机前，又聚守在网络上分享、回味精彩的节目内容。视频网站与电视媒体因为这档优秀的节目形成了有益的合作互补关系，建立了一个以满足用户需求为核心的良好循环，叠加了影响力。

截至2012年10月8日，《中国好声音》网络视频点击总量达到26.37亿，爱奇艺、PPTV、迅雷、搜狐等门户网站和视频网站均建有《中国好声音》的播放专区。

1. 整合视频网站、电视媒体的优势

视频网站和电视媒体有着各自的优劣势——电视媒体在内容制作方面有着丰富的经验，但在受众观看行为多屏化的趋势下，电视媒体的受众正不断流失；目前，视频网站的自制内容质量仍有欠缺，但契合年轻用户的收视习惯，在这类收视群体中有较大的号召力，能满足受众灵活观看的需求。把两者结合起来，借助视频网站的即时性、海量储存、交互性等新媒体特征，不仅可提升节目收视率，也能提高受众的参与度。在视频网站观看《中国好声音》，一键分享非常便利，这些分享又会引起进一步的话题讨论，在讨论的过程中节目的影响力进一步发酵。

2. 扩大内容的覆盖面和影响力

网台联动的模式下，同一内容得以在更加多样化的平台上播放，内容的覆盖面和影响力也随之扩容。例如，在视频网站上播放《中国好声音》，使其影响力并不拘泥于电视播放的那几个小时，用户可随时在网络上回看并分享，内容的生命周期得到最大限度的延长，让内容的影响扩散到最大。据统计，除了电视端每期超高的收视率，该节目在视频网站一端亦有杰出的收视表现，如在优酷土豆平台，《中国好声音》播放量也高达8 093万次，双屏同播同热现象明显。①

3. 用户的收视选择更为主动

在如今的媒介环境下，未来发展的趋势是用户选择媒介，而非用户受制于媒介。同一内容在电视媒体和视频网站等多个平台上进行播放，对于受众和节目制作方来说都是利好消息。目前，新媒体技术逐渐趋于成熟，受众的

① 10月优酷指数：《好声音》台网联动成效显著［N］. 驱动日报，2012-11-12.

收视时间日趋碎片化，观看行为也逐渐个性化。他们可以在相应的时间和环境下选择相应的收视终端，在电视屏幕和电脑屏之间自由切换，把无法在电视上收看或者在电视上没有看完的节目换到电脑屏或移动屏上继续观看。而对于节目制作方来说，多个播放平台也可帮助它们最大化地抓住目标受众，据统计，《中国好声音》有80%的受众来自网络。

三、移动媒体：APP的运用①

美国学者托夫勒在《第三次浪潮》中指出，第二次浪潮中的大众传播媒介不断向人们的头脑中输入统一的形象，结果产生了大众媒介和“群体化的思想”，而第三次浪潮带来了一个“非群体化传播工具”时代②。移动媒体的出现正好验证了托夫勒的这一论断。随着移动媒体传播技术的成熟，手机已成为颇具代表性的个性化媒介。手机媒体的用户可以随时随地进行内容产品的消费，他们所消费的内容并不是统一的，进入手机客户端，即可以根据自己的需求选择自己喜欢的内容和功能。

移动媒体最大的优势以及其最本质的媒介属性就是移动性和灵活性，这些特征决定了移动媒体的收视往往呈现出不稳定、碎片化的特点，更多地发生在各种活动的短暂间歇之中，比如乘坐公交和地铁时。也可以是一种伴随性的媒介接触，例如，目前人们的收看习惯也发生了变化，不同于此前观看电视节目的方式，现在越来越多的人热衷于一边看电视，一边用手机上网进行分享，例如“全民微博吐槽春晚”。因此手机媒体作为电视的“第二屏幕”，已经越来越多地成为众多电视台和节目制作方的共识。在目前的发展趋势下，移动客户端已经不仅仅是电视节目的延伸，更是未来移动互联网的一大切入点，观看行为的多屏化已是大势所趋。不少电视媒体也积极涉足移动客户端，例如此前湖南卫视曾推出了基于电视互动的移动社交应用呼啦。

（一）《中国好声音》的APP应用

为了满足受众的个性化需求，把节目的影响力融入到受众更加碎片化的时间里，《中国好声音》的节目组也进行了移动客户端的尝试，发布了同名官方手机客户端“中国好声音”。通过这个客户端，观看节目、互动以及受众投票等功能一体化，具备了全民随时随地参与的便利性。

---

① 张轶婷．“泛真人秀”时代中国电视真人秀节目的内容与传播创新［D］．上海：上海外国语大学，2013.

② 阿尔夫·托夫勒．第三次浪潮［M］．北京：中信出版社，2009：5.

首先，通过客户端的链接功能，受众可以查看选手们的社交动态，还可以给自己喜欢的选手发送语音或者文字信息。此外，通过这个客户端，受众拥有了更高的话语权，他们可以给自己喜欢的歌手送鲜花以示支持；也可根据个人的喜好，对前 16 强的选手进行排序，把自己喜欢的歌手排到前面。由于第一季的比赛已经结束，因此个人的排序和鲜花并不会影响选手的成绩，而在接下来的第二季，用户的这些行为可以直接影响选手的最终排名和成绩。

通过这个移动客户端，《中国好声音》内容的生命周期和影响力也被延长和放大。用户可以通过客户端观看往期的电视节目、从未在电视中播出过精彩片段和幕后花絮，收听每位选手的经典曲目。节目制作团队曾向媒体披露，《中国好声音》第一季一共录制了 100 多 G 的视频，但在电视上播出的节目内容十分有限，很多精彩内容只能通过客户端呈现给观众。《中国好声音》客户端同时还是一款音乐播放器，当中收录了所有的《中国好声音》选手的歌曲，并且按照选手名字统一进行分类，方便快速查找自己喜欢的歌手。

作为电视节目的延展，《中国好声音》客户端还是官方指定的报名通道，这一通道可吸纳更多草根歌手加入。用户可以在应用中提交一个报名报表，参与下一季的《中国好声音》海选。在接下来的版本迭代中，其“选秀工具”的属性不断得到强化，内置了类似唱吧和 K 歌达人的功能，可以将优秀的声音直接推荐给导演组，获得去现场录制节目的机会。

(二)《中国好声音》的 APP 效益

通过这个客户端，节目聚合了更多的观众，也能把节目对这些观众的影响渗入到更加碎片化的时间里，而不是只能在每周五晚观看。同样，《中国好声音》客户端也具备了一定的吸金能力，开创了一种全新的营销模式。例如为选手送鲜花、投票等，之前是通过短信渠道提供的增值服务，如今被无缝转移到移动客户端上。

客户端也实现了与电视节目的同步，当电视节目中出现广告时，不少用户便利用客户端吐槽，这样一来便把观看节目与线上互动这两种行为捆绑起来。由于电视节目的品牌效应，无论是内置广告还是寻求广告冠名都极具优势。作为一档制播分离的节目，《中国好声音》的制作方把节目投放到不同的屏幕上，也尝试出了更多的盈利模式。总而言之，笔者认为，为电视节目开发一款客户端更重要的在于如何将节目的优势资源利用到客户端上，继续挖掘节目的潜在价值，甚至是超过电视节目本身的价值。

本章小结

中国互联网的传播革命，给用户带来了有极大参与空间的新型在线媒体，赋予每个人创造并传播内容的能力。关键媒体为微博、微信、社交网络等，核心是每个人，即改变以往媒体一对多的传播方式为多对多的“对话”。社会化媒体改变了内容产生、传播的方式，虚拟社会越来越影响实际社会。此外，传媒经济已经成为了社会新的经济增长点，关乎硬实力和软实力水平，传媒业也成为文化产业的核心产业、龙头产业、关键产业，其内在特性与规律成为社会关注的热点问题。传播媒介与一般的行业有着极大的不同，表现出了更大的复杂性。本章结合相关案例，从四个大的方面阐述了现阶段传媒内容创新所面临的困境及解决方向，中国的传媒业的发展离不开内容的创新，在内容上还要下工夫，还有很长的路要走。

第十一章 传媒文化创新

第一节 文化与传媒

文化是指一个群体（国家、民族、企业、家庭等）在一定时期内形成的思想、理念、行为、风俗、习惯、代表人物，以及由这个群体整体意识所辐射出来的一切活动。

传播媒体或称传媒、媒体、媒介，指传播信息资讯的载体，即信息传播过程中从传播者到接受者之间携带和传递信息的一切形式的物质工具。传媒可以是私人机构，也可以是官方机构。传播渠道有纸类（报纸、杂志）、声类（电台广播）、视频（电视、电影），还有现代的网络类（电脑视频）。1943 年美国图书馆协会的《战后公共图书馆的准则》一书首次使用传媒这一术语，现已成为各种传播工具的总称。

传媒文化是传媒业的一个延伸领域，指用现代的传播手段，通过传媒来进行文化的传播和不同文化之间的交流，这个领域杂糅了文化以及传播的相关专业知识。电视、网络甚至广播报纸，都可以成为传播媒介。总的来说，传媒文化是一种边缘学科，对全球一体化有一定的促进作用，但对于一些弱势文化将带来一定的负面影响。

一、文化与传媒的关系

传媒是人类文化成果之一，以其为载体进行的传播活动是文化的基本特征和内在属性。传媒与文化就像硬币的两面，二者的结盟贯穿于人类文明社会发展的始终。事实证明，文化的“传媒化”已成为不争的事实，文化借助传媒这一中介进行大众传播，对大众媒体特性进行妥协、依赖和附庸，表现出深刻的传媒印记。反过来，文化影响传媒，有什么样的文化就有什么样的传媒，传媒受文化的浸润影响，反映文化、代表文化，成为一定文化的喉舌。

传媒文化概念本身即描述了传媒与文化的辩证关系：文化通过传媒得以呈现，传媒的自身属性给文化以巨大影响。当代传媒文化的主要形态是大众文化，它正在深刻地改变世界，在某种程度上制约着我们的价值观和意识形态，影响着我们的日常生活方式、审美趣味和对社会人生的体悟。传媒文化影响着社会的进步和发展，社会的进步和发展反过来又重构传媒文化。①

那么，如何理解文化与传媒的关系呢？我们可以从以下三个方面来讨论。②

（一）传媒的传播理念决定着传媒的文化品格

用文化学的理论和观念看待媒体，任何一种媒体所报道的新闻信息，体现的都是三维结构中的文化内容，即制度文化、物质文化和精神文化。不管媒体报道什么内容，我们都不能说它没有文化，只能说它传播的文化内容是否相对全面，是否体现了社会的进步性，是否能够推动文化的良性发展。而传媒的运作形态，本身也是一种传播文化，是传媒的文化理念使然。由此可见，传媒任何时候都离不开文化。

我国近 40 年来的改革开放取得的巨大成功，以及这些成就的全球化传播，与传媒的贡献分不开。作为媒体传播内容的制度文化与其社会形态的这种表里对应关系，体现了媒体对文化的依附性，二者是相互依存的。

（二）传媒内容所体现的文化上的共性与个性，会产生不同的传播效果

什么是文化的共性？就是主题、内容、形态基本相同的文化存在方式。比如新闻报道，不同的媒体却报道了同一个选题、同一种内容，使用了同一种表现形式，这种新闻就体现了文化上的共性。媒体报道时如能抓住事件的新闻元素，放大它们的细节，突显它们独特性，那么即使与其他媒体报道同一类事情，也具备了新闻价值，而这正是我们所说的文化个性。理性的媒体就应该在这种双重文化的选择中，有意突出自己的新闻个性，赢得受众的青睐。

（三）传媒内容所体现的文化的文明与糟粕，决定着传媒的思想高度

文化在发展过程中，既有精华也有糟粕，它是一个承前启后、推陈出新的过程，这就决定了文化在任何时代都需要扬长避短、惩恶扬善、沙里淘金。恩格斯认为，对于文化的传承，要用科学的、辩证的方法加以审视和筛

① 王春英. 当代传媒对社会文化的影响［J］. 边疆经济与文化，2014（5）：83-84.
② 高建国. 文化选择与传媒进步——试论传媒与文化的关系［J］. 新闻界，2008（6）：111-112.

选，批判封建性的糟粕，继承民主性的精华。

对待文化的这种一分为二的立场，也是传媒传播文化的一种态度。传媒在文化发展中的传播、宣传与推动作用，可以构成历史发展过程中的文化环境与文化氛围，以此对社会环境及主体人产生推动和潜移默化的影响，甚至能形成一种新的文化温床，孕育与促进新文化与新风尚的成长与壮大，这决定了传媒的文化立场必须得到传媒人应有的重视。而从文化选择的角度来看，传媒人是掌握文化选择权的人，他们对文化发展的历史也应负有特殊的历史责任。从这个角度说，传媒理应肩负这一特殊的文化重任，为文化事业与文化理念的推陈出新做出重要贡献。

二、传媒在文化中的作用

文化传播活动始终是与社会发展相伴随的，随着社会的变迁和科技的进步渗入到社会的每个角落和人类的每一项活动中，成为贯穿人类社会结构体系的一股无形而巨大的力量。传统社会向现代化的过渡与媒介自身的成长几乎是同步的。

大众传媒的出现，是人类文化传媒发展的必然结果，作为一种既定的存在、既定的物质力量，它制衡着文化，左右着人和人类社会，使文化进一步媒介化，对日常生活中的大众文化产生着重要的影响。大众文化对于生活时尚、奇观的追求，往往与大众传媒直接相关。大众传媒通过对一些新的价值观念的创造与传播，最终引导人们去追求一些新的物质形态，从而引起人们生活方式的变革。

（一）大众传媒对现代文化的积极作用①

大众传媒对大众文化的重要影响，从其积极的方面看，具体表现在以下方面：

1. 拓展文化传播时空，改变传统交流方式

一般而言，人类的交流方式和文化传播大致经历了口头媒介、印刷媒介和电子媒介的历程。口头媒介源于面对面的交流，它局限于所谓“本地生活在场的有效性”。印刷媒介的产生，无疑是“我们感官的延伸”，媒介从此进入了大众传播的范畴，文化传播者与受众在时空上可以被隔开，它消解了面对面交流的直接性，交流的符号也变得稳定。随着意义存储和传播系统

① 武晓红. 试论大众传媒对当代大众文化的影响［J］. 北方工业大学学报，2004，16（2）：68-72.

科技水平的提高，电子媒介使文化主体间的时空距离可以无限伸展，进一步成为世界多元文化格局的动力之源。

2. 推动普及文化教育，迅速传播科学知识

大众传媒作为知识存储器，随时都在向受众传递关于自然、社会和人的知识，开启民智，提高人力资源的科技素质，帮助各行各业的劳动者掌握自己行业的现代化技术。如我国大众传播系统对农村地区实行立体多重覆盖的“村村通”工程，以最方便、最广泛和最迅捷的方式向农民提供农业新技术、新知识。同时，大众传媒还利用其现代化的传播技术，在缺乏教师、培训人员的地方，在儿童的智力开发及成人教育、职业教育等方面发挥着越来越大的作用。

3. 借助科学技术手段，促进文化产业形成

大众传媒目前已发展成为一个以先进的科学技术为手段的物质生产系统，这使得大众文化的繁荣有了承载和依托，类似于工业化的管理和经营方法被大众传媒用来进行文化的生产。同时，大众传媒对全球的覆盖技术使大众文化的市场突破了狭小的地域限制，形成了全球规模的文化市场，加之文化产品丰厚的利润，大大刺激了企业家的投资，使得文化产业最终形成并兴旺发达。

（二）大众传媒对现代文化的消极作用①

大众文化就其本质而言是一种商业文化，消费性和享乐性是其主要特征。商业动机与大众社会的消费趣味决定了它不可能像精英文化那样，对现实进行批判与超越。加之大众传媒凭借自己无所不在、无所不包、无所不能的特点在其中扮演着重要的角色，所以大众传媒对大众文化的负面影响日益显现和突出。

1. 传媒内容娱乐化造成理性思考的缺失

传媒娱乐化是传媒市场化的结果。经济社会在给人们提供富足生活的同时，也带来了生存的压力。无论是翻开纸质媒体，还是打开电子媒体，终于从繁重的生活工作中摆脱出来的人们，更需要其轻松的氛围带来的放松。于是，为了迎合受众的需求，以销售量、收视率、点击率为生命的媒体每天充斥着大量的娱乐信息，其内容无所不包，从名人轶事到八卦新闻，从域外奇谈到文化体育消息，可以说无奇不有，其功能完全是面向市场和大众的娱乐消遣。传媒娱乐化现象的高度膨胀和急速发展，在创造出一个巨大的传媒消

① 王春英. 当代传媒对社会文化的影响［J］. 边疆经济与文化，2014（5）：83-84.

费市场的同时，也培养了一个庞大的娱乐受众群体。

2. 大众传媒带来了大众文化的低质化与同质化

大众传媒是以市场为导向的商品，像其他任何商品一样，它必然追求最大可能的市场占有率，对传媒而言，也就是收视率、收听率和票房价值，其所秉承的来自社会深层的物役性，消解了揭露现实生活本质的虚伪性的动力。其背后隐藏的消费主义的张扬和理想主义的消解，必然导致人们对人生意义、价值追求的失落。同时，大众传媒作为文化工业的核心，对大量的文化产品进行复制。人们穿统一潮流的时装，唱同一首流行歌曲，看同一个电视剧，跳同一个节奏的舞蹈，竞相模仿、复制，使本来丰富多彩的生活单向度化，造成了人格、趣味、时尚的惊人趋同，最终必将导致社会思想、生活方式的单调平庸。

3. 传媒市场全球化使外来文化给本土文化带来严重冲击

中国传媒总体上处于逐渐完善的进程中，然而，这种进程是在传媒全球化背景下展开的，因此，已经处于领先地位国家的传媒文化随着我国意识形态领域的开放而迅速扩散到我国各地。外国传媒给本土文化带来有益借鉴的同时，也对本土文化的发展造成负面冲击。最近几年来，美剧、韩剧风靡中国，追美剧、追韩剧已然成为青年人一种新的潮流。无论美剧还是韩剧都拿文化做文章，宣传贩卖自己的意识形态是其根本目的，这种外来文化入侵现象已对本土文化的传承发展构成严重威胁。国产影视剧、新闻栏目、娱乐节目大量模仿抄袭国外，找不到表现自己民族文化灵魂的形式，这种现象继续蔓延，会损害国民对本民族文化发展的信心。

就积极意义而言，传媒在促进人们彼此间的信息交流方面，提供了快捷多样的形式。拒绝传媒是愚蠢的，然而，同时又必须看到，大众传播行使自己的权利时，又在不断地造成信息发出、传递、接收三维间的“中断”。传媒“炒”文化的负效应，使人们跟着影视的诱导和广告的诱惑去确立自身的行为方式，传媒的全能性介入中断了人的独处内省和人与人之间的交谈。

三、传媒文化与创新

创新是文化的本质，也是文化得以继续传承和发展的不竭动力。随着我国经济步入“新常态”，文化发展与传媒创新成为我国全面深化文化体制改革和推进传媒产业转型升级的核心议题。媒体在推进文化大发展大繁荣中，创新在全面实现全媒体时代下媒介融合的商业蓝图，深入实践文化体制改革创新和传媒产业跨越发展方面具有重要意义，要妥善把握传媒文化与创新的深刻结合。

（一）传媒文化的内涵①

传媒文化是指在当代社会所引发的信息方式和生活方式的变革，特别是20世纪五六十年代以来蓬勃发展的，以现代传媒和信息科技为支持，以金钱资本为动力，以包含信息和价值的光电影像或虚拟互动为主要内容的大众文化产品，以及外围性的生产、传播与消费活动。从媒介角度看，可以通过技术决定论、媒介环境论、媒介机构论、媒介文本论四种学说来揭示传媒文化的内涵。

1. 技术决定论视野中的传媒文化

以麦克卢汉和英尼斯为代表。麦克卢汉认为媒介即信息，也就是说，媒介决定了文化内容、形式。他将媒介分为热媒介和冷媒介两种，热媒介是信息较为完整，但受众参与程度低，对主体没有要求，传受互动小的现代大众传播媒介。而英尼斯对媒介的形式进行了划分，分为时间偏向的媒介和空间偏向的媒介。偏向空间的媒介有利于帝国的扩张，容易导致民族文化的社会组织丧失文化土壤。

2. 媒介环境论视野中的传媒文化

媒介环境论者对传媒文化的社会影响看得更为直接，他们都强调媒介的环境对社会大众具有很强的影响力，而这些影响都是深层次的。他们往往着眼于传媒文化营造的氛围对人的影响。

3. 媒介机构论视野中的传媒文化

媒介是机构，它与外部世界的政治经济文化等体制结成多角关系。从政治学角度看，大众传媒是一种国家机器，媒介机构论者强调了媒介对社会大众的影响，是一种意识形态的改造。从媒介机构论视角看传媒文化，其中一个重要概念就是文化霸权。文化霸权就是意识形态霸权，其统治方式与政治经济统治不同，文化霸权依靠的是灌输。作为批判学派的批判对象，传媒文化就是向公众灌输主流的意识形态。

4. 媒介文本论视野中的传媒文化

从媒介文本论视角看传媒文化，该文化是一种对现实的反映，但不是对现实本质的反映，只是对现实的一种模仿，所以，从媒介文本论视角看传媒文化往往是批判的。构成其理论基础的除了符号学，还有现象学、社会学以及符号互动理论。

---

① 陈龙．媒介文化通论［M］．南京：江苏教育出版社，2011：19-20.

（二）传媒文化的发展现状

首先，我国传媒文化产业供求关系水平不佳，且非对称结构性矛盾相对突出。尽管我国的文化市场已有长足的发展，改革开放以来，尤其是20世纪90年代以来，一方面，经济社会生活各方面条件迅速改善，人民群众的文化娱乐需求正在被迅速释放；另一方面，各种新型文化产业门类不断产生，文化产业结构性变化频繁。但是，现有统计数据显示，我国传媒文化产业还处在一种低水平供求平衡和非对称结构性矛盾的状况之中。

文化市场的现状只是一种低水平的供需平衡，还存在着各种体制性问题，所以它还只是一个存在结构性矛盾的非对称性的平衡。综合来看我国文化产业部门所提供的产品，有相当一部分不能满足人民群众日益增长和不断变化着的文化消费需要。而目前文化产业国际化的进程出人意料地加速，我国文化市场已经暴露在国际文化资本的强大压力之下，我国改革开放以来积累的经济和文化之果已经成为国际文化资本垂涎的目标。

其次，我国传媒文化产业经营单位众多但产业组织集约化程度不高。面对巨量的市场需求，以及国际传媒文化集团大兵压境，我国的文化产业在总体上缺乏竞争力，难以满足人民群众不断增长的文化需要，这一点足令我们忧虑。我国传统文化产业诞生于计划体制之下，长期以来既被行政体制分割又被各种政策保护，在这种情况下形成的总体格局，表现出经营单位众多，产业集约化程度不高，资源极度分散和不讲经济效益的突出特点。在文化市场迅速成型的今天，这些特点全部转化为弱点。

再次，我国传媒文化产业的传统的资源配置机制与市场化要求之间正在形成尖锐矛盾。近年来，我国文化产业的体制改革开始进入“快车道”，但是资源配置机制混乱，条块分割和行业壁垒与市场化要求之间的矛盾仍然困扰着我国文化产业的发展。文化产业的基础是市场，现代市场经济要求公开、公正和公平的竞争，反对各种形式的地方保护和垄断；我国传统的文化事业单位是按条块（地方和行业一纵一横）分割的方式设立的，目前尽管已经在不同程度上开始与行政主管部门脱钩，实行“专业归口管理”，但是，距真正的市场竞争还有相当的距离。甚至还有一些企业利用与行政机构的传统联系，利用企业特殊的社会公益性质和意识形态功能，垄断资源、操纵市场、谋取暴利；而另一些文化企业在做大以后，要做跨行业跨地区的资产重组甚至兼并，却往往遇到阻力。

最后，先进性要求与文化原创能力不足之间形成战略矛盾，资源潜力不能转化为产业实力。发展我国的文化产业还是有一些得天独厚的条件的。中国文化有着巨大的影响力，世界上使用汉语的人口为世界之最，中国悠久的历史文化在东南亚、北美及欧洲的华人区也具有广泛的影响。这应该说是中国的传媒文化企业进行市场开拓的最有利条件，因为语言和文化的差异一直被认为是经济全球化和国际交往中的最大消极因素。在经济学的垄断竞争理论中，保持产品差异被认为是维持产品在市场上的垄断力量的关键。文化产品的差异首先是来自价值观及表达手段的独特性，文化差异也是我们在国际竞争中和赶超发达国家时可以依赖的优势。

传媒文化产业是一个特殊的产业，而且目前还处在发展和转型过程中，因此，其存在的根本性问题终究还是体制性的。如今世界任何国家的产业政策的基点都是两个，即以市场为基础，以政策为导向，更何况我国的传媒文化产业生存和成长于一个更为特殊的环境中。在一定意义上，我们今天对文化市场和传媒文化产业的认识，以及依此制定的政策的合理性，将影响今后相当长一个时期具有中国特色的社会主义精神文明的发展，还会进一步影响我国整个经济产业结构的调整和升级。

（三）传媒文化的创新①

创新是当今世界迎接知识经济时代的必由之路。从文化产业的自身特点来看，文化企业是文化创新的重要主体，文化资源是创新的主要来源，文化市场需求对创新有直接的推动作用，技术变革能够促使企业寻求新的利润增长点，文化政策对创新发展有重要的支撑作用。传媒文化创新还受到文化环境、社会环境、经济环境和资本环境的影响，从而形成不同的发展模式。

1. 创意文化资源推动型创新模式

文化资源具有其他资源没有的强大生命力和经济开发价值，如果不能及时和有效地开发文化资源，就很可能被国外资本捷足先登。如我国传统文化资源中的花木兰故事被美国迪士尼公司拍成动画片，中国功夫和熊猫的独有元素被好莱坞用创新的手法有机结合起来，创造出传媒文化产品——电影《功夫熊猫》。开发利用文化资源的关键在于用创新的理念、方法和形式，创造出适合现代人消费偏好的传媒文化产品和服务，把我国文化资源的潜在优势转化为文化生产力。此外，文化是一种黏性知识（sticky knowledge），传媒文化创意的黏性特征使得各区域具有不可替代的文化优势，从而推动区

① 周锦，吴建军. 我国文化产业的创新模式分析——以传媒类文化产业为例［J］. 闽江学刊，2014（5）：62-68.

域传媒文化产业经济结构调整优化，提升传媒文化品牌的辐射力度。

2. 科技推动型创新模式

科技是传媒文化创新发展的重要支撑，科技创新对传媒文化产业与其他产业的协同发展有重要的影响，技术演进能够引领传媒文化产业的发展方向，开拓传媒文化产业的发展空间。新媒体以创意为开端，将产业的重点从生产环节转移到内容设计制作环节，通过市场营销和服务消费者形成文化产业价值链。在这条产业价值链上，资本保障、人才保障和科技保障缺一不可。资本影响市场创新规模，人才决定产业创新程度，科技引领产业创新方向。技术创新和新技术的应用应当成为传媒文化产业转型和升级的支撑之一。

3. 产业融合型创新模式

在新时代，传媒文化产业在科技进步推动背景下呈现出显著的产业融合趋势。2001 年，世界最大的互联网服务公司美国在线和世界最大的传媒公司时代华纳合并，标志着电信、出版、广播电视的产业融合，也标志着传播系统的融合。在数字融合的范围内，可以认为产业融合是在数字融合的基础上出现的产业边界模糊化现象，是以互联网为标志的计算机、通信和广播电视业的融合。传媒文化产业内部以及与其他产业之间的边界逐渐模糊，跨地区、跨行业、跨媒体经营成为传媒文化产业发展的重要趋势。比如，复印技术、通信技术、网络技术和计算机技术等，使得出版业的编辑、出版和发行等各个环节都面临着新的变革，传媒企业加强了对数字技术和数字内容等核心技术的研究，以适应时代变化。

目前，文化产业的融合创新主要体现在两个方面，一方面是文化产业内部的融合，以数字化为基本特征，以互联网为信息平台，形成数字化的创新发展模式，表现为电子图书、网络视频、数字电视等。数字技术使传统的图书、广播、电视与电信、网络相互融合，推动文化产业跨平台发展。另一方面是文化产业间的融合，通过文化、技术、资本等要素渗透到传统文化产业中，形成新兴文化产业，比如动漫游戏、文化旅游、文化娱乐等业态，打破了以前的产业边界，形成了全新的产业形态。由此可见，产业融合的趋势改变了传统的文化产业运作模式，使文化产业具备了新的创新发展方式。

4. 政府推动型创新模式

在文化产业发展的初期，政府是文化产业创新体系中的主要推动力。政府的作用在于减少其他创新主体在创新过程中的干扰因素，使文化产业发展具备持续的创新动力与创新能力。政府主导的创新模式不是一种可持续的创新发展模式，政府应当通过支持和引导文化产业的创新行为，形成创新的发展动力。

此外，在文化产业发展的初期，往往需要注入大量的资金，以催生和培育新的文化市场。在此过程中，文化产业创新发展所需要的资本和其他行业有区别，主要体现在无形资本对于文化产业发展的作用特别重要。值得注意的是，相对于政府在产业政策和法律法规等层面的强势推动，在文化产业的资金投放上，政府也应该选择灵活多样的方式。无论是文化产业发展的引导资金，还是文化产业示范基地或园区的扶持资金，都应该由政府的“有形之手”与市场的“无形之手”共同发挥作用。

第二节 传媒企业文化

20世纪末以来，中国传媒业的生存方式发生了重大变化，从强调政治属性发展到政治和经济属性并重。一系列的传媒购并、上市个案，体制内传媒机构与体制外资本的多样化合作，各地传媒机构风起云涌的集团化改革，都令传媒的产业化特征日益明显。中国传媒业要又好又快发展，除了运作方式上要与国外接轨之外，更重要的是建立适合国情、适合现代市场竞争的企业文化。文化是一个企业赖以长青的最基础的磐石，企业文化就是企业的核心竞争力，是企业长盛不衰的永动机。

一、传媒企业文化概述①

（一）传媒企业文化的界定

关于传媒企业的企业文化定义，中外学者并没有比较统一的观点，国内学者大多是对传媒企业文化相关的概念进行阐释。

中国传媒大学的胡正荣教授对传媒企业的“组织文化”进行了定义：“广播电视媒介组织也有属于自己的组织文化。它是广播电视媒介组织在实现广播电视媒介组织目标的过程中形成和建立起来的，由组织内部全体成员共同认可和遵守的价值观念、道德标准、组织哲学、行为规范、经营理念、管理方式、规章制度的总和，以人的全面发展为最终目标。其核心是广播电

---

① 王娟，蒋洁. 中国传媒企业文化建设对策分析［J］. 东方企业文化，2015（2）：5-6.

视媒介组织精神和广播电视媒介组织价值观。”①

从定义中我们不难看出，企业精神、企业价值观、经营理念可以说是企业文化的关键词。越来越多的媒介已经开始注重建构适合自己的企业文化，并在实践经验中不断总结出本行业企业文化的核心理念。传媒企业文化主要包括：（1）企业目标，即创建中国最优秀的传媒企业品牌；（2）经营理念，即责任成就价值（成就客户价值、成就社会价值、成就自我价值）；（3）企业精神，即自强、诚信、团队、创新。

（二）传媒企业文化的特征

1. 个性化

传媒企业文化具有个性化的特征。传媒行业本身就是一个内容丰富的行业，电视节目的编排、电影的制作、互联网新媒体的数据传播、新闻内容的采编、报纸杂志的印刷、影视灯光器材的生产、版权内容的贸易等都属于传媒产业的范畴。因此，传媒产业内涵丰富的特点决定了传媒企业制定企业文化时，应主动考虑自身所从事的具体内容、媒体风格、媒介所处的区域特点等因素。个性化的企业文化才能凸显自身的经营内容，符合企业发展的具体诉求。

2. 创新性

根据大众传播学原理分析，受众的审美取向是在不断变化的，受众对于某一传媒内容或传媒产品的关注并不会永远持续下去，因而“求新、求变”是传媒企业永恒的话题，传媒企业文化亦具有创新性的特点。传媒企业在规划自身的企业文化时，需要尊重市场规律并重视市场的变化。相对于其他行业而言，缺乏创新精神的陈旧企业文化无法满足传媒企业日新月异的发展变化。随着传媒产业的发展，只有与时俱进、富有创新精神的企业文化才能匹配传媒企业的进一步发展。

3. 稳定性

传媒机构企业文化的形成是一个经过充分酝酿的较为长期的过程，传媒机构文化中被该组织成员所共同认可的核心企业价值观念、行为准则等意识形态和物质形态具有相对稳定性，这部分企业文化不会因为外部条件的改变而立刻改变。传媒企业文化无论如何发展和创新，其核心部分都需要具有相对的稳定性，以使本企业区别于其他传媒企业，并使企业文化得以在不断变

① 胡正荣．媒介管理研究——广播电视管理创新体系［M］．北京：北京广播学院出版社，2000：150.

化的管理层和员工群体之间相互传承。

（三）传媒企业文化的社会功能

1. 树立传媒企业的良好形象

优秀的传媒企业文化可以非常准确地向社会传达该传媒企业的价值观、行为准则，并将其核心价值观结合在传媒企业向社会提供的传媒服务和产品中，树立该传媒企业的良好形象。这有利于更好地让其他机构以及传播受众识别出该传媒企业，并对其提供的传媒服务以及产品进行购买与消费。规范的传媒企业文化可以树立企业的良好形象，并支持该企业的可持续发展。

2. 增强传媒企业的凝聚力

传媒企业文化一旦形成，该企业文化的核心价值观、行为准则就会对企业的员工行为形成影响，企业的核心价值观和伦理准则时时刻刻约束并规范着员工的一言一行。同时，随着传媒企业文化的制定和执行，该企业中员工对企业文化相关内容逐渐具有高度一致的认同，这有助于员工更加高效稳定且目标一致地服务于本组织。传媒企业的企业文化建构有利于增强传媒企业的组织凝聚力，提高组织的运营效率，增加员工的团队认同感和荣誉感，促进企业的进一步发展。

3. 指导传媒企业更好地适应外部环境

传媒企业的服务对象是需求不断变化的受众，传媒企业需要适应不断变化的外部生存环境，并为受众提供源源不断的创新性服务和产品，以保持自己在行业中的竞争优势。不同传媒企业的经营诉求并不相同，通过传媒企业文化的表述可以发现，有的传媒企业追求自身利益的最大化实现，有的企业追求受众利益的最大化满足，有的企业注重社会效益的实现。企业文化在一定程度上影响传媒企业与外部环境的互动关系，良好的企业文化有利于指导传媒企业与环境的良性互动。

二、传媒企业文化建构困境

（一）传媒企业文化建构问题①

虽然传媒企业文化已日益受到重视，并在具体的传媒经营管理过程中取得了明显的收效，但是我国传媒建构企业文化的整体现状却不是很乐观，还存在着许多问题和不足。

---

① 周子辉. 传媒企业文化建设的探索与实践［J］. 企业研究，2010（20）：104-105.

首先，目前国内大部分传媒企业文化缺乏差异性，较多媒体对其他成功的媒体单位的企业文化采取的是模仿或完全抄袭的方式。媒体作为一个特殊的行业，不仅有地域的风土人情、人文习惯差异，还有领域上的差异，这都要充分加以考虑。在广州成功的《广州日报》曾试水西安，但最后铩羽而归，同样，凤凰卫视的企业文化也一样很难在中央电视台实验成功，文化产品本土化是一条铁律。一套制度模式在广东可能很顺利，到了上海可能用起来就别扭了，所以如果是采取模仿别人的方法，而不建设具有个性的企业文化，是不能达到预期的效果的，有等于无，有时可能还会起反作用。

其次，我国媒体运营策划的方法相似，营销运作雷同，缺乏独树一帜的盈利模式。长期以来，媒体的收入几乎全靠广告收入，其他经济来源微乎其微，盈利模式单一，势必会导致传媒自我发展能力有限，抵制市场风险的能力低下。以电视媒体为例，据了解，国内 90%以上的电视媒体，其产业结构中的总收入的 90%以上来自广告，如此一条腿走路的单一盈利模式，导致我国的电视产业与国际电视产业的差距非常巨大。

再次，中国传媒业步入市场经济环境以后，经营管理队伍却无法达到职业化的要求，成为传媒人力资源最大的缺陷。市场经济下的传媒不仅是舆论工具，也具有企业属性，经营一个媒体从某种角度上讲就是一个商业活动。但是，就现状来看，各媒体的经营和管理人员大多出身于新闻业务部门，有的是从上级行政部门调派而来，大多数都未经专门的培训，也缺乏经营管理现代传媒企业的经验。可以说，国内传媒业媒体职业经理人急缺将是当前和今后一个较长时期的“隐患”。

最后，由于大部分媒介长期习惯于计划经济体制下的垄断和封闭，市场观念、竞争、创新意识薄弱，媒体的领导者主要关注政府政策措施，没有意识到企业文化的深远意义；媒介在建设企业文化方面还不够完善，不少从业人员根本感觉不到所在媒体的企业文化氛围。由于传媒企业员工自身意识薄弱，媒介在建设企业文化的时候缺乏一种整体性，缺乏对传媒企业文化本质的把握，对企业文化的开发，仅仅是做一些口号式的宣传，没有把文化因素真正渗透到具体的诸多管理因素当中。缺乏媒介定位、媒介理念的个性化概念打造，使得媒介本身特色不足，也使得媒体从业人员的价值观念难以趋向统一。

（二）传媒企业文化建构对策①

1. 提高媒介经理人自身的企业文化建设素养

中国传媒企业的企业文化建设在某种程度上非常依赖于传媒企业中媒介经理人自身的企业文化建设素养。支庭荣教授在《媒介管理》一书中对媒介经理人做了如下定义："一般意义上的媒介管理者，也可以称为媒介经理人，指的是媒介组织中专业化、职业化的经理阶层，它是组织中包括占据着上至总经理，中至各部门主管，下至行政、经营部门的业务骨干等特定职位，以及其他承担贡献责任的部分高水准专业人员在内的所有成员。"在当今发展日新月异的中国传媒行业，传媒企业的媒介经理人除了要掌握企业运营知识，熟知中国传媒业情况，具备媒体管理经验之外，还应该提高自身的企业文化建设素养，认识到传媒企业文化建设的必要性，了解传媒企业文化建设的特点，并结合本企业情况建构企业文化。只有媒介经理人的企业文化建设素养提高，才能使本企业的企业文化有效地建设和执行。

2. 鼓励传媒企业员工积极参与企业文化建设

在传媒企业的企业文化建设过程中，企业的媒介经理人是企业文化的制定者，而企业的员工则是企业文化的最终执行者。企业文化在制定初期就应该充分考虑到员工的意见，在生产一线的员工对本企业提供的产品和服务有更为切身的感受，传媒企业在企业文化建设的过程中应该调动企业员工的积极性，让员工为本企业文化的建设献计献策，这样有利于增加员工的团队凝聚力和自豪感，也有利于企业文化制定后员工更好地执行。在传媒企业文化实施执行的过程中，传媒企业也要充分尊重员工的诉求和意见，倾听员工对于传媒行业不断发展变化的看法，适时调整本传媒企业的企业文化内容。传媒企业的管理层应坚持以人为本的原则，鼓励传媒企业的广大员工参与到企业文化建设中来，最大限度地调动企业员工的积极性，增强企业凝聚力和战斗力。

3. 实施CIS战略构建企业文化

传媒企业为受众提供了大量的视觉类和听觉类服务及产品，并且内容为王原则在传媒企业的运营中占有非常重要的地位，传媒企业本身就是文化传承和文化传播的载体。因此，传媒企业在企业文化的建设方面要特别注重实施企业的CIS战略。CIS是企业识别系统（Corporate Identity System）的简

① 王娟，蒋洁. 中国传媒企业文化建设对策分析［J］. 东方企业文化，2015（2）：5-6.

称，其内容就是设计与展示一整套区别于其他企业，体现企业自身个性特征的标识系统，以突出企业形象，并以此达到在市场竞争中获胜的经营战略。传媒企业在企业文化建设中注重CIS战略，能使传媒企业的经营运作更加明确和高效，凸显传媒企业的文化品位，增加企业的核心竞争力。

凤凰卫视的台标设计为一对首尾开放的金色一凤一凰形象，该设计独特新颖，较好地阐释了凤凰卫视在融合交汇东西方文化以及传承中华文化方面的立台原则。同时，该台标使广大受众乐于接受，增强了受众对凤凰卫视企业文化的认可。可见传媒企业的CIS战略是对传媒企业内部文化理念的凝练，也是增强企业文化外部认知度的有效途径。

三、传媒企业文化案例研究与创新归纳

（一）传媒企业文化案例研究①

1. 南方报业集团案例研究

南方报业集团由《南方日报》及其创办的系列报刊发展而来。南方报业集团在我国市场经济体制改革、文化体制改革日益深入的背景下，不断改革创新，形成了独具特色的企业文化，概括地讲其核心理念是担当、创新、包容、卓越。

"担当"体现的是南方报业集团的社会责任观，这是任何优秀媒体都应具备的核心文化素质。强烈的使命感和社会责任感能够促使企业勇于担负它对国家、社会、民族所必须承担的社会责任和应履行的承诺，从而使企业拥有广泛的公信力、影响力和生命力。

"创新"是南方报业集团企业文化的基因。从根本上说，南方报业集团之所以能够不断取得进步，一个重要原因就在于它形成了不断学习和创新的机制，从而使其充满生机与活力。回顾南方报业集团的创业史，它从产品创新起步，进而不断激发营销创新和经营创新；它从组织创新起步，进而拓展到制度创新；它从单个品牌媒体市场细分的创新起步，进而演化成对品牌媒体群运筹帷幄的产业创新。这种创新意识源自企业以创新为标志的文化发展观。

① 吴昀国. 我国传媒企业文化建构现状及对策［J］. 中共中央党校学报，2009（2）：105-107.

"包容"是南方报业集团企业文化的又一基本理念。包容是多元共存、兼容并包，有了这一点，南方报业集团旗下的媒体既具有集团共有的精神特征和文化底蕴，同时又保留了自己鲜明的风格和特质。包容还是南方报业传媒集团的用人之道，南方报业集团今天的成功得益于大胆地起用新人，不仅鼓励他们发挥才智，而且敢于包容他们在前进道路上不可避免的失误，使每一个员工都有他们各施其长、自由发挥的思想空间。

"卓越"体现的是南方报业集团的业绩观。卓越是一种境界，也是一种永远保持积极向上的姿态。它要求员工积极进取，不断超越自我；它还要求企业发愤图强，在竞争中获胜。南方报业集团独具特色的企业文化已渗透到传媒生产、销售、经营各个环节，为传媒集团整合内部资源、内塑媒介品质、外树传媒形象提供了无限生机与活力。

2.《经济日报》案例研究

《经济日报》从它诞生伊始，就有非常明确的定位和服务理念。随着《经济日报》影响力的与日俱增，其报业理念也不断明确，为其企业文化建设奠定了坚实基础。

首先，《经济日报》确立了"责任"理念。《经济日报》成立之初就把提供权威性的报道作为自己办报的基本理念。《经济日报》不仅强调承担政治报道的任务，还把党和国家的最新经济政策与广大群众的要求有机结合作为报纸的重大责任，努力使报纸更贴近实际，更贴近生活，更贴近群众。《经济日报》还具备宽广的世界眼光，它强调要自立于世界舆论的主流媒体之中，向世界发出华人的声音。

其次，《经济日报》确立了"以人为本"理念。作为财经类报纸，《经济日报》成立之初，市场上缺乏既懂经济又懂新闻的专业采编人才，缺乏既懂新闻又懂经营的媒介经营管理人才。当时中国报界从业人员大多来自新闻系和中文系，《经济日报》打破惯例，从自身实际出发引进一批学经济的大学生，着力培养他们新闻采编方面的知识，最终培养出一批既懂采编又懂经济的财经报业从业人员。这些创新型的报业人才不断提供有相当专业深度的文章，极大地提升了报纸的思想理论品位。

此外，在现代媒体竞争日益激烈的情况下，《经济日报》创建了自己的标识形象（CIS），这是非常有见地的。造型新颖、标志醒目的《经济日报》标识，不仅昭示着《经济日报》的品牌特征，而且展示着它的创新精神。

（二）传媒企业文化创新战略①

创新型企业文化是外部因素和内部因素共同作用形成的。外部因素主要包括社会文化和经济环境，内部因素则涵盖了企业家精神、人力资源、管理制度和组织结构诸要素。整个社会文化和经济的大背景不是单个的企业能够控制的，所以这里重点探讨企业的内部因素。

1. 围绕客户这一核心，打造个性化的文化

从企业的文化理念和现代管理上来看，传媒企业应当从客户的角度挖掘和分析市场需求，结合传媒受众以及广告商等利益相关者的需求偏好，从产品策划开始，逐渐在组织过程中挖掘和创新管理思路。体现企业经营定位和文化主题，塑造风格独特、个性鲜明的文化理念，扩大受众规模、提高企业收益。在传媒业竞争残酷的今天，企业必须深刻意识到企业文化的重要性，不断地用文化锻造自身。以清晰准确的市场定位，实施有别于竞争对手的创新视角，并强调各种不同文化的融合和交汇。在发挥和传达企业文化理念的同时，使所有观众和用户都获得一种文化上的归属感和认同感。

2. 围绕人才培养和生成，增进组织认同感

增强员工对企业的认同感和凝聚力。传媒产品是传媒人力资源劳动的结晶，所以要致力于构建人才培养、生成机制，积极引进人才和有志之士，加大事业留人、感情留人的力度，以优秀的企业文化为员工营造施展才能与智慧的舞台，满足员工实现自我价值的高层次需求。运用柔性管理策略，以管理者示范作用和人格魅力为核心，不断探索企业文化、营销管理、产品、技术的演变方向，实现创新，带动员工形成共同的价值观，增强员工自律、自发意识，自觉维护企业利益，积极地投入到工作中。企业应当为员工提供一个展示和提升自我的大舞台，鼓励员工张扬自我、创造奇迹，最佳的企业文化是能够激励更多青年才俊凸显自身的文化。同时，需要讲究企业的柔性管理，结合企业共同价值观和文化进行人文化的管理。

3. 围绕企业内外，打造媒体的品牌效应

媒体的品牌不仅有赖于消费者的认可，更有赖于企业内所有员工的认同，因为只有得到员工认同，媒体的品牌效应才能具备坚实的基础。这就要求企业由内而外、由表及里进行各个层面的深入的文化考虑，这些考虑应当涵盖媒体形象定位、对待读者的态度、人才的战略管理、内部经营控制等方

---

① 张名凤. 探析新形势下传媒企业文化建设新路［J］. 东方企业文化，2012（23）：52.

面。在打造企业品牌形象时，不能只局限于媒体的定位、内容，还应通过行为策划、公共关系等现代营销手段全方位塑造自身品牌形象。媒体自身的行为设计和宣传，对于媒体内部沟通、媒体与外部环境的良好互动，都起着积极有效的作用。在关注企业外部消费者对企业品牌反应的同时，还应该重视建立多种形式的员工内部沟通的桥梁，这不仅能起到沟通思想、交流业务、联络感情、传递信息以及增强集团凝聚力的作用，还将对内、对外传递出好的信号，有利于形成良好的品牌效应。

第三节　传媒跨文化传播

一、大众传媒在跨文化交流中的角色①

最先使用“跨文化传播”一词的是美国文化人类学家曼德华·霍尔，1959 年他在《无声的语言》一书中首次提出跨文化传播，意指来自不同文化背景的人们相互交流的一种情境。跨文化传播有两种主要交流方式——国际交往和国内交往。在科技高度发展的今天，跨文化传播利用卫星电视、广播、书刊、互联网等大众媒介就可以进行，这是新型的跨文化传播。近代科技的发展，推动了传播技术的进步，19 世纪 30 年代出现了大众报刊，从而迎来了大众传播时代。之后随着电影、广播和电视这几种有代表性的大众传播媒介的出现和发展，传播步入到大众传播时代，这使大规模的广泛的跨文化传播时代的到来成为可能。20 世纪末互联网的兴起和普及，使跨文化传播向前迈进了一大步。

大众传媒是跨文化交流的必要条件，是传递文化信息的物质载体；大众传媒是影响跨文化交流的重要因素，它贯穿整个跨文化交流过程的始末。从最初不同文化信息的传递到后来各种文化的交流、吸收、融合，跨文化交流都在不同程度上受到大众传媒的影响。

（一）基础角色：传递跨文化信息

这是大众传媒在跨文化交流中的基本功能，也是所有大众传媒普遍具有的功能。大众传媒为跨文化信息的传递提供了必备的条件，即特性各异的媒体。

---

① 王莹. 大众传媒在跨文化交流中的六种角色［J］. 中国报业，2013（11 下）：29-30.

1. 报纸

其主要特点是承载的信息量大、覆盖面广，能将信息迅速传递给广大受众。但是基于报纸具有一定的政治倾向性，有对信息选择性发布、选择性加工的权利，因此它不被业界视为跨文化交流的最佳媒体。

2. 杂志

受众稳定且具有一定的文化程度，对事物的认知能力比较强。杂志的优势在于能够运用图文结合的方式，表述直观、易于理解，跨文化信息传递效果较好。特别是一些如《时代周刊》类的英文杂志，受到一部分读者追捧。

3. 广播

不受空间的限制，是跨文化信息传递的直接途径。在国内也可以收听到其他国家的广播节目，如 BBC、CNN 等，从而了解各国的不同文化背景。

4. 电视

集视听手段于一体，给观众以强烈的现场感、目击感和冲击力，能够最大限度地引起对跨文化信息的有效注意和记忆。大众传媒的信息传递功能对跨文化交流来说是把双刃剑，既能将正确的、积极向上的跨文化信息传达给广大受众，也会使受众或多或少受到不良文化信息的侵蚀。减少信息传递造成的负面影响，主要依靠大众传媒的“把关”。

（二）特色角色：缩小文化价值观差异

大众传媒通过议程设置，缩小跨文化交流中文化价值观的差异，并引导文化价值观的变迁。不同文化背景的人所持有的文化价值观也不同。大众传媒通过传播特定的信息，作用于人们的思想或观念，进而引起人们认知和情感的变化。媒介给予某种文化信息强调越多，受众对该文化信息的重视程度越高，随着认知度和理解度的提升，跨文化交流的文化差异会相应减少。

（三）渗透角色：引导文化价值观变迁

虽然媒介对人们态度改变的作用是有限的，但大众传播的潜移默化效果不容忽视。大众传媒通过对跨文化信息的输出，使人们对不同文化进行认知，这是一个动态的学习和态度改变的过程。人们接触不同的文化价值观，然后加以学习理解，最终产生一定的认同感，这个过程离不开大众传媒的影响。

大众传媒所传播的跨文化价值观正在逐渐渗入我们的生活，改变或发展着原有的文化价值观。以消费观念的改变为例，用“适当消费”代替“勤俭节约”已为人们所接受，“及时消费”“超前消费”“个性消费”“高消费”等观念也都是在进行跨文化交流过程中被激发并为我们所吸收采用的。

因此大众传媒在缩小文化价值观差异，引导文化价值观变迁方面起到了重要的作用。

（四）把关角色：进行跨文化信息的筛选

大众传媒是跨文化交流中文化信息的主要提供者，具有强大的信息生产和传播能力，但是它并不能传播所有的跨文化信息，要进行一定的“把关”。

“把关人”的概念是社会心理学家卢因提出的，他认为在群体传播过程中，存在着一些把关人，只有符合群体规范或把关人价值标准的信息内容才能进入传播的渠道。在整个社会的信息传递过程中，大众传媒就是信息的把关人，大众传媒决定了受众接触信息的内容和形式。跨文化交流过程中，大众传媒会面对各种不同的文化和文化价值观，如果全盘接受传递给社会大众，所造成的负面影响不可估计，因此需要大众传媒提前把关。

（五）平台角色：提供讨论的公共空间

信息公共交流平台是社会发展进步的现代化产物。大众传媒尤其是新兴媒体的“喉舌”功能在不断弱化，作为公共空间，大众传媒从根本上改变了灌输式的单向传播模式，双向传播互动特性十分明显。大众传媒是区别于社会公众组织和政策体制外的一种社会力量，在跨文化交流中扮演着沟通的桥梁，为广大受众提供了提出问题与意见的窗口。

交流是跨文化传播最终与最重要的目的，大众传媒为跨文化交流提供讨论的公共空间，会根据社会现状发起关于跨文化信息的相关讨论。例如曾热播的电影《阿凡达》就在报纸及网络上掀起了一阵关于中美影视文化传播的探讨。但是，大众传媒不是直接讨论的发起者，它间接制造社会舆论，通过舆论的压力使跨文化交流得到重视和促进。

（六）反馈角色：对跨文化交流情况进行反映与评估

大众传媒的反馈角色，是大众传媒的环境监督作用在跨文化交流中的体现。大众传媒能够及时反映跨文化交流情况，并对其进行修正，使其朝着健康的方向发展。

针对大众传媒跨文化交流中受众的隐蔽性与不确定性，反馈信息的获取尤其重要，因为它为调节后续传播活动提供主要依据。同时，反馈信息也是评估传播效果的一个客观尺度，有助于纠正文化传播过程中产生的偏差。传播者应该明确自身与受众之间并非“主客”关系，传播行为基于平等的原则，受众在拥有获取跨文化信息知情权的同时，还拥有表达意见的权利和监督媒介的权利。

跨文化交流是一个动态过程，伴随着文化信息的输出与输入。不同的文化之间必然会有差异和冲突，文化能够影响人们对世界的看法，当我们在一种文化中长大的时候，这种文化便决定了我们相信什么是有价值的和什么是真实的。并非所有的跨文化交流都是一帆风顺的，在这期间必须克服很多文化交流障碍，这是一个不断磨合前进的过程。大众传媒反映跨文化交流的情况，使我们能够不断审视与评估正在进行的文化交流活动。

二、传媒跨文化传播创新策略①

（一）“世界来到中国，中国走向世界”的时代大趋势

媒介在制作生产对外宣传中国文化的内容时，要保证让中国受众也听得到、看得到、读得到，培养国内的人用世界的和全球化的眼光重新认识中华文化，抛开井底之蛙和夜郎自大的心态。我们既要强调中华文化历史的辉煌，又要有适度的文化忧患意识，充分认识到中国的文化面临着怎样的全球性的挑战。中央电视台国际频道的中华文化相关栏目可以在这方面尝试创新，其他媒体如报刊广播杂志，也不妨多刊登或播出一些诸如“外国人眼中的中国文化”之类的内容，以进一步开拓国内受众的视野。

（二）对外宣传战线上全面出击，消除误解与偏见

这要求传媒与所有文化工作者联合，以全球化为背景看待和认识一切文化，做到对本国文化和外国文化知己知彼，增强交流沟通的效果。不能片面注重生产可以在国际艺术节拿奖的影视作品和其他文化作品，甚至为了获奖而在内容上迎合某些外国受众的欣赏口味和猎奇心理，在文化产品中过度突出中国文化传统和民族心理中的某些不健康因素。相反，要在对外宣传中大力增强文化传播的成分，用文化产品生动形象的内容弥补传统的“新闻外宣”的不足。同时，眼界要开阔，要把目标对准国外不同阶层的受众，包括社会上层的政要、社会中层的知识分子、商界人士、白领等，也不可忽略文化程度较低的阶层。

（三）开展文化产品制作中的国际合作，敞开胸怀引进人类先进文化

中国和乌克兰的电视工作者成功合作改编并拍摄了《钢铁是怎样炼成的》，使传统的革命经典焕发出新时代的光辉，为以后的合作提供了宝贵经验。对中国几代读者有深远影响的优秀外国文学作品还很多，除了直接

① 陈嫣如，陈安全. 全球化背景下中国传媒跨文化传播策略［J］. 中国记者，2002（3）：18-19.

通过现代化的传播手段再次引进，还可以考虑创新，即通过跨国合作，让不同文化背景的传媒工作者和其他文化人走到一起来，共同生产出符合新时代全球化挑战背景的力作。这方面，内地和港台传媒的合作为我们提供了经验。

(四) 一切落实到人才问题上

要实现上述对策，改进传播方式，迫切需要培养和造就一支特殊的传媒人才队伍——既通晓中文和外语，又理解中外文化之异同的人才。这也为我国急速增加的新闻传播院系提供了机会和挑战，并要求增设“跨文化传播”等课程，以跟上时代的发展。

总之，全球化的浪潮已经“入侵”中国的文化海岸，急需中国媒介帮助和引导大众应对。相信跨文化传播的迅猛增加能创造出更加富有先进性的文化。

本章小结

本章共分三节介绍传媒文化创新。第一节介绍文化与传媒，介绍了文化、传媒以及传媒文化等相关概念，并从三个方面讨论了文化与传媒的关系。在此基础上，介绍了传媒文化的发展现状，并提出了四种传媒文化创新模式。第二节介绍传媒企业文化。包括传媒企业文化的定义、特征和社会功能，分析了现代传媒企业文化建构困境，并提出了相应对策。第三节介绍传媒跨文化传播。先介绍了什么是传媒跨文化，其次对大众传媒在跨文化交流中的六种角色进行归纳，最后提出了传媒跨文化传播的四种创新策略。

第十二章　中国传媒产业发展现状与对策

新中国成立以后，在相当长的一段时间内，传媒一直被称为“新闻事业”，采取党政机关行政单位的运作模式。1950 年，中宣部曾提出关于报纸实行企业化经营的思路；1956 年，刘少奇也曾有过改革新闻体制的思考，但均未对中国传媒发展产生显著影响。1978 年中国共产党第十一届三中全会提出了经济体制改革的任务，整个中国由此开始了一场涉及政治、经济、文化等各个层面的整体性变革，中国传媒具有实质意义的改革亦始于此时。

“事业单位，企业化管理”媒介运作思路的提出和实施，为中国传媒开启了市场的大门，同时也拉开了中国传媒体制改革的序幕。中国传媒的改革实际上包括两个部分：一是由事业向产业的转变，即传媒体制改革；二是产业的自我积累与发展模式的转变，即传媒产业改革。在中国社会变革的宏阔背景之下，中国传媒产业发展与中国传媒体制转变同步发生。

改革是一个复杂的过程也是一个痛苦的过程，必然会带来这样或那样的问题。能否及时发现、处理、化解问题，关系改革成败。从改革的进程安排来看，传媒领域是中国改革的后发领域，其体制改革和产业化发展的使命不仅仅是实现传媒由事业向产业的转型、传媒产业自身规模扩张和竞争力提升，同时还承担着分摊改革成本与风险的特殊任务。这使得对中国传媒产业发展路径的选取，既不可复制西方传媒产业，又应有别于中国的其他产业领域，因而极具特殊性。

20 世纪中叶以来，人类进入了信息时代。作为信息产业的重要组成部分，传媒产业的形成和发展与整个信息产业的发展密切相关。在信息产业时代，传媒产业的兴起具有历史的必然性。同时，传媒产业正在成为信息经济的主导产业，大力发展这个朝阳产业，对于国家的政治、经济和整个社会的发展均有重要而深远的意义。

在我国，传媒产业发展方兴未艾，已经成为国民经济发展富有潜力的增长点。特别是在加入世界贸易组织（WTO）之后，我国的传媒产业市场逐渐放开，面对境外传媒的挑战，竞争势必愈加激烈。然而，中国传媒产业的发展在为理论研究提供了丰富营养的同时，也提出了亟待解决的重大问题。

本章主要分析当前中国传媒产业发展中存在的问题，根据实际情况和借鉴前人的经验，提出建议对策，以寻求适合中国传媒产业的发展模式，并预测其发展趋势，展望未来。

第一节　中国传媒产业发展的成就与特点

一、中国传媒产业发展的成就①

改革开放以来，中国各项事业获得巨大成就，传媒产业也实现了大发展、大进步、大跨越，脱胎换骨、焕然一新，展示出蓬勃生机。

1. 由小到大，由弱变强

我国传媒产业虽然起步较晚，受各种因素影响一度发展缓慢，但近几年增长势头迅猛，规模超常规发展，取得了不俗的成绩。据《传媒蓝皮书：中国传媒产业发展报告（2017）》最新数据显示，2016 年中国传媒产业总规模达16 078. 1亿元，较上年同期增长了 19. 1%。

2. 种类日趋繁多，结构愈加合理

中国政府主管部门根据我国传媒产业的最新发展状况，于 2005 年对传媒产业的类别和结构做了新的界定。按照新界定，中国传媒产业包括十个大类，即新闻业、报纸产业、期刊产业、出版业、电视产业、广播产业、电影产业、新媒体产业、广告业、传媒服务业等。应该说，这个新界定富于中国特色，与一些传媒大国的划分标准不同。

3. 组建传媒集团，力争做大做强

传媒集团的成立，提高了传媒集团自身的整体实力和竞争能力，也开拓了传媒集团的视野，促使传媒集团创造了一些发展新路数、新模式。

改革开放初期，我国完全没有组建传媒集团的意识。1992 年年底，党的十四大确立建立社会主义市场经济体制的伟大构想，中国特色社会主义进入了一个新阶段。伴随着时代快速前进的步伐，中国传媒产业也进入了一个发展新天地。1996 年，中国首家传媒集团——广州日报报业集团宣告成立，这意味着中国传媒产业开始了做大做强的新历程。此后短短几年内，中国先

① 尹韵公. 中国传媒产业的发展现状与未来走势［J］. 新闻战线，2009（1）：33-35.

后建立了近百家传媒集团，分属报业系统、出版系统、期刊系统和广电系统。组建传媒集团，有利于盘活存量，优化资源配置，发挥增倍效应，推动事业更好更快地发展。

4. 拓展海外市场，传播中华文化

随着中国综合实力的不断增强和国际地位的不断攀升，中国媒体开始意识到：要让世界更直接、更便利地了解中国，要让别国听到关于中国的真实声音，最好的办法就是“走出去”，开辟和拓展海外市场，灵活机动地运用多种方式，到外国去办报、办台、办频道、办栏目。经过 30 多年的传媒产业的快速发展，虽然我国并未形成完整的传媒经济产业化链条，但是传媒产业的国际影响力正在逐步加大，世界各国通过我国传媒产业的发展获取资讯、经济利益的途径正在增多。

5. 加强资本运作，壮大自身实力

改革开放初期，我国媒体几乎都是依赖国家拨款经营。广告重启后，媒体的“再生产”帮助媒体积累了一些资本。随着社会主义市场经济体制的建立，媒体积极开展多种经营，经济实力逐步增强。近几年，国家政策逐渐放松，媒体的产权主体地位开始明确，传媒集团可以自行决定自己掌控的资本投向及其资本运作的方式和手段，通过市场运作，提高了资金的利用率，壮大了自身实力。

二、中国传媒产业发展的新特点①

据《传媒蓝皮书：中国传媒产业发展报告（2015）》最新数据显示，中国传媒产业在新的时期呈现出以下特点：

1. 传媒产业总值首次超过万亿元大关

2014 年的中国传媒产业在调整中稳步前进，在融合中寻求突破。传媒产业的结构性调整走向深化，互联网不但对传统媒体具有替代效应，也通过媒体融合形成促进力，使传媒产业保持整体稳定增长的态势。2014 年全年传媒产业总值达 11 361. 8 亿元，首次超过万亿元大关，较上年同比增长 15. 8%。

2. 网络广告收入首次超过电视广告

传统媒体的颓势还直接体现在传媒细分行业。在 2014 年的数据中，广

① 崔保国. 传媒蓝皮书：中国传媒产业发展报告（2015）［M］. 北京：社会科学文献出版社，2015.

播广告经营额、电影广告收入、图书销售收入和移动内容及增值收入呈现较好增长趋势，电视广告市场的增长趋于平缓，连续两年增长率低于两位数。与此同时，网络广告收入和网络游戏收入的增长速度尽管有所放缓，但仍保持了较高的增长，特别是网络广告收入首次超过电视广告，收入规模超过1 500亿元。

3. 报业产业迅速下滑

2014年，《新闻晚报》悄然停刊，“澎湃新闻”横空出世，这既是新旧交替的符号，也标志着纸媒的没落。2014年全国报纸印刷用纸量约为270万吨，比2013年减少了近1/4。报业赖以生存的广告市场连续4年负增长，2014年的下降幅度甚至达到两位数。广告和发行量双双折戟，报业已步入衰退期，颓势难挽，甚至有专家称报业正遭遇“断崖式”滑落。最新调查结果显示，2015年第一季度报业广告下滑更为严重，普遍下降20%以上，个别报纸下降幅度高达30%。

> 2013年12月31日，《新闻晚报》头版致读者信如此写道：亲爱的读者，请允许我们向即将走入2014的你道别。从明天开始，《新闻晚报》将休刊。
>
> 《新闻晚报》1999年创刊于上海，是解放日报报业集团旗下的一份都市类晚报。2013年10月28日，经中共上海市委批准，解放日报报业集团和文汇新民联合报业集团整合重组成立上海报业集团。《新闻晚报》成为新集团成立后首家休刊的报纸。尤其需要指出的是，现任上海报业集团社长裘新也是《新闻晚报》的第一任总编辑。
>
> “十年青春空飞扬，人未老，报先亡，新识旧友，何处诉离肠。千简万牍著文章，朝随露，夜伴霜。一夜北风旗幡乱，刀笔断，鸟弓藏，青丝白发，谁人不彷徨。往昔峥嵘随流水，落花黄，晚报殇。”这是一位《新闻晚报》的记者填写的《江城子》。文字背后透出的是一份哀伤，《新闻晚报》停刊是纸媒衰落的缩影吗？

结合以上案例具体分析：

(1) 受互联网的冲击，传统报业普遍面临读者流失、广告下滑、盈利降低、渠道衰减等挑战。在网络媒体异军突起的时代，纸媒已经优势不足，无论是新闻传播速度还是广度，都不及网络媒体。有学者担心，今后纸媒有可能会慢慢消失，这是多数人不愿意看到的事情。《新闻晚报》停刊不是第一家，也绝不是最后一家。在新技术新渠道的冲击下，报纸消亡论、电视消亡论已经不再是“狼来了”的笑话。各项数据统计显示，中国传统媒体2013年广告经营收入急剧滑坡，远远超出了整体经济不景气造成的关联效应，其中尤以纸媒为重灾区。

（2）从传媒大环境来看，传统媒体独霸天下的时代已经终结。新媒体的异军突起，迅速颠覆了传统媒体垄断传媒市场的局面。新媒体所释放出来的巨量的技术活性，以及新媒体与市场之间天衣无缝的兼容，从四面八方蚕食了传统媒体的市场。传统媒体虽然对技术和市场不乏敏感，但因背负了沉重的历史包袱，造成它们在竞争上的被动处境。再者，传统媒体盈利模式高度依赖广告。这种单一化的广告依附面临着很大的风险，一旦有竞争者打破这种媒体供血管道，传统媒体就很被动。新媒体就成了这样的挑战者，它从外部突破，鸠占鹊巢，大面积占领传统媒体的地盘。在新媒体崛起之前，传统媒体的市场容量几乎达到饱和状态，随着新媒体的遍地开花，传统媒体的市场空间被挤占了很多，其市场面临大面积萎缩的危险。

（3）另外，从传媒的局域环境来看，特定区域内的传媒市场可容纳的传媒数量毕竟有限，一座城市对媒体的消化能力往往是有限的。本来同城的传统媒体竞争就很激烈，加之后来遭遇强大的“公敌”新媒体，大大稀释了传统媒体的市场浓度，僧多粥少，竞争就显得分外惨烈。从这个意义上说，减少传媒数量，压缩媒体的“过剩产能”，是传媒减负的明智之举。不管出于主动抑或被动，在传媒数量上做减法是必要的。

（4）从理论上讲，某一天报纸可能没有了，但报业作为内容生产行业，作为一个品牌，相信它永远都在。

（5）越来越多的重要媒体转向数字媒体，说明纸媒的黄金时代已经过去，但这不意味着纸媒会在短期内消失，因为还有一些读者钟情于纸质化阅读所带来的感受。

“澎湃新闻”是上海报业集团改革后公布的第一个成果，于2014年7月22日上线。澎湃新闻的口号是“专注时政与思想的互联网平台”，主打时政新闻与思想分析，生产并聚合中文互联网世界中优质的时政思想类内容。同时，澎湃新闻结合互联网技术创新与新闻价值传承，致力于新闻追问功能与新闻跟踪功能的实践。澎湃新闻有网页、Wap、APP客户端等一系列新媒体平台。已经做出一些比较有影响力的微信公共账号，如中国政库、中南海、打虎记、人事风向、一号专案、舆论场、知识分子等。

4. 移动媒体成为媒介融合的连接点

在新时期，平面、广电、互联网和移动互联网四分天下，其中移动互联网表现尤为亮眼。2014 年 6 月，中国手机上网人数首次超过 PC 端，手机支付、手机银行、手机网购、手机旅行预订成为用户覆盖率增长最快的应用。《报告》引用艾瑞咨询统计数据称，2014 年中国移动广告市场规模达 296.9 亿元，同比增长 122.1%，增长率连续 3 年超过 100%，预计到 2016 年，市场规模将超过1 000亿元。百度移动端广告收入在 2014 年年末超越 PC 端。

第二节　中国传媒产业发展存在的问题

目前，我国传媒产业发展存在着一定的问题，只有明确问题所在，才能更加有效地制定相对应的策略。问题集中体现在体制机制、产业结构、人才培养及其他客观因素等方面。

一、体制机制

我国的传媒产业主流上始终体现的是“国有”性质，即便是目前已经组建的几十家大型传媒集团，大多仍然是按照“事业体制，企业化运作”的二元体制在运营，挂牌之前和挂牌之后，多数企业的体制机制、内容质量、收入和发行量并没有发生质的飞跃。虽然历经数次改革，但更多的还是既有体制内的非产权化改革，即组织层面上的结构变化，而不涉及所有权、经济自由权、财产权等核心问题，这也在一定程度上导致了市场主体的不明确，进而导致了投融资不畅、难于进行跨行业经营等一系列的问题。与电信、互联网企业等市场化企业相比，传媒体制上的劣势已经成为制约发展的短板。

从具体的影响来看，产权问题在一定程度上导致了现代企业制度难以导入。政企分开、产权明晰、法人权责健全、承担有限责任、科学管理是现代企业制度的基本特征，核心内容包括了企业法人制度的建设、自负盈亏制度、科学的组织管理制度等。对于传统媒体来说，绝大多数目前依然是事业单位性质，它们一方面要在新媒体的冲击下不断调整适应市场化体制，另一方面又要受事业单位种种规定的约束，采用所谓的“事业体制，企业化运作”模式，随着市场化进展的加快，媒体融合、产业融合向深水区迈进，不同体制之间的矛盾逐步显露。事业单位有行政等级之分，而企业是市场平等主体；事业单位不以盈利为目的，企业考虑的则是按市场化运作，力争利润的最大化；事业单位人员是国家正式事业在编人员，企业人员则完全按照用工合同办事，遵循优胜劣汰的市场规律。对于事业单位性质的传媒企业来说，为了自身利益，它们往往会利用政府的保护和政策的倾斜，破坏公平竞争原则，扰乱市场经营秩序，因而，这种事业单位和企业并存的体制融合体不是市场化选择的最优体。

从长远来看，在体制不变的情况下，传媒在治理架构、管理方式的设计上难以与市场接轨，也很难通过股权分置、发行债券等方式与市场合理对接资源。更为重要的是，在产业全球化的浪潮下，传媒产业虽然在产业政策和管制框架下暂时受到保护，但它必然将以一种独立的姿态参与市场分工和国际竞争，与国际传媒巨鳄在国内、国际的市场上短兵相接。肩负着国家利益的传媒产业必须站稳脚跟，在国际传媒产业链条上打下中国的烙印，从这个角度来讲，传媒产业加快市场化脚步，进一步明确市场主体更显得极为迫切和重要。

二、产业结构①

（一）大量的重复建设

在大力推进市场化、产业化的进程中，国家的宏观调控未及时到位，或者说没有及时跟上产业化、市场化的进程，导致出现了大量的重复建设。各个行政级别的各个部门都纷纷兴办各种传媒产业。省委组织部经办党建方面的杂志，政协经办政协方面的杂志，政府办政报，人事部门办人力资源报，武装部门办国防方面的报纸，等等，形成党务有喉舌、政府部门有喉舌、各其他单位各有各的喉舌的状况。如果是自负盈亏的传媒企业，多办传媒是没问题的，没市场的传媒自然会被淘汰。但由各级职能部门投资兴办的传媒，效益好的迅速发展，效益不好也没关系，有政府财政的大力支持，这一切自然不利于传媒产业的发展。比如为适应国际形势的发展，近年来，陆续成立了多家报业集团、广电集团、出版集团和发行集团，但是，这些传媒集团的产生大多是行政力量的推动而不是市场竞争的结果，内部管理、运行仍然保留着计划经济时代的印迹，资源优化配置目标并未实现。

① 康燕. 中国传媒产业发展方向与策略选择——基于产业经济学的视角［D］. 上海：复旦大学，2010.

（二）传媒组织经营缺乏市场经验

在传媒企业纷纷进行多元化经营以实现规模效应的时候，有些传媒脱离自身优势，盲目进入陌生的经营领域，不仅与媒介主导产业脱钩，而且项目过多，规模过大，导致资金分散，管理成本回升，结果不仅没有带来预期的收益，反而使原有资金遭受损失。传媒集团多元化的产业链条中，资源整合是一个关键的问题。

传媒的资本流向与传媒的产业发展取向之间关系密切，而传媒产业政策又与传媒的产业发展实践相互影响。经过梳理可以看出，我国传媒在产业发展的早期阶段，迫于政策的限制，资金流向政策限制较少的行业和领域，而无法顾及自身产业链的建构和规模经济、范围经济的产生。出于追求利润的原始动机，很多媒介看什么行业呈现高利润的迹象就投资哪个行业，大多是与传媒产业不相关的产业，如房地产、酒店、旅游、餐饮、商贸等。这种盲目的行为是媒介的资本流向受政策挤压以及自身经验不足导致的，必然会使传媒在非相关产业的经营中遇到诸多问题和困难，这样的实例不胜枚举。

> 河南日报报业集团是以《河南日报》这一母报为主体于2000年建立的，成立于2000年7月28日，集团现拥有《河南日报》《河南日报（农村版）》《大河报》《大河文摘报》《大河健康报》《河南商报》《河南法制报》《期货日报》《今日消费》《河南手机报》和《漫画月刊》《新闻爱好者》、大河网等十报两刊三网站，包括与腾讯、百度合资开办的大豫网以及河南-百度，在传媒体系结构上形成以党报为核心、都市报为主体、专业报刊为补充、网络为延伸的多面、立体、互动的较为完整的传媒体系。然而，中国内地的报业在新媒体攻城略地的背景下，同时受国家宏观调控政策等多方面影响，存在着已有受众流失、社会影响力下降、社会注意力降低、市场竞争力不强、市场占有率减少等问题，从而造成许多报纸的广告特别是房地产广告出现了大幅下滑。预示着报业集团的运营面临前所未有的挑战。河南日报报业集团不同程度地存在上述问题，诸如社会影响力下降、市场竞争力不强等。具体表现有广告量和广告收入增长缓慢，报纸发行量下降，媒体队伍不稳定，结构不合理，人才流失严重，等等。

报业集团在融合发展过程中，还需树立经营媒体的理念，注重成本管理和效益管理，通过做好新闻，提高产品的质量，提高市场占有率，做好广告开发，拓展广告资源，分层定价，抓重点客户，扩大市场份额。通过战略性资产重组以及人、财、物等资源的再整合，将内部资源向外部其他媒体或非媒体行业渗透和扩张，实现集团层次的整体跨越。

（三）区域发展不平衡

我国传媒产业的发展与实体经济的发展在区域分布上具有一定的相似性。当前，我国传媒产业的区域性特征尤为突出，已经在珠江三角区、长江三角区以及环渤海三角区等区域形成了三大文化产业带。同时，西部地区传媒经济发展较为缓慢，产业化链条相对于东部明显不完善，存在较大的发展空间。另外，传媒经济也存在较大的区域发展不平衡特征。区域发展不平衡的重要原因，除了国家发展战略的布局之外，部分地区在文化产业发展上未给予足够重视，传媒产业发展方式单一、产业结构不合理，缺乏较强的区域经济特色。目前，在很多中小城市的传媒经济中，仅仅依靠广告经营模式谋求发展的不在少数。

（四）过于注重经济效益，忽视社会效益

市场化的过程中，很多投资人关注的只是一个基本点——中国传媒产业是最后一个暴利行业，谁先圈地，谁先发财。在这种心态下，一切的经营管理以经济利益为导向。有些作为市场主体的传媒组织在经济的驱动、市场的诱导下，片面追求经济效益，忽视社会效益。或降低精神文化水准，忽视严肃深刻的内容的提供，忽略贫困、弱势人群，迁就、迎合层次低、数量大的受众，重轰动性、刺激性、娱乐性、煽情性，趋于媚俗和哗众取宠，或搞有偿新闻、广告新闻，甚至剽窃盗版、不正当竞争。报刊社虚报发行量普遍盛行，这既是对广告客户的欺诈，也对诚实的报社构成不正当竞争，还会败坏传媒界的风气和声誉，株连诚信的报刊社。还有的传媒为了获取和保住广告、赞助等收入，夸大、编造或缩小、隐匿事实，或搞有偿版面、以新闻报道形式出现的“软性广告”等。

三、人才培养

虽然近年来各大院校纷纷开设或扩招传媒相关专业，但传媒人才的培养存在不少问题。

首先，不少学校不考虑软硬件力量就盲目上马，不但不能缓解传媒人才的稀缺，反而给学生和学校带来了不必要的损失。其次，即使在力量雄厚的院校，传媒人才培养也有其薄弱点。例如，国内某大学新闻学院的学术科研力量在全国名列前茅，但其核心教学力量仍集中于新闻学尤其是传统的报业新闻学，相比起来，传媒经济专业的教学力量非常单薄。再次，相关课程比较缺乏，内容比较陈旧，实践机会比较少等，导致教学与业界的结合不够紧密，培养的人才与业界需要的人才有错位。这些问题都使传媒人才的稀缺问题难以尽快解决。应该说，国内传媒人才市场远未充分开发，传媒人才的培养方式还有待完善。以经营管理人才来说，仅仅靠学校教育是不够的，还需要传媒“实战”中的锻炼和熏陶。传媒经营不仅仅是理论问题，更是实践问题，学校教育是基础，更重要的是实践平台的锤炼。

总之，传媒产业人才的培养，有赖于内容生产的技能培养，有赖于经营管理方面的实际工作经验的积累，更有赖于专业主义新闻理念和道德操守的养成。可以说，传媒产业飞速发展，但相关人才的培养应用却严重滞后，要进一步推进传媒产业化进程，加强重点人才培养，完善复合型传媒人才的应用机制是当前无法绕过的门槛。

四、其他因素

（一）知识产权保护问题①

产业形势变化迅速，新媒体的兴起和蔓延、产业结构的重组和融合，使得现有的立法在面对新的经济、社会、科技条件时略显滞后，无法应对新问题、新趋势。

一方面，主要的知识产权法——著作权法、专利法、商标法囿于制定时的经济、科技水平，具有一定的时代局限性，无法对传媒产业最新发展趋势做出回应。立法在某些方面的空白给侵权行为提供了可乘之机，不利于传媒产业的发展。另一方面，知识产权法对传媒产业规制的领域存在不协调的情况。

同时，跨媒介传播日益兴起，媒体之间相互交叉、融合的趋势逐步凸显，跨媒介侵权问题随之而来。比如说，在国家推行三网融合策略之后，媒介的分工相互渗透、边界变得模糊，新型传播行为给传媒产业制造了新的难题。如广播电台与网络相结合的网络广播无法直接通过现行著作权法中的广播权和信息网络传播权加以规制；网络电视台的播放行为兼具电视台和网络的传播特点，增加了法律适用的难度，等等。

强有力的行业自律、自治机构缺位，不利于发现、解决行业内部的知识

① 冯晓青，张日广. 我国传媒产业的知识产权问题及其对策研究［J］. 学海，2015（3）：190-199.

产权问题，也不利于代表行业发声。尽管早在 1979 年我国就成立了中国出版工作者协会，其后又成立了中国期刊协会、中国音像协会等，但这些行业协会大多数由政府主导成立，由政府提供财政支持，主管部门甚至对协会具体运营人员享有人事任免权。因此协会的独立性较弱，无法充分地反映行业内部出现的问题，也无法代表行业表达意见和诉求，在协调知识产权矛盾、解决知识产权争议方面缺少经验，在探寻传媒产业道路、推动产业整体进步方面发挥的作用极为有限。

另外，知识产权进出口交易和合作日渐频繁，跨境知识产权问题亟待解决。我国传媒产业创新动力不足，很多时候依赖于外国知识产品的输入；而在输出媒介产品和服务时知识产权保护意识却很薄弱，不利于开拓国外市场。随着媒介产品和服务输入与输出的增长，利益的冲突使得中外在传媒产业的跨境知识产权交易方面产生了摩擦，国际知识产权纠纷数量增多，传媒产业的国际竞争趋势和全球发展战略需要解决这方面的问题。

（二）现代化管理制度不完善

中国的传媒企业处于经营状况逐渐好转的阶段，但是由于长期事业单位管理体制的惯性反应，相对于市场经济内其他经济主体，其运营管理水平有待提高，这也是关系中国传媒产业未来发展的一个关键性因素。市场化是产业化最基本的前提，如果企业作为市场竞争的主体并没有完全形成，最基本的参与市场竞争以及市场化操作、资产运营也会遇到一定的障碍。

（三）传媒产业竞争力问题

1. 传媒产品同质化严重

目前，中国传媒市场的一个主要问题在于长期计划体制下形成的产品同质化特征。前面的问题已经提到，由于我国传媒缺乏竞争意识和市场意识，缺乏开拓创新精神和动力，为了将风险降低到最小，传媒产品往往高度同质化，主题和创意都十分类似，甚至策略与渠道也基本一致。然而随着媒体种类的日益增多，业内竞争力度也会越来越大。

2. 传媒运作效率不高

长期以来，中国传媒产业管理层都是由行政指派，导致中国传媒经营管理方面的研究不足，这在一定程度上降低了传媒的科学运作效率，影响了资源的合理有效配置，导致效率低下。

3. 传媒创新能力不足

随着我国传媒市场竞争的加剧，传媒创新的难度也在不断提高。创新虽然可以为传媒带来先驱者利益，但同时也使传媒面临市场培育、产品推广的巨大压力。正是这一压力所带来的风险，导致了大多传媒选择规避压力，即规避创新，这一结果导致我国传媒习惯于模仿，传媒产业的创新能力严重不足。

第三节　中国传媒产业发展的对策

目前，我国正进入传媒深化改革与快速发展的关键时期，传媒产业正处在重大的社会发展和变化之中，如何抓住我国传媒产业发展的良好机遇，解决其存在的问题，是当前中国传媒产业研究的重中之重。

一、建立、健全传媒领域的制度和行业规范①

（一）减少微观干预，培育市场机制

在推进传媒产业发展上，政府应培育全国统一的传媒市场，为发展跨媒介、跨区域的传媒集团创造政策条件，并放宽准入和退出机制。不仅要适当鼓励民营和外资传媒、优化所有制结构，还应准许效益低下、资不抵债的传媒机构倒闭破产或进行兼并重组，以提高传媒经济效益。另外，还需规避市场失灵。针对传媒产业城乡、区域发展不平衡，应扶持县域传媒和涉农传媒，加快三网融合在农村的发展，推动农家书屋、乡镇阅报栏（屏）等项目建设，促进传媒产业功能在中西部农村实现。

（二）完善法律法规，增强制度供给

目前中国未制定专门的传媒法律，政府应以立法为先导规范传媒运作，尽快出台新闻传播法，促进言论出版自由及舆论监督正常化，以增强传媒对寻租腐败和破坏经济秩序等行为的治理能力，促进传媒产业的制度演进等功能发挥。同时，还应完善产权制度，借助税收、财政、金融等政策激励，激发传媒产业服务经济发展的积极性。此外，作为一种组织构架与制度安排，文化体制创造的宏观管理体制及微观市场运行机制，是推动文化产业发展的最大动因，亦是传媒产业发展的关键，应深入推进文化体制改革。

---

① 包礼祥，周欢. 中国传媒产业在经济发展中的主要功能及其实现［J］. 江西财经大学学报，2013（3）：116-120.

二、增强自身实力，加快产业优化调整

（一）研发先进的传媒技术

有条件的传媒企业应引进新技术，推动产品、技术、行业的融合，研发大数据、云计算、物联网。而在中国手机用户、网民总数呈指数增长的背景下，对手机和互联网进行技术改造，可推进国民经济的信息化。不过，无论自主创新还是购买国外技术，都不能仅偏重于低层次技术的创新，而应形成自主知识产权。因此，传媒企业应增加科研投入、完善创新体系，鼓励进行产品、技术和渠道创新，以先进传媒科技增强对经济的渗透力。

（二）推动传媒经济跨区域发展①

随着数字技术的发展以及广泛应用，我国传媒融合趋势更加明显，其中以网站为代表的网络传媒正在得到极大发展，据不完全统计，我国的网站已经超过300万家，经营收入呈大跨越式发展。数字技术等高新技术的应用，快速拉近了不同区域之间的距离，传媒产业的发展在打破文化传播区域限制、实现信息共享等方面发挥着积极作用。

目前，我国的传媒产业呈现出东西发展不平衡、产业不合理等缺陷。打破传媒经济发展不平衡的重要手段，是国家从宏观角度出发，加强引导西部地区文化产业的承接，注意地区之间的差异性。同时，地方政府应该对传媒产业正确认识，采取积极有效措施，提供政策上的支持，吸引国内优势传媒企业在本区域内安家落户。传媒产业经济与其他传统经济并不是相互分割发展的，因此在发展过程中，传媒经济要加强与不同行业的引导与交流。例如，积极引导旅游业与传媒产业的合作发展，利用传媒行业自身的天然优势，推动旅游业在文化品牌上的塑造，促进旅游业的发展。

（三）促进产业融合发展②

产业融合是指随着信息技术的发展与升级，原先壁垒分明的产业之间出现了相互交叉与渗透，原有的产业边界逐渐模糊甚至消失，不同的产业相互融合成为具有新的产业特点与产业形态的产业。

产业融合是一个技术、组织结构、运行平台、生产流程、商业模式和管

① 王瞿建，孟轶. 我国传媒经济的发展及其对策［J］. 新闻传播，2015（9）：41-43.

② 张林星. 我国传媒产业发展的融合之路［J］. 嘉应学院学报，2015（7）：95-100.

理制度全面调整与变革的过程，我国的传媒产业融合从技术融合、业务融合走向了产业融合。原先的技术壁垒造成了不同产业的边界，但随着数字信息技术的进步，不同的产业之间能够提供相似或者相同的产品，各种媒体都能运用新技术来提供数字化的业务；同时，技术的发展还使得信息受众可以在一个终端上获取多种信息产品，这就导致了不同产业之间的业务扩展和延伸，最终走向了业务融合。业务融合使得企业原有的运作方式发生改变，产业之间竞争不断增强，促进了产业的并购重组，最终导致了产业融合。下面以《湖北日报》为例进行分析。

湖北日报报业集团于 2001 年 7 月成立，是湖北省首家报业集团。2007 年 4 月，湖北日报报业集团正式更名为湖北日报传媒集团。现拥有九报十刊三网八大公司，集团总资产达 20 多亿。集团通过集团化经营，实现企业化体制改革，形成以报纸生产为核心，以广告、印务、发行、物流、商贸、旅游、会展、房地产等为依托的多元化产业格局，集团品牌格局不断扩大。

（1）湖北日报传媒集团在组建报业集团时，已实现产业价值活动的整合。表现为采编、印刷、发行和广告等环节整合，以及财务管理、技术管理、物流管理等业务整合。这种整合在后来的产业价值链模式演变进程中，得到继承发展。

（2）向房地产业进军：房地产业是中国经济高速发展时期投资回报率最高的行业，是全国传媒集团跃跃欲试的投资领域。2001 年湖北日报传媒集团注册1 100万元成立全资子公司“楚天房地产公司”，在武汉市内代表地产项目有“楚天都市花园”“楚天金园”。

（3）向旅游业渗透：2012 年，湖北日报传媒集团开始与省内的旅游风景区积极合作，向旅游业渗透。2012 年 8 月，湖北日报传媒集团与湖北省鄂西生态文化旅游圈投资有限公司签订战略合作协议，合力推进湖北省旅游文化建设。双方决定在新媒体上进行三网融合的创新合作，创办面向鄂西文化旅游的新杂志、刊物，向省内受众提供全方位、方便快捷的旅游娱乐资讯。

（4）多种行业齐头并进：目前，湖北日报传媒集团旗下从事多元化经营的公司多达 20 多个，分别隶属于文化艺术产业、体育产业、信息科技产业、服务产业、食品加工产业等。2013 年 2 月，湖北日报传媒集团旗下的湖北楚天传媒投资有限公司与湖北珍珠液酒有限公司签署战略合作协议，建设文化产业园、新开发保健酒等。虽然湖北日报传媒集团的多元化经营涉及行业广，但都控制在主营媒介辐射范围内。

（四）提高经营管理技能

中国传媒产业可借鉴国际传媒巨头的先进经营管理模式，在内容生产、技术开发和产品营销上发力，打造现代传媒集团和产业集群，并以集约化经营探索新的盈利模式。如中国影视产业可参考韩剧《来自星星的你》的运作经验，片方除了对该剧进行制作、播出，还打造了集主题公园、游戏、动漫、图书出版等为一体的产业链，并带动了韩式餐饮、美容和旅游等产业发展，不仅满足了消费者国内外市场需求，也在国际上传播了其历史文化，提高了文化软实力。

三、建立有效的人才培养机制

（一）培养高层次复合型人才

当下，中国传媒产业经营管理人才和国际传播人才稀缺，制约着传媒产业市场调节和国际营销等功能的发挥。高等院校应注重培养复合型传媒人才，为传媒产业提供优质的人力资本。在这方面可通过媒介经营与管理、传媒经济学等专业培养媒体职业经理人；强化国际传播专业教育，为传媒产业输送具有高水平外语能力的传媒人才，逐步提高传媒产业的经营管理水平和对外传播影响力。

（二）增强从业人员职业素养

要充分开发传媒产业的人力资本，传媒企业应加强对员工的在职培训和素质拓展，提高其专业技能。同时，传媒行业还应积极培育传媒企业家精神、传媒人精神，加强对从业人员的社会责任感教育，使之认识到传媒作为“社会公器”服务经济社会发展的责任，发挥传媒界的观念信仰、道德情操等非正式制度的价值，促进传媒产业功能的实现。

四、借鉴国外发展经验，增强国际影响力

（一）挖掘优势文化资源

中国传媒产业要走出去，应充分发掘本国优势资源。源远流长的中华文明为传媒产品生产提供了丰富素材，用国际语言、先进科技和现代营销理念整合这些资源有助于形成中国特色，如迪士尼动画片《花木兰》和好莱坞电影《功夫熊猫》利用的都是中国的文化资源。若中国能吸取经验教训，

深度开发自身优势资源，把资源优势转化成产品优势，将有助于增加传媒产品出口，从而提升其在全球的影响力。

> 中法合拍影片《狼图腾》于2015年贺岁档大年初一在全国上映，在国内收获了七亿的票房。同时，在2月26日，《狼图腾》在法国首映，首日超过8万人观影，在16部电影中排在首位，赢过奥斯卡最佳影片《鸟人》。据统计，《狼图腾》在法国上映首周取得389 199的观影人次，位列亚军，仅次于冠军《美国狙击手》的615 241人次，而同期在法国上映的《鸟人》则取得215 973人次，列第九位。据法国最大的一家电影资料网站显示，法国媒体对该片的评分为3.4分，而法国普通观众的评分为3.7分（总共5分），对严苛的法国观众来说，是一个非常不错的分数。同时，美国哥伦比亚公司已经买下了《狼图腾》在北美地区的版权，但具体上映日期还未确定。可以看出，《狼图腾》不仅在中国成为了票房赢家，在海外也受到了很多观众的欢迎，发行前景广阔。更重要的是，《狼图腾》与以往所谓的“中国特色”猎奇电影不同，不再以古装或功夫作为卖点，而是一部发生在内蒙古大草原的探讨人与自然共存关系的影片，实现了题材上的突破和转型，对未来中国电影的“走出去”有一定的借鉴意义。

《狼图腾》为观众呈现了内蒙古美好的生态图景，也向我们展示了蒙古族人民对自然、对天人关系的价值理念，同时更让人对以往的理念和做法进行反思。影片主演之一冯绍峰在微博中说道：“这部电影不仅属于中国人，这是一部拍给全世界的电影，其主题是大家都关心的话题。”《狼图腾》讲述全世界人们都关心的环境保护、生态平衡、天人关系的话题，不再用以往所谓的中国特色或东方色彩来取悦外国观众，而是寻求一种平等对话、心灵共鸣的状态，回归电影的本位。

一部电影从创意、制片、拍摄到发行的过程受天时、地利、人和等多方面因素的影响。《狼图腾》小说版本在海外被翻译成多种语言并受到广大读者的喜爱，从而为电影版的上映打下了良好的观众基础，这是不争的事实。同时，法国导演让·雅克·阿诺的启用和中法联合制片模式，也让影片的质量和影响力有了一定的提升。然而，电影的核心还是故事本身，要使观众能够较容易地解读电影故事内涵，从中发现一个自己从未进入过的境界，慢慢在其中找到自己的影子，找到人性的本真，然后发现并移情于电影中的人物，最终认同电影人物、电影故事。这样，电影不但能在本土成功，并且很容易跨越文化和国度的边界。

中国电影在走出去的过程中应该借鉴《狼图腾》的题材选择思路，不局限于古装片、功夫片等类型，不以猎奇博取外国观众的眼球，而是立足人类共同关注的议题，拍摄海内外观众都爱看的电影。

（二）充分利用外部资源

国内传媒产业应通过全球揽才、海外融资、引进技术等方式融入国际传媒市场。发展中国家所需的资源数量与其国内的有效供给间存在缺口，这时利用外资是唯一出路。目前，内地部分互联网公司已在美国、中国香港等地挂牌上市，如果报业集团、广电集团等主流传媒也能完成境外上市，将有利于传媒产业外向发展。

（三）培育跨国传媒集团

主管部门应支持国内传媒加快境外覆盖步伐，通过独资、控股、并购与合作等方式，到海外设站设点、建台建社、办报办刊、开厂开店，适应国际分工、抢滩全球市场，以打造本土跨国传媒集团。这些传媒组织可根据目标国家的消费偏好、文化习俗，从事跨国传媒产品的专门化生产，促进中国传媒的销售、生产国际化，进而增强国际话语权，推动建立国际新秩序。

本章小结

本章通过对中国传媒产业发展历程的回顾，了解了传媒产业在我国发展的曲折历程，以及所取得的成果和进步；同时，在对发展现状进行概括时，突出其新特点；并且揭露出其明显存在的问题，对其竞争力不足之处做出指正；最后根据国内外实践，借鉴前人研究成果，提出可行性解决对策和建议。

第十三章　国际传媒产业发展现状与趋势

近几年来国际传媒产业发展趋势可以从几大方面反映出来：第一是全球化，比如默多克的新闻集团，它是澳洲的一个公司，最初在英国发展，现在总部设在美国，在亚洲与我国的凤凰卫视有合作项目，它是一个通过不断收购兼并广播、电视、电影、互联网等企业进行全球扩张的经典案例。第二是技术创新，新技术是近几年大家看到比较多的，Google、雅虎等公司，包括移动电视、网络电视、数字电视等都是一些新技术的代表。第三是品牌化。本章以美国、英国、韩国的传媒产业发展现状及趋势为例，来分析国际传媒产业发展的现状及趋势。①

第一节　美国传媒产业发展现状及趋势

美国是世界政治、经济强国，也是世界信息传媒产业强国，信息传媒产业在美国经济中具有重要地位。根据美国经济分析局的统计体系，信息产业包括出版业（互联网出版除外）、电影和录音业、广播和电信业、数据处理、互联网出版和其他信息服务业等。可见，美国的信息业包括出版、广播、电影、电视等传统传媒业，也包括互联网出版、数据处理和其他信息服务业，所以把美国的信息产业称为信息传媒产业。相对于其他国家来说，美国同时拥有多家超大型的跨国传媒集团，在世界排位前十名的全球传媒集团中，美国的传媒集团就占了七个席位，它们生产的文化信息产品垄断了全球新闻娱乐的大部分市场。

一、美国传媒产业发展规模及结构变化②

2013年，美国产业增加值达167 997亿美元，信息传媒产业增加值达

---

① 李明. 基于当下中国传媒产业现状的反思［J］. 东南传播，2014（12）：52-56.

② 李治唐，杨晓芳. 美国信息传媒产业规模效益分析［J］. 中国出版，2015（6）：66-67.

8 024亿美元，占增加值的4.8%，是美国经济中支柱性产业之一，其总量与制造业中的金属制品制造、机械制造、计算机和电子产品制造合计相当。以2012年的数据为例，信息传媒产业的增加值为7 767亿美元，其中出版产业增加值为1 915亿美元，电影和录音产业增加值为1 132亿美元，广播和电信产业增加值为3 919亿美元，数据处理、互联网出版和其他信息服务业增加值为802亿美元。美国信息传媒产业增加值从1997年的3 957亿美元增加到2013年的8 024亿美元，除2000年和2009年增长率为负数外，其余年份均保持正增长，1999年的增长率达11.7%，2010年后进入低速稳定增长阶段。

在美国信息传媒产业中，出版产业增加值所占比重相对稳定，大约占总体的1/4；电影和录音产业增加值在传媒产业中的比例总体上呈上升趋势，接近15%；广播和电信产业比例总体上有下降趋势，但依然在传媒产业中占据半壁江山；数据处理、互联网出版和其他信息服务业在波动中趋于稳定，约占总体的10%。未来，电影和互联网出版等将会有较快的发展，在传媒产业中的比重会上升；出版业将保持相对稳定；而广播和电信产业将会逐步下降。

二、美国传媒产业融合现状①

"21世纪互联网、社交媒体和数字技术的出现加速了新闻传播业向融合发展的脚步。这个新的演变不仅改变了新闻生产者和消费者之间的关系，还打破了社群的地理界限。与此同时，它还给新闻和信息传播定义了全新的组织和经济模式。"根据美国西北大学的著名传播学者 Everette E. Dennis 的观察和分析，美国的媒介融合的演进经历了四个阶段。

第一阶段始于20世纪70年代末和80年代初，当时互联网还未出现，媒介融合主要发生在大众媒体和其他产业之间。这一阶段的媒体融合主要以市场为导向，以资源共享和规模效应为目标，通过并购和合作等形式来达成。例如，索尼作为电子制造业龙头企业从20世纪80年代开始进军电影产业，先后并购了哥伦比亚三星电影公司和米高梅电影公司，致力于将硬件生产和内容创作结合，从而在市场中走在前列。

第二阶段则以互联网的出现为标志，始于20世纪90年代。在这一阶段，媒体融合理念逐渐被媒体产业和市场所接受，而这一趋势将随着媒体环

① 魏然，黄冠雄．美英媒体融合现状与评析［J］．华中师范大学学报（人文社会科学版），2015（6）：116-123.

境不断向数字化媒体发展继续保持下去。

第三阶段始于20世纪90年代末期，媒体融合被业者广泛接受，这一阶段媒体融合也被称为“融合联姻”(marriages of convergence)。在这个时期，出现了很多媒介融合的案例，最著名的莫过于2000年时代华纳和美国在线(AOL)的合并，标志着传统媒体和互联网的结合。这一时期的媒体融合不仅仅着眼于资本重组，也开始将内容生产纳入了融合范畴，例如媒介内容如何实现跨平台生产、传播和流通。

第四阶段是进入21世纪后，随着媒体融合的深入，学术界和媒介产业人士对媒体融合的实践进行了反思。例如，21世纪初时代华纳和美国在线合并时，媒体和学界都是一片赞誉，而若干年后，其实际运作中暴露出不少问题，如经营策略和业务模式的滞后，企业文化的冲突，等等。在这一阶段，国内外学术界对媒介融合的理论和案例展开了大量研究。

鉴于媒介融合的复杂性，以及收集传媒公司的内部发展策略的难度，近年来西方学者对媒体融合的研究多是从案例出发，期望通过个案来反思媒体融合实践中的经验和教训，从而从理论层面进一步发展出模式和找到常规性规律。这种研究途径符合社会科学研究的逻辑，其将方法分为归纳和演绎两类，对于没有多少文献和理论可参考的新兴领域，通常采用的研究途径为归纳法，即从实践中获取第一手资料从而促进理论的建立。

同时，值得一提的是目前媒体融合的研究并不仅限于英美等少数几个国家，而是广泛分布在世界各地，如奥地利、西班牙、德国、新加坡、中国、罗马尼亚、瑞典等，证明了媒体融合这股潮流在国际学术界受到普遍重视，更印证了这股潮流正借着新技术的东风在各个国家纷纷展开。

三、美国媒体融合典型模式和经典个案分析及评价①

(一) 跨平台采编协作——美国弗州坦帕新闻中心

在美国传媒业，媒体融合的标志性事件当属2000年3月位于佛罗里达州西部的通用传媒公司（Media General）开办了坦帕新闻中心，将《坦帕论坛报》(*The Tampa Tribune*)、WFLA-TV电视台和坦帕湾在线网站都纳入新闻中心统一运作。美国传播学者 Michel Dupagne 和 Bruce Garrison 对这一个案曾经做了深入研究，他们认为此个案之所以具有划时代意义，不仅因为

① 魏然，黄冠雄. 美英媒体融合现状与评析［J］. 华中师范大学学报（人文社会科学版），2011（6）：116-123.

坦帕新闻中心是美国联邦通信委员会（FCC）领导下的21个报纸电视融合的试点之一，更因为这是将报纸、电视和网站置于同一屋檐下的一次大胆尝试。通用媒体公司认为，在地方新闻的竞争中立于不败之地的秘诀就是实行跨媒体新闻报道，媒体融合能够聚众家之所长，集报纸媒体的深度、电视媒体的及时性和网络媒体的互动性于一身。

因此，新闻中心成为一个全新的"融合型新闻工作室"(convergent news-room)，实现了在新闻采集和报道过程中的资源共享，希望达到各媒体平台之间互补增益的效果。他们将整合后的新闻称为"多视角的全景采编"(edi-torialgestalt)，坦帕新闻中心的媒体融合创新带来了喜人的成果。通用媒体公司2002年的年报揭示，《坦帕论坛报》的发行量在2002年增长了5.8个百分点，而WFLA-TV稳坐当地电视市场的头把交椅，与此同时，坦帕湾在线的浏览量增长了11%。

Dupagne和Garrison对12名坦帕新闻中心的新闻从业者进行了深度访谈，被访者的工作职责涉及新闻决策、新闻生产和制作的各个环节。问题主要围绕新闻从业者如何定义媒体融合，坦帕新闻中心建立后新闻从业者的工作发生了哪些变化，在媒体融合的环境下新闻从业人员需要掌握哪些新的技能。对于媒体融合的定义，被访者提及最多的就是资源共享，这里的资源不仅仅指人员和设备等有形资源，还包括新闻线索、想法等无形资源。新闻中心建立了自己的内部新闻线索数据库——BudgetBank，旗下报纸、电视台和网站的从业人员都可以实时从数据库里获得最新的新闻线索，重要信息将会在新闻例会上被讨论，着眼于如何发挥协同作战的优势。

而对于第二个研究问题，媒介融合给新闻从业人员的工作带来了哪些变化，被访者提到，媒介融合除了带来资源共享的优势，也给他们的工作增添了新的职责。例如，记者们开始承担全媒体的报道任务，电视记者需要给报纸写稿，报纸记者需要出镜完成采访，并将视频提供给电视台和网站。而与此相关的是记者的工作理念也随之发生变化，不少受访记者都表示，当他们报道一个新闻事件时，最先想到的是如何用多媒体来展现这个事件。

可以说，这对于新时代的新闻从业人员既是机遇也是挑战，那么他们需要掌握哪些新技能呢？受访者对新闻教育者和即将踏入新闻行业的学生提出了五点建议：(1)"一专多能"，即必须在精通某种技能的同时，也能完成其他工作；(2)无论为哪种媒体工作，报道写作的基本功都必须非常扎实；(3)在多平台媒体工作需要有很强的适应力和协同作战的能力；(4)必须有良好的沟通能力；(5)新闻院校学生很有必要在融合性新闻工作室实习或工作，以获得实践经验。

坦帕新闻中心的成立是美国新闻融合的第一例，其意义毫无疑问是极其深远的，代表着美国新闻从业人员迈出了大胆的第一步，其制造多媒体新闻和培养多面手记者的理念很值得借鉴。然而，其具体操作主要停留在新闻采编的层面，着重报纸、电视和网站如何共享资源从而提高新闻报道效率，强调的是新闻团队的协同作战，但如何在经营上、组织上、文化上将这三种媒体融为一体，却没有尝试。坦帕的模式还只是媒体融合的初级阶段，跨平台新闻采编的协作除了在资源共享上节省了开支，并没有为其创造新的经济增长点，坦帕新闻中心的财政收入在融合后并没有显著增加。因此，新闻界同仁需要探索其他途径来适应新媒体大潮。

（二）传统媒体的在线版——《今日美国》

《今日美国》作为美国发行量第一的全国性大报，也无可避免地受到了数字化浪潮的冲击，它的纸质版业务一直在下滑。根据 2010 年北美发行公信会公布的数据，《今日美国》的日平均发行量下降了 13.6%，降至 183 万份，与此相对应的是其广告量的急剧下降。相反，其网站的浏览量则稳步增长，手机的周下载量增长至 220 万。

因此，面对新媒体发展的迅猛势头，《今日美国》管理层决定大刀阔斧地进行改革。改革目标有三项，一是发挥多平台的优势，更快地将新闻发布出去；二是在现有的网络媒体和移动媒体的基础上，进一步发展融合性新闻；三是在新闻编辑部的机构和工作流程上勇于创新，保持在同业的领先地位。

在具体改革措施上，《今日美国》首先对内部机构进行战略性调整，新增加一些适应数字化媒体特性的采编部门，组建以专题内容为主的不同团队，让各个团队拥有编辑权，并聘请网络媒体专才和内容制作的专家。例如，该报高薪聘请《健康生活》杂志的主编为“健康”内容的主管；同时，减少部门编辑和经理的人数，从而精简审稿的次数。而在内容制作方面，《今日美国》继续发挥报纸的品牌优势，并加强深度的调查性报道，同时在内容上更多样化，制作或者购买独特的专题内容，适应受众的多元化需求。进一步改革编辑会议，该会议主要讨论如何把内容向所有平台发布。对突发新闻，在最初 30 分钟内倾全力报道，力求在速度上打败以报道新闻快速著称的 CNN；并将重心从以纸质版为主转向全媒体（包括网站、移动终端、应用、博客等）。

在吸引受众方面，《今日美国》通过互联网和移动媒体加强了与受众的互动，在社交媒体上建立读者社群，以受众的需要为导向确定新闻价值，走融合性新闻之路，从一个纸版媒体转型为多平台的全媒体机构。尤其值得一提的是，《今日美国》花大力气打造了各类深度专题专刊，即在内容上对某一主题进行深度报道，也称为纵向内容制作。此类专刊通常由新闻采编团队和广告营销团队一起策划制作，除了能满足受众需求细分化的要求，还能够吸引相应的品牌广告，成为新的广告增长点。

可以说，《今日美国》的改革体现了美国现今报业经营理念的大转变。在改革之前，《今日美国》的定位是报纸企业，以发行纸质媒体为其核心业务，而机构设置以部门为主，新闻业务和经营业务分开，公司有所创新的话，则属于偶然性的。而改革之后，《今日美国》转型为多平台的全媒体企业，机构设置依托专题团队和专题专刊，各部门之间实现资源共享，新闻采编和经营业务紧密合作，并建立新的内部机构，让创新成为团队的常态。仅2015年一季度，其纸质日报的出版效益同比下降了9%，印刷量也一直在下降，前景堪忧。可能在不久的将来，我们都将习惯于在手机或者平板电脑上浏览新闻，而早餐时翻看报纸的经历将只存在于回忆中。

《今日美国》的媒体融合可以说是传统媒体寻求出路的破釜沉舟之举。面对纸质媒体的日渐式微，《今日美国》选择转变为以内容生产为核心的全媒体企业。它的媒体融合力度相比坦帕的“吃螃蟹”之举更加大胆，不仅在新闻采编上以网络终端为核心，而且在机构设置上大刀阔斧地革新，将采编和经营相结合，吸引与内容相关的品牌广告。这些举措，可以说都是媒体融合道路上有益的尝试。然而，在这些举措背后，我们更多地看到的是昔日纸质媒体的在线版，在不久的将来，待《今日美国》全面停印纸质报纸，彻底转型为一家网络公司以后，它与Yahoo!、Google这些网络新闻提供商相比，究竟又有哪些优势？如何在群雄逐鹿的市场中占据一席之地？这些都是《今日美国》模式需要解决的问题。

第二节　英国传媒产业发展现状及趋势

一、英国传媒产业现状

英国是世界上广播电视事业发展最早，也是最发达的国家之一。据统计，97%以上的英国家庭至少有一台电视机，每周人们平均看电视25小时以上，占休闲时间的27%；收听广播16小时以上，占休闲时间的18%。对于72%的全国人口来讲，电视是他们获知新闻的首选或唯一的途径。在欧洲，英国是除意大利以外最爱看电视的国家。近年来随着科技手段的不断更新，新型媒体科技平台也逐步占据了人们的视野，这一改变撼动了整个英国传媒产业链。从报纸、杂志到广播、电视，人们的感官与认知对信息的要求不断升级，传统媒体受到了前所未有的挑战。

英国政府1926年创建了英国广播公司，成为一个共有的无线电以及后来的电视广播的法定垄断者；1954年，政府通过立法为其商业竞争对手ITV（独立电视公司）的运营铺平了道路。目前，英国五大公共广播服务机构（BBC1、BBC2、ITV1、Channel4和Channel5）和商业频道都在相应网络提供大约7天之内的全部电视和广播节目，消费者可以通过互联网、手机等移动设备以及光缆电视、IP（Internet Protocol）电视等平台收听收看。英国电视台有公共属性，所以也是受英国管制最严格的部门，最突出的是国有公共服务广播BBC（英国广播公司）。

二、英国传媒产业媒介融合的内外因素①

英国报纸近年来始终无法摆脱营业额下滑，靠数字化策略艰难经营的尴尬局面。许多平面出版商开始奉行“数字为王”的策略，试图以互联网为基础，以推出数字版本为手段，以社交媒体应用作为推送渠道，从内容、渠道、广告方面入手。多年来，随着形势的变化，报纸和新闻杂志出版商正试图扩大对技能更新的看法。

新闻在传统媒体中担任重要角色，但其本身却应该为传统媒体的衰落负责。可以说，传统媒体的改革不应只局限于如何将重点从纸质转向数字，还应该把注意力多放在更有效地促进新闻内容创新，这才是对读者来说最具有吸引力的。但值得注意的是，传统媒体的改革创新不仅是市场机制的改变，也不仅是新闻产品的变革，而是二者共同改革、相互促进的。英国通信广播监管组织最新的一份研究报告表示，英国成年人获取新闻信息的途径，41%来自于互联网或者应用软件APP，已经超过了报纸的40%；而在一年前这两个数字分别为32%和40%，也就是说，一年的时间，看报纸的人数比例基本不变，但是通过网络媒体获取新闻的人增加了不少。

媒体的技术资源吸引人们更容易分享和发布内容，支持或限制信息流通

① 郝晨彤．英国广播电视、纸质媒体和数字媒体融合现象探究［D］．长春：东北师范大学，2015：15-18.

的经济模式下的内容与资源，更可能吸引社会各界积极地共享材料，并通过社交网络来造成链接效应而产生深远的影响。虽然网络分享媒体技术是以用户为核心，使用户在不同的媒介上能够产生聚集，但其本身存在严重的弱点——过于高估了技术的功能，忽略了网络用户和新闻受众在知识上存在的明显差距。

英国的媒介产业竞争已进入高度以用户为核心的产业生态，通过不断创新、横向融合、跨界思维的方式加快媒体融合节奏。重点突出两个方面：一是充分发挥新媒体投资平台功能，支持研发和跨区域、跨所有制收购一批有潜质的新媒体项目和网络平台，实现新媒体产业快速发展；二是通过与新媒体产业链接，实时接收和总结用户反馈，以用户为核心推进多平台对接和内容生产。

从用户角度出发，人们的阅读习惯呈现两种趋势，一种是人们关注接收信息的便捷，另一种是将多种渠道和资源整合为一的趋势。手机和平板的便携性成为新的媒介消费体验，智能手机带来的便携性越强，使用率就提高，用户往往选择能让自己舒服的消费方式。用户资源在新旧媒体融合的过程中成为信息来源的新生代力量，用户生成内容的崛起打破了原有的广告模式，使信息更加精准地表达出来，得用户者得天下，成为新的黄金法则。英国传统媒体的用户策略也和新媒体紧密结合，从销售、产品本身以及搜集用户反馈，将用户的意见融入制造新闻产品的工作流程，建立可参与性的受众策略。

有人认为，纸媒的衰落也许是新闻属性本身所带来的弊端。传统的纸媒仍在努力成为一个“大众”的媒体，因此变得越来越不与个人相关。这可能是纸媒失去观众注意的关键因素之一，信息源的丰富使人们能够筛选自己想要的东西。还有质量和相关性的问题，尽管这是次要的、主观的东西。

从宏观角度来看，无论是出版商、广播或生产企业，媒体公司的收入和商业模式所面临的挑战是有据可查的，英国卫报博客作者 Cox 提出了有价值的观点，他认为，无论是出版商、广播或生产企业，“越来越多的消费者希望获得内容，但不想付出代价”。他认为，为了使观众适应付费模式，首先必须建立一个长远的计划，从而提高购买率或收费覆盖率，并希望将来能够达到一定收入。

在英国，电视的制作经费由节目制作商支付，有时预付会占到全部经费的 10%。所以，这使电视台不但拥有首播权，而且可以进行多次播放、发行录像带或者销售到海外，这个模式非常明显地体现了规模经济的优越性，体现出电视台在电视生态链条上的统治地位。首先，它承担起节目制作的全部费用；其次，用最低的成本和利润来要求节目制作商放弃大部分首次、二次销售或其他后续权利；当然，也有一些实力雄厚的制作方能成功获得分成以获得电视台制作新节目的订单，这也体现了谈判能力和竞争优势。

然而，随着时代的发展，这种传统模式也日益暴露出了弊端。第一，英国的市场有限，公司规模小，所以融资能力有限，联合策略的困难导致规模经济被削弱。第二，额外扩大业务的成本增加，如核算成本、制定预算以及版权等事务。电视是英国传媒产业最大的组成部分，面对受众增长速度无法弥补营业额下降的程度的现状，传统媒体从自身的内容质量、平台，广告，市场等方面都进行了战略的积极调整。

三、英国媒体融合典型模式和经典个案分析及评价

老牌新闻机构英国广播公司 BBC 也在媒体融合方面做出了大胆的尝试，实现从传统的广播媒体向融合媒体的转变。首先，它创新地提出了“马提尼媒体”（Martini Media）的概念，意为让民众以调鸡尾酒式的方法消费新闻，即让受众随时随地都能够通过不同的平台和设备接收信息，受众在接收信息时具有很大的能动性。为实现这一目标，BBC 时任总裁 Mark Thompson 在 2006 年对全体员工的讲话中提出，制作人员需要有跨平台的战略意识，受众接收信息时可能在电视机、收音机前或是互联网上，他们可能是在家中也可能在行动中，因此新闻制作人员需要将创作重心转移到全天候多平台服务，并以受众的需求为导向进行新闻产品包装和流通。在具体操作上，Mark Thompson 指出改进 BBC 的官方网站，使之连续不断地提供音频和视频内容，并根据受众的喜好和需求个性定制，也吸收受众自己创作的内容产品，从而激发与受众的线上互动。他将新媒体时代的受众重新定位为“参与者”（participants）和“合作伙伴”（partners），BBC 甚至邀请受众参与重新设计它的官方网站。在马提尼媒体的理念倡导下，BBC 于 2007 年推出了全新改版的网站，其最大的改进就是突出了网站的导航功能，其首页包括广播、电台、网站的所有频道如新闻、体育、天气等的入口链接，帮助受众更快更精准地定位信息产品。同年 12 月 25 日，BBC 正式推出了点播服务及播放器“BBC iplayer”，在 BBC 节目首播一周后，受众可以通过 BBC iplayer 浏览下载，并能够用收音机、电视机、手机等多种设备收看。

可以说，BBC iplayer 的推出将马提尼媒体这一理念付诸实践，从而打破了媒体终端接收设备之间的壁垒，实现了媒介内容在多平台多设备间的流

动，使用户真正能够随时随地地接收信息，达到内容和终端的大融合。为了贯彻媒体融合的理念，BBC 在组织架构上也进行了相应调整，成立了未来媒体和技术部，专门负责统筹管理所有涉及新媒体平台的技术和营运，与大多数内容创作部门共同协作，从内容生产角度达到高度融合。同时，BBC 还重拳出击，与网络巨头频频合作，在 Yahoo!、Youtube 等网站都开辟了自己的视频频道，让受众能够从多渠道获得 BBC 的新闻产品。在 Mark Thompson 大刀阔斧的改革下，作为传统广播媒体的 BBC 不仅没有在数字媒体时代举步维艰，而且在媒体融合中焕发了新生。BBC iplayer 推出后大受欢迎，前三个月每周平均下载量都达到 11 万，而 BBC 官方网站也在尼尔森的一项调查中被网民评为英国网站前三强。2012 年 Mark Thompson 离职时，BBC 拥有 10 家电视网络、10 家全国性广播电台、40 家地方性广播电台和一家大型网站。此外，BBC 新闻服务的覆盖率达到了历史最高点 96%。而近年来，随着移动设备的迅猛发展，BBC 迅速调整融合战略，提出了"移动为先"（Mobile First）的口号，着力发展新闻移动终端，截至 2014 年 12 月，BBC 推出了新闻应用 APP 的试用版，并覆盖了多达 30 种语言。

马提尼媒体可以说是媒体融合尝试中一个应时代而生的新锐概念，准确地把握住了当前数字化媒体时代受众（碎片式）消费新闻的行为模式，从而力求达到受众能够不受时间和空间限制接收信息。而 BBC 近年来的大胆改革正是对马提尼媒体的最好实践，它开发的 BBC iplayer 和移动为先的战略口号，都体现了其已经在观念上转变为全媒体内容提供商，而 BBC 在新闻市场的高占有率也证明了这一战略的成功。相比较而言，BBC 的模式比之前提到的美国坦帕和《今日美国》的模式更加领先一步，在新闻采编、组织架构、广告经营上充分转变了思路，实现了内容生产和渠道流通的充分融合。在如今日新月异的媒体环境和技术浪潮中，究竟 BBC 马提尼媒体之路可以走多远，我们拭目以待。

第三节　韩国传媒产业发展现状及趋势

一、韩国传媒产业现状

从 1997 年中央电视台引进第一部韩剧《爱情是什么》开始，十年来韩国的传媒产业逐渐做强做大。2000 年，韩国电影《我的野蛮女友》成功登陆中国市场，在年轻人当中引起强烈反响，掀起了"韩流"热潮。同年，韩国电影开始登陆北美市场，《共同警备区》《谎言》等 6 部电影在美国公映。从 1998 年以来，韩国电影在本土市场上的占有率节节攀升，到 2003 年其国产电影市场占有率已达到 53.3%，韩国也是世界上仅有的 3 个国产电影市场占有率超过 50%的国家。

传媒产业从"输入"到"输出"，国内市场的有限使韩国将目光瞄准国际，提出"通过出口建设文化产业强国"的口号。政府首先在税收、政策上给予传媒产业一定的优惠。以电影为例，政府鼓励本国电影参加各种影展，积极投入巨额资金举办各类电影节；为优势出口项目研发以及年均 1 500部作品的外文制作提供资金支援和多种优惠；设立"文化产品出口大奖"，鼓励文化产品走出国门；韩国文化产业振兴院还在境外设立了办事处，目前已有中国、日本、美国、欧洲等四个办事处，用以加强市场调研和开发。①

二、韩国电视剧产业现状及背景

韩国电视剧从 20 世纪末开始突然爆发，以燎原之势席卷全球，在文化、历史背景较为接近的中国、日本乃至东南亚地区掀起汹涌的韩流。从 2007 年起，韩剧出口额处于增长的状态，并占据绝对的顺差优势。2009 年，其广播电视内容产业出口额达 1.83 亿美元。新世纪 10 年间，韩国广播电视内容产品出口额一直保持着 10%以上的增长速度。在 2010 年世界娱乐与媒体业总产值中，韩国位列第 9。

从娱乐与传媒业在本国 GDP 中所占比例来看，韩国名列第 2 位。韩国在推动文化产业发展方面取得的成绩令人刮目相看，当中既有从业者的努力，也离不开政府的大力支持。1998 年，金大中政府正式提出"文化立国"方针，其后三年先后在组织管理、人才培养、资金支持、生产经营等有关方面推出一系列重大举措，有力地推动了文化产业的发展。自 2000 年起，韩国决定建立人才培养机制，以解决文化产业快速发展所导致的人才空缺问题。韩国政府还瞄准国际市场，希望通过海外市场盈利，实现文化产业的贸易顺差。可以说，优良的产业生态环境是韩国电视剧产业蓬勃发展的充分条件。而韩剧之所以能在国际市场中占得一席之地，除了国家政策，也不能忽

① 孔同. 从韩国传媒产业发展看国家软实力增强［J］. 传媒，2007（4）：66-67.

视其产业内部的加分环节。①

三、韩国通过发展传媒产业，增强了国家软实力②

（一）推动文化衍生品的增长

韩国全国经济人联合会常务部李炳旭表示，韩国的传媒产业年销售额在2005年达到50万亿韩元，比2004年增长了13%，其中出版、漫画、电影、动漫等同比增长达100%，其文化衍生品的收入在2006年更是达到40亿美元，其中包括DVD、书籍、演员海外广告收入等。以电视剧《冬季恋歌》为例，其拍摄景点以及DVD等衍生产品已带来1 800亿韩元以上的收入。

（二）带动旅游产业的蓬勃

根据韩国文化观光部的统计数据，2005年超过10%的海外游客去韩国的目的就是为了看韩剧的拍摄景点，根据调查有64万名游客因为韩剧而访问韩国。从占据韩国旅游第一位的济州特别自治道提供的旅游资讯中可以看出，从2004年到2005年，此地的海外游客总数增长了近50万人次，截至2006年8月底，中华圈游客的数量也比2005年同期增长27%。推动全国经济增长的MBC广播公司的负责人称，仅以他们制作的《大长今》为例，在这几年间不仅出口到中国、日本等亚洲国家，也出口到了欧美等国，使韩国饮食文化以及韩国服饰在全世界大受欢迎。韩国全国经济人联合会常务部李炳旭表示，韩国媒介产业的增长带动了全国化妆品、饮食、医疗整容、日用品乃至汽车等工业的增长。大宇汽车的公关负责人表示，该公司每年投给电影、电视等媒介产业的资金在逐年上升，去年的赞助金额更是达到60亿韩元，这为他们带来的回报量也相当大，不仅使大宇汽车在韩国国内的市场占有率逐年提升，出口份额也已占据其总额的20%。

（三）使韩国文化得到世界认同

韩国的影视作品中有相当一部分以现实题材为主，十分注重突出本民族的文化特点与传统特色。家庭生活是韩国电视剧的一大主题，在现代剧中随处可见韩国的传统文化元素，历史剧中更是拥有大量饮食、服饰、建筑文化元素。如温暖的小吃馆、街头大排档常常成为韩剧的场景，展示了韩国独特的泡菜和清酒文化；女性在正式聚会的场合常穿传统民族服饰；男女主人公

---

① 陈瑶，陈立园. 韩国电视剧产业国际竞争力分析——从产业链类型结构角度谈起［J］. 电视研究，2015（10）：77-80.

② 孔同. 从韩国传媒产业发展看国家软实力增强［J］. 传媒，2007（4）：66-67.

常在美好的景色与建筑间行走，展现了韩国的建筑特色与风土人情。

（四）提升了国家影响力

在韩国传媒产业发展的推动下，学习韩语也成为一个时髦的课程。一项对学习外语的北京大学生进行的社会调查统计表明，学过日语的学生对日本的关注和好感要高于未学过日语的学生。由此可见，学过韩语、去过韩国的人，韩国的形象在其心目中相对更高。不难想象，韩国的传媒产业在赚取巨额外汇、增加就业机会之外，还大力提升了其国家影响力，达到了长期的对外宣传效果，使其国家软实力大大增强。

四、韩国电视剧产业链类型结构及竞争力①

对产业链的分类多种多样，郁义鸿对产业链的划分是建立在接通产业链基础上的，他认为所有的产业链构成的元素具有不同的关联方式。据此可以将产业链划分为两大类，一类由上游产业与下游产业之间的纵向关系所构成，另一类则由两个并行的产业之间的横向关系所构成。在纵向关系的产业链环节，两个行业之间是上下游关系，其产品分别具有投入品和最终产品的特性。上游行业的产品 A 既可以作为最终产品直接面向消费者，也可以作为下游行业产品 B 的投入品。

韩国电视剧产业上下游之间的运作，是一种环环相扣的产业链环节的纵向串联。韩剧在从最初编剧设计情节到最后的市场投放、实现增值的过程中，既可以当做最终消费品投入市场，以吸引消费者从而创造价值；也可以通过对下游企业的开发，实现价值的二次增值。郁义鸿这种纵向关系产业链的分类与韩国电视剧产业现行的产业模式较为接近，因此我们能够借以更准确地分析韩国电视剧产业在运作中的具体优势，进而借鉴。

一个完整的电视剧产业链主要包括电视剧制作公司（上游）、发行公司（中游）、电视台（下游）以及下游延伸产业等。上游产业成了影视企业价值创造的龙头；中游的发行公司则扮演分销商的角色；而下游企业则将电视剧作品进行销售或延伸性的增值。与一般产业链相比，韩国电视剧产业链在具体的操作中表现出和而不同的特点。

（一）上游：剧本创作与电视剧制作的结合

在这个内容为王的产业中，电视剧的内容关系到电视剧产业链能否良好

---

① 陈瑶，陈立园. 韩国电视剧产业国际竞争力分析——从产业链类型结构角度谈起［J］. 电视研究，2015（10）：77-80.

运作。作为居于整个产业链源头的灵魂人物，编剧被摆在核心的位置，一部电视剧的成败，剧本是关键。

在韩国，电视剧产业与生俱来地富有强烈的市场意识，因此编剧的创作过程始终以受众为中心。为了迎合受众的喜好，剧本创作在仅完成1/3时便投入制作，并随时与观众互动，按照市场反馈对剧本情节、长短进行删改；也会将写好的不同版本结尾放在网上与观众讨论，以确定观众喜欢的剧情发展路线。

由于电视剧生产没有审查与发行环节，韩国电视台可以在较大范围内自主播出节目，因而这种“边写边拍边播”的模式能够在最大程度上尊重受众的意愿，满足其观影需求。当然，编剧也以同样的理念服务海外观众，他们对海外观众心思的把握，有赖于积极而周密的市场调研。通过对韩国电视剧营销的调研，编导们看到了中国观众尤其是女性观众对现代生活剧的渴求，于是他们利用中韩两国在文化上的相似性，将儒家文化的理念广泛渗透在其电视剧中，以俘获广大中国观众的“芳心”。

文化魅力是夯实电视剧产品竞争力的基础，韩国编剧深谙此道。从《蓝色生死恋》到《清潭洞爱丽丝》，韩剧受欢迎的一个重要原因是每部作品呈现的是以东方儒家思想为底蕴，融合了民族特色的韩国文化，这种较低的文化折扣使人不自觉地“醉”在其中。而为编剧提供这些灵感与素材的，正是韩国电视剧产业独有的“锦囊”——文化数据库。

此外，韩国电视剧产业链各环节的运作并不是严格遵循前后相接的，边写边拍边播让电视剧还未完全成形就先面临播出的考验。电视剧制作的巨大利益，让三大电视台寡头（KBS、SBS、MBC）不忍放弃这个市场，从而形成“制播合一”的特殊模式。电视台播出的电视剧大多由其下属的影视制作公司制作，独立制片商较少有机会、有实力插手电视剧的制作；且三大电视台相互之间极少进行横向节目交流，绝大多数节目在本台播出后，国内市场便极少再有人问津。因而在韩国电视剧产业发展的很长一段时间内，其运作模式是一种稳定的、自产自销的垄断性运营。然而，垄断之势使得电视领域的资源高度集中，给正处鼎盛期的韩国电视剧产业埋下一枚定时炸弹。

韩国政府很早就意识到这个问题。1991年韩国开始推行制播分开改革，尝试通过节目配额制与资助扶持的方法培育独立制作公司。三年间，韩国一步一步将外购节目的比例从3%提高到33%，并要求到2003年必须达到40%，从而为节目独立制作公司的发展创造了较大空间。在2009年三大广播公司播出的电视剧中，外部公司的电视剧超过70%。各项扶持政策取得了一定成效，但制播分开下的独立制作公司动摇了三大寡头的地位和利益，双方阵营的合作并不顺畅。加之独立制作公司本身的总体实力仍有待进一步提高，目前寡头阵营的电视剧产品仍是市场宠儿。

（二）中游：电视剧宣传营销

韩国电视剧在制作完成后面临两个消费市场的投放——市场 A、市场 A′。对于直接投放市场 A 的产业链，最终消费品——电视剧能否引起作为消费者的广告商和电视台（对于独立制作公司出品的电视剧而言）的兴趣，主要看电视剧制作方的营销，而营销成败又直接关系到制作方的收益。因此，以市场 A 为终端的产业链的成败盈亏仅关系制作方一家。面对这种自负盈亏的运作，韩国独立制作公司转将消费市场投向海外，开拓国际市场，避开国内寡头垄断的市场弱势，增加电视剧收益的可能性。对于海外市场的宣传营销，制作方侧重以主演博眼球，以共同消费品促共通，依托网络平台播放，巧分海外市场一杯羹。对于市场 A′的投放，电视剧作为下游的最终产品，承担着产品附加值的开发与创造的重任。而制作方在此过程中不需独自承担经济风险，对于他们而言，该产业链的延伸与否是一个选择题，但潜在的丰厚收益使绝大多数韩剧制作方都不会选择放弃。

在韩国，常见的宣传做法是电视台与剧组携手，邀请主创参与本台节目制作，借以宣传新剧。既通过节目为电视剧预热，又能够使双方获得受众或者其他下游企业的关注，促进商业交流的信息流通。如 2010 年 SBS 自制剧《我的女友是九尾狐》在进行宣传时，该台《强心脏》就以特辑的形式对演员进行隆重的介绍和访问。同时，受众也能够在 SBS 的新闻节目和综艺节目上得到该剧的宣传信息。

（三）下游：最终消费品市场的开拓及延伸

韩国电视剧产业在开发下游产业上有一定开创性，具体可以分为国内市场和国外市场两部分。

首先，国内市场的下游产业开发，主要围绕电视剧展开。一部叫好又叫座的电视剧，收视率评估的是播映时的影响力，而周边产品收益则是衡量影响力持续性的有力杠杆。韩国以电视剧为核心，打造完整的产业链，积极推进电视剧相关产品、后期产品及衍生产品的开发与发展。除电视剧本身的销售外，韩国电视剧还推出电视剧集的 DVD、电视剧音乐原声大碟、电视剧图书、动漫、游戏等。韩国主流电视台每周约播出电视剧 30 集左右，主要包括每日连续剧、周末连续剧两类。较长的播出间隔，为周边产品销售营造出良好的剧情氛围，因此延长电视剧周期才是开发周边产品的先导。如

《来自星星的你》还未播完，其主题曲《My Destiny》就已升至各大音乐榜前列；剧中全智贤的穿衣搭配引来网上同款销售热潮；不得不提的还有剧中提到的炸鸡配啤酒，竟挽救了因负面消息而销量下滑的炸鸡生意，一时间大街小巷各类“炸鸡系列”如雨后春笋般出现。

其次，韩国电视剧产业为实践国际市场战略做了多种努力和尝试。一方面，为了进一步拓展中国市场，韩国电视台转与中国的影视公司进行内容改编权的合作，出现了一批翻拍、改编韩剧的剧目，如《一不小心爱上你》改编自《蓝色生死恋》，《回家的诱惑》改编自《妻子的诱惑》等。通过改编权的出让，电视剧著作权拥有者也开辟了一条新的创收渠道。另一方面，韩国开始注重和尝试与亚洲各国合制电视剧，这是一种混合型再地化的营销手法，也是一种开辟国际市场的策略，如由中国中央电视台和韩国 KBS 两个国家电视台联合制作，并由中韩两国明星演绎的偶像剧《北京，我的爱》。这种国外媒体与本土媒体合作以进入当地市场的跨国合作生产方式，主要是为了有效整合双方的资源，减少进入当地市场的阻力，以扩大生产规模并增加竞争能力，并借着不同地区演艺明星的共同参与，串联起各地发行渠道，以扩大产品市场规模，缔造规模经济。

综上分析，韩国能够在激烈的国际文化产业竞争中凭借电视剧占据一席之地，并形成一个完整的产业链，国家的文化政策是不可忽视的因素。在韩国电视剧产业链中，上游以编剧为主导的剧本创作是韩国电视剧广受欢迎的重要原因；中游的宣传为韩国电视剧造势之余，也开拓了多条营销渠道。此外韩国电视剧的产业化也离不开对下游产业链的开发、整合以及对国际市场与合作方式的开拓延伸。韩国电视剧产业制播合一的制作模式，尽管目前有利于整体产业的稳定发展，但仍是其未来发展的一个隐患。

本章小结

本章通过对美国、英国、韩国的传媒产业发展现状及趋势进行详细论述，以此来论证国际传媒产业发展的趋势。各个国家传媒产业侧重不同、方式不同，但都在新媒体环境下进行媒介融合，找寻新的生存方式。传媒产品作为一种珍贵的经济资源，是现代国民财富的重要内容，当前世界上许多国家都在大力发展传媒产业，传媒产业已经成为许多发达国家国民经济的支柱产业。近几年来，国际传媒产业发展主要趋势是全球化、技术创新以及品牌化。我国传媒产业发展存在明显问题以及缺陷，应借鉴国际传媒产业的成功案例。

参考文献

一、著作

[1] 黄升民，丁俊杰. 国际化背景下的中国媒介产业化透视 [M]. 北京：北京广播学院出版社，2000.
[2] 常永新. 传媒集团公司治理 [M]. 北京：中国传媒大学出版社，2006.
[3] 刘宏. 中国传媒的市场对策 [M]. 北京：北京广播学院出版社，2001.
[4] 黄升民，等. 媒介经营与产业化研究 [M]. 北京：北京广播学院出版社，1997.
[5] 江蓝生，等. 2002 年中国文化产业发展报告 [M]. 北京：社会科学出版社，2002.
[6] 周鸿铎. 信息资源开发利用策略 [M]. 北京：中国发展出版社，2000.
[7] 金碚. 报业经济学 [M]. 北京：经济管理出版社，2002.
[8] 威尔伯·施拉姆. 传播学概论 [M]. 陈亮，译. 北京：新华出版社，1984.
[9] 申凡，等. 传播媒介与社会发展：媒介功能理论研究 [M]. 北京：人民出版社，2008.
[10] 埃弗雷特·罗杰斯. 创新的扩散 [M]. 辛欣，译. 北京：中央编译出版社，2002.
[11] 崔保国. 中国传媒产业发展报告（2015） [M]. 北京：社会科学文献出版社，2015.
[12] 尼古拉·尼葛洛庞帝. 数字化生存 [M]. 胡泳，范海燕，译. 海口：海南出版社，1997
[13] 迈克尔·波特. 竞争优势 [M]. 陈小悦，译. 北京：华夏出版社，1997.
[14] 谢金文. 中国媒介产业概论 [M]. 上海：上海交通大学出版社，2007.
[15] 黄升民. 国际化背景下的媒介产业研究 [M]. 北京：企业管理出版

社，1999.
[16] 张鸣主. 价值链管理理论研究与实证分析 [M]. 大连：东北财经大学出版社，2007.
[17] 张继焦. 价值链管理 [M]. 北京：中国物价出版社，2001.
[18] 喻国明，张小争. 传媒竞争力——产业价值链案例与模式 [M]. 北京：华夏出版社，2005.
[19] 周鸿铎. 传媒产业经营实务 [M]. 北京：新华出版社，2000.
[20] 理查德·凯夫斯. 创意产业经济学：艺术的商业之道 [M]. 北京：新华出版社，2004.
[21] 喻国明，张小争. 传媒竞争力——产业价值链案例与模式 [M]. 北京：华夏出版社，2005.
[22] 王红梅. 电信全球竞争 [M]. 北京：人民邮电出版社，2001.
[23] 陈晓宁. 论新媒体：网络媒体时代的中国有线广播电视 [M]. 北京：中国广播电视出版社，2001.
[24] 谷虹. 信息平台论：三网融合背景下信息平台的构建、运营、竞争与规制研究 [M]. 北京：清华大学出版社，2012.
[25] 克里斯·安德森. 长尾理论 [M]. 北京：中信出版社，2012.
[26] 范以锦，董天策. 数字化时代的传媒产业 [M]. 广州：暨南大学出版社，2008.
[27] 丹尼斯·麦奎尔. 受众分析 [M]. 北京：中国人民大学出版社，2006.
[28] 胡正荣，段鹏，张磊. 传播学总论（第2版）[M]. 北京：清华大学出版社，2008.
[29] 邵培仁，陈兵. 媒介管理学概论 [M]. 北京：高等教育出版社，2010.
[30] 徐晓慧，王云霞. 规制经济学 [M]. 北京：知识产权出版社，2009.
[31] 肖赞军. 西方传媒业的融合、竞争及规制 [M]. 北京：中国书籍出版社，2011.
[32] 刘伯根. 出版集团战略投资论 [M]. 北京：新星出版社，2011.
[33] 张思东. 下一代网络及三网融合 [M]. 北京：中国科学技术出版社，2010.
[34] 恽如伟. 数字游戏概论 [M]. 北京：高等教育出版社，2012.
[35] 黄玉珊. 动画电影探索 [M]. 台北：远流出版社，1997.
[36] 上海市多媒体设计与应用能力考核办公室. 影视动画理论基础 [M]. 上海：上海科学技术文献出版社，2007.

[37] 王广振. 动漫产业概论 [M]. 福州：福建人民出版社，2013.
[38] 汪宁，高博. 中外动漫史 [M]. 上海：上海人民美术出版社，2007.

二、期刊论文

[1] 常永新. 我国传媒集团的发展及现状分析 [J]. 广西社会科学，2003 (2)：83-84.
[2] 喻国明. 七个历史场景：中国传媒业三十年的发展轨迹 [J]. 民主与科学，2009 (1)：48-50.
[3] 吕文凯. 关于我国传媒产业发展的若干问题的思考 [J]. 河南师范大学学报，2002 (5)：100-102.
[4] 喻国明. 关于当前中国传媒产业发展的战略思考 [J]. 山西大学学报，2007 (1)：125-127.
[5] 陶喜红. 中国传媒产业市场结构演变的趋势 [J]. 中州学刊，2014 (2)：168-172.
[6] 朱春阳. 传媒产业规制：背景演变、国际经验与中国现实 [J]. 西南民族大学学报，2008 (3)：170-175.
[7] 崔国平. 国外传媒产业的政府规制分析 [J]. 黑龙江对外经贸，2008 (9)：117-119.
[8] 董静，李本乾. 欧美传媒产业规制及模式 [J]. 当代传播，2006 (5)：38-41.
[9] 金雪涛. 基于产业融合的中国传媒产业市场结构特征研究 [J]. 现代传播，2011 (3)：106-110.
[10] 喻国明. 影响力经济——对传媒产业本质的一种诠释 [J]. 现代传播，2003 (1)：1-3.
[11] 包礼祥，周欢. 中国传媒产业在经济发展中的主要功能及其实现 [J]. 江西大学财经学报，2013 (3)：116-120.
[12] 喻国明，樊拥军. 传媒产业集成经济平台的建构——兼论集成经济下的复合经济效益 [J]. 当代传播，2015 (1)：57-59.
[13] 崔国平. 中国传媒产业上市公司竞争力分析 [J]. 统计与信息论坛，2015 (12)：84-88.
[14] 易旭明. 中国传媒产业制度变迁的动因与机制——以电视产业为例 [J]. 上海大学学报（社会科学版），2014 (5)：128-140.
[15] 陶喜红. 中国传媒产业市场结构演变的趋势 [J]. 中州学刊，2014

(2)：168-172.
[16] 陈蕾，李本乾. 中国传媒产业市场结构、行为与绩效分析 [J]. 新闻大学，2005 (3)：45-48.
[17] 肖光华，陈晓红. 我国报业产业市场结构实证分析 [J]. 求索，2004 (10)：18-21.
[18] 王礼生. 中国电视业市场结构实证分析 [J]. 系统工程，2007 (5)：120-122.
[19] 陶喜红. 中国期刊产业市场结构的特征 [J]. 国际新闻界，2011 (3)：70-74.
[20] 陶喜红. 中国传媒产业广告市场集中度研究 [J]. 新闻大学，2014 (1)：117-124.
[21] 李海燕，陈梦滢. 中国文化传媒产业融资现状分析 [J]. 河南师范大学学报（哲学社会科学版），2015 (1)：66-69.
[22] 喻国明. 互联网逻辑下传媒产业转型升级的关键与发展进路 [J]. 新闻与写作，2014 (7)：50-55.
[23] 彭东梅. 以大众文化为视角窥探传媒产业化之路 [J]. 传媒，2014. (12)：70-71.
[24] 王亚珍. 关于我国电视传媒产业获得金融支持的几点思考 [J]. 电视研究，2013 (5)：63-65.
[25] 崔保国. 2013 年中国传媒产业的发展格局——兼论传媒的核心产业与关联产业 [J]. 新闻与写作，2014 (5)：26-30.
[26] 郭全中. 互联网时代的传媒产业新趋势 [J]. 新闻记者，2014 (7)：21-26.
[27] 喻国明，刘旸. “互联网+” 背景下传媒产业创新的五力模型 [J]. 新闻与写作，2015 (5)：10-13.
[28] 崔保国，何丹嵋. 不破不立不止不行——2014 中国传媒产业发展趋势报告 [J]. 传媒，2014 (8)：15-18.
[29] 陈刚. 三大创新助推传媒产业发展 [J]. 新闻战线，2012 (1)：16-18.
[30] 肖叶飞，刘祥平. 传媒产业融合的动因、路径与效应 [J]. 现代传播，2014 (1)：68-71.
[31] 马跃，许亚萍. 北京市传媒产业集群的竞争力分析 [J]. 新闻与写作，2014 (8)：96-98.

[32] 向志强，汤青. 传媒产业发展中技术影响的实证研究 [J]. 现代传播，2015 (5)：120-124.
[33] 高超. 传媒产业价值链的战略式创新路径 [J]. 中华文化论坛，2015 (7)：35-42.
[34] 李治堂，杨晓芳. 美国信息传媒产业规模效益分析 [J]. 中国出版，2015 (6)：66-68.
[35] 杨海军. 媒介融合：缘起与终极目标 [J]. 传媒，2009 (4)：71.
[36] 蔡雯，王学文. 角度·视野·轨迹——试析有关“媒介融合”的研究 [J]. 国际新闻界，2009 (11)：87-91.
[37] 赵景华. 中国报业集团价值链重构的模型与方式——《基于价值链重构的报业集团竞争战略研究》序 [J]. 青年记者，2009 (8)：81-82.
[38] 向志强，彭祝斌. 媒介产业价值链与媒介组织的管理创新 [J]. 新闻界，2007 (2)：14-16.
[39] 魏静. 中国传媒产业链整合问题及对策初探 [J]. 陕西综合经济，2007 (4)：11-13.
[40] 鲍观明. 传媒产业链模式的经济学分析 [J]. 湖南大众传媒职业技术学院学报，2006 (2)：75-77.
[41] 李文煌. 基于传媒产业价值链的核心竞争力理论分析 [J]. 科技信息，2009 (2)：25-26.
[42] 尹韵公. 中国传媒产业的发展现状与未来走势 [J]. 新闻战线，2009 (1)：33-35.
[43] 殷俊，李月起. 传统媒体与新兴媒体的融合策略 [J]. 新闻与写作，2014 (9)：36-38.
[44] 陈正荣. 集团之后广电体制向何处去 [J]. 董事会，2007 (1)：52-56.
[45] 翁蔓蕾. 广播电视管理模式的选择 [J]. 当代电视，2002 (7)：22-23.
[46] 江玮，蔡尚伟. 中国民营电视集团化障碍与对策探讨 [J]. 声屏世界，2004 (10)：47-49.
[47] 梁平. 论我国播电视集团的运行机制 [J]. 现代电视技术，2002 (21)：14-20.
[48] 喻国明. 中国报业的现状与契机 [J]. 传媒，2006 (1)：28-30.
[49] 唐绪军，卓悦. 2007 年中国报业关键词 [J]. 中国报业，2008 (1)：

34-38.
[50] 梅宁华. 中国现代报业集团的发展之路 [J]. 新闻与素养，2007 (7)：4-8.
[51] 梁横. 中国报业发展的现状与发展趋势 [J]. 国际新闻界，2006 (6)：22-24.
[52] 曹鹏. 中国报业五大战场点评 [J]. 青年记者，2007 (9)：23-24.
[53] 李苓. 外国出版集团发展透视 [J]. 编辑之友，2007 (3)：50.
[54] 郭全中. 从单一传媒业到多元化文化产业结构——以湖北日报传媒集团产业转型为例 [J]. 新闻与写作，2014 (5)：63-66.
[55] 郭继远，王伟. 国有企业文化建设谈——以湖北日报传媒集团为例 [J]. 新闻前哨，2014 (3)：36-39.
[56] 张先国. 以“新闻+服务”打开跨界融合的新兴市场——湖北日报传媒集团媒体融合发展的实践与思考 [J]. 新闻与写作，2014 (10)：17-20.
[57] 张先国. 以六项突破布局新媒体发展——湖北日报传媒集团全媒体转型探索 [J]. 传媒，2013 (3)：21-23.
[58] 黄秉生. 立足自身定位 加快科学发展——从新华报业传媒集团的实践看文化产业发展路径 [J]. 传媒，2012 (9)：21-23.
[59] 余四林. 电影产业融资模式分析——以华谊兄弟传媒集团为例 [J]. 中国集体经济，2012 (22)：152-153.
[60] 朱天，彭泌溢. 试论媒介融合中的“加减之道”——时代华纳与美国在线“世纪婚姻”终结对我国“三网融合”的启示 [J]. 新媒体前沿，2011 (7)：61-65.
[61] 袁延明，刘岩. 国际传媒并购案对我国媒介资本运营的启示——以美国在线-时代华纳并购案为例 [J]. 运营管理，2014 (12)：37-39.
[62] 韩晓宁，翟旭瑾. 从时代华纳再次拆分看传媒集团的聚焦战略发展 [J]. 对外大传播，2014 (12)：60-62.
[63] 闻学，肖海林. 境外大型传媒集团入华战略意图、特征和效应的分析 [J]. 工商管理，2015 (3)：101-106.
[64] 陈兵. 媒体核心竞争力的内涵、特征与获取 [J]. 中国出版，2010 (10)：13-15.
[65] 陶丹. 中国出版企业实施多元化经营的途径与建议 [J]. 中国出版，2011 (4)：16-19.

[66] 颜世航. 中国报业集团价值链的重构 [J]. 现代经济信息, 2009 (11): 155.
[67] 汪曙华. 传媒数字化背景下的媒介融合与全媒体传播 [[J]. 东南传播, 2011 (4): 73-75.
[68] 冉继军. 国外大型传媒集团战略革新对中国的启示 [J]. 中国科技论坛, 2013 (3): 156-160.
[69] 高超. 传媒产业价值链的战略式创新路径 [J]. 中华文化论坛, 2015 (7): 35-42.
[70] 朱广印, 任善英. 后金融危机时代——我国传媒产业发展战略的转变与取向 [J]. 新闻界, 2013 (19): 53-58.
[71] 严郁郁. 论中国传媒集团文化产业的战略选择——以北京万达文化产业集团为例 [J]. 媒介经营与管理, 2014 (4): 118-121.
[72] 刘年辉. 媒体核心竞争力开发探索: 南方报业传媒集团案例分析 [J]. 新闻界, 2008 (4): 24-28.
[73] 商建辉, 张志平. 三网融合下广电的非竞争性战略联盟——以上海东方传媒集团为例 [J]. 现代视听, 2012 (1): 27-31.
[74] 黄潇. 湖北知音传媒集团核心竞争力分析 [J]. 现代商贸工业, 2013 (5): 29-30.
[75] 唐月民. 中国电视传媒集团性质分析及核心竞争力构建 [J]. 文化产业研究, 2012 (5): 164-172.
[76] 张东明. 南方报业: 全媒体转型的思考与实践 [J]. 中国出版, 2011 (2): 20-22.
[77] 黄升民, 谷虹. 数字媒体时代的平台建构与竞争 [J]. 现代传播, 2009 (5): 20-27.
[78] 温建伟, 王厚芽. 国际三网融合进程评价与启示 [J]. 电视技术, 2010 (6): 113-115.
[79] 张姗姗. 国内外电信监管热点及发展趋势 [J]. 通信管理与技术, 2009 (2): 1-2.
[80] 黄升民. 三网融合的优势顺延与死穴制衡 [J]. 媒介, 2010 (3): 1.
[81] 彭兰. 从老三网融合到新三网融合: 新技术推动下三网融合的重定向 [J]. 国际新闻界, 2014 (12): 130-148.
[82] 谷虹, 刘宁馨. 三网融合背景的信息平台建设 [J]. 重庆社会科学, 2014 (4): 102-109.

[83] 袁超伟，张金波，姚建波. 三网融合的现状与发展 [J]. 北京邮电大学学报，2010 (6)：1-8.
[84] 谷虹. 广电产业与新兴媒体融合发展的平台战略 [J]. 暨南学报，2014 (9)：153-159，164.
[85] 黄升民. 三网融合：构建中国式“媒·信产业”新业态 [J]. 现代传播，2010 (4)：1-4.
[86] 郑保卫. 数字化技术与传媒的数字化革命 [J]. 国际新闻界，2007 (11)：5-11.
[87] 李婷. 新媒体环境下纸媒应构建数字化平台 [J]. 新媒体研究，2015 (9)：48-49.
[88] 袁野. 数字传播技术发展与媒介融合演进 [J]. 新闻研究导刊，2015 (9)：246.
[89] 廖伟，严一格. 分众的胜利——新媒体冲击下报纸转型思考 [J]. 新闻研究导刊，2014 (4)：7-9.
[90] 唐超. 数字报业时代信息的多重开发 [J]. 中国报业，2007 (1)：46-47.
[91] 闵大洪. 数字化时代与数字化传媒 [J]. 新闻实践，2012 (11)：37.
[92] 付玉辉. 2014 年中国新媒体传播研究综述 [J]. 国际新闻界，2015 (1)：35-46.
[93] 冯锐论，金婧. 新媒体时代的泛在传播特征 [J]. 新闻界，2007 (4)，27-28.
[94] 彭兰. 从新一代电子报刊看媒介融合走向 [J]. 国际新闻界，2012 (7)：12-18.
[95] 闵大洪. 草根媒体传播格局中的新力量 [J]. 青年记者，2008 (15)：9-11.
[96] 彭兰. 网络中的人际传播 [J]. 国际新闻界，2001 (3)：47-54.
[97] 项国雄，黄晓慧，张芬芳. 新媒体与人际传播 [J]. 传媒观察，2006 (4)：32-34.
[98] 韦路，丁方舟. 论新媒体时代的传播研究转型 [J]. 浙江大学学报 (人文社会科学版)，2013 (7)：93-103.
[99] 杨伯溆. 新媒体传播：中国传播学的发展机遇 [J]. 新闻记者，2014 (12)：59-63.
[100] 曹梦娟. 浅谈现代企业经济管理模式的规范化 [J]. 品牌，2015

(10): 207-208.
[101] 柴跃胜. “新闻民工”论与媒体管理创新 [J]. 视听界, 2014 (6): 59-61.
[102] 朱鸿军, 农涛. 媒体融合的关键: 传媒制度的现代化 [J]. 现代传播, 2015 (7): 6-11.
[103] 黄蓉. 我国传媒组织结构变革要求及策略分析 [J]. 编辑之友, 2006 (2): 69-71.
[104] 庞承, 万笑影. 新思维驱动下的传统媒体组织创新 [J]. 中国记者, 2014 (10): 45-48.
[105] 文舒. 浅谈传媒内容创新的四个“着力点” [J]. 新闻知识, 2013 (3): 90-91.
[106] 罗伟. 新媒体时代传媒发展的进路 [J]. 西部广播电视, 2015 (12): 18.
[107] 张毅. 内容: 电视的万变不离其宗 [J]. 视听界, 2015 (4): 39-41.
[108] 常江, 何天平. 平台化差异化互动性解读湖南卫视的内容生产创新 [J]. 新闻与写作, 2014 (8): 9-12.
[109] 倪延年. 我国传媒企业文化建构探析 [J]. 新闻传播, 2004 (12): 18-22.
[110] 吴昀国. 我国传媒企业文化建构现状及对策 [J]. 中共中央党校学报, 2009 (2): 105-107.
[111] 张明海. 我国传媒企业文化整合的现实困境 [J]. 视听界, 2008 (4): 64-66.
[112] 周锦, 吴建军. 我国文化产业的创新模式分析——以传媒类文化产业为例 [J]. 阅江学刊, 2014 (5): 62-68.
[113] 王娟, 蒋洁. 中国传媒企业文化建设对策分析 [J]. 东方企业文化, 2015 (2): 5-6.
[114] 陈嫦如, 陈安全. 全球化背景下中国传媒跨文化传播策略 [J]. 中国记者, 2002 (3): 18-19.
[115] 王莹. 大众传媒在跨文化交流中的六种角色 [J]. 中国报业, 2013 (22): 29-30.
[116] 余斌. 浅谈现代大众传媒对文化的影响 [J]. 电影文学, 2009 (1): 136-137.
[117] 马二伟, 袁静. 文化体制改革对传媒业的影响 [J]. 新闻爱好者,

2007（12）：7-8.
[118] 高建国. 文化选择与传媒进步——试论传媒与文化的关系［J］. 新闻界，2008（6）：111-112.
[119] 武晓红. 试论大众传媒对当代大众文化的影响［J］. 北方工业大学学报，2004，16（2）：68-72.
[120] 杨寅华. 现代传媒企业文化的新特点［J］. 传媒，2012（6）：69-70.
[121] 刘寒娥. 试论我国大众传媒与大众文化［J］. 内蒙古社会科学（汉文版），2002（A1）：131-133.
[122] 吕倩，谢耘耕. 营造人人参与的创新型传媒企业文化［J］. 视听界，2010（2）：56-59.
[123] 张名凤. 探析新形势下传媒企业文化建设新路［J］. 东方企业文化，2012（23）：52.
[124] 车美萍. 论当代大众传媒文化的特点［J］. 中共济南市委党校济南市行政学院济南市社会主义学院学报，2001（4）：48-51.
[125] 王春英. 当代传媒对社会文化的影响［J］. 边疆经济与文化，2014（5）：83-84.
[126] 陈清，黄南程. 传媒企业文化建设浅析［J］. 声屏世界，2011（4）：56-57.
[127] 周子辉. 传媒企业文化建设的探索与实践［J］. 企业研究，2010（20）：104-105.
[128] 赵颖. 浅析传媒文化的负面效应［J］. 新闻传播，2015（6）：104.
[129] 李秀梅. 促进传媒业发展的财政政策扶持机制研究［J］. 传媒，2015（13）：68-70.
[130] 李丹林. 媒介融合背景下我国传媒政策与法律研究论纲［J］. 南京社会科学，2014（2）：115-121，129.
[131] 喻国明，戴元初. 传媒产业规制的应然与实然［J］. 新闻与写作，2008（3）：21-23.
[132] 胡颖. 现状、困境与出路——中国互联网话语规制的立法研究［J］. 国际新闻界，2015（3）：21-37.
[133] 包礼祥，周欢. 中国传媒产业在经济发展中的主要功能及其实现［J］. 江西财经大学学报，2013（3）：116-120.
[134] 陈建群. 内容为王，还是渠道为王？——新媒体环境下的传媒产业新格局［J］. 新闻知识，2015（7）：26-27.

[135] 成思雨. 论中国电影"走出去"的题材选择问题——以《狼图腾》为例 [J]. 现代经济信息, 2015 (15): 390-391.
[136] 崔保国, 何丹嵋. 不破不立 不止不行——2014 中国传媒产业发展趋势报告 [J]. 传媒, 2014 (4): 15-18.
[137] 崔保国, 何丹嵋. 互联网驱动传媒产业增长——2014 年中国传媒产业发展报告 [J]. 中国报业, 2015 (6): 48-51.
[138] 崔保国, 何丹嵋. 中国传媒产业规模将超万亿元——2014 中国传媒产业发展报告 [J]. 中国报业, 2014 (5): 36-40.
[139] 方杰. 论中国传媒业的现状、问题与进一步发展的路径 [J]. 文化·教育, 2009 (8): 161-167.
[140] 冯晓青, 张日广. 我国传媒产业的知识产权问题及其对策研究 [J]. 学海, 2015 (3): 190-199.
[141] 郭全中. 传媒业的未来五大趋势 [J]. 新闻与传播, 2012 (11): 27-30.
[142] 李理. 基于产业经济学的中国传媒业发展探究 [J]. 经济视野, 2015 (4): 268.
[143] 柳斌杰. 把握规律: 迎接数字传播新时代——在 2015 传媒发展论坛上的致辞 [J]. 传媒, 2015 (6): 8-10.
[144] 孙为鲲. 浅析中国传媒的发展现状及产业化出路 [J]. 社科纵横, 2007, 22 (5): 108-110.
[145] 陶喜红. 中国传媒产业市场结构演变的趋势 [J]. 中州学刊, 2014 (2): 168-172.
[146] 王瞿建, 孟轶. 我国传媒经济的发展及其对策 [J]. 新闻传播, 2015 (9): 41-43.
[147] 闻育旻. 我国传媒产业发展现状及其未来发展趋势研究分析 [J]. 商情, 2010 (17): 114.
[148] 尹韵公. 中国传媒产业的发展现状与未来走势 [J]. 新闻战线, 2009 (1): 33-35.
[149] 喻国明. 中国传媒业三十年: 发展逻辑与现实走势 [J]. 北方论丛, 2008 (4): 56-61.
[150] 张林昱. 我国传媒产业发展的融合之路 [J]. 嘉应学院学报, 2015 (7): 95-100.
[151] 李明. 基于当下中国传媒产业现状的反思 [J]. 东南传播, 2014

（12）：52-56.
[152] 李治堂，杨晓芳. 美国信息传媒产业规模效益分析［J］. 海外视窗，2015（6）：66-68.
[153] 魏然，黄冠雄. 美英媒体融合现状与评析［J］. 华中师范大学学报（人文社会科学版），2011（6）：116-123.
[154] 孔同. 从韩国传媒产业发展看国家软实力增强［J］. 传媒，2007（4）：66-67.
[155] 陈瑶，陈立园. 韩国电视剧产业国际竞争力分析——从产业链类型结构角度谈起［J］. 电视研究，2015（10）：77-80.
[156] 李锋，王蔚. 科技期刊数字出版的SWOT分析［J］. 中国科技期刊研究，2013（5）：961-962.
[157] 辽宁省新闻出版局联合课题组. 大力发展辽宁数字出版产业［J］. 辽宁经济，2012（1）：4-9.
[158] 侯欣洁. 数字出版概念界定的再认识［J］. 现代出版，2014（5）：44-45.
[159] 张立. 数字出版相关概念的比较分析［J］. 中国出版，2006（12）：11-12.
[160] 冯芳芳. 3G环境下高校图书馆参考咨询服务［J］. 高校图书馆工作，2010（6）：73-75.
[161] 程佳敏. 印刷融入多媒体［J］. 中国印刷，2014（2）：48-49.
[162] 吴治强. 探索数字出版商业模式［J］. 出版参考，2012（5）：14-15.
[163] 程美华. 数字出版发行平台的运营与功能整合［J］. 重庆社会科学，2011（11）：7-10.
[164] 徐丽芳. 出版产业链价值分析［J］. 出版科学，2008（4）：17-18.
[165] 李广宇. 我国数字出版产业现状及问题分析［J］. 现代出版，2011（1）：9-12.
[166] 肖洋. 数字出版产业结构调整与经济增长关系实证研究［J］. 中国出版，2014（2）：6-10.
[167] 周蕴博. CNKI数字图书馆及其使用［J］. 北方经贸，2008（6）：158-159.
[168] 王悦. 励德·爱思唯尔对中国出版业的启示［J］. 新闻研究导刊，2015（10）：181.
[169] 赵树旺. 国际数字出版商的用户策略及启示［J］. 现代出版，2015

（2）：41.
［170］钟楚. Elsevier 爱思唯尔 & Lexis Nexis 雷克斯兰克斯北京代表处举行揭牌典礼［J］. 中国出版，2004（6）：3-4.
［171］吴江文. 我国数字出版产业政策内涵与体系［J］. 科技与出版，2016（9）：15-17.
［172］何嘉锐. 曙光要等多久——中国游戏、动漫产业现状［J］. 数码世界，2005（9）：40-41.
［173］张爱华，李珩. 浅谈中国游戏现状和未来发展［J］. 科技传播，2014（1）：47.
［174］王玉珊. 谈中国动漫受众需求对动漫产业的影响［J］. 艺术教育，2016（5）：226-227.
［175］刘晓云. 泛娱乐战略升级“让想象绽放”——腾讯全面布局互动娱乐产业［J］. 成功营销，2014（5）：60.
［176］徐群晖. 金融危机中的中国动漫产业态势研究［J］. 新闻与传播研究，2009（6）：62.
［177］孟禹熙. 社交媒体现状及监管对策［J］. 新闻战线，2015（6）：85.
［178］曹博林. 社交媒体：概念、发展历程、特征与未来——兼谈当下对社交媒体认识的模糊之处［J］. 湖南广播电视大学商报，2011，47（3）：66.
［179］李娜，胡泳. 社交媒体的中国道路：现状、特色与未来［J］. 新闻爱好者，2014（12）：5.
［180］曹雁. 论“社交媒体”对受众的影响［J］. 新闻世界，2011（9）：121-122.
［181］潘敏，凌慧，于朝阳. 国内外 BBS 论坛发展及管理比较研究［J］. 思想理论教育导刊，2007（7）：69.
［182］孙楠楠 . 对社会化媒体的传播学思考［J］. 新闻爱好者，2009（9）：16.
［183］陈琦，刘磊. 社会化媒体环境对受众角色的重构和信息传播影响［J］. 新媒体，2015（3）：80.
［184］李静，崔爽爽. 社会化媒体中的受众解读［J］. 新闻研究导刊，2015（8）：267.
［185］曹宇. 潮湿的社会化媒体［J］. 商界评论，2010：87.
［186］郑善珠. 移动社交媒体全球化［J］. 新闻爱好者，2015（1）：85.

[187] 蒲开今. 美国 Facebook 网站的核心竞争力分析及借鉴 [J]. 今传媒, 2009 (4): 89-90.
[188] 严茜, 冯浛. 当前美国社会化媒体发展现状与趋势分析 [J]. 学术百家, 2015 (8): 51.
[189] 瞿旭晟, 张志安. Web2.0: 从 Facebook 到 Twitter [J]. 新闻前哨, 2008: 175.

三、硕、博士学位论文

[1] 李放. 中国传媒产业发展研究 [D]. 北京: 北京交通大学, 2009.
[2] 赵莹. 传媒产业链与市场竞争力 [D]. 长春: 东北师范大学, 2007.
[3] 詹琼. 我国传媒产业资本运营模式的探讨 [D]. 长沙: 中南大学, 2003.
[4] 杨永龙. 我国出版集团多元化经营的思路和对策 [D]. 北京: 北京印刷学院, 2006.
[5] 翟红蕾. 中国报业集团价值链研究 [D]. 武汉: 华中科技大学, 2013.
[6] 王英. 我国传媒集团多元化经营战略研究 [D]. 北京: 中国政法大学, 2013.
[7] 康丽丝. 上海东方传媒集团有限公司技术创新战略研究 [D]. 桂林: 广西师范大学, 2013.
[8] 陈卫红. 中南出版传媒集团股份有限公司发展战略研究 [D]. 长沙: 中南大学, 2013.
[9] 刘娜. 南方报业传媒集团核心竞争力研究 [D]. 哈尔滨: 黑龙江大学, 2014.
[10] 黄永健. 四川日报报业集团全媒体战略研究 [D]. 成都: 电子科技大学, 2010.
[11] 黄何. 湖南日报报业集团价值链重构研究 [D]. 湘潭: 湘潭大学, 2014.
[12] 陈又麟. 我国出版传媒上市集团竞争战略研究 ——兼论中南出版传媒集团的竞争战略 [D]. 湘潭: 湘潭大学, 2012.
[13] 王雅婷. 凤凰出版传媒集团跨行业经营研究 [D]. 保定: 河北大学, 2013.
[14] 陈德金. 中国传媒集团国际化发展战略研究 [D]. 上海: 上海交通大学, 2011.

[15] 王风云. 美国传媒国际化经营研究 [D]. 上海：上海交通大学，2013.
[16] 张籆颢. 三网融合的政策研究 [D]. 上海：上海交通大学，2007.
[17] 岳宇君. 我国三网融合的多视角解读 [D]. 北京：北京邮电大学，2013.
[18] 鲍立泉. 数字传播技术与媒介融合演进 [D]. 武汉：华中科技大学，2010.
[19] 石焱. 纽约时报的数字化转型研究 [D]. 保定：河北大学，2013.
[20] 杨静. 新媒体传播特征研究 [D]. 开封：河南大学，2012.
[21] 王珏. 新媒体背景下我国电视新闻媒体的创新研究 [D]. 武汉：武汉大学，2014.
[22] 秦空万里. 当代中国传媒管理的战略转型研究 [D]. 广州：华南理工大学，2013.
[23] 杨健. 知识产权国际法治探究 [D]. 长春：吉林大学，2013.
[24] 刘方博. 法治社会下的契约精神研究 [D]. 成都：成都理工大学，2011.
[25] 张天莉. 传媒治理的结构与过程 [D]. 上海：复旦大学，2006.
[26] 艾霏霏. 《新周刊》封面专题策划探析 [D]. 长沙：湖南师范大学，2014.
[27] 张淼淼. 版权博弈与媒体转型 [D]. 长春：吉林大学，2015.
[28] 张轶婷. "泛真人秀"时代中国电视真人秀节目的内容与传播创新 [D]. 上海：上海外国语大学，2013.
[29] 郭海英. 传媒行业政府规制体制研究 [D]. 天津：南开大学，2013.
[30] 康燕. 中国传媒产业发展方向与策略选择——基于产业经济学的视角 [D]. 上海：复旦大学，2010.
[31] 蓝颖频. 中国传媒产业发展探源及对策研究 [D]. 福州：福建师范大学，2007.
[32] 刘源超. 转型期的中国传媒产业问题研究与对策分析 [D]. 重庆：重庆大学，2003.
[33] 王润迁. 产业融合趋势下中国传媒产业发展研究 [D]. 武汉：武汉大学，2010.
[34] 吴昊天. 中国传媒产业发展研究——基于产业融合的视角 [D]. 成都：西南财经大学，2014.
[35] 吴晓珍. 媒介融合与中国传媒产业发展研究 [D]. 长沙：湖南师范大

学，2009.
[36] 袁也. 推进中国传媒文化“走出去”研究 [D]. 长沙：湖南大学，2013.
[37] 郑静. 中国传媒产业资本运营问题研究 [D]. 广州：暨南大学，2010.
[38] 周欢. 发展经济学视阈下中国传媒产业的功能及其发挥 [D]. 南昌：江西财经大学，2013.
[39] 郝晨彤. 英国广播电视、纸质媒体和数字媒体融合现象探究 [D]. 长春：东北师范大学，2015.
[40] 王文琳. 初探中国动画的复兴之路 [D]. 石家庄：河北师范大学，2009.
[41] 徐涛. 中国游戏产业成长分析 [D]. 北京：清华大学，2005.
[42] 高雪. 新媒体动漫的亚文化现象研究 [D]. 成都：四川师范大学，2015.
[43] 刘柳. 动漫艺术中动与漫艺术探析 [D]. 南京：南京师范大学，2015.
[44] 李菁. 日本游戏发展分析及对我国的启示 [D]. 重庆：重庆工商大学，2013.
[45] 马丹丹. 我国动漫产业原创力研究 [D]. 北京：北京印刷学院，2014.
[46] 蒋黎. 网络游戏环境下的人际交往及其社会影响研究——以角色扮演类网络游戏为例 [D]. 成都：成都理工大学，2010.
[47] 徐行. 腾讯动漫平台发展研究 [D]. 南昌：江西财经大学，2015.
[48] 游恒振. 社会化媒体的演进研究 [D]. 北京：北京邮电大学，2012.
[49] 李伟. 腾讯公司发展战略研究 [D]. 青岛：中国海洋大学，2014.
[50] 王啸枫. 腾讯社交网络商业模式分析 [D]. 天津：天津大学，2010.

三、参考报纸消息

[1] 喻国明. 传统媒介是否进入寒冬化 [N]. 人民日报海外版，2014-10-17.
[2] 喻国明. 基于互联网逻辑的媒体发展趋势 [N]. 人民日报，2015-04-19.
[3] 栾轶玫. 媒介融合时代传统媒体管理创新的五个维度 [N]. 光明日报，2015-04-11.
[4] 徐鹏程. 新常态下加强国有文化资产经营管理体制创新的对策 [N]. 中国经济时报，2015-02-05.

[5] 潘建中. 高端策划彰显地方创新力量 [N]. 中华新闻报, 2009-02-18.

四、网络文献

[1]中国传媒产业发展报告(2016)[EB/OL].(2016).新华网. http://news.xinhuanet.com/zgjx/2016-05/10/c_135347077.htm.

[2]赵小兵.中国媒体投资报告(2002·2003)[EB/OL].(2003).新浪传媒. http://www.sina.com.cn.

[3]清华大学研究报告:2015 中国传媒产业发展大趋势[EB/OL].(2015).中国社会科学网. http://www.cssn.cn/dybg/dyba_wh/201506/t20150615_2035014.shtml.

[4]中央定调"新媒体" 2014 年传媒业全面深化改革元年[EB/OL].(2014).中国经济网.http://www.ce.cn/culture/gd/201408/21/t20140821_3398753.shtml.

[5]励德·爱思唯尔集团[EB/OL].中文百科在线. http://www.zwbk.org/MyLemmaShow.aspx? lid=222198.

[6]数字版权行业报告(2015·2016)[EB/OL].(2016).中文互联网资讯中心.http://www.199it.com/archives/445963.html.

[7]王坤宁,李婧璇.开放+融合+差异化 基地将形成完整产业链[EB/OL].(2016).搜狐网.http://mt.sohu.com/20160519/n450301193.shtml.

[8]数字出版产业报告(2014·2015)[EB/OL].(2015).中国出版网.http://www.chuban.cc/cbsd/201507/t20150715_168554.html.

[9]CNKI 大成编客,助你轻松实现编书梦想![EB/OL].(2016).知网客户服务中心.http://blog.sina.com.cn/s/blog_b659563f0102wopu.html.

[10]爱思唯尔未来十年转型新方向 开发数字决策工具[EB/OL].(2014).中国出版网. http://www.chuban.cc/gj/my/tj/201409/t20140901_158677.html.

[11]数字出版守得云开见月明 增速与增长贡献率"登顶"[EB/OL].(2016).人民网. http://media.people.com.cn/n1/2016/0930/c40606-28751810.html.

[12]中国知网打造"CNKI 知识管理与协同研究平台"[EB/OL].(2016).人民网.http://media.people.com.cn/n1/2016/0817/c40606-28643120.html.

[13] 中国数字出版年度报告(2010·2011)[EB/OL].(2011).中国出版网. http://www.chuban.cc/yw/201207/t20120720_125664.html.

[14] 网易游戏[DB/OL].百度百科.http://baike.baidu.com/link?url=qSKtWkO-mA_NEagf_uwmTZrLNxqmPbJEjBDApCoNEE-0G8x6yTkhMHL5lb5vXP9TPBLK50eA1iDzDOoI_efIrTUvXIA88mXURJmx6Uj4-uFC8fAU3YbNll2LIRO9Kf5#3.

[15]看2015年国内各大游戏公司的起起落落[DB/OL].(2015).太平洋游戏网.http://ng.pcgames.com.cn/586/5860356_all.html.

[16]王晓光,郭淑娟.社会性媒体初论[EB/OL].(2010).http://news.163.com/08/1217/14/4TCEO1DH000131UN.html.

[17]即时通信[EB/OL].百度百科.http://baike.baidu.com/link?url=d1HcpevFMVbLdSux3ukanLolJRn8PbbKnRs5pQS3w4zfymAm9Fg_3ppLCPQy8rwVb62E7_MSefxb_gDAlTkv8CeC9MkcZpTwLMZ6fM3Z8_MJ8Sh9-65PU6L2gXiYNCBp.

[18]微博[EB/OL].百度百科.http://baike.baidu.com/link?url=mJUTb0E3e20gohpFK5uuCTpfKzyXhJwUP0XB0xzpDaQ46gMCBtefiu_-SBTNQeSsCio15uDX_cBslief1Fdw0Zx4XfUGXnNeCglckfuXg7K.

[19]2016年中国社交媒体行业市场现状及发展前景分析[EB/OL].(2016).中国产业信息.http://www.chyxx.com/industry/201605/415536.html.

[20]第37次《中国互联网络发展状况统计报告》[EB/OL].(2016).中国互联网络信息中心.http://www.cnnic.cn/gywm/xwzx/rdxw/2016/201601/t20160122_53283.htm.

[21]腾讯:2015年微信平台数据研究报告[EB/OL].(2015).中文互联网数据咨讯中心.http://www.199it.com/archives/324845.html.

[22]2014年中国社交类应用用户行为研究报告[EB/OL].(2014).中国互联网信息中心.http://www.cnnic.net.cn/hlwfzyj/hlwxzbg/sqbg/201408/t20140822_47860.htm.

[23]2015年度微博用户发展报告[EB/OL].(2015).知识库.http://www.useit.com.cn/thread-10921-1-1.html.

[24]腾讯到底有多强大[EB/OL].(2013).科学中国.http://science.china.com.cn/2013-11/26/content_30707991.htm.

[25]腾讯2016年第一季度总收入319.95亿元 同比增长43%[OL].(2016).腾讯网.http://tech.qq.com/a/20160518/067853.htm.

[26]2016年微信影响力报告[EB/OL].(2016).搜狐网.http://mt.sohu.com/20160621/n455511873.shtml.

[27] Facebook 产品十年演进路线 [EB/OL].(2014).移动互联. http://mi.techweb.com.cn/tmt/2014-02-04/2003363.shtml.
[28]最大社交网站的烦心事,不是收购带来的那点破损 [EB/OL].(2014).好奇心日报. http://www.qdaily.com/articles/3177.html.
[29]法媒:退出 Facebook 成当今法国年轻人"潮流趋势"[EB/OL].(2013).中国网. http://www.china.com.cn/international/txt/2013-06/09/content_29079080.htm.

后　　记

传媒产业进入21世纪后，无论在平台与技术、经营与管理、制度与文化方面，还是在融合与分离、转型与创新等方面，都获得了充分的战略机遇和能量释放。新闻学与传播学的研究对象、范畴、范式、方法必须对此予以观照、检验和预测。笔者从事相关课程教学研究多年，一直困惑于如何从整体角度全面思考传媒产业发展的基本事实和主要轨迹。本书算是对传媒产业的及时而简洁的梳理，目的是总结近40年来传媒发展的最新成果，传播新观点，以推动相关研究。

本书可分为概论篇（1～3章）、产业链篇（4～7章）、创新篇（8～11章）和对策政策篇（12～13章）。传媒本身就是一个经济、文化和社会的综合体，进入技术经济视野后，传媒产业更多地获得了金融资本和技术研发的青睐，产业经济学的基本结论和媒介技术的最新成果多次哺育孕育传媒新业态，催生了媒体发展的新生代。尽管如此，传媒不仅仅是产业经济，在很多时候或者进入一定层次后，其文化社会性更加突出。它是内容产业，当传媒企业做到一定档次，传媒事业上升到国家战略层面时，追求内容质量和传播效果往往成为媒介经营的一种使命、情怀和境界。

因此，本书认为传媒产业及其研究，一方面要坚持内容资源创新创意，瞄准国际传媒市场，不断提升国际影响力、公信力和竞争力；另一方面应坚守传媒的文化担当、社会责任和社会效益第一的原则，需要接受受众、社会和国家的监督与规制。

本书由武汉理工大学新闻传播系尹章池教授主持全书的框架结构、主体思路、基本观点和写作体例，其研究生参与各章的初稿撰写，最终由编著者进行审核、增补、润笔和总体把关。王力、王南茜、刘倩祎编写第一章，王力、张平、王南茜编写第二章，纪蕾、张宇宏编写第三章，徐旻、王力编写第四章，徐楠编写第五章，杨雨梅编写第六章，张玉佼编写第七章，刘雨晴、刘倩祎编写第八章，韩静编写第九章，宋文文、王南茜编写第十章，徐莹编写第十一章，涂晓蕾编写第十二章，蔡乐编写第十三章。王南茜统筹补充和校订了参考文献。

本书撰写借鉴参考了相关研究成果，对引用文献或案例等材料的作者一并表示感谢。若有遗漏深表歉意。

在编辑出版过程中，编著者做了较大的修改，源于编辑的严谨负责。尽管辛苦劳累，却收获很大，在此表示由衷感谢和敬意。

编著者

2017. 5. 1 武昌